陳大齊著

大衆理則學

中華書局印行

寫作的經過與旨趣

我生於民元前二十五年，至民國六十二年，已屆八十七歲，年齡老大，精力衰退，研究與寫作、自問已不能繼續進行。淺見集出版以後所作短篇論文、其尚堪保存者、亦已悉數收入淺見續集，且已於是年春間印行。所事已告一段落，不復有所牽掛，遂作擱筆之計，停止一切撰寫。多年以來，患有肺氣腫病，老而益劇，身體稍一勞累，便會氣喘不止，唯有靜坐不動，方能安適。老眼日漸昏花，看書益增困難，字小，則所見不清，閱讀不能暢快，字大，雖可暢讀，但注視稍久，即感疲勞。既不能多動，又不耐久讀，除了枯坐以外，別無他事可爲。

枯坐無聊，是一件極苦的事情，驅除寂寞，便成一種自然的要求。軀體不宜動作，心靈尙堪活動。遂任思潮起伏，忽東忽西，不爲之定流向，更不爲之設提防。但積習所囿，自不免有其範圍，所思的主要對象、不外儒家思想的問題與理則學上的問題。所思及的問題、有瑣細而不值一顧的，有相當重要而應予研討的。關於後者，試擧當時頗感興趣的二事以爲例：其一、墨子謂自古以來，未嘗有人看見命的體，亦未嘗有人聽到命的聲，遂據爲若干理由之一以證明命之無有。孔子則雖自己未親見好仁惡不仁的人，但未敢據爲理由以證明此種人的不存在。兩相比較，孔子思想的緻密與論斷的審愼、不能不謂爲勝於墨子。其二、西方學者主張不尙權威，孔子敎人「不以人廢言」。此兩種說法、僅在表面上摸索，看不出有何關涉，若仔細探求，則可見其所自出的基本原理之一而非二。其基本原理可以簡述如下：任何人所見，總不免有是有非，有當有不當。智者與賢人所說、未必無一語不是不當，愚者乃至惡人所說、未必無一語是而且當。

類似上述二例的思潮、若任其自生自滅，不予及時抓住，未免可惜。欲予抓住，不得不借徑於紀錄。於是已擱之筆、又重新握起，而從事於寫作。不過此時的寫作心情與前此的寫作心情、頗不相同。前此的心情在於說理，此時的心情在於解悶。旣以解悶自娛爲主，故說理不求精詳，只求自己能理解能欣賞而止。寫畢以後，亦只備藏諸篋底，並備他日以廢紙資格再作紙媒。所寫雖不求精求詳，但不得不求其資料於昔日所已寫者以外。數月以後，記憶中的資料漸告枯竭，爲體力目力所限，又不能看書以求新資料，而解悶的要求仍甚迫切。於是計上心來，何不將某一方面所已寫而散見各文者，彙合起來，刪其重說，補其未說，釐定其次第，貫通其脈絡，以成粗具規模的一書。本書的寫作，卽應此一要求而開始，其動機依然在於解悶。寫作始於何時，現在已不能記憶眞確，大約在六十二年夏秋之際。寫至六十四年夏末，興盡乃止。原屬消磨光陰之作，不求急遽竣事，費時遂達二年之久。

如拙文「耕耘小穫」所述，我的治學、發端於自求理則學知識的充實，故對於理則學甚爲重視，對於中國名學的不發達，深致惋惜。中國在先秦時代，名學已經興起，當時的顯學儒家與墨家、都曾提示富有價值的理論，所惜曇花一現，繼起無人，未能發展爲充實而有光輝的一科學問。印度的因明，於唐代傳入中國，研習之風，一時頗盛，疏記之作、爲數甚多，但其後諸書逐漸遺佚，此學幾成絕響。西方邏輯，傳入未久，雖已列爲學校科目，植基尚未穩固。中國人文科學的發皇，絕不後人，獨於理則學的成就，則未能與人並美。文化交流，重在採人之長以補我之短。居今日的中國而求諸般學問的進展，不可忽視理則學，從事於國學研究者不但不可自居例外，尤須多加注意。設或在發揚國學中某一思想的優越時，舉了些不切當的理由，作了些不合理的推論，不但毀滅其優越，且將令其墮入荒謬的深淵。如此發揚、譬之適以毀之，發揚者不可以不愼，負有盛名的發揚者尤不可以不愼。

本書卑無高論，故稱大衆理則學，以示其內容之力求通俗而不尙艱深，亦以示其爲人人所當同具的常識。西方邏輯創始於古代希臘，經過二千餘年不斷的研究與擴展，日益美備，最近且發展爲符號理則學，應用符號與演算，別放異彩。於是改稱舊日形態的理則學爲傳統理則學，以資分別。符號理則學成立以後，爲學術界所推崇，傳統理則學漸受輕視。本書體裁及內容、仍守傳統理則學的姿態，未採時新的裝束，則以傳統理則學雖失時尙，仍保有其實際用處，試舉其顯著者二事。符號理則學自傳統理則學發展而來，故傳統理則學可說是符號理則學的基礎。登高必須自卑，欲精研符號理則學，須先識得傳統理則學的要義。傳統理則學之未可輕棄者，此其一。理則學的實際功用、在能導人明辨是非，知所趨避。人人都有思想，思想不免有是有非。理則學是思想的提防，納其盡入正流，阻其氾濫成災。人之所思、與日常生活有關者、實居多數。此類思想、雖似卑不足道，却最足以影響人生的禍福，因而此類思想的指導、遂爲理則學在實用上所當負的最大任務。傳統理則學所說、與日常生活較親近，爲常人所較易理解，在實用上較易發揮效能。傳統理則學之未可輕棄者，此其二。

理則學有三大淵源，希臘的邏輯、印度的因明、中國的名學、各居其一。邏輯與因明、其基本原理相同，其發展方向與其所採取的推理方式、則有小異。名學早夭，未及開花結果，其所依據的基本原理、自其片段的理論及其具體的論式推之，與邏輯因明當亦無大差異。三者合治於一爐，以成大一統的理則學，自是理則學應有的理想。惟欲致此一理想於實現，非有充沛的學力與卓越的識見，不能爲功。但雖力不能至，不妨心嚮往之，做些舖路的預備工作。本書以邏輯爲主幹，因明不與之盡同者、如推理成分排列的法定順序、隨時述及，以資比較，名學中的特殊見解、如援之爲論式之一，詳爲解釋，以明其性質與功能。原理與規則的說明，大抵採取傳統理則學的通說，間亦有出自一己之見的，則雖不敢以畫龍點睛自期，亦必以畫蛇不添足自勉。本書差堪自我寬慰與或能見諒於人處、在於所用實例、甚多採自中國古籍而爲中國人的思想產物。實例多多採用中國所固有，當能引致讀者親切之感，或且助長其研究的興趣。

中華民國六十五年夏陳大齊追記

目錄

寫作的經過與旨趣

第一章　理則學的研究對象……一

理則學的定義……一

思想的意義……三

思想的功罪……五

思想對象及其種類……六

事實……八

價值……一〇

思想種類……一二

認識……一二

衡量……一四

思想與言語……一六

第二章　思想的是非……一八

是非的有無……一八

是非無定說……一九

是非有定說……二二
現況上的無定與本質上的有定……二四
眞相未明……二六
智愚異見……二七
一偏與全局……二八
期待與敍述……二九
是非異所……三〇
理則學上的是非……三一

第三章　是非的類別及其相互間的關係……三四

是非的類別……三四
形式與實質……三四
正似……三五
眞僞與善惡……三八
理則學所重視的是非……四一
眞僞與善惡的不定一致……四三
眞中有善有惡……四五

僞中有善有惡……四八
眞僞善惡不能互證……五〇
致善必先致眞……五二
第四章　知必如實……五四
思想三要……五四
所如的實……五五
如實的重要與不易……五七
純粹知覺與知覺的理解……五九
如實的要件……六一
見聞的有無與事實的有無……六四
直接經驗與間接經驗……六七
如實的阻力……六九
第五章　同異分明……七五
同異分明的重要與不易……七五
事物的亦同亦異……七八
同異的落實……八〇

同異辨別的分際……八三
同異與肯定否定……八六
三異……九〇

第六章　周觀兼顧……九四

經驗要精要博……九四
周觀以求精……九七
兼顧以求博……一〇一
相違決定……一〇五
兼權熟計……一〇八

第七章　觀點上……一一二

觀點與是非……一一二
事實觀與價值觀……一一五
類別觀與緣起觀……一一八
平等觀與差別觀……一二一
分析觀與綜合觀……一二四
抽象觀與具體觀……一二七

重異觀與重同觀……一三〇
第八章　觀點下……一三三
齊一觀與參差觀……一三三
謹守觀與權變觀……一三四
實用觀與文飾觀……一三六
遵古觀與創新觀……一三九
權威觀與自得觀……一四一
理論觀與實踐觀……一四五
準情觀與循理觀……一四七
妙悟觀與實證觀……一五〇
從容觀與迅捷觀……一五二
第九章　名實的關係……一五五
名與實……一五五
內容與外圍……一五七
分類……一六一
定義……一六四

異名同實……一六八
同名異實……一七〇
同實異故……一七六
同實異取……一七九
第十章　名稱的類別……一八二
事實名稱與價值名稱……一八二
單獨名稱與普徧名稱……一八五
集體名稱與個別名稱……一八八
相對名稱與絕對名稱……一九〇
積極名稱與消極名稱……一九四
同義名稱與異義名稱……一九七
自毀名稱……二〇二
第十一章　判斷的結構與作用……二〇七
判斷的基本形式……二〇七
判斷的成分……二〇九
顯性與歸類……二一一

判斷與語句……………………二一四
自語相違……………………二二〇
關係判斷……………………二二二
第十二章　判斷的質與量……………………二二五
判斷的質……………………二二五
判斷的量……………………二三三
判斷四式……………………二三六
主詞謂詞的周徧與不周徧……………………二三九
拒他判斷與除外判斷……………………二四二
判斷間的對當……………………二四五
第十三章　複合判斷……………………二五二
原素判斷與複合判斷……………………二五二
聯合判斷……………………二五四
簡主簡謂的判斷與複主複謂的判斷……………………二五七
蘊蓄判斷……………………二六〇
析取判斷……………………二六六

連詞省略的弊病……二七〇
第十四章　直接推理……二七四
推理……二七四
加詞……二七六
換質……二八〇
易位……二八四
反易……二九一
反換……二九四
第十五章　主謂判斷的三段論法……二九九
間接推理……二九九
主謂判斷三段論法的結構……三〇二
主謂判斷三段論法的規則……三〇五
有關成分數目的規定……三〇九
有關概念周徧的規定……三一三
有關判斷的質的規定……三一八
有關判斷的量的規定……三二四

第十六章　關係判斷的三段論法……三二八
流轉的關係與不流轉的關係……三二八
關係判斷三段論法的結構及其進行方式……三三〇
同一關係流轉的成敗……三三四
一同一異的非同一關係流轉的成敗……三三九
別異關係流轉的成敗……三四三
相反關係流轉的成敗……三四七
第十七章　複合判斷的推理……三五二
一個否定前提的影響……三五二
兩個否定前提的影響……三五九
聯合判斷的推理……三六四
混合的蘊蓄推理……三六八
純粹的蘊蓄推理……三七九
廢立式的析取推理……三八三
立廢式的析取推理……三九一
第十八章　推理的省略與複合……三九七

省略式的單一推理……三九七
聯合式的複合推理……四〇六
連環式的複合推理……四一一
帶證式的複合推理……四一六
第十九章　雙管論式……四二四
雙管論式的結構與作用……四二四
雙管論式的實例……四二九
出於忽視蘊蓄理論的過失……四三六
出於忽視析取理論的過失……四四〇
第二十章　類比推理……四四五
類比推理的結構……四四五
類比推理的應用範圍及其可信程度……四四九
或然性的提高條件……四五四
關係的類比推理……四五八
第二十一章　譬與援……四六三
譬喻的形式與作用……四六三

同喻依與異喻依……四六七
譬喻的當守與當避……四七一
援的意義與性質……四七六
援與譬的分別……四八〇
援的功能……四八二
第二十二章　論證……四八七
指證與論證……四八七
直接論證與間接論證……四九一
理由的兩大要件……四九四
尋常與變異之不可互證……四九八
集體與個別之不可互證……五〇〇
可能與現實互證之可與不可……五〇三
第二十三章　辯論……五〇七
辯論的意義……五〇七
是非與勝負的不定一致……五〇九
辯論的任務與態度……五一三

辯論的先決要件……五一八
強辯……五二三
詭辯……五二六

大衆理則學

第一章　理則學的研究對象

理則學的定義

講述任何一種學問，開宗明義的第一件事，是要說明所講學問之爲何等樣的學問，亦卽要提出所講學問的定義。理則學的定義、古來各派學者所作的、紛紜複雜，互有同異，爲之斟酌損益以達於折衷至當，誠亦不失爲研究上的一件大事。但本書卑無高論，只想採取常識所許以供尋常日用，並不想成爲嚴肅的著作，所以只須提供簡單而易爲大家所接受的定義，亦就夠了。理則學所欲研究的、如衆所周知，是人們的思想。

思想是一種心理作用，自亦爲心理學所研究的一部分。思想雖爲心理學與理則學同取以爲研究的對象，但兩學所從事研究的方面有異，所採取的研究態度亦不相同。正因此故，理則學能保有獨立的地位，不會淪爲心理學的附庸。心理學的任務、在於闡明思想的結構如何，只要能把其實況一一揭露無遺，其任務便告完成，至於其結構的是好是壞，則非所問。因其所欲闡明的、只是實在情形，故其所執持以進行其研究的、是事實觀。又因其不問好壞，一視同仁，故其所執持的、是平等觀。理則學的任務則不然，其所欲闡明的、是怎樣的思想方可認其爲是，怎樣的思想只能認其爲非，揚其是者，抑其非者。因其有所評斷，有所抑揚，故其所執持以進行其研究的、是價值觀。又因其有所分別，不等量齊觀，故其所執持的、是差別觀。故欲爲理則學作一簡單的定義，可稱之爲研究思想是非的學問。

人們日常的思想、有是有非，不全部皆是，亦不全部皆非。其是其非、各有其致是與致非的因素。能把握住這些因素，只走致是的大道，不走致非的邪途，則思想自可日卽於是而遠離於非。故在實用的觀點下、可進一步作定義云：理則學是導人趨是避非的學問。

理則學直接領導思想趨是避非，亦間接爲言行樹立了取捨的標準。因爲人們除了無意識的動作與衝動以外，重要的言行、都經過思想的考核。欲有所言，欲有所行，思想認以爲可，始表現於外，思想認以爲不可，便夭折於內。故言行的是非、決於思想的是非。必先思想正確了，而後言行始會妥當，思想滯於邪僻，言行亦必隨以流於荒謬。故必認識地球之爲圓形，方敢欲赴西半球而向東飛行，不領悟利己之有賴於利人，便會孜孜害人以求利己。故此一學問、正如　國父所昭示，是「思想云爲之門徑」，旣足資以領導思想，亦足資以領導言行。

理則學是西文邏輯的譯名，創始於古代希臘。吾國古代亦早已有斯學的萌芽，先秦諸子、自孔子以下，凡學養高超者、對於思想問題，莫不有所貢獻，不過多少與精粗不盡相同而已。後世總括這方面的言論，稱之爲名學或名理。所可惜的、秦漢以後，繼起無人，未能發揚光大，未能蔚成一科條理井然別具異彩的學問。

理則學除了有希臘的邏輯與中國的名學二大淵源以外，還有一大淵源，就是印度的因明。因明的因字、是理由的意思，所以因明卽是闡明理由的學問。有所論斷，不論其爲主張或駁斥，都須擧示理由。理由正當，則其論成立，理由不正，則其論不能成立。若無理由可擧，則只是一種武斷，不成其爲有價値的主張或駁斥。

人人都會思想，而且除了睡覺以外，時時刻刻都在思想之中，忽而策劃工作與休樂時間的如何分配，忽而考慮某一戚友請托的如何應付。故若把思想二字用作通行的廣義，人人都是思想家，不當以在學術上有建樹者爲限。思想的天生本質、若只會趨於是，絕不會趨於非，則沒有用理則學來指導的必要。反之，若只會趨於非，絕不會趨於是，則理則學無所施其技。事實則不然，旣會趨於是，亦會趨於非，於是以領導人們趨是避非爲職務的理則學、便大有用處。所以爲人而不欲成爲錯誤頻繁的思想家，都應或多或少吸收些理則學的知識。

思想的意義

理則學的直接研究對象、旣是思想，在講述之始，自應就思想這一名稱的意義，作簡要的說明以劃定研究的範圍。在中國言語中，思字與想字、都用得很廣泛，因而其意義亦頗紛歧。如說：「思想起來，好不惱煞人也」，或說：「請你想一想，當時的詳細情形如何」，此中的「思想」與「想」、明明都用作回憶的意思，不是理則學所欲研究的對象。又如說：「視思明，聽思聰」，或說：「很想建立一番事業」，此中的思字與想字、都應解作期望的意思，亦不是理則學所欲研究的對象。必如「三思而後行」與「想想看，如何答覆纔妥當」，其所用思字想字、方合於理則學所說思想的意義。

試舉簡單事實為例，以說明思想之為何等樣的作用。初學識字的人、在教科書上識得了一撇一捺之為人字，及在他處見到同樣的字形，便亦識其為人字。此一作用、用成語來說，可以稱之為舉一反三。舉一反三、正是思想。每到冬季，看見梅花開放，現在冬季已屆，雖未往梅園觀賞，亦能想見其花或已盛開或正待放。此一作用、用成語來說，可以稱之為鑑往知來。鑑往知來、亦正是思想。

就上面所舉的實例施以抽象作用，去其偶具的繁雜情節，存其常具的簡要性能，亦即去其殊相，存其共相，便可以獲致思想一名所應有的概括意義。認識一撇一捺之為人字與認識二畫重疊之為二字、同屬舉一反三。今試捨棄一撇一捺、二畫重疊、人字、二字等諸般殊相，則所存者僅為即字形以認定其音與義的共相。預料一到冬季梅花的必然開放與預料一到夏季荷花的必然開放、同屬鑑往知來。今試捨棄冬季、夏季、梅花、荷花等諸般殊相，則所存者僅爲卽節季以料定各種花卉開放的共相。試更進而捨棄字形、字義、節季、花卉等諸般殊相，則所存者僅爲認定與料定。認定與料定、可以合稱爲論定，故論定是思想一名經過多層抽象以後所得的終極共相。故理則學上所云思想、意卽有所論定。

理則學上還有一個時常用到的名稱，叫做判斷，其義亦爲論定，但與思想一名所指的、有全與偏的不同。欲有所論定，必先有所辨別，有所比較，有所分析，有所綜合，經過了這些階段，而後始達於論定。思想指其全程而言，判斷則指其最後階段而言。

思想的功罪

思想的有無、是人與其他動物在性能上所由分的主要點，亦是人與其他動物在價值上所由分的主要點。中國的荀子與希臘的亞里斯多德有見於此，故同以能思爲人的特長。

在有些心理方面、其他動物的能力不無勝於人的。如就視覺而言，人在暗黑之中，不能有所見，而貓在暗黑之中，尚能捕捉老鼠。又如就嗅覺而言，警犬能依逃犯足跡所留的微臭，追踪而逮捕其人，常人憑物體的臭味，不一定能確實斷言其爲何物。在這些知覺方面、人的能力、遠不及貓與狗。高等動物如猿猴、多少已能思想，但至多不過具有微弱的萌芽而已，距成熟的階段猶甚遙遠，既不能有據此推彼的妙悟，更不能有巧奪天工的奇能，只會渾渾噩噩了其一生。

我們常說：人爲萬物之靈。究竟靈在何處？最中肯的答語、當爲靈在能夠思想。有了思想，方能有科學的產生，方能有技術的精進，方能創作各種制度，以維護社會的秩序，以鞏固人羣的安寧。總而言之，一切文化、莫不發源於思想。所以思想之足貴、眞是言語所不能形容得盡的。

思想能把人擡高到萬物之靈的地位，其功誠不可沒，但我們亦須牢牢記住而不容淡忘的，思想雖有其值得歌頌的一面，亦有其值得詛咒的一面。在思想這塊園地上，生有嘉禾，亦生有毒草，所以既爲幸福的充沛源泉，亦爲災害的豐富礦藏。正確的學理、固是思想的產品，力能推進人生日即於光明。荒謬的迷信、亦是思想的產品，在在阻礙有益事業的順利進行。古時如此，今世亦然。各種制度與風俗、莫不出自思想的創作，其善良者使人人同登樂土，其暴戾者使人人盡陷苦海。自古已然，於今爲烈。理則學是一架控制思想的機器，能使其在種福方面多多發展，在召禍方面儘量收斂。所以理則學確是一種至足珍貴的學問。

思想對象及其種類

每一思想、分析言之，一方面必有能思的主體，另一方面必有所思的客體。能思的主體是論定作用的發動站，所思的客體是論定作用的接收站。兩者全備，而後思想始成。沒有心理作用的泥沙、有心理作用而沒有論定能力的牛羊，不具充任能思主體的資格，故不能有所思想。其情形好像攝影機內未裝有膠捲，雖對準美麗的花叢，攝不到任何景象。有了論定的能力，若抓不到一件事情以供其論定，則空有作用而無內容，亦不能成其為思想。其情形好像攝影機內裝有膠捲，而對空開啓鏡頭，卒使膠捲一片漆黑，顯不出任何映像，不能完成其攝影的任務。故必能思與所思配合，而後思想始克成立。

所思的客體、通常稱為思想對象。思想對象之繁多、有非恆河沙數所能比擬。有形的物質現象、無形的精神活動、無一不得為思想的對象。甚至實無其事的，如龜毛、如兔角、亦得為人所思想。總之，有其事而為經驗所能及的，無其事而為幻想所能造的，都會紛然擠入思想對象的領域。常言所說的「想入非非」、正表示了思想對象之可能無奇不有。想入非非，不合思想的正軌，過份荒誕的事情、自非嚴肅的思想所當取以為對象。不過縱設藩籬以杜絕荒誕對象的侵入，其確實具有對象資格的、為數之多、依然不可勝計。

對象如此繁多，欲為之整理成若干種類，似甚不易。但誠欲化至繁為至簡，非無方便的法門。思想的論定、統而言之，不外二式：一為如此不如彼，二為應該如此不應該如彼。前者、如言：太陽東出西沒，不是西出東沒。後者、如言：為人應該忠厚，不應該刻薄。太陽東出西沒，其所論定的、是一件事實。為人應該忠厚，其所論定的、是一樁價值。思想的作用、既不逸出論定事實與論定價值兩途，則思想的對象、儘可總括為事實與價值兩類。分思想爲如此的兩類，既竭盡而無所遺漏，亦分明而不虞混淆。荀子正名篇論及名的效用時，嘗說：「上以明貴賤，下以辨同異」。同異正是事實的分別，貴賤正是價值的等級。故思想對象之分爲事實與價值，荀子早已有所提示了。此下試就此兩類對象、依據常識，簡述其分別。

事實

事實是自主的。此云事實、用作廣義，兼一切事情與物件而言。所謂自主、卽言事實本身有其獨立的存在，有其固具的性能，不是主觀的心理作用所能左右，不隨主觀的變更而有所移易。因其獨立固具，不受主觀的影響，故亦可稱爲客觀的。

客廳內的桌子、當我們看見或摸到的時候，固然存在，到了夜間，大家睡了，沒有人看見，沒有人摸到，甚至沒有人想及，依然存在，並不消失。由此可見：桌子自身有其獨立的存在，不因主觀的知覺與否乃至思想與否而異其存亡。桌子是長方形的，則我所見的是此形，你所見的亦是此形，任何人所見的莫不是此形。桌子有四足，則除了盲人看不見外，餘人都見其足有四。其形狀與足數、決不會因看的人不同而忽方忽圓或忽三忽五。至若蘭花的香氣，他人都能聞到，我患了感冒而聞不到，這是我的嗅覺因病受阻，並非蘭花本身獨獨對我個人停止其氣息的放射。由此可見：事實固具的性能、不因知覺異其主體而隨以變動。精神活動、同樣有其獨立的存在與固具的性能，在他人知及或思及時，如此，在他人不知及且不思及時，依然如此。

客觀的事實不會忽有忽無、以適應主觀的好惡，不會忽如此忽如彼、以滿足主觀的期望。一條溪水、阻住了行路者的前進，遭受了行路者的憎惡，但那溪水決不會爲了博人歡喜、一變而成平地，俾人易於通過。沙漠中的旅行者渴望發見一股清泉、以供飲用，但沙漠決不會爲了滿足他們迫切的期望、突然湧出泉水來。事實的存與亡及其性能的如此或如彼，絕不受主觀的影響，是純粹客觀的。

鑿井抽油，移山塡海，自屬事實現狀上的大變動。此種變動、好像出自主觀的影響，不屬於事實的自主。實亦不然。無井而變成有井，水域而變成陸地，誠係人力施爲的結果。但人力之所以能有如此的成果，只因順應了事實所固具的性能，若逆其性能，必不能收穫實際的功效。具體言之，必其事實具有可鑿性可抽性可移性可塡性，人力的施爲始能變更其現狀。故事實依然保有其自主性。又人的體力、亦是一種自然力，不像知覺感情那樣屬於主觀。以人力鑿井，雖出自主觀的策劃，但其直接作用、與置石於滴水之下任其滴穿，屬於同一範疇。故事實現狀的變更、依然保有其客觀性。

與價值並列而爲思想對象一目的事實，用作最廣義，不僅指示實有其事而可能爲人所知覺的事物，且亦包括記憶性的與想像性的。所謂記憶性的、卽言本有其事，已成陳跡，現在只存於記憶之中。歷史上的事件、如唐虞的禪讓、如明太祖的驅逐元人、卽屬此類。因其本屬事實，故應列入事實。所謂想像性的、卽言本無其事，出於想像臨摹事實之所造作。小說上的事件、如武松的打虎、如孫悟空的偸食仙桃、卽屬此類。因其爲事實的模擬，故亦姑稱爲事實。

價值

價值與大小方圓等性能有異，不是事物本身所固具，而是人所賦與的。因其不是固具的，故不是自主的，不是客觀的。因其爲人所賦與，故是所與的，是主觀的。

一張用過的舊郵票、在沒有集郵興趣的人看來，只是一張廢紙，沒有絲毫價值可言。在有集郵興趣的人看來，縱非珍品，亦覺得有予以收藏的價值。同此一物，只因主觀不同，其所評價值的正負、亦隨以相反。又有同此主觀、同此事物、只因主觀的心情先後不同，其評價隨以不同的。例如在寂寞無聊之際，有熟友某君前來閒談，天南地北，談與甚佳，因其正合解悶所需，所以甚表歡迎。異日有事待決，亟須靜靜思考，以免草率誤事，前日來談的熟友又來閒談，風趣猶昔，聽來却只覺得味同嚼蠟，非有他故，只因其與當時所需者背道而馳。

主觀不同，或主觀雖同，而心情不同，則所見價值亦隨以不同，此與性能之不隨主觀的變動而變動、大異其趣。桌子的長方形、無論何人，無論何時，看起來，總是長方的，不會因人而異，亦不會因時而異。其所以無變、出於長方這一性能之爲桌子所固具。價值、若亦如長方形，爲事物所固具，則在此人或此時爲正，在彼人或彼時亦當爲正，不會有變動的可能。今則不然，卽此足以見價值之非事物所固具了。

價值既非事物所固具，然則何自而來？一切價值、莫不來自主觀所賦與。主觀都懷有某種興趣，抱有某種欲望，總而言之，必有所要求，且卽取此要求以爲評判的標準，據以評判一切事實。事實而合於標準，則賦以積極的價值，不合標準，則賦以消極的價值。價值爲主觀所賦與，故是所與的而不是自主的，是主觀的而不是客觀的。各主觀所執持的標準、不定一致，同在一人，又非必始終執持一個標準。正因此故，事實本身未變，而所賦與的價值、彼此可以不一，先後可以不同。

價值是主觀所賦與，不是事物所固具，故就事物而言，根本不具有價值。此一道理、論語里仁篇所載孔子語：「君子之於天下也，無適也，無莫也」、早已有所透露。「無適也，無莫也」，卽言天下事沒有一件是無往而不可的，亦沒有一件事是無往而可的。莊子秋水篇說得更明顯：「以道觀之，物無貴賤」、謂就萬物本身作徹底的觀察，可見其既不貴亦不賤，根本不當用貴賤等字來形容。事物本身、正因無貴賤可言，在貴賤上、原是中性的，故得爲人賦與或正或負的價值，如淮南子齊俗訓說：「物無貴賤，因其所貴而貴之，物無不貴也，因其所賤而賤之，物無不賤也」。任何一物，着眼於能使其有所貢獻，則不得不賦以正的價值，着眼於不能使其有所貢獻，則只好賦以負的價值。能否有所貢獻，決於人的如何使用。正如呂氏春秋蕩兵篇所說：「善用之，則爲福，不能用之，則爲禍」。用得其宜，都能有所貢獻，用違其宜，都不能有所貢獻。故亦可說：任何一物，都是可貴的，同時亦都是可賤的。

價值之爲人所賦與且隨主觀的不同而異其正負，容或有人疑其不無例外，以爲至少如空氣、當爲其例外之一。空氣、無人不承認其爲有價值，且無時無刻不承認其爲有價值。其價值既屬常住，似可認爲空氣所固具。但若作進一步的探索，卽可發見此一懷疑的理由之有欠充實。空氣所固具的、只是維持生命所不可缺的那一性能。此一性能、正足以滿足人們共同而永恒的需要，纔爲人們公認爲有價值。故常住的價值、細究其來源，還是所與的，不是固具的。

思想種類

思想對象有事實與價值二類，其性質不同，因而論定事實與論定價值、其作用亦不盡同。爲了說理清晰起見，實有分別命名的必要。論定事實，擬依慣例，稱爲認識。論定價值，則別立一名，稱爲衡量。

認識

認識是以客觀事實爲對象的論定。廐內有馬而謂爲有馬，欄中無牛而謂爲無牛，這是有無方面的認識。馬之白者呼爲白馬，牛之黃者呼爲黃牛，這是性能方面的認識。謂馬與騾相似而非同類，這是同異方面的認識。謂馬爲四足獸的一種，這是關係方面的認識。其他方面、如數量、如方位、各有例可擧，不贅擧了。試觀上述諸例，不難看出；認識的主要任務、在於把客觀事實的眞相、表而出之，沒有偏差，沒有遺漏，不稍歪曲，不稍誇張。

認識爲了達成上述的任務，負有一種責任。荀子正名篇云：「知有所合，謂之智」。荀子此語、簡單扼要，引以爲認識所應負的責任，堪稱適切。「有所合」、即是合於對象。對象的性能如是，認識的內容亦如是，絲絲入扣，絕無參差，「有所合」的責任、方告完成。認識必須力求符合對象，故不得自作主張，設或自作主張，便失其爲認識。「有所合」、亦稱如實，謂與事實相一致。人們的認識雖力求如實，但失實的認識、所在多有。八公山上草木皆兵，通常稱爲錯覺的，正是失實認識的一種。此種認識既不如實，是否尚可歸入認識一類？草木皆兵這種錯覺、其結果雖失實，其目的本在如實。認識既可分爲正確的與錯誤的兩類，則錯覺自應歸入認識錯誤類，不當排諸全類以外。故如實是認識的理想境地，不一定是認識的現實境地。

認識的理想、既在如實，然則究應遵循何道，始能到達理想的境地？告子曾提示了一條正路，其說見於孟子的告子上篇。他說：「彼長而我長之，非有長於我也，猶彼白而我白之，從其白於外也」。其所云「彼」、指對象而言，其所云「我」、指主觀而言，其所云「外」、指客觀而言。其全文則謂：對象年長而主觀認識其爲年長，並非出於主觀的自作主張，正如對象白色而主觀認識其爲白色之出於順從客觀上的白色。故依告子所說，欲認識事實，必須尊重事實，順從事實，不可打如意算盤，強使事實屈己以從我。「從其白於外也」一語、是其主張的重心所在，故其認識學說可稱從外主義。告子此一主義、甚爲精闢，足爲自然科學奠定鞏固的基礎。後世的知識界因爲孟子反對其說，遂亦不細察其主張的眞義，隨聲附和，一筆抹煞，眞是學術史上一件很不幸的事情。

認識是理智作用。故理智愈發達，則認識亦愈精確而周到。理智以清明爲其主要特色，亦以清明爲其基本要求。故所云理智的發達，卽指其清明程度的增高而言。自古以來，學者都用明鏡以譬喻理智，因兩者的基本要求相同。鏡子一旦爲塵埃所蔽，明度便隨以降低，映像便隨以胡塗，精神上亦有塵埃。欲維護理智的清明，必須時刻留意掃除，以杜絕塵埃的積聚其上。認識結果所獲致的判斷，如太陽東出而西沒，因其以事實爲對象，故稱事實判斷。

衡量

衡量、卽是就價值的正負作適當的論定。價值之有待於衡量的、其方面甚多。有人格方面的衡量，如言：爲人必須忠厚，不可以刻薄。有教育方面的衡量，如言：人人都有接受教育的必要。有藝術方面的衡量，如言：音樂足以怡性逸情。有健康方面的衡量，如言：飲食應當有節制。其他方面、如經濟、如行政、如風俗、如習慣、莫不有愼加衡量的必要。衡量價值、卽是賦與價値，故衡量作用、正是賦與作用。

上面曾說：價值的正負、隨衡量主觀的不同、尤其隨衡量標準的不同而不同。詳言之，主觀與標準兩俱不同，則價值必異其正負。主觀雖同而標準不同，價值的正負亦不相同。主觀既同，標準亦同，或主觀雖不同而標準相同，則價值同其正負。故標準是衡量的靈魂。假若沒有標準，衡量作用勢且無從進行，價值正負勢且無從論定。標準何自而成？成自主觀的需要。每一主觀、各有多種需要，有一時的，有經常的，有精神方面的，有物質方面的，有個人獨特的，有與衆相共的。有了需要，必求所以滿足，而力能滿足需要的、必是該需要己身以外的事物。於是主觀遂取該需要立為標準，並審察諸般事物的性能，以期發見何者能予該需要以滿足，何者則否。審察的結果、孰能滿足與孰不能滿足，大致已成竹在胸。更進而加以試用，其能收預期成效的，則賦以積極的價值，其不能的，則賦以消極的價值。衡量始於需要的求滿足，終於滿足工具的論定。所以需要的滿足、可說是衡量的中心工作，亦可說是衡量的究竟任務。滿足需要、亦可稱成全需要，不使其長此空虛而不獲充實，故又可說：衡量的任務、在於有所成。

需要的滿足、有賴於外物為之服務。例如在寂寞之際，空坐而無所事事，勢且寂寞益甚，抓到一本書來翻閱，則可以解除無聊。此即閱讀為之服務而解悶的需要賴以滿足了。就此一例而言，衡量似乎取決於客觀。但若進一步觀察，即將見其不然。同此外物，對於同類需要，未必能發揮同樣的效果。讀書與趣濃厚的人，一卷在手，固可解除寂寞。沒有讀書興趣而以遊蕩爲樂的人，勉強閱讀，反增厭煩，必須出門玩樂，始足解除煩悶。讀書之能否解悶，因人而異。由此可見：需要之應賴何事以滿足，其選擇決定之權，完全操在主觀之手，客觀是無能爲力的。

有所需要而求滿足，心情必隨以緊張，其緊張程度，則依需要的強弱而異。需要強烈，則可能緊張到抑鬱痛苦，需要柔弱，則可能僅僅微感不安。尋求滿足而尚未獲得滿足之道，心情必且繼續其不安。及既得滿足之道，心情始獲鬆弛，恢復其平靜的常態。衡量始於緊張，終於鬆弛，一直與情意相伴，故就其主要形態而言，應歸入情意作用之列。衡量結果所論定的，如言：爲人應當忠厚，不可以刻薄，因其以價值爲對象，故稱價值判斷。

思想與言語

思想，生長於心中，進行於心中，結束於心中，既無形，亦無聲，所以只能爲思想者本人所意識，不能爲他人所見聞。人們的思想，既不能直接互通，唯有借助其他事物以求間接相通。人們傳達思想，有多種工具可資利用，其最方便而能盡職的，要算言語，他如表情手勢等，不過從傍略事幫助而已。思想與言語，關係非常密切。思想不特藉言語以傳達，且亦藉言語以進行。西方古哲曾說：思想是無聲的言語，言語是有聲的思想。此一描述，把兩者間的密切關係，表現得很確當。我們有所思想時，試自加省察，一定覺得：口中彷彿念念有詞，且其所默語的卽是其心中所思的，雖非肉耳所能聞，却爲精神的耳朵所能清晰聽到。故思想之爲無聲的言語，不是僅僅一句虛語而已。

思想與言語、兩相平行，所由以表現的形式、亦復相同。「馬是四足獸」、是思想，亦是言語。當作思想看，則稱之爲一個判斷，其成分「馬」與「四足獸」則稱爲兩個概念。當作言語看，則稱之爲一句話或一個語句，其成分則稱爲兩個名稱。在通常的理則學教本中，概念與名稱、往往用作同義，不加嚴格分別。務求通俗化以供尋常日用的本書，對於此等分別，自亦無意注重，如「馬」、如「四足獸」、時或稱爲名稱，時或稱爲概念，各適其便而已。不過思想與言語的分別、在枝節上雖無意注重，在根本上却亦不完全忽視。所以說及理則學的研究對象，必擧思想，未嘗擧言語以爲替代。

第二章　思想的是非

理則學、如上章所述，是研究思想是非的學問，說得更具體而實用一點，是指導人們趨是避非的學問。理則學既以指導人們趨是避非爲任務，則所謂是非、其意義如何、應先有所點明。是非的意義不明，則趨避的方向難定，更何指導之可言！

是非的有無

更進一步言之，欲問是非的意義如何，應當先問是非的有無。必有是有非，方能指出如何情形之始可謂爲是，如何情形之只能謂爲非，爲之作清晰的分別。倘然根本上無是無非，則皮之不存，毛將焉附，還說什麼是非的意義！正如張三李四實有其人，始有德行與事業，足以供人品評。若如烏有先生本無其人，自無任何行誼之可言。故在研討是非的意義之前，有一述是非有無的必要。

在實際的思想界中，下自最低階層的通俗社會，上至最高階層的學術社會，徹上徹下，都有人主張是非的實有，亦都有人主張是非的實無。其是非有無的說法、大抵出以是非有定無定的形式。是非無定、卽言是非是變動不居的，這一部分人所認以爲是的、另一部分人往往認以爲非，今日所認以爲非的、明日又往往認以爲是。是者不終於是，可以變而成非，非者不終於非，可以變而成是。是與非、可以互相轉變，則是者不能稱之爲是，非者不能稱之爲非。故是非無定，即成了無是無非。是非有定、即言是非是一成不變的。大衆所認以爲是的、少數人不可能認以爲非，今日所認以爲非的、明日不可能認以爲是。是者終是，不會變成非，非者終非，不會變成是。是非不能互相轉變，故是者只能稱之爲是，非者只能稱之爲非，是非有定，即成了有是有非。

是非無定說

在通俗社會中，是非的難有一定、是一種非常通行的看法。俗語云：「公說公有理，婆說婆有理」。這兩句話的流行、正證明了一般人之持有是非無定的見解。「公說公有理，婆說婆有理」、謂同此一事、男方主張如此處理，固屬有理，女方主張如彼處理，亦非無理，各有是處，兩不可非。語中雖用有公婆字樣，但此二語通常適用得很廣，不以適用於夫婦間的爭論爲限。公婆二字的適用範圍大大擴張，擴張到可以代替彼此二字。遇見兩人各執一見而相持不下，都可持此二語以充評論，以從事調解。人們之所以樂於引用此二語，固因贊同其是非無定的基本含義，此外亦因其尚有別的方便。方便有二：一便於躲懶，二便於無所得罪。是非而成兩相爭論的問題，一定不是不費思考而甚易解決的。今評爲各有是處，則可以免除自家思考之勞。且評其一爲是而評其他爲非，勢且見怨於所非的一方，今評爲兩是，則可兩不招怨。

在學術社會中，古今中外、各有不少著名的學者、主張是非之無有一定。在我們中國，道家的莊子是一位重要的代表，他在齊物論內有如下的一番話：「既使我與若辯矣，若勝我，我不若勝，若果是也，我果非也邪？我勝若，若不吾勝，我果是也，而果非也邪？其或是也，其或非也邪？其俱是也，其俱非也邪？我與若不能相知也，則人固受其黮闇。吾誰使正之？使同乎若者正之，既與若同矣，惡能正之！使同乎我者正之，既同乎我矣，惡能正之！使異乎我與若者正之，既異乎我與若矣，惡能正之！使同乎我與若者正之，既同乎我與若矣，惡能正之！然則我與若與人、俱不能相知也，而待彼也邪」。是非的無法確定、說得非常明顯而有力，試摘述其大意。你我二人相與辯論，其中一人勝而一人負，難道勝者必是而負者必非，不會勝者非而負者是，不會勝者負者俱是俱非！這不是你我兩人所能裁決的。請別人來裁決吧！所請的人、若其所懷抱的意見、或同於你，或同於我，或與你我皆異，則其所裁決的、又豈能必是而無非！故亦沒有充任裁決者的資格。

儒家學說中、亦有言論，似乎與是非無定說可以相通。易經繫辭上傳云：「仁者見之謂之仁，知者見之謂之知」。揣其所說，殆謂仁者與智者同見一事，仁者爲其特別重視的仁所蔽，一律認其爲屬於仁，智者爲其特別重視的智所蔽，一律認其爲屬於智。仁與智、本非同義，本不同類，天下事物本不免有屬於仁而不屬於智的，亦有屬於智而不屬於仁的。因而一律謂爲屬於仁與一律謂爲屬於智，應當各有是非。今作傳者的口氣、未責仁者與智者含混不分，似乎默許屬仁屬智爲都無不可。

是非無定說不是漫無依據而信口胡謅的，有着甚多確鑿的事實爲之支持。縱觀世間，不但關於複雜的事情，人們的意見易趨於紛歧，就連很簡單的事情，人們的意見亦往往不相一致。家中訂閱報紙，家人之中、有主張訂閱甲報的，有主張訂閱乙報的。同學們商討假日休樂的節目，有人主張郊遊，有人主張參觀博物院，有人主張召開座談會。談到社會問題，人們的主張紛歧更甚，竟有背道而馳的。一個青年學子在學校內偷竊了同學的金錢，有人以全部罪責歸諸犯罪者個人品性的不良，有人兼責家庭敎育與學校敎育之未能善盡職責，有人則完全寬恕青年個人，而以全部罪責歸諸社會的不健全。父母患了嚴重的傳染病，爲子女者不忍送入隔離醫院，留在家中療養，以期便於侍奉，有人譽之爲純孝的擧動，有人斥之爲至愚的行爲。其他類似的情形、幾於觸目皆是。至於學理上的歧見，更是一切學術所通有，所以學者之間、時有學理上的論戰，在學術突飛猛晉的時代，論戰尤盛。

是非有定說

在通俗社會中，是非有定說亦通行得很廣，執持得很堅。其通行之廣與執持之堅、亦有流行的俗語爲之證明。俗語云：「正理一條，蠻理千條」，謂關於某一件事情的應當如何處理，雖此人有此人的說法，彼人有彼人的說法，或大同而小異，或大異而小同，或盡異而無絲毫相同，說法之多、可以多至不可勝計。但在這許多道理之中、其說得通、站得穩、有大利而無小害的、只有一條，亦卽堪稱正理而足爲大衆奉行的、只有一條。其餘諸般說法、或不順正義，或利少害多，只是蠻理而已，應爲大衆所唾棄。其主張定於一尊，表示得非常堅決。有定說與無定說、其內容正相反，本沒有並立的可能，但在通俗社會中，其壁壘未必能保有應有的森嚴。儘有同此一人，有時採取無定說，有時則採取有定說，一依便於己用爲依歸。大體言之，遇到他人爭論，而自己處於從傍調解的地位，則採取無定說，以勸人息爭。若自己爲爭論的當事人，則採取有定說，因爲必須是非有定，自己始有與人爭是的權利。

在學術社會中，主張是非有定說的學者，多於主張是非無定說的學者。就中國而論，在先秦時代最具勢力的學派、儒家與墨家、都抱有是非有定的意見，且兩派的學者時常互相非難，故莊子在齊物論內說道：「故有儒墨之是非，以是其所非；而非其所是」，頗嫌兩家的多事。不過儒家墨家雖以是非有定爲基本見解，却視爲理所當然，無煩贅說，故未作特別的表示，僅於擧示辯論的功用時說及其有此功用而已，如墨子小取篇所說的「夫辯者、將以明是非之分……」。主張是非有定說的學者中，有人評是非無定說爲自殺主義，借助於反對說的必然自行毁滅，以反映己說的無可訾議。關於此一評論，因明所說、簡單扼要，可予引用。因明擧有多種思想過失，其中之一爲自語相違，謂其所以成爲過失的因素、存於其語自相矛盾之中。因明說此過時，嘗以「一切言皆妄」爲例。「一切言皆妄」、正表示了一切是非的無定。因爲只要世間有少數的是非有定，便至少會有一部分言論眞而不妄，不會無一不妄。今言「一切言皆妄」，於「言」上冠以「一切」，表示其爲括盡世間所有的言論，不許有一言的遺漏。然則「一切言皆妄」這句話本身、亦當爲其所包括而爲「一切言」的一分子。於是便發生嚴重的問題：一切言論、其內容既皆虛妄，然則爲其一分子的「一切言皆妄」這句話、究竟是眞還是妄？依理而論，可作的答語、當不外二途：一爲此語不妄，一爲此語亦妄。若以前者爲答，則一切言中、至少有一言不妄。既有一言不妄，可見其非語語皆妄，而「一切言皆妄」這一句話、便不攻自破了。若以後者爲答，與原主張的口氣相符，似乎不會有所牴觸了。試實亦不然。謂「一切言皆妄」這句話亦妄，等於不承認這句話所說內容之合於事實。試問：如何始可不承認其內容合於事實，必因至少有一部分內容是不妄的。故以「亦妄」爲答，與以「不妄」爲答，同樣足以暴露原主張之不能成立。總之，此一主張、充滿着內傷，不待外力侵襲，自己卽會毀滅自己而有餘。

是非有定說亦有既廣且深的事實基礎，試引一二衆所周知的以資說明。二加二，等於四，此一道理、可說是古今中外大家所公認。草昧時代的先民、如何想法，不可得而知。自有文字記載以來，似乎未嘗有人主張二加二之不等於四。此一道理、又無處不可適用，無事不可適用。在地球上，二加二，等於四，在地球以外，二加二，亦等於四。

計算零星的賬目，要適用此一道理，研究深邃的學問，亦要適用此一道理，不因所計算所研究的深淺不同而有所異。智慧未成熟的幼童與白痴的成人、固可教以二加二之等於三或等於五而使其深信不疑，但縱有如此思想荒謬的人，二加二等於四之爲唯一正確的道理，決不會因而動搖。從前的人都相信：地是靜止的。當地動說初出現的時候，世人莫不驚駭，教會尤視爲異端邪說，禁絕不遺餘力，對於主張新說的人，甚至加以慘殺。在當時、地靜地動、各有人主張，互爭不已，可謂是非無定。但時至今日，古人所努力擁護的、無人不知其爲非，古人所竭力摧殘的、無人不知其爲是，是非經已確定，不復如當初的是非無定了。一部科學發達史所記載的、無非舊說新說的互爭是非與舊說的終爲新說所取代，亦即是非的終趨於一定。

現況上的無定與本質上的有定

是非無定說與是非有定說、各非無所依據的空言，各有其確切的事實基礎。因其各有事實的基礎，理應予以同等的重視，不當濫用武斷態度隨便抹煞其一方，有定與無定、兩正相反，依理不當許其並立，却應採取其一而捨棄其他。於是有定與無定之間、應否有所取捨以及如何取捨，不免面臨了兩難的境地。兩種說法、任其相反而不加取捨，理論上頗難說得過去。不能覓得一種取捨標準、其力強過事實基礎，而輕言取捨，理論上亦不可通。

兩有質礙，然則此一問題終於無法解決嗎？此亦不然。設或相反的兩說、其所肯定與所否定的、雖屬一事，但其重點不同，則應當視爲並未構成眞正的相反，並當劃定範圍，分別論定其是與非，不當作概括的取捨。試本此義，一察有定無定的眞面目，以見其兩不相妨。

是非無定說的定字、其義着重於大家公認而無異議。必須是個個人所一致承認的，方得稱爲有定，只要有一二人提出異議，便成無定。連二加二等於四那樣簡單而不可移易的至理，猶可教白痴作不等於四的想法，試問：天下還有何種思想能令人不發生異議！故是非的無定、可說是必至之勢。我們於此有必須注意而不可忽視的，此種無定、是就世人思想的現實狀況統計所得的結果，與思想的本質無關。

是非有定的定字、不指思想現況上的一致，是就思想的本質說其不得不出於一。例如二加二，縱或有人謂其等於三或等於五，然就二加二的本質而言，無論如何，不能不等於四。其等於四、出於該項思想本身的不得不然，不受事實上思想一致與否的影響。是非在思想本質上的不能無定，如就事實判斷而言，只要一想其原來所應負的任務，卽可了然。事實判斷以如實爲任務。所以實在世界中的馬而是動物，我們便不得不說：馬是動物。若作他說，便不能如實而失其爲正確的思想。故是非的有定、又可說是當然之理。

綜上所述，若把思想分析爲現況與本質兩個方面，則在現況方面，是非的無定、屬於必至之勢，不容抹煞，在本質方面，是非的有定、屬於當然之理，不容否認。若不分清楚，就思想現況而謂其是非有定，就思想本質而謂其是非無定，則全無是處了。本質上原屬有定，到了現況上之轉成無定，其故不一。試舉常見者數則爲例，以見現況上無定之不妨礙本質上的有定，並以見現況上無定之終且歸結於本質上的有定。

眞相未明

不常見的事物、未曾見過的事物、其情形如何、自非人們所能知道。故此等事物、可稱眞相未明。但人是富於好奇心與求智慾的，對於不知道的事物、不甘終於不知，縱使無法詳知，多少知道一點，纔肯安心。於是本其既有的知識，逞其想像的能力，作各種不同的猜測，有人謂其如是，有人謂其如彼，形成了是非無定的狀況。數年前報紙喧傳的飛碟事件、可引以爲一例。據報紙所載，世界上有好幾批人，在不同的地方，發見空中有飛行物體，其狀如碟。發見的人、解釋不一，有解釋爲自然產品的，有解釋爲人造器物的，甚且有人推想其爲來自天外的。是是非非，殊不一致。假使當時能捕獲其一具，就以作仔細的觀察，則其究爲何等樣事物，立可分曉，是非亦歸於一定了。他如我們生息其中的這座偉大精巧的宇宙、有人以爲是自然形成的，有人以爲是大智慧體所創造的，於是有無神論與有神論的對立。天地間存在的事物、雖森羅萬象，大別之，不外精神與物質二類。宇宙本體、有人以爲屬於精神，有人以爲屬於物質，於是有唯心論與唯物論的對立。實則以我們今日的智慧程度言，有神與無神、唯心與唯物、超越我們的理解能力，尙屬眞相未明。他日智慧更升高若干層，或能洞見一切，而無定的是非亦可隨以轉趨於有定。

智愚異見

俗語說得對：「人心不同，各如其面」，人的心理、在任何方面，各有或多或少的不同，沒有完全相同的。智愚的不同、尤爲顯著，天生的智慧、有高有低，學得的知識、有多有少。在各種不同的心理之中，其影響是非甚廣且深的，自當首推智愚的不同。愚者所是的、固甚多爲智者所非，智者所是的、亦不少爲愚者所非，遂形成智愚間是非的異途。遇到生病，智者認爲出於病菌的侵擾，遂服藥打針，以扼殺病菌爲急務。愚者認爲邪鬼作崇，於是求神明保佑，延道士作法，以驅走邪鬼爲急務。鄉間遇有物質建設的創議，如修路，如築橋，智者知其有利於經濟的繁榮，贊助不遺餘力，愚者懼其破壞風水，阻撓唯恐後人。在耕者有其田政策施行之初，有一部分地主，一方面爲私利所蔽，一方面不識得此舉之足以消滅貧窮，安定社會、乃至堵塞亂源，不無表示反對的。

智愚的異見、可以包括許多種類的是非無定。如古今的是非不一，如學者與常人間的所見不同，求其所以不一不同而爲之歸類，都應歸入智愚的異見。因爲古人之所以主張地靜、出於當時知識水準的較低，後人之所以知道地動、緣於後來知識水準的提高。常人之所以認鯨爲魚、因爲所知較淺，止於表面觀察的所得。學者之所以認鯨爲哺乳動物、因其作了深入內部的研究，其所知較多。所以智愚的異見、是是非無定的一大淵源。正唯是非的無定、來自智愚異見者、其數甚多，所以只要知識水準逐漸提高，無定的情形自會逐漸削減，現況與本質終且有合而爲一不復參差的可能。

一偏與全局

你我各見到全局中的一部分，自己又都能承認所見到的之僅爲局部的情形，則各屬正確的認識，不會引起是非的紛爭。若你我所見、實際上各是局部的情形而自以爲全局如此，各是其是，各非其非，則本來用不到爭的紛爭、便隨之而起了。佛經中盲人摸象的比喻、可引爲此一情形的寫照。涅槃經云：「有王告大臣：汝牽一象來，示盲者。衆盲各以手觸。大王喚衆盲問之：汝見象類何物？觸其牙者言：象形如蘿菔根。觸其耳者言：如箕。觸其脚者言：如臼。觸其脊者言：如牀。觸其腹者言：如甕。觸其尾者言：如繩」。王所問的、是全象的形狀，衆盲各舉其手所觸知的以爲答覆，正表示其各據一偏以爲全局。青年學生有了偸竊的行爲，一般人所作評論、亦時有類此的情形。或專責該生品性不良，或專責家庭管教不嚴，或專責學校訓導不善，或專責社會誘惑太強，對於同應負責的其他因素，一概視爲與其罪行無關。僅見一偏而各自詡爲見及全局，則是非自難有定。一旦覺悟，能各還其一偏之見的本來面目，則是非又不能無定。荀子評論諸子，嘗責他們犯了見一偏以爲全局的毛病。試以評論墨子者爲例，天論篇云：「墨子有見於齊，無見於畸」，解蔽篇又云：「墨子蔽於用而不知文……故由用謂之，道盡利矣」。

期待與敍述

有些現況上的是非無定，起於期待語與敍述語的相混而未能分淸。期待語所欲表示的、說得強烈一點，是心中的要求，說得溫和一點，是心中的希望。所期待的、縱非世間所絕無，必為世間所少有。若已多有，復何所期待！敍述語所欲表示的、是如此或不如此，至其是否合於期待，則非其所欲斷言。此二種語、其用意既甚不同，其表示方式亦應有異。必如「為人應當忠厚」，其期待語氣始能表示得很明顯。若只說：為人忠厚，其敍述語氣頗強，人們聽了，很易解作敍述語，不易解作期待語。但實際說話，大抵為了簡潔，往往不把兩種語氣的不同在字面上充分表示出來。社會上流行的成語之中，有「渴不飮盜泉水」，又有「饑寒起盜心」。此二語、其意義有些相反，難於並存，不免呈現出是非無定的情形。但此二語、絕非同類。「饑寒起盜心」、只可解作敍述語，謂社會上甚多此類事實，不能解作期待語，因為不會有人期望饑寒交迫的人起而為盜。「渴不飮盜泉水」、不能解作敍述語，因為渴極的人、見水即飮，無暇追究其為盜泉與否，只能解作期待語，勉勵人們在渴極之時亦當拒飮盜泉的水，以示對於盜賊的深惡痛絕。二語既不同類，自無抵觸可言。就事實而論，饑寒確會起盜心，就理想而論，渴極確亦不當飮盜泉水。故期待與敍述、一經分淸，是非的無定、亦必隨以消失了。論語里仁篇載：「君子無終食之間違仁」，憲問篇載：「

君子而不仁者有矣夫」。若此二語同解爲敍述語，則孔子思想中亦存有是非無定的顯著跡象。若僅將憲問篇所說解作敍述語，另將里仁篇所說解作期待語，則正因君子中有不仁的，所以要求君子時時刻刻守住仁，照應旣密，是非亦可有定了。故期待與敍述的分別、頗關重要，不可忽視。

是非異所

又有些現況上的是非無定，起於異所是非之不守本所而從事於游離。是非異所，謂思想或道理、各有其有效的適用範圍，或廣或狹，相距甚遠，但其受有範圍的限制，則無不同。例如二加二之等於四、其有效範圍至廣，可以適用於一切事物之上。孔子之爲聖人、其有效範圍至狹，只可適用於孔子個人之上。大多數的思想、其有效的適用範圍、散居在此至廣與至狹之間。思想處於其有效的適用範圍以內，只會是，不會非，跨出了有效的適用範圍而闖入了不能適用的範圍，只會非，不會是。故大多數思想、通各所而混言之，有時是，有時非，分各所而別言之，則是者終是，非者終非。例如在平地上、水熱到攝氏一百度，便會沸騰，所以通常以攝氏一百度定爲水的沸騰點。此一道理的成立，以平地上的經驗爲基礎，故其效用、亦以平地爲範圍。到了高山之上，空氣稀薄，水的沸騰點不復與平地上相同。故攝氏一百度之爲水的沸騰點，適用於平地則必是，適用於高山則必非，不問高山與平地而到處適用，則是非無定。他如格言中之「百折不撓」與「回頭是岸」、亦有同樣的情形。這兩句格言、意義相反，用得其當，各可以招致甚大的福利，用失其當，各可以招致甚大的災害。「百折不撓」、只可適用於正大的事業，俾善事終有成就。「回頭是岸」、只應適用於邪僻的事業，俾惡事終必無成。若反其道而用之，善事勢且日就枯萎，惡事反得日益繁榮。故是非異所，有其辨明的必要。

理則學上的是非

依上所述，關於是非的有無、世間有兩種說法：一爲是非無定說，一爲是非有定說。是非無定說、主張無是無非，是非有定說、主張有是有非。這兩種說法、主張相反，不能並立，然則理則學究應何所取捨？理則學只能取有定說，不能取無定說。其故有三，或基於是非的本質，或基於理則學的任務。

是非無定說所依據的事例、於並世的是非異見以外，有人兼取異時的是非異見，如地靜說與地動說。實則異時的是非異見不足爲是非無定的適例。因爲就地靜說而言，在該說盛行的當時，無人謂其爲非，時至今日，則無人謂其爲是。昔是今非，其是非都是確定的，不是無定的。至於並世的是非異見，如前已述，都是現況上的無定。其所以無定、或出於思想者智愚的不同，或出於誤信一偏以爲全局，或出於期待敍述之未能分清，或出於是非異所之忽視其所。這些現況上的無定、都無礙其本質上的有定。只要把這些引起無定想法的心理缺陷一一廓清，本質上的有定、即可顯露出來。故有定是眞相，無定只是假相。理則學之所以採取是非有定說、此爲其第一故。

如上章已述，思想分二種：一爲認識，一爲衡量。就認識而言，其任務在於有所合。故只要能有所合，便已是了，只要不能有所合，便已非了。不會既能有所合同時又不能有所合，故不會既是又非。就衡量而言，其任務在於有所成，卽在於論定某一事物之能否滿足某一標準所揭示的需要。能滿足，便已能有所成而是，不能滿足，便已不能有所成而非。不會能有所成又不能有所成，故不會又是又非。人們對於同一事物所賦與的價值、誠可能先後不相一致，或先正而後負，或先負而後正。但其先後不同、必出於衡量標準的有所變動。標準一經變動，實已成立了另一新的衡量作用，不復是原來的那一衡量。凡屬同一衡量，是者必是，非者必非。理則學之所以採取是非有定說、此爲其第二故。

理則學的任務、亦如上章所述，理論上、在於分辨是非，實用上、在於指引人們趨是避非。依照是非無定說，是者不定是，亦屬於非，非者不定非，亦屬於是。是亦非，非亦是。是非相兼，則分別是非，豈不成了無意義的打算！又若是非相兼，則趨是卽是趨非，避非卽是避是。趨於此者避於彼，避於此者趨於彼。一趨一避，相與抵銷，白費精力，終於無所趨避。如此，則趨是避非，又有什麼意義！故理則學而採取是非無定說，等於自掘根基，自取毀滅，勢且覓不到容身之地。必是非有定，是者不非，非者不是，而後始有是非可以分別。又必有是非可以分別，而後趨是避非、始成可能之學。理則學之所以採取是非有定說、此爲其第三故。

第三章　是非的類別及其相互間的關係

是非的類別

有是有非，而後有是非的意義可言。上章已肯定了是非的實有，此下當進而說明是非的意義。是非不止一類，是非的意義隨類別而有不同，故亦不止一類。故欲說明是非的意義，應當從是非的類別說起，類別既明，意義亦隨以顯，故說類別，即所以說意義。思想的是非、依照通常的說法，初分形式上的是非與實質上的是非，繼於實質上的是非分爲認識上的是非與衡定的是非。

形式與實質

任何事物、一方面有其形式，另一方面有其實質，二者不可缺一，但二者不同其類。形式是表現於外的狀態，實質是結構於內的材料。此一分別、在物質的事物上表現得最爲簡單而顯明。試擧一例，俾於理解思想方面形式與實質的分別上，用爲參考。

有若干枚糰子於此，其狀圓而稍扁，這是糰子的形式。有的是麵粉做的，有的是米粉做的，有的是豆粉做的，這是糰子的實質。這些糰子、形式相同，實質各異。一團麵粉、可用以做包子、可用以做方糕、可用以做餃子。麵粉是包子等的實質，圓的、方的、長的、是包子等的形式。這些包餃、實質相同，形式各異。故有形式相同而實質不同的，亦有實質相同而形式不同的。形式與實質、事實上雖同居一物，理論上可以分別探討。

思想亦有形式與實質。形式是表現於外的狀態，故就思想而言，亦可說是用以論定的。實質是結構於內的材料，故就思想而言，亦可說是就以論定的。今欲論定某物之有某種性質，如馬之有動物性，則取「甲是乙」爲形式，用以論定，取「馬是動物」爲實質，就以論定。「甲是乙」這一形式、可以廣泛適用，可用以論定馬之有動物性而說「馬是動物」，可用以論定梅之有植物性而說「梅是植物」，亦可用以論定銅之有礦物性而說「銅是礦物」。在這些例中、形式相同，實質各異。同此實質，如馬之有動物性，可用「甲是乙」的形式來論定，謂馬是動物，可用「甲莫不是乙」的形式來論定，謂馬沒有不是動物的，亦可用「倘是甲則必是乙」的形式來論定，謂倘然是馬則必是動物。在這些例中、實質相同，形式各異。統而言之，有形式相同而實質不同的，亦有實質相同而形式不同的。故形式與實質、就其相互關係言之，不能互離，有形式處，必有實質，有實質處，必有形式，就其存在實況言之，則可以互易，同此形式，可以用於此一實質上，亦可用於彼一實質上，同此實質，可出以此一形式，亦可出以彼一形式。

正似

形式與實質、各有是非，其是非的性質、各有多少的不同。現在分別命以不同的名稱，以見三種是非各具的特性，以顯三種是非各異的意義。先說形式上的是非。此種是非、採用因明的用語，稱其是者爲正，稱其非者爲似。形式是思想所用以論定的，亦卽是思想所由以進行的，故形式含有思想路線的意義。路線有正岐之分。走上了正路，則順利而迅捷到達目的地，走上了岐路，則目的地不能順利到達或終不能到達。

肯定與否定、是思想基本形式的一種，通常稱之爲性質方面的形式。肯定則言「甲是乙」，否定則言「甲不是乙」。應肯定而肯定，應否定而否定，則正，反之，則似。例如欲論定馬之有動物性，自應出以肯定的形式而說「馬是動物」，不應出以否定的形式而說「馬不是動物」。此理甚明，用不到贅說。

思想於性質方面有其基本形式以外，在數量方面亦有其基本形式，卽通常所說的全稱與特稱。全稱、謂主詞所指的事物全部如此或不如此，特稱、謂主詞所指的事物只有一部分如此或不如此。全稱的實例：如言「一切馬都是動物」或「一切馬都不是植物」。特稱的實例：如言「有些馬是駿馬」、「有些馬不是駿馬」。「一切」與「有些」、是表示數量的附加語。在作理則學的正式處理時，此類附加語必不可省略。因爲有許多是非與數量有關。但在尋常說話時，數量的附加語往往略而不說，全稱判斷尤多此種情形。不過字面上雖不明白說出，意義上總不能沒有數量的分別。其不帶數量附加語的、我們總將其解作全稱判斷，不解作特稱判斷，此可於日常談話中見之。假如我說：「馬是白的」，友人必且質詢道：「馬都是白的嗎?」，我便不得不承認自己用字有欠周密。何故會有如此的質詢與認錯？無非因爲大家在根本上都認定不帶數量限定語的判斷、都是全稱，不是特稱。事實上的馬有白有不白，今竟出以全稱的口氣，不得不斥責其形式適用爲未得其正。故嚴格言之，判斷而不帶數量的限定語，其形式只應謂爲似，不當謂爲正。

推理時，自理由出發以步入結論，其間亦有若干形式，必須謹守。試舉一二主要原則，以見其例。不論直接推理或間接推理，只許結論把理由中所隱攝的、推而顯之，不得有所增益。理由中所隱攝的、若爲百分之八十，則結論以說到百分之八十爲最高限，說得不及限度，如僅說百分之六七十，則可，說得超過限度，如說到百分之九十乃至百分之百，則斷斷不可。故結論之於理由、只許如量或減量，不許溢量。間接推理，謂未能直接知道甲乙二事間的關係，乃覓取與甲乙各有關係的第三者的丙，藉其媒介，以探索甲乙間的關係。故在間接推理中，媒介者負有最重大的責任。因其責任重大，故求其必須統一，只許由丙一種事物獨任，不許由丙丁兩種事物分任。推理如量而不溢量，媒介者確爲一事而非二事，則形式在此一部分上是正的，反之，則似。

言論的整段或整篇、形式上所最應重視的、爲前後符順而沒有自相矛盾的痕跡。此一境地、不是輕易所能到達，必須出以審愼而不稍疏忽的步履，方克接近。現在引述一段說理未能充分符順的實例，以資大家警惕。有一位國學大師，在其近作論仁的文章內，推崇孟子所說的「惻隱之心、仁也」，並依孟子的說法，把「惻隱之心、仁也」解作不忍人之心、仁也。對於不忍人之心、讚美備至，謂其不挾私意，動機最爲純潔。但亦採納一般的說法，謂婦人之仁雖亦屬一種不忍人之心，終不得謂爲仁。這一番言論，在形式上、實難謂爲正而不似。因爲謂不忍人之心盡屬於仁與謂婦人的不忍人之心不屬於仁、兩相矛盾，不能並容。若欲轉似爲正，唯有將孟子的原語改爲：仁是不忍人之心，則倒過來說時，不忍人之心不盡屬仁，與婦人的不忍之不得謂爲仁、方可融洽。但如此改作，是否爲孟子原語所能許、又不免大成問題了。

眞僞與善惡

實質上的是非有二：一爲認識上的是非，另一爲衡定的是非，二者的意義、不相一致。現在先說認識上的是非。

認識上的是非、依照用語慣例，應當稱爲眞僞，是者稱爲眞，非者稱爲僞。認識的任務、在於有所合。合於什麼?合於認識所取爲對象的事實。故有合與否、即是眞僞所應具的意義，亦是眞僞所由分的標準。認識而合於事實，則爲眞，不合事實，則爲僞。認識結果所得的事實判斷、其眞其僞、一如認識作用本身。馬之具有動物性、是一件事實。今言「馬是動物」，正合於事實，故此一肯定判斷是眞。若說「馬不是動物」，不合於事實，故此一否定判斷是僞。馬之不具有植物性、亦是一件事實，故判斷若出以肯定的形式而說「馬是植物」，則僞，因爲不合事實。必出以否定的形式而說「

馬不是植物」，始眞，因其合於事實。所以眞僞不是肯定否定所能表示，要在事的有無與肯定否定的關係上方能表示出來。有其事而肯定，則眞，有其事而否定，則僞，無其事而肯定，則僞，無其事而否定，則眞。

眞與僞、按其原義，只是認識作用與事實判斷的形容語，但在日常用語中，竟有用於事物本身上的，如言眞珠假珠，一若珠子具有可稱爲眞或僞的性質，如猛犬一名之表示犬之有兇猛的性質。實則這些眞字假字、按其原義，本屬用以形容對象名實的相副與否，其辭節約過甚，外貌上遂成了對象本身的形容語。眞珠云者、謂眼前所見的對象具有珠的性質，就以作「此物是珠」的判斷，一定有所合而眞。依據此一判斷的眞，進而呼此一對象爲珠，亦必能承襲其眞。故眞珠一名、意即實副其名的珠子，節約其辭，則成眞珠。假珠的意義、正與相反，謂此一對象不具有珠的性質，故謂此物是珠，其判斷爲僞，呼之爲珠，其名稱亦僞。故假珠云者、意即實不副名的珠子，節約其辭，則成假珠。表示名實關係的眞僞、在中國的言語文字中，適用至廣。凡有其實而用其名的，都可稱爲眞，無其實而竊其名的，都可斥爲僞。故仁義可以有眞僞之別，說話可以有眞僞之分，其他事物、亦復類此。

次說衡定的是非。衡量以有所成的任務加諸被衡量的事物之上，凡能盡此任務的，則謂之爲是，不能盡此任務的，則謂之爲非。此種是非、爲欲表明其較具體的意義，或稱爲善惡，或稱爲美醜，或稱爲有用無用，或適用其他評語。多種評語的可以適用，表示着衡定的是非之有多種小類及其小類性質之不盡相同。方其有社會性的需要，如求大衆的安寧，謙和能有滿足的功用，爭吵則否，此時衡量所賦與的積極與消極的價值、是善與惡。方其有藝術性的需要，如求耳官的享受，樂音能有滿足的功用，噪音則否，此時衡量所賦與的積極與消極的價值、是美與醜。方其有實用性的需要，如求迅速到達遠方，汽車能有滿足的功用，牛車則否，此時衡量所賦與的積極與消極的價值、是有用與無用。在懷有其他性質的需要時，對於能滿足與不能滿足的事物所賦與的價值、可能又要用別的評語來稱呼。在這些表示衡定的是非的用語中，善惡這一對、用得最廣。本應稱爲美醜的，可以稱爲善惡，甚至本應稱爲有用無用的，亦可稱爲善惡。故善惡足以代表美醜與有用無用，因而可以代表衡定的一切是非而爲其總稱。好壞、在通俗用語中，亦適用甚廣，具有足充總稱的資格，不但不亞於善惡，或且凌駕而上之。但其學術氣息、遠比善惡爲稀薄。故與其採用好壞爲總稱，不如採用善惡。

善惡是衡定的是非，意卽衡量所論定的是非，亦卽衡量賦與其對象的價值，不是衡量及其價值判斷本身所有的是非。此與眞僞之爲認識及事實判斷本身的是非者、其情形大不相同。試就上文所設想的事例而言，當安寧需求滿足時，就謙和與爭吵，審察其所能發揮的功用後，認定謙和能維持安寧，且能創造安寧，爭吵只會減弱安寧，乃至破壞安寧。衡量依此判別，對於謙和與爭吵，各賦以應得的價值而衡定其爲一善一惡。故衡量是善惡價值的授予者，不是其接受者。至於授予之爲是爲非、應爲別一問題，與所授予的善惡、了不相關。衡量不因授予了善而自身亦善，不因授予了惡而自身亦惡。謂謙和爲善，其衡量固是，謂爭吵爲惡，其衡量亦未嘗不是。應評爲善而評爲善，應評爲惡而評爲惡，其衡量莫不是，應評爲善而評爲惡，應評爲惡而評爲善，其衡量始成非。故衡量別有其是非。衡量的是非、其基本情形、與認識的是非相當。

理則學所重視的是非

理則學是研究思想是非的學問，其所負實用的任務、是指導思想趨是避非。思想的是非有兩大類：一爲形式上的是非，二爲實質上的是非。理則學對於這兩種是非、同樣重視呢，還是有所輕重，還是只重其一而置其他於不理？關於此一問題、研究理則學的人、意見頗有不同。

普通的理則學教本有自稱爲形式理則學的，意在表明其學重在研究形式上的是非。採取此一研究態度的、通常稱爲形式主義。同屬形式主義，其程度的高低、至不齊一，因而其對於實質上是非的重視與輕視、相距亦甚遙遠。極端的形式主義、以爲只要形式有是而無非，便是完美無缺的思想，至於實質上有無瑕疵，無庸計及。今假有人作推理道：「植物是礦物，馬是植物，故馬是礦物」，其中各判斷的實質、無一不僞，其推理所遵行的、却是形式理則學上模範的格式，衡以極端形式主義所主張，其推理之可以成立、應無問題。但如此的推理、理則學若許其爲是，許其可以成立，則還有何種推理不可以成立，還有什麼是非可以分辨，還有什麼是非值得趨避！理則學這種學問、還有什麼講求的必要！所以極端的形式主義、與理則學的基本任務相牴觸，不是理則學所能採取的。

思想成自形式與實質，不能有形式而無實質，亦不能有實質而無形式。所以思想的是非、亦必須雙依形式與實質兩方面的是非來決定，不能單依形式或實質一方面的是非來決定。實質上的是非、爲說明簡便計，姑以眞僞爲代表，則形式上的正似與實質上的眞僞、兩相配合，可以合成四種情況：一爲正而眞，二爲正而僞，三爲似而眞，四爲似而僞。此中所云正似、係就整個推理而言，所云眞僞、係分就理由與結論而言。試各爲設例，以見各該思想整體的是非如何。㈠「魚是卵生的，鯨不是卵生的，故鯨不是魚」。在此一思想中、理由與結論、無一不眞，推理形式，亦無不正，其思想整體沒有任何瑕疵可摘。㈡「魚生息在水中，鯨不生息在水中，故鯨不是魚」。在此一思想中、形式無誤，結論亦不僞，其理由一眞一僞，無力證明其結論，故就思想整體而言，非無過失。㈢「魚生息在水中，鯨亦生息在水中，故鯨是魚」。在此一思想中、理由雖眞，形式既似，結論亦僞，故整個思想只能謂爲非。㈣「魚是卵生的，鯨亦是卵生的，故鯨是魚」。在此一思想中、形式既似，理由與結論、僞者多而眞者少，故其思想整體不能謂爲是。綜觀諸例，必形式與實質兩是，而後思想亦是，有一不是，思想便非。論語雍也篇載有孔子語：「文質彬彬，然後君子」，思想亦如是。形式相當於文，實質相當於質。必兩者俱是，而後思想始成其是。

在理論上、理則學對於形式上的是非與實質上的是非，應當同等重視，但在事實上、其傾注全力以從事研究的、只是形式上的是非。理則學對於實質是非的研究之未貢獻甚多精力、非因有所輕視，只因力有不逮，事有不必。實質上的是非、其種類之繁、數量之多、不可勝計。理則學若欲以一身研究一切，等於企圖自成學問的總匯。事業太大，能力不逮，顧此失彼，勢難有所成就。且諸種是非、各有專科的學問負責研究，例如物理上是非的研究、有物理學負責，心理上是非的研究、有心理學負責。理則學若亦參加研究，越俎代庖，殊無必要。所以理則學站在形式實質並重的原則下，其別無他科學問作有系統的研究的，則親自從事研究，其有他科學問負責研究的，則僅採用其成果。

眞僞與善惡的不定一致

此下試就實質上的兩類是非、述其關係，並稱其關係爲不定一致。所謂一致、其意義不止一種，或指兩種性質的相同而絕無差異，或指兩件事物的相即而絕不分離。此處所欲論述的一致、係指後者，即言甲之所在、必有乙，乙之所在、必有甲。兩件事物之所以相即不離，或因二者具有因果關係，如影之隨形，或因二者原屬一體的兩面，如表之有裏。出自此種關係的一致、是必然的，絕無例外，永不間斷。此外的性質與事物、除了相反相矛盾者以外，都有相兼的可能，亦卽都有一致的可能。但其一致、只是偶然的，有時一致，有時不一致。試以花的色香爲例，其有色有香的、可稱色香一致，其有色無香與有香無色的、可稱色香不一致。合而言之，可稱花上的色香不定一致。不定一致異於定不一致。定不一致、是絕對的不一致。不定一致、旣是相對的一致，亦是相對的不一致，可謂處於絕對一致與絕對不一致之間。

眞僞與善惡、是兩組不同範疇的相對概念。如上曾述，眞僞的分別、決於是否有所合，善惡的分別、決於是否有所成。故此兩組概念、其基本觀點是不相同的。眞僞得自理智所主持的認識作用，善惡得自情意所主持的衡量作用。故兩者的由來、亦不相同。此兩組概念雖不相同，但並未不同到相反乃至相矛盾的程度，故其相兼的可能、相當寬大。眞與善、是人們所貴的，僞與惡、是人們所鄙的。人們總希望兩貴能相兼，兩鄙亦能相兼，於是不論中外，不論古今，眞善一致說相當盛行，謂眞者必善，善者必眞，僞者必惡，惡者必僞。甚且有人，欲將兩組合併爲一組，謂眞卽是善，善卽是眞，僞卽是惡，惡卽是僞。中國思想界流行的法天主義、或有意，或無意，都以眞善一致說爲其基礎。因爲天然的事情、都不失其爲眞，可取以爲法的事情、一定可謂爲善。然則以天爲法，豈非以眞爲善！論語泰伯篇載：孔子嘗說：「唯天爲大，唯堯則之」。由此一語看來，似乎孔子亦是懷抱法天主義的一人。但細察孔子較具體的言論，可以見其不然。爲政篇載：「舉直錯諸枉，則民服，舉枉錯諸直，則民不服」。直是言行的不枉不詐，即是眞而不僞。此諸語、雖若表示了眞之爲善。但子路篇載：「吾黨之直者異於是，父爲子隱，子爲父隱，直在其中矣」，則以眞爲不善了。孔子既以眞爲善，又以眞爲不善，可見孔子所懷抱的、是眞善不定一致說，不是眞善一致說。下文試就眞僞各舉其有善有惡的實例，以見眞善不定一致說之勝於眞善一致說。

眞中有善有惡

眞僞的原義、是認識能否有所合，只用以論謂認識，一經擴展，表示了事物的名實是否相副，遂亦可用以論謂事物了。此處所云眞僞、着重此義，相當於實有其事與實無其事。善惡是衡量所賦與於事物的，故眞僞可與之同用爲事物的形容語，而發生是否一定相兼的問題。

在上述意義的眞僞下，一切自然現象、當其發生時、既屬實有其事，自不能不謂爲眞。諸種現象之中、有善有惡、是有目共睹的事情，任何人不能予以否認。風調雨順，有利農作，其善爲衆所共認。狂風暴雨。傷害果實，其惡亦爲衆所公認。和風麗日，令人心神爽朗，其有益於人者固甚厚。颱風地震，令人危懼不安，其有損於人者亦甚多。

次就社會現象而言，不論其爲從前實現過的或爲現今猶在實行中的，只要實有其事，都是眞的，其中有善有惡，亦爲極明顯的事實。鄰居守望相助，有無相通，情誼敦睦，過於遠親，這是昔日的美俗。男子以挾妓爲雅事，以廣蓄姬妾爲風流，這是昔日的惡俗。經濟繁榮，教育普及，交通便利，生活舒適，這是今日的好現象。奢侈成習，誘惑日增，於是狡猾者爲了染指，敢於欺詐，強橫者爲了合汚，實行刼奪，此爲今日最堪憂慮的現象。

再次就個人的說話而論，所說而與事實相合，則其說爲眞，通常稱之爲實話，所說而與事實相違，則其說爲僞，通常稱之爲謊話。一般說來，實話總是好的，因爲實話方足令人安心相信。他人所未親見的事情，用實話來描述，可令人恍如親見而不虞其失誤。他人所不詳悉的狀況，用實話來告知，可令人深信而不虞其欺詐。人人能安心互信，自可日進於安寧。實話對於人生有甚大的貢獻，所以自古以來，宗教家道德家沒有不提倡實話的。尤其在教育上爲了奠定良好的始基，父母與教師都以養成兒童說實話的習慣爲要務，小學教科書上亦都載有偉人說實話的故事，策勵兒童以說實話爲榮。負有教育責任的人，對於所教的兒童，不可輕於承諾，倘有所承諾，則應排除萬難以求履行，俾示兒童以模範，令其爲人須說實話的信念益臻強固。韓非子外儲說左上云：「曾子之妻之市，其子隨之而泣。其母曰：『女還！顧反爲女殺彘。』妻適市來，曾子欲捕彘殺之。妻止之曰：『特與嬰兒戲耳！』曾子曰：『嬰兒非與戲也。嬰兒非有知也，待父母而學者也，聽父母之教。今子欺之，是教子欺也。母欺子，子而不信其母，非以成教也。

』遂烹彘也」。此則故事、指出了從事教育者所應盡的任務，不僅合於法家立信的主張，衡以論語顏淵篇孔子所說的「民無信不立」，亦合於儒家崇信的精神。

然則實話無往而不善嗎？此亦不然。其不然情形、孔子早已有所垂示。論語泰伯篇云：「直而無禮，則絞」，陽貨篇云：「好信不好學，其蔽也賊，好直不好學，其蔽也絞」。守信與守直、都說實話，而各有流弊，可見說實話亦有其不善的一面。現在再取些日常的事情爲例。友人邀我至其家便飯，女主人的烹調術不佳，沒有一道菜可口，我若作率直的批評，定會傷害男女主人招待的盛情，自非禮貌所能許。一個患有絕症而垂死的病人、醫生若告以病危的實況，不但不足以減輕其病情，反足以催促其死亡，自非醫德所能許。一個不識字的老母、有子女客死他鄉，隨侍的子女若告知凶耗，徒使老母悲傷而損其健康，自非孝思所能許。在此諸種情形下、具有常識而懷有善意的人、都不敢說實話。實話的足以爲惡，於此可見一斑。茲再提供一件假想的事，以見同一內容的實話、於某一時地之不可不說與另一時地之必不可說。假定你是一位政府官員，主管國家某項機密，如軍事實力。你在列席國會作報告時、自須把實在情形說得很詳明，俾國會討論時採作足信的資料。但在社交性的集會上、經人詢及，亦說同樣的實話，則洩漏國家機密，犯了不可寬恕的大罪。世間事物、都是「善用之，則爲福，不能用之，則爲禍」，實話亦非例外，用得其當則善，用失其當則惡。

上文說眞中有善有惡時、曾說到自然現象與社會現象的善惡，今言僞中有善有惡，不能作與上文對比的論述。因爲既云現象，自係實有，而此所謂僞、是實無其事的意思。無其事的實有、不能成詞，自更沒有善惡可言。故就自然現象與社會現象而論，僞中是否有善有惡，無可論述。若把僞字解作人所臆造的意思，則僞的自然現象與僞的社會現象、自可成詞。臆造的本質、固不離於僞，其用意却在於擬眞。臆造現象之有善有惡、因其擬眞，當與眞的現象相同。所造而爲仙境，爲和樂社會，則善，所造而爲魔窟，爲惡濁社會，則惡。

僞中有善有惡

僞中的有善有惡、當以謊話爲論述的主題，俾與上文所論述的實話之有善有惡、構成鮮明的對比。一般說來，謊話的價值遠遜於實話，其價值大抵偏於消極。因爲聽了謊話而深信不疑，在知識方面、會引發嚴重的錯誤觀念，在行事方面、會大上其當而做出些胡塗的事情。人人競說謊話，人人都須愼防上當，時刻提心弔膽，精神爲之不安。謊話的有害人生、至深且大。所以自古以來，宗敎與道德、莫不以說謊爲戒。兒童敎育尤重此點，小學敎科書上都載有說謊自誤的故事。其大意云：實際上未發生危急的事情，故意發出危急的訊號，騙人來救，資爲笑樂。其後眞有危急發生，聞訊者鑑於前此的戲弄，以爲故技重演，遂不赴救。此類故事、着重於說謊自害的一面，意在刺激人的利己心，以樹立不敢說謊的決心。

謊話誠屬有害，但亦時或有其用處。僞與眞相反，故上文所舉眞而惡的諸般事例，倒過來，卽成僞而善的事例。赴人邀宴，雖未嚐到美味，猶稱讚其烹調之佳，以全禮貌。對於患有絕症而垂死的病人，醫師必詭稱病情不重、康復大有希望，以緩和病人的焦慮，以維持自己的醫德。老母有子女客死他鄉，隨侍的子女不僅隱匿凶耗，且揑造平安家信，以慰老母的掛念，以盡自己的孝思。日常的事情固不乏僞而善的，學術上的道理亦非全無類此的情形。試就天賦人權說而論，天賦之非事實，雖已盡人皆知，人權之應受尊重，則又爲人人所首肯。故天賦人權說可爲學理上僞而善的一例。

同屬謊話而有善有惡，試各取一例，比較研究，以探索其善惡異途之故。僞而善者、如上文所述，兄弟姊妹中有人客死他鄉，詭稱平安以慰老母。僞而惡者、如營業失敗，詭稱獲利甚豐，騙人入股以轉嫁其損失。前者出於善意，使對方得其利，後者出於惡意，使對方受其害。故說謊而動機純潔，結果利人，則善，反之，動機不正，結果害人，則惡。目的的達成、其道不一，有直道所能達成的，亦有直道所不能達成，必待適用枉道而後始有奏效的希望。遇到了後者的情形，只好從權說謊。淮南子人閒訓所說的「絃高誕而存鄭」、似可引爲一例。「秦穆公使孟明舉兵襲鄭，過周以東。鄭之賈人絃高蹇他相與謀曰：『師行數千里，數絕諸侯之地，其勢必襲鄭。凡襲國者以爲無備也，今示以知其情，必不敢進』。乃矯鄭伯之命，以十二牛勞之。三率相與謀曰：『凡襲人者以爲弗知，今已知之矣，守備必固，進必無功』。乃還師而返」。紘高們無法用直道以粉碎秦國的陰謀，只好改用枉道，其動機正大，其結果圓滿，自當謂爲一件愛國的善行。

眞僞善惡不能互證

眞中僞中、各有善惡，則倒過來說，善中惡中、亦一定各有眞僞。故不能因其事之眞而推定其必善，亦不能因其事之善而推定其必眞。僞與惡之不能互證、亦與相同。設或昧於此理，欲依據其事之眞以論定其善而不惡，或欲依據其事之善以論定其眞而不僞，則必釀成因明所說濫用寬因的不定過。所謂寬因、謂理由所包括的範圍太寬，旣容許此一結論之似乎可以成立，亦容許與之相反的彼一結論之似亦可成立。兩個相反的結論、同有成立的可能，孰是孰非、爲原來的理由所無法決定，故稱爲不定過。例如白的動物中、有白犬，有白羊。僅知園中所畜之爲白的動物，無從斷言其究爲白犬抑爲白羊。若有所斷言，便犯了不定過。其所以成過、只因白的動物是一個寬因，欲用以推定犬與羊，其力不夠緊湊。人人都有感情、確是眞理，今若依據其爲眞理、作進一步的斷言，謂喜怒哀樂無一不善，則成不定過。因爲此一理由、寬泛鬆弛，沒有力量以排拒喜怒哀樂之亦易流於惡。孝爲百行之先，自屬善行，今若依據其爲善行、作進一步的論斷，謂世間沒有不孝的子女，亦成不定過。因爲此一理由、寬泛鬆弛，沒有力量排拒世間之亦有忤逆的子女。

眞僞善惡之不能互證、還有一個堅強的理由。眞僞是歷時久長而少變的，善惡是歷時短暫而多變的。此一差異、起自眞僞善惡意義的不同。眞僞是認識有合於對象與否，擴展後，則爲事物的名實相副與否。一旦相合了，除了對象變動而隨以變動外，眞僞不會自發變動。對象誠亦時有變動，但其變動、緩而不驟，少而不多。眞僞以合於對象與否爲準，故亦歷時久長而少變。至若眞僞事實上的變遷，如地靜說的消滅與地動說的興起，只是現況上的變動，不是本質上的變動。地、自始卽是動的，地靜說、自始卽是僞的，不是先眞而後僞的。故地靜說之爲地動說所取代，是鑑別眞僞的能力的變動，不是眞僞本身的變動。善惡是滿足需要的能否。需要固亦有歷久不衰的，甚至有永恒不滅的。但就日常生活中的需要而言，則時刻在變動之中。方覺饑餓，欲有所飮食，旋覺疲乏，思所以休息。饅頭麵包、方以能療饑餓而見重，被視爲善，旋以無助於消除疲乏而見輕，被視爲惡，及再度覺得饑餓，則又復歸於善。需要變動不居，善惡亦隨以歷時短暫而多變。假若眞與善可以互證，只要是眞的，卽此便可證明其必善，則原屬歷時久長而少變的、將一落而成歷時短暫而多變。又若只要是善的，卽此便可證明其必眞，則原屬歷時短暫而多變的、將一躍而成歷時久長而少變。古人有「冬日可愛，夏日可畏」之說，意謂冬季寒冷，太陽散發熱氣，正合需要，故爲大家所愛而譽爲善。夏季炎熱，太陽依然散發熱氣，正違需要，故爲大家所畏而貶爲惡。假使卽眞可以證其必善，太陽不分冬夏，均在散發熱氣，則夏日當與冬日同樣可愛。又假使卽善可以證其必眞，卽惡可以證其必僞，則多季太陽之散發熱氣、方爲事實，夏季太陽之散發熱氣、定屬虛幻。如此的論斷、其無當於理、當爲大家所公認。

致善必先致眞

上文曾言：眞與善、類別不同，眞者不定善，善者不定眞，今言：致善必先致眞，亦卽必先把眞理認識淸楚，而後行爲始有必出於善的把握。先後所說、似欠符順，實則不然。因爲眞僞的不定一致、是就同一事物或同一步驟說的，致善必先致眞，是就先後兩個不同的步驟說的。故先後兩說、雖貌似牴觸，其實不相違逆。

眞、含有兩層意義，其第一層爲認識的合於對象，其第二層爲事物的實副其名。致眞所須致的、兼括此前後兩層。善、是衡量所賦與於事物的價値。我們有了待滿足的需要，卽立爲衡量的標準，求取事物以爲滿足的工具。所取事物而合於標準，則賦以積極的價値而稱之爲善。在採取工具之前，必先依據旣有的知識，或依據書本的教導，或依據他人的指點，或依據臨時的嘗試，知道某種事物確有滿足當前需要的功能，然後試予採用。這是第一層致眞。知道了某種事物之爲有效的工具，又須認淸目前所採取的那件具體工具確屬於該種事物，絕未認錯。這是第二層致眞。經過如此兩層的致眞而後選定的工具，方能發生滿足需要的實效而成爲善。試爲設例，喝紅豆湯而覺得甜味不夠，發生加甜的需要。依據經驗，知道日常的食品中、醬油不甜，胡椒不甜，只有糖是甜的，具有加甜的功能。這是第一層致眞。及伸手取糖，認淸所取的、確是糖，不是鹽。這是第二層致眞。然後將其加入湯中，加甜的需要、定能由以滿足，決不會失敗。小事如此，大事亦然。人民所最需要的、是安居樂業。依照歷史的垂示，足以滿足此一需要的、是仁義，不是暴虐。又依據聖賢的遺敎，姑息似仁而非仁，佞巧似義而非義，決不可以混同。遵照如此的眞知，實施眞正仁義的政治，則所需要的安居樂業、定能隨以迅卽實現。

依上所述，致眞是致善的引線，爲衡量披荆斬棘，俾其能順利進行，不會遭遇阻礙與危險。試爲設譬，建造在大河上的高橋、其兩端必有陸地上的引道。假使沒有引道，車輛便無法駛上高橋。但引道終屬引道，不能謂爲高橋本身。致眞是致善的引線，亦終爲引線而已，不能視作致善的本身。致眞與致善、在事實上、可能非常接近，幾無距離可言，但在理論上、不能不承認其有間隔。試再就飲料加甜這件事例而言，食糖加入後之定能增加飲料的甜味，食鹽之不可誤認爲食糖，這些事情的了知、都還在認識的圈子內打轉，未有一步走入了衡量的範圍，所以都只能稱爲眞，未足以稱爲善。必待更進一步，衡量作用已代替認識作用擔任當時心境的主宰，滿足的成效已漸露端倪，善的賦與方隨以開始。

第四章 知必如實

思想三要

理則學的任務、在於指導人們趨是避非。趨是與避非、相因相成，是兩件事，亦是一件事。因爲是非處於相反的方向，趨近於是，自然遠離於非，遠離於非，自然趨近於是。趨是避非、不是一件簡單的事情，必須遵守許多條件，方有達成的可能。理則學所悉心講求的、正是這些條件。具體的條件、固相當繁複，但若追溯其本源，探討其目的，未嘗不可總結爲少數的基本原則。據作者的一得之見，基本原則有三：一爲知必如實，二爲同異分明，三爲周觀兼顧。這三件事是思想致是的基本條件，亦是理則學上諸般規則所輔導其實現的總目標。這三件事完全做到而毫無缺陷，思想不會不是，有一件事不能做到，思想不會不非。因其爲思想成是的要件，故擬稱之爲思想三要。

知必如實、原是認識的任務，如實則眞，不如實則僞，故如實卽等於眞。思想實質的是非、於眞僞外、尙有善惡。今僅以眞爲要件而不言及善，非有所偏，亦非有所漏。上章曾說：致善必先致眞，致眞是致善的先決條件。事物所具的性能、認識得如實了，則其能否滿足某一需要，一定判別得很正確。衡量依其判別以定取捨，其所認爲善而採取的、一定能滿足當時的需要，不會失誤。認識眞了，可以保其必善，認識不眞，則雖或偶善，不能保其必善。衡定的善只會隨着認識的眞來臨，不會單獨前來，故一說重眞，重善卽已寓於其中，不必贅說。

知必如實、在三要中、實居首要，其餘二要、無非用以幫助其完成而已。同異分明、是如實的一大特徵。凡認識確已達到如實境地的，必已洞見當前的對象與何事何物有相同處及與何事何物有相異處。若於何同何異、猶疑惑不決，自不足以當如實之稱。周觀兼顧、是導入如實境地的重要途徑。走馬看花，不夠從容，坐井觀天，不夠寬廣，無以獲致詳盡的知覺，自亦無以認識對象的眞相。

所如的實

如實、意卽認識所得、一點一滴都與事實相符合，不稍走樣。要求認識如實，必先肯定如實的可能。如實的可能與否、與實字的用作何義、大有關係。實字若用作哲學上實體的意義，則其能否爲認識的對象、哲學家的意見已參差不一，認識的能否如實、自更不能有定論了。若用作尋常的意義，亦卽用作可見可聞的事物的意義，則其能爲認識的對象、當無疑問，認識的可能如實、亦當不成問題。但尋常的意義、亦不甚單純，往往可作異解。故爲鄭重計，此處的實字應作何解，有加申述的必要。

有些事例顯示：在認識當時，外界事物刺激我們而爲我們的感官所接受的、是代表各該事物的符號，不是各該事物本身。顏色知覺、可引爲一例。我們視覺健全的人、都能看見青色黃色乃至紅綠等色，但物理學告訴我們：在認識內容上雖是各種不同的顏色，在認識對象上却是各種不同的光波。我們只能看見顏色，不能看見光波，亦卽只能認識事物的代表，不能認識事物的本身。此外尙有其他類似的事例，如聲音知覺等。旣有事物隱匿其本身而藉符號以與我們相接觸，縱使世間事物不盡如此，爲謹愼計，亦只好對於任何事物盡作如是觀。因爲誤認本身爲符號，其危險性較小，誤認符號爲本身，其危險性較大。認識內容爲顏色，認識對象爲光波，依照如字的常義，自難謂爲如實。故所云如實、其實字若解作事物本身，則縱在若干事物上如實有其可能，不能在任何事物上盡有此可能，唯有解作代表事物的符號，始能一律如實，沒有例外。

如實雖只與事物的代表相合，非與事物的本身相合，但因符號之代表事物、固定而不游移，整齊而不雜亂，故不因其間接而損害其價值。同一事物、總是由某一種符號爲其固定不易的代表，不由許多種符號亂充代表。同一符號、只充任某一種事物的代表，不兼任他種事物的代表。某種光波旣以紅色爲符號，決不又以他種顏色爲符號。紅色旣爲某一光波的符號，決不又爲他種光波的符號。正如電報號碼〇〇〇一之只代表一字與一〇〇〇之只代表㘰字，各不代表其他的字，接受者可以充分信賴，用不到疑懼。所以一通滿紙數目字的電報、與傳眞電報或長途電話具有同樣的功效，足以傳達確實的消息。我們認識時所接受的、雖只是事物的符號，不妨以信賴電報之足以傳達發電者心意的態度，信賴符號之爲事物的忠實代表。

如實的重要與不易

知識對於人生的重要、人人都能體會，用不到陳說，更用不到誇張。知識之所以重要、在於如實，不在其他。如實，方足以成事，不如實，適足以敗事。孔子在論語爲政篇內說：「知之爲知之，不知爲不知，是知也」。孔子所看重的「知之」、不僅是知道的意思，當係專指如實的知識而言。所云「不知」、除了無所知悉以外，亦必包括不如實的知識。致善必先致眞，故在行事上尤足令人領悟知識如實的重要。個人經營商業，必須明瞭市面上供求的實況，以定營業的計劃。知道得越實在，經營起來，一定越順利。政府制訂施政計劃，必先調查而後設計。其所以如此、無非藉以避免閉門造車出不合轍的危險。不知實情，而有所主張，或有所興作，用意縱善，用力縱勤，亦難有成效可期。晉書惠帝紀云：「及天下荒亂，百姓餓死，帝曰：『何不食肉糜』」。敎人食肉糜，不失爲善意仁心，只因昧於當時災荒的眞相，卒成千古的笑談。孔子之所以被尊爲萬世師表，固然原因多端，其因材施敎、亦不失爲原因之一。所謂因材施敎、就德育而言，謂熟察學生性情方面的長處與缺點，各施以適當的敎育，以發展其所長而矯正其所短。孔子弟子之所以能有成就，孔子對於他們個性的如實認識、與有大功。

如實只要與事物的代表相符合，似乎不是一件難事。當前的事物、有色可見，有體可摸，我們只要張目一看，即可見其形狀與大小，只要舉手一摸，即可知其堅柔與粗滑。一經接受其符號，便已如實了。但按諸實際，巨細無遺的如實、決非輕易所能達到。在日常的認識中、大體上能夠達到如實的、已經不易多得，欲其在細節上亦莫不如實，更是可遇而不可求了。此種情形、平時不易覺察，到了需要舊有知識以資應用時，便會深切感到。韓非子外儲說左上載有一則故事，描述此一情景，頗爲深刻。「客有爲齊王畫者。齊王問曰：『畫孰最難者？』曰：『犬馬最難。』『孰易者？』曰：『鬼魅最易。』夫犬馬、人所知也，旦暮罄於前，不可類之，故難。鬼魅無形者，不罄於前，故易之也」。犬馬爲人人日常所習見，而反難畫，鬼魅爲任何人所不見，而反易畫。畫客此說、乍聞，不免覺其奇突，細思，可以見其含有至理。畫犬畫馬，必須如實，稍有不合，便易受人指摘。其所以臨畫不免有難於下筆之苦，正緣平日的認識不夠如實，憑以作畫，不能畫得宛如眞犬眞馬，故難畫。鬼魅本無其物，無實可如，畫鬼畫魅，只須憑畫者主觀的想像，不受事實客觀的拘束，故易畫。此則故事、充分表示了如實認識不若自由想像之容易。

認識如實的不易、亦見於眞品與贋品的不易分別。粗製的假珠、雖爲常人所易識，精製的假珠、則非專業者莫能辨，其甚精者、資深的珠寶商人亦可能時或失眼。名家的書畫、眞蹟與臨本、欲鑑別其眞僞，更需要精深的學問。眞品與贋品、有其同處，亦有其異處。其同處同得很明顯，其異處異得很隱約。明顯的、容易認識得如實，隱約的、不容易認識得如實。正因認識的如實、不易徹底，故精巧的贋品易爲人所誤認爲眞品。抽象事實的認識、更易有不易如實的景象。論語八佾篇載：「子曰：『事君盡禮，人以爲諂也』」。常人於盡禮與諂媚間的不同、不能有如實的認識，誤以盡禮爲諂媚，故孔子有此慨歎。此種混淆、爲害至大。假如人人爲了不甘諂媚，而事事不肯盡禮，則社會的安寧、勢且一刻不能維持。認識如實的重要、於此又得一證。

純粹知覺與知覺的理解

純粹知覺這個名稱、在知覺上冠有純粹二字，表示其爲知覺以外不含有其他作用。所云其他作用、係指理解而言。故純粹知覺、意卽未經理解的知覺，亦卽未經賦與意義的知覺。在日常生活中所意識到的知覺、幾乎盡是理解了的知覺，至於純粹知覺，可謂絕無僅有。平時一有知覺，理解立卽隨之俱來。知覺進行，理解亦同時進行。知覺結束，理解亦同時結束。在意識上、只能覺察到知覺與理解共同耕耘所收穫的總結果而簡稱爲知，不及認清知覺與理解之爲兩種作用。唯有遇到不能理解或理解猶豫不能卽刻決定時，方能覺察純粹知覺的單獨存在，方獲推知平時所稱知覺之中實已含有理解作用。例如與人談話，對方所說、若爲我所能懂的方言，則隨聽隨解，純粹知覺與理解作用已合爲一體。對方所說、若爲我所不能懂的方言，則只聞其聲，不解其義。此聞而不解的狀況、正是純粹知覺的眞相，非卽聞卽解時所能體認。又如看一篇素所未習的外國字的文章，只見滿紙盡是彎彎曲曲的墨跡，絲毫不能瞭解其中的含義，這是視覺方面的純粹知覺。聽到劈拍的聲音，不能斷定其爲鞭炮聲抑爲手槍聲，在此猶豫不決的當時、亦可領略到純粹知覺的輪廓。我們問人，有時說：「聽見了嗎？」，有時說：「聽懂了嗎？」。這兩句問話、嚴格言之，其意義甚不相同。「聽見了嗎？」、是有關純粹知覺的問語，所問較淺。「聽懂了嗎？」、是有關經過理解的知覺的問語，所問較深。不過在日常用語中、未必如此嚴格分用。因爲純粹知覺單獨出現的機會不多，故原應用作純粹知覺有無的問語、亦時常用作已否理解的問語。

能懂的方言、意卽關於該種方言，儲有既得的知識，一聞其語聲，卽能應用所儲既得的知識，加以解釋，賦以意義。不能懂的方言、意卽關於該種方言，不儲有既得的知識，聞其語聲後，因爲沒有既得的知識可以應用，故無法加以解釋，遂亦無從賦以意義。由此事例，可以推知：理解、卽是應用既得的知識，以解釋當前的印象而賦以意義。成人與兒童相比，成人所儲知識較多，理解的資本較厚，隨事解釋的能力較大，所以純粹知覺較少，兒童所儲知識較少，理解的資本較薄，隨事解釋的能力較小，所以純粹知覺較多。同屬成人，見聞有廣狹的差異，理解能力有強弱的懸殊，因而純粹知覺的多寡、亦頗不一致。

認識的不如實、通常稱爲知覺錯誤，按其實際，屬於純粹知覺的、居極少數，其大多數都屬於理解的錯誤。感官患有疾病或處於不自然的狀態，以致釀成誤見誤聞，因其尚未經過解釋的階段，自當歸入純粹知覺的錯誤。荀子解蔽篇所說的「厭目而視者，視一以爲兩，掩耳而聽者，聽漠漠而以爲哅哅」、卽屬此類。至若杯弓蛇影、草木皆兵，則與此類有別。人們具有一種特性，有所見聞時，不甘任其終爲無意義的純粹知覺，必待施以解釋，而後始能心安。於是力能順利解釋的、固無一不施以解釋，力所不能順利解釋的、亦必試作解釋以求快意，各種錯誤便乘隙而生。小兒只見過狗，未見過狼，其知識庫中、只有狗的觀念，未有狼的觀念。初次見狼，遂以狗的觀念充解釋的鑰匙，誤以見狼爲見狗了。此種誤認、出自理解，非出自知覺，其情形是很明顯的。相傳新大陸發見之初，印地安人不知道有馬這種動物，更不知道有騎馬這種事實，初次見到西班牙人的騎兵，驚爲半人半獸的怪物。此其錯誤之出自理解，亦甚明顯。

認識有如實的可能，但事實上未必每一認識都如實。在日常生活中、不但未能做到每一認識都如實，且不如實的認識多於如實的認識。其所以如此，因爲認識所賴以如實的要件、未能切實履行。茲簡述要件如下。

如實的要件

第一要件、是注意的集中。集中了注意的見聞、其正確性較高，不集中注意，很可能熟視無睹，充耳不聞，縱有見聞，亦難期其正確。我們每日出入的學校或機關、其大門的格式如何，材料如何，能描述得精確而無誤的、恐怕沒有幾人，大多數的人都是習焉不察，遇到他人詢及，瞠目不知所答。入市閒逛，興盡歸來，回想方才的所見所聞，數量之多、幾於不可勝計，及欲告人以顚末，則又茫然無話可說。閒逛當時、注意散漫，凡在能見能聞的距離以內的，無所不見，無所不聞。但因注意無所集中，故雖有見聞，印象不深，其效用等於未見未聞。注意集中了，雖猶未能保證認識之必能如實，但至少已爲如實奠定了穩固的基礎。

第二要件、爲確定目標與妥擬計劃，俾注意得以集中而發揮實效。注意易於動搖，易於爲新奇的或強大的刺激所牽引。在無所事事之際，忽聞街上大喊大叫，便會奔赴戶外，一觀究竟。甚或有事在身，亦會放棄工作，隨衆圍觀，以滿足其好奇心。故欲認識如實，必須確定該項認識對象爲注意的集中點，努力固守，防止注意的動搖。所欲認識的對象、若成自若干部分或若干成分，則須妥擬計劃：孰者重要，須特別注意，孰者不重要，只須略加注意或竟可不加注意。同須特別注意的事項、究應同時查考，抑應先後查考，亦當預作計劃。有了如此的準備，庶幾注意不致浪費。預擬目的與計劃以從事認識的、通常稱爲觀察，以別於普通的經驗，並以示其價值之高於普通的經驗。故欲思想正確，其所用資料、應當採取學者觀察的所得，以替代常人經驗的所得。

第三要件、可稱利器，或稱加強工具。論語衞靈公篇載有孔子語：「工欲善其事，必先利其器」。依此原則，欲認識如實，必先加強認識的工具。認識得自知覺，知覺可說是認識的工具。故欲認識如實，理應加強知覺的功能。季氏篇所載孔子語：「視思明，聽思聰」，即表示了此意。視覺本以明爲任務，聽覺本以聰爲任務，常人往往任其自然，不求精進，視則安於不甚明，聽則安於不甚聰，卒至埋沒了視聽的功能，亦減弱了認識的如實。孔子深以爲慮，故勉勵人們加強視聽。在諸種知覺中，視聽對於認識，貢獻得最多亦最大，故孔子取爲模範以概括其他知覺。但肉眼與肉耳、無論如何努力，其明與聰、總有限度。過小的物體、非肉眼所能見，過遠的聲音、非肉耳所能聞。現在幸已有了顯微鏡錄音機等多種儀器，足以補肉眼肉耳的不足，孔子所倡導的加明加聰、益發得所憑藉了。

第四要件、在可能範圍內、控制對象，施行實驗，以代觀察。實驗亦是觀察的一種，其不同處、前者加以人爲的控制而後觀察，後者則在自然狀態下加以觀察。所謂人爲的控制，即言自然界甚少發生，不易獲得觀察的機會，則用人力爲之創造機會，或在自然界的複雜情形中，無法分別觀察，則用人力爲之分離而加以簡化。例如蛙卵受創傷後的發育情形、自然界中不易見到，則取蛙卵若干，或割去其少許，或割去其大半，施以不同程度的創傷，以覘其發育的不同。又如乘飛機飛至高空，則呼吸急促，且覺頭痛。在高空中、溫度低，氣壓弱，氧氣少。呼吸急促等病象、可能爲三事中某一事所單獨引起，亦可能爲三事所聯合產生。在自然狀態中、三事總是聯合存在，無法分開來觀察，所以無法斷定：孰爲此等病象的原因。唯有採用實驗方法，以人力保留其中二事與平地上的情形相一致，只變化一事使之同於高空中的特殊情形，則呼吸急促的原因、就可以發見了。實驗能見觀察所不能見，其價値高於觀察。惟對象的控制、有爲人力所不逮的，亦有爲人道所不許的，故只能在可逮可許的範圍內儘量採用實驗。

第五要件、爲抵拒阻力。我們的心理中、有若干種作用，對於認識、具有不利的影響，足以阻礙其如實。我們必須認清這些作用，於認識時努力抵拒，不爲所影響。這些阻礙因素、且俟下文另設專目加以敍述。

見聞的有無與事物的有無

見聞的有無與事物或性能的有無、其一致與否、對於思想的是非、大有關係，不可忽視。所謂一致、意卽有所見有所聞，則必有其事物，有其性能，一如所見所聞，無所見無所聞，則必無其事物，無其性能。故僅憑見聞的有無，卽可以斷定事物與性能的有無。常人信賴見聞，大抵採取一致觀，凡屬自己所見所聞的，都確信其爲有，自己所未見未聞的，則不願輕於信從。實則一致的固多，不一致的亦不少。至於孰多孰少，則因人而異。採取絕對的一致觀，其弊爲輕信，採取絕對的不一致觀，其弊爲輕疑，各有所偏，不合正理。輕疑則是者無從建立，輕信則非者莫不成是，兩皆有害，不相上下。

見聞的有無與事物或性能的有無、二者在有無兩方面的關係、不盡相同，有分別研討的必要。現在先就有的方面探索其關係。探索所得、可以歸結爲如下的兩點：一、事物或性能的實有、必待有見有聞爲之證明，二、有見有聞不一定能證明事物或性能的實有。此兩點所說、似相抵觸，實不抵觸。第一點內所說到的見聞、專指主觀上客觀上兩皆如實的見聞，第二點內所說到的見聞、兼指主觀上如實而客觀上未如實的見聞。故第二點內所說的見聞、其中一部分與第一點內所說的見聞、爲同類，其另一部分、則爲異類。

現代科學都植基於經驗，以爲唯有得自經驗的知識、方屬可信。依此精神，世間之有某事物，某事物之有某性能，各須有經驗爲之證明，其說方能成立。經驗的主要來源、是見聞。故要求經驗爲之證明，等於要求見聞爲之證明。空言某事物如何，某性能如何，而不能說出其所根據的見聞，則跡近無稽之談，不能有可信的價值。故說到某處有雲海，必須說明某時往遊所親見，或得之於某友所說或某書所載。至於所舉見聞之必須具有十足的如實性、自不待言。

有人輕率，只要是自己的見聞，不論見聞當時注意周到與否，總自信以爲如實，遂據以肯定所見所聞之爲實有，不復再加檢點。世間之所以甚多誤解與迷信，都由此而起。所欲認識的對象、有非常隱晦的，不但隨隨便便的經驗不能得其眞相，即使視聽時計劃甚周、注意甚專、已達到科學研究所用觀察的程度，其所得可能依然浮淺而不夠深入，必待參用實驗，且參考他方面研究所得，始能獲知底蘊。現在試簡述一則眞實的故事，以資借鑑。數十年前德國有一匹馬，據說異常聰明，經訓練後，能解答數學的問題。例如問以六十四的平方根是什麼，那馬便以脚點地八次，卽行停止。馬的主人是富翁，並不借此歛財，且願與有興趣的人共同研究。嘗多次邀集科學家當面試演，屢演屢驗，科學家莫不驚異。平日表演，都由主人親自發問，令馬面對主人解答。爲了深入研究，乃變更試演方式。在主人與馬之間、置一不透明的屏障，仍由主人發問，但馬於解答之際不能看見主人，試演失敗了。又一次不設屏障，由他人在馬耳傍低聲發問，主人不知問題內容，馬雖面對主人解答，但亦失敗了。由這些失敗，得一結論：主人必須與知問題的內容，馬在作答時必須看得見主人。這兩個條件具備了，試演方能成功。由此推想，馬之解答無誤、非眞能理解數學，一定別有原因。於是再用平日的方式試演，並用精密儀器將試演時主人身體上的細微變動一一紀錄下來。經發見主人於發問後、因期待那馬作正確的解答，神態稍現緊張，身體微向前傾，及見馬脚點地的次數已達到待答的數目，主人便神態鬆弛，身體亦挺直了。試演成功的秘密、至此始獲揭穿。原來那馬經訓練後所學會的、是覺察主人身上輕微變動的能力，不是數學的知識。此則故事深深警惕我們，越是奇突的事情，越要謹愼從事，不可把浮淺的見聞認爲已得實情而深信不疑。

事物與性能的實有、必待有見有聞爲之證明，但無見無聞不能據爲張本以否定事物與性能的實有。事物與性能中、有根本上不可見不可聞的，如心理作用、無形亦無聲，不能爲見聞的對象，又如微生物，過於微小，超出了可見可聞的範圍。但我們無論如何蠻悍，總不會僅因無所見聞而武斷心理作用等爲實無其事。各人的見聞、雖廣狹相去甚遠，但總有限度，決不會有人見多識廣到可見者無不見與可聞者無不聞的程度，且亦必自今以後，續有新見新聞。但我們決不能因此武斷，謂今日以前所未見未聞的、至昨日止，原非實有，今日以後所新見新聞的、都屬新生。關於無見無聞者之是否必無其事，中國古代聖賢有不同的見解。孔子在論語里仁篇內說道：「我未見好仁者惡不仁者……有能一日用其力於仁矣乎，我未見力不足者。蓋有之矣，我未之見也」。孔子以爲自己所未見的、只是主觀上未見而已，客觀上可能有其人，不得因未見而斷言其必無，亦即不得將未見與無有併爲一談。墨子非命中篇則言：「我所以知命之有與亡者，以衆人耳目之情知有與亡。有聞之，有見之，謂之有。莫之聞，莫之見，謂之亡……自古以及今，生民以來者，亦嘗有聞命之聲見命之體者乎？則未嘗有也」。這是墨子主張非命的理由之一，明以主觀上的無見無聞證明客觀上的無有。兩家的見解相反，就否定論斷的理論而言，孔子所說、遠較墨子爲謹嚴。

直接經驗與間接經驗

經驗得自見聞，有直接與間接之分。直接經驗得自本人的親見親聞，是其人的親身經驗。間接經驗是他人根據其親見親聞、宣之於口或筆之於書而爲我所見聞的。故直接經驗以所認識的事物爲對象，說得嚴格一點，以那事物的代表爲對象，間接經驗則以他人的直接或間接經驗爲對象。故所謂直接、意卽當前的經驗者與那最終所欲認識的事物、面面相對，所謂間接、意卽當前的經驗者與那最終所欲認識的事物、不面面相對，却存在着若干層的間隔，經過了若干次的傳遞。間隔的層數與傳遞的次數、各事例參差不一，故間接經驗的間接程度、亦可能相去甚遠。例如說到革命史實，親身參加辛亥起義的志士、具有該項史實的直接經驗，未親身參加的人、只能有間接經驗，並世的人、其經驗的間接程度尚淺，越到後世，其間接程度越深。

我們所儲的知識、有來自直接經驗的，有來自間接經驗的，大體言之，後者的數量多於前者。各人的知覺、其直接所能及的範圍、廣狹雖不相同，總有其一定的限度。遙遠地方的事物、不易親見親聞，過去時代的事物、更是無法親見親聞。直接經驗、在時間上空間上都受有限制，唯有採用古人與今人的經驗來補助，方足以衝破時間與空間的束縛，方足以擴大知識的範圍。又各人的經驗都可能有錯誤，但各人的錯誤不定相同，很可能我所錯誤的、正是他人所不錯誤。我若能取他人的經驗以爲參考，發見彼此的不同而自加反省，很可藉以獲得修正自己錯誤的機會。間接經驗可以有補充直接經驗與修正直接經驗的功用，故不可以忽視。

間接經驗、用處頗大，但其價値總不能與直接經驗相並。中國有句成語：百聞不如一見，正表示此意。此中的聞字與見字、與常義稍異。聞、謂聞之於他人口頭的傳述，不是通常意義的聽見，故指間接經驗而言。見、謂親見其事，不是得之於他人書面的報告，故指直接經驗而言。聽他人一百次報告，不如自己一次親身從事。這句成語鼓勵人們親自探討，不專拾人牙慧，其精神至可寶貴。直接經驗的價値之高於間接經驗、可分兩點來說。一、直接經驗不像間接經驗那樣存有間隔，故特別有親切之感，在當時理解得更清晰，在事後記憶得更牢固，槪括言之，受用更大。二、間接經驗以他人的直接或間接經驗爲對象。此項對象、在成立當時、難免不有知覺上的錯誤，在保存途中、難免不有記憶上的錯誤，已不足爲事物的忠實代表。此一原非忠實代表的對象、爲我們所經驗時，又難免不添上一番知覺上的錯誤。間接經驗致誤的機會較多，故不若直接經驗的可信。直接經驗擁有這些優點，所以我們在求取知識時，務須採用直接經驗，唯有事實上無法作直接經驗，必不得已，方採用間接經驗。間接經驗的對象、最好採取他人的直接經驗，且於經驗後隔時不久卽自行紀錄下來的。因爲依照常理，這樣的資料、錯誤可能最少。

如實的阻力

上文曾經說過，心理上有若干種作用，足以妨礙認識的如實，必須努力抵拒，不爲所影響。玆擧阻力強大者四事如下：

一、如實的強大阻力、應當首推感情。理智清明、是認識如實的首要條件，理智越清明，則認識越能如實。感情作用、最足以汚染理智的清明，故最足以阻礙認識的如實。此一情形、古人早經見及，大學說得很剴切：「人之其所親愛而辟焉，之其所賤惡而辟焉，之其所畏敬而辟焉，之其所哀矜而辟焉，之其所敖惰而辟焉」。近時國外研究證言心理的學者、嘗作戲劇性的實驗，令學生二人，於上課中途、依照預擬計劃，借故爭吵，卒至鬥毆。事後向在場的其他學生說明原委，並令他們各作全盤經過的書面報告，務求詳明。檢查報告後發見：在當事人爭鬥最劇烈傍觀者感情最激動時的經過情形、敍述得最不清晰，亦最多錯誤。這些實驗、對於感情之阻礙認識的如實、提供了確實的證明。

感情之妨礙如實、以愛惡爲最甚。常人都有一種心理，所愛好的、容易信其爲實有，所憎惡的、容易疑其爲虛妄。聽到別人的成功消息，若是所愛的人，則信其爲理所當然，若是所惡的人，則疑其爲誤傳不實。其甚者，有如論語顏淵篇所說的「愛之欲其生，惡之欲其死」，違理過甚，故孔子斥爲「是惑也」。史記淮南王傳云：「淮南王安……入朝……武安侯……與王語曰：『方今上無太子，大王親，高皇帝孫，行仁義，天下莫不聞。卽宮車一日晏駕，非大王當誰立者！』淮南王大喜……諸使道從長安來，爲妄妖言，言上無男，漢不治，卽喜。卽言漢廷治有男，王怒，以爲妄言非也」。呂氏春秋去尤篇云：「魯有惡者，其父出而見商咄，反而告其鄰曰：『商咄不若吾子矣。』且其子至惡也，商咄至美也，彼以至美不如至惡，尤乎愛也」。人們受了好惡愛憎的蒙蔽，所見眞僞美醜、都會失當。

亦有同此客觀事實，僅因主觀的愛憎變遷了，其價值亦隨以變遷，變得正負相反。韓非子說難篇載：「昔者彌子瑕有寵於衞君。衞國之法、竊駕君車者罪刖。彌子瑕母病，人聞，有夜告彌子，彌子矯駕君車以出。君聞而賢之曰：『孝哉！爲母之故，忘其犯刖罪。』異日與君游於果園，食桃而甘，不盡，以其半啗君。君曰：『愛我哉！忘其口味以啗寡人。』及彌子色衰愛弛，得罪於君，君曰：『是固嘗矯駕吾車，又嘗啗我以餘桃』。韓非子據以作結論云：「故彌子之行未變於初也，而以前之所以見賢而後獲罪者，愛憎之變也」。受了愛憎的蒙蔽，會顚倒是非。愛憎的力量甚強，不易擺脫，故大學慨歎道：「故好而知其惡、惡而知其美者、天下鮮矣」。

二、阻力次強者、應推成見。成見是一種看法。此種看法的特別處、在於非在觀察以後方始形成，却在觀察以前已先形成而資以進行其觀察。成見是精神上的有色眼鏡。戴了墨鏡以視物，所見的一切都呈灰色，戴了藍鏡以視物，所見的一切都帶藍色。成見亦具有同樣的作用。懷着成見以觀事物，所見都會與成見相符，而事物的眞相便爲其所掩蔽不彰了。例如杜鵑的啼聲、我們聽時，若預存一個念頭，以爲其聲是子規二音，則聽上去確與此二音相符。又若改變念頭，以爲是不如歸三音，則所聞又好像與之相近。列子說符篇載有一則故事，顯示了成見影響之大。「人有亡鈇者，意其鄰之子，視其行步，竊鈇也，顏色、竊鈇也，言語、竊鈇也，動作態度、無爲而不竊鈇也。俄而扫其谷而得其鈇，他日復見鄰人之子，動作態度、無似竊鈇者」。懷了成見，所見所聞、無一不與成見相合，及至成見消失，所見所聞、便與懷有成見時的見聞、大不相同。

研究學問，大抵先立一個假設，以爲研究的指向，然後進而搜集資料，以求證明。假設一經建立，且又自信以爲近眞，則很易轉變爲成見，以左右此後的觀察。遇有事例，與假設有幾分相似，則勉強解釋爲完全相符，而取以充證明的資料。若與假設相去甚遠或竟相反，無法強解爲相符，則視爲不足輕重，棄而不顧。世間有些自詡爲新學說、經不起考驗而曇花一現的、大抵由此而起。故建立假設，亦須鄭重，斷不可掉以輕心。

三、再次足以使知覺失實的、爲對比。對比云者、謂在知覺當時、所知覺的對象處於與之性質相同而程度有異的同類事物的群中，受了比較的影響，知覺所得、趨於誇大，超過了知覺對象實有的程度。試就尋常的事物設例，以供說明。一張灰色的紙、不太深，亦不太淺，單獨放置，沒有他紙與之比較，我們能見其不深不淺的中等灰色，與其所具灰度相符。今若將其放入黑紙堆中，兩種紙色同時映入眼簾，相與比較，則見其僅爲淺灰，說不上中灰，亦卽誇大其不深的灰度，變中灰爲淺灰了。又若將其放入白紙堆中，對比結果，則相反地見其爲深灰而非中灰，亦即誇大其不淺的灰度，變中灰爲深灰了。故紙的灰度如初，而知覺上的深淺異度，其不能如實、不得不歸因於對比。一個中等身材的人、不高亦不矮，走入長人群中，我們會覺其不夠稱爲中等身材，走入矮人群中，我們會覺其不當貶稱爲中等身材。此類錯覺、亦都出於對比的結果。不僅視覺有對比現象，其他知覺亦有之。把手浸入熱水中片刻，抽出來放入溫水中，會覺其涼而不溫。把手浸入冰水中片刻，抽出來放入先前的溫水中，會覺其暖而非溫。

四、末了再舉一種阻力，可稱期待，與上述的對比頗相近似，所不同者、對比所與比的、是其他事物，期待所與比的、則爲心中的期待。心中預期，當前的對象應如是，而一經接觸，竟不如是，遂誇大其不如是處以爲知覺內容，卒至釀成不如實的知覺。今有棉花一包與鐵一包，各重五斤，我們試用手一提，一定會覺得鐵重而棉花輕，不能覺察其輕重相等。此種重量的錯覺、即出於期待所釀成。五斤棉花與五斤鐵、其體積的大小、甚相懸殊。在通常情形下，體積大，則重量亦大，體積小，則重量亦小。今以兩手分提兩包，提大包的手，在不知不覺中、準備了大量的體力，提小包的手只準備小量的體力。及一提到手，大包遠輕於預期，大量體力的準備、竟空勞而無所用，小包則遠重於預期，所準備的小量體力、幾於不能盡其任務。原屬超越預料的輕重，化爲二物間的一輕一重，遂成了失實的知覺。淮南子說山訓云：「拘囹圄者以日爲脩，當死市者以日為短。日之脩短有度也，有所在而短，有所在而脩也，則中不平也」，此亦足為失實知覺之出於期待者的一例。有期徒刑的囚犯所切盼的、是期滿出獄，其所期待於光陰的、是過得愈快愈好。而事實上光陰的進行、不能如其期待之速，故覺得日子甚長。死刑的囚犯所殷求的、是苟延生命，其所期待於光陰的、是過得愈慢愈好。而事實上光陰的進行、不能如其期待之緩，故覺得日子甚短。

第五章　同異分明

同異分明的重要與不易

同異分明、是思想致是的主要條件之一，中國古代名學家早經加以重視。墨子小取篇云：「夫辯者、將以明是非之分，審治亂之紀，明同異之處……」。荀子正名篇亦說：「貴賤不明，同異不別，如是，則志必有不喻之患，而事必有困廢之禍。故知者爲之分別制名以指實，上以明貴賤，下以辨同異。貴賤明，同異別，如是，則志無不喻之患，事無困廢之禍」。荀子舉示了同異分明的功用，以闡發其重要。

同異分明之所以重要，可謂基於思想的根本要求。如前已述，思想卽是有所論定，而論定的方式不外肯定與否定。肯定是把相同的予以聯合，否定則把相異的予以離析。如言馬是動物，試問：我們爲什麼可以把馬與動物聯合以作肯定判斷？正因爲馬的性質中含有動物性的一切，在此點上、馬與動物是相同的。又如言馬不是牛，我們之所以離析馬與牛以作否定判斷，亦正因馬有馬的特質，牛有牛的特質，兩者互不相同。思想的根本功用、既在於離合，而離合又起於同異。所以必先把同異分辨清楚，而後離合方有意義，論斷方能正確。假若同異分辨不清楚而胡亂離合，應合的反予以離析，應離的反予以聯合，便要是非顚倒了。

不但簡單的思想如此，其頗複雜的、亦莫不然。例如法官判案，不失爲一件相當複雜的工作，其重心所在、亦不外同異的離合。其判決某甲犯刑法所定某條的罪，應該處某種刑罰，卽是把某甲所爲與刑法某條所定認爲相同，而把兩者予以聯合。其判決某乙無罪，卽是認定某乙所爲與刑法各條所定均不相同，而把兩者予以離析。若其所認爲相同相異的、事實上確屬相同或相異，則這些判決是適當的，若事實上並不相同或並不相異，則這些判決便錯誤了。所以判案的基本工作在於認識同異，判案之確當與否、繫於同異分辨之是否清楚。

再如衡量行爲的善惡，亦同此理。我們懷有許多善惡的標準，擧例言之，救人苦難、是大家所認爲善的，損人利己、是大家所認爲惡的。某甲施捨財物以救貧苦，其行爲適與救人苦難的理想相合，乃謂之爲善。某乙盜竊財物以供己用，其所爲適與損人利己相合，乃謂之爲惡。故必行爲與標準間的同異、分辨得清楚，衡量方能得當，分辨得不清楚，衡量便要失當。同異分辨對於思想的是非、有如此旣深且大的影響，其應受重視、無待多說。

事物的同異、有甚容易分辨清楚的，有甚不容易分辨清楚的。其有甚不容易分辨清楚的、早爲古人所見及，故淮南子氾論有「同異嫌疑者、世俗之所眩惑也」之說。同易分明的難易、決於兩個因素：一爲主觀的因素，指分辨者所儲知識的多寡精粗而言，一爲客觀的因素，指待分辨事物相似相差的深淺而言。天字與地字、其形狀相差甚大，識字甚少的人乃至不識字的人，都能認知其爲兩個不同的字。天字與夭字、祟字與祟字、相差甚微，識字不多的人都會把「桃之夭夭」念成桃之天天，把「鬼鬼祟祟」念成鬼鬼崇崇，唯有識字較多的人纔不會念錯。

關於同異不易分辨清楚的因素，古人亦已有所說及。孟子盡心下篇引孔子語：「惡似而非者。惡莠，恐其亂苗也，惡佞，恐其亂義也，惡利口，恐其亂信也，惡鄭聲，恐其亂樂也，惡紫，恐其亂朱也，惡鄉原，恐其亂德也」。「惡似而非者」、正表示其分辨清楚之不易，不過孔子此言、偏就客觀因素立說，未涉及主觀因素。淮南子氾論云：「故劔工惑劔之似莫邪者，唯歐冶能名其種，玉工眩玉之似碧盧者，唯猗頓不失其情」，則主觀客觀兩種因素都說及了。其言「惑」與「眩」，意即同異不能分明。其言「似莫邪者」與「似碧盧者」，舉其客觀因素。其言「唯歐冶能名其種」與「唯猗頓不失其情」，則借能辨以反映不能辨的主觀因素。

有形的事物、其同異的分辨清楚，尙且有甚不容易的，無形事物的同異分辨，欲其清楚，只會更難，不會較易。上引孔子語、有形事物與無形事物並舉，此外在論語中、孔子尙有單舉無形事物之同異易於混殽的，如八佾篇所載的「事君盡禮，人以爲諂也」。淮南子氾論云：「狠者類知而非知，愚者類仁而非仁，戆者類勇而非勇」，亦揭示了無形事物同異分辨之不易清楚。

事物的亦同亦異

任何兩件事物，若欲謂爲相同，總可以找到同處，若欲謂爲相異，總可以找到異處，而且都能說得有憑有據，不同於胡言亂語。莊子德充符篇說：「自其異者視之，肝膽楚越也，自其同者視之，萬物皆一也」。平時所視爲相同的事物、自其異處來看，莫不相異，平時所視爲相異的事物、自其同處來看，莫不相同。莊子此言、絕非玄語，實爲世俗所不能不承認的正理。現在試就我們言談中時或引用到的朝三暮四與朝四暮三、一言其亦同亦異的情形。列子黃帝篇云：「宋有狙公者……損其家口，充狙之欲。俄而匱焉，將限其食。恐衆狙之不馴於己也，誑之曰：『與若芧，朝三而暮四，足乎？』衆狙皆起而怒。俄而曰：『與若芧，朝四而暮三，足乎？』衆狙皆伏而喜……名實不虧，使其喜怒哉」。列子此則寓言、原在表示：朝三暮四與朝四暮三、本屬相同，徒因說法變更，遂使衆狙迷亂，幻想其爲相異，以譏世人愚蠢，不察實際，易爲空言所惑而異其喜怒。列子原意、雖以朝三暮四與朝四暮三爲相同而不稍異，但豈果眞只能謂爲相同而無法謂爲相異嗎！朝三暮四，其總數是七，朝四暮三，其總數亦是七。就此點而論，誠不能不謂兩者爲相同。但朝三暮四，先少而後多，朝四暮三，則先多而後少。就此點而論，則不能不謂兩者爲相異。採取總數的相等爲論據，正是「自其同者視之」，採取先後多寡的不同爲論據，正是「自其異者視之」

。總數的相等、固當重視，先後多寡的不同、亦非可輕視。兩種論據、各有其採取的價值，故朝三暮四與朝四暮三、不能不謂爲亦同亦異。

莊子天下篇引惠施說：「萬物畢同畢異」，謂世間一切事物盡是相同的，亦盡是相異的。其說似怪誕，但亦非無道理。任何事物是亦同亦異的，推而極之，未嘗不可謂世間事物畢同畢異。畢同與畢異、各爲眞理的一面，可以並行不悖。其所以不悖，因其着眼點不同。着眼於各事物大處的相同，便成畢同，着眼於各事物小處的相異，則成畢異。現在先說畢同。我是中國人，你亦是中國人，屬於同一血統，受有同一文化的薰陶，故我與你是相同的。我是人，美國的喬治亦是人，同具人類的形體，同有思想的能力，故我與喬治是相同的。我是動物，犬馬亦是動物，同有知覺，同能行動，故我與犬馬是相同的。我是生物，草木亦是生物，同有生命，同會死亡，故我與草木是相同的。我是有形之物，泥沙亦是有形之物，同爲宇宙的構成分子，同得爲人類思想的對象，故我與泥沙亦是相同的。綜上所述，可見越向大處着眼，我所相同的事物越多，我的相同範圍越廣，卒至我與一切事物、無一不同。我與萬物對比，其相同情形如此，你與萬物對比，其相同情形亦必如此。同之爲用、是相互的，此同於彼，彼亦必同於此。你我既各同於草木泥沙，草木泥沙亦必各同於你我。於是任何一件事物，莫不同於一切事物。所以萬物畢同的說法、確有其事實的根據。

既說畢同，次說畢異。越放遠眼光，越向大處窺探，越見其接近畢同，到了最大處，便到了畢同處。故若變其態度，反其方向，收縮眼光，向小處窺探，則越向前行，定能越見其趨近畢異，到了最小處，亦必到了畢異處。我是生物，有成長，有死亡，泥沙不是生物，無成長，無死亡，故我與泥沙相異。我是動物，有知覺，能行動，草木是植物，沒有知覺，不能行動，故我與草木相異。我是人，能經常直立，且有理性，犬馬不是人，不能經常直立，且缺乏理性，故我與犬馬相異。我是中國人，是炎黃子孫，飽受中國文化的薰陶，喬治是外國人，不是炎黃子孫，未受中國文化的薰陶，故我與喬治相異。我是一個老人，身心俱衰，來日無多，你是一位青年，春秋鼎盛，前程無量，故我與你是相異的。着眼大處時所可認爲相同的，及眼光一轉，拋向小處，無一不轉成相異。我與萬物的相異情形如此，你與萬物相異的情形亦必如此，倒過來說，萬物與你我的相異情形、亦必無不如此。故萬物畢異的說法、亦有其事實的根據。

同異的落實

任何兩件事物、莫不亦同亦異，故既可謂甲與乙相同，又可謂甲與乙相異，不得以兩說中的一說爲是而以另一說爲非。一切事物、都是畢同畢異，故甲事物不但與乙事物既相同亦相異，且與丙丁等任何事物盡屬亦同亦異。於是甲之爲物、勢且徧覓世間，不能尋獲一件相同而不相異的事物，亦不能尋獲一件相異而不相同的事物。因爲剛剛發見某一件事物可以謂爲相同，不待旋踵，卽已發見其亦爲相異的事物，剛剛發見一件相異的事物，亦必卽時發見其爲相同。朝三暮四與朝四暮三、旣同且異，費心費力以研討其同異，簡直成了極大的蠢事。旣同且異，同異相與抵銷，縱猶存同異之名，幾乎已失同異之實。故僅言亦同亦異與畢同畢異，縱未使同異歸於消滅，至少已使同異落了空，飄搖不定，令人沒法看淸其不可踰越與不可混淆的實況。如此情形，斷非理則學所能許。出於任何淵源的理則思想，都以同異分明爲要務。中國名學說到思想的任務，以辨明同異爲其主要的一端。同異落了空，勢且無從辨起，無從明起，思想便無從實行其任務了。因明的比量、卽通常所說的推理、全賴同品異品的作用爲之幫助。同異落了空，同品異品失其分別，推理的正誤亦且無從確定了。邏輯的推理、亦注重所用名稱的同異，尤重居間媒介者的同異。同異落了空，媒介者亦同亦異，影響所及，結論勢且亦正亦誤了。故理則學不能坐視同異的落空，必謀所以使之落實。所以研討同異，不能研討至亦同亦異與畢同畢異卽便停止，必須作進一步研討，闡明只同不異與只異不同的依據，使同異無定轉成同異有定。

同異落實的依據、不煩他求，只須求之於上述亦同亦異與畢同畢異的理由中。上言我與你相同，又言我與你相異，專就這兩句斷語而論，確屬兩件事物相同亦相異。但試追問：爲什麽旣說相同又說相異，則因你與我都是中國人，故說相同，又因你與我一老一少，故說相異。同、是同在都是中國人的一點上，異、是異在一老一少的一點上，各有依據，並非憑空旣謂爲同又謂爲異。言同言異，必須強調其所依據，忽略了此點，則所言同異、了無意義，嚴格言之，不得謂爲同異。所據以言同言異的那一點，可簡稱爲同異的據點。都是中國人、是你我相同的據點，在此一據點上、只能謂你與我相同，決不能謂你與我相異。一老一少、是你我相異的據點，在此一據點上、只能謂你與我相異，決不能謂你與我相同。據點是同異的覊勒，能令同者終同而不能異，亦令異者終異而不能同。除非據點變換，同異不能互易。故言同言異而兼舉據點，益足令人了悟，同異是有定而非飄忽的。同異落實所要求的、卽要求其落實在據點上，心中論定同異時、要明白把握其據點，與人討論同異時、要明白提出其據點。同異與據點、不可須臾分離。我們日常談話，說及同異時，有擧及據點的，如言我們是同鄉，謂同的據點是籍貫，有不擧及據點的，如言學生的姊妹有同到不可分辨的。因其據點甚易明白，可以不言而喩，故遂略而不說。

因明同品異品的分別、足爲理解同異意義的幫助。同品、卽是同性質的事物，異品、卽是異性質的事物。因明的模範論式以「聲是無常」爲結論，試取以爲例。在建立如此的結論時、凡屬具有無常這一性質的，不論其爲有形的或無形的，亦不論其爲自然的或人造的，都爲同品。故無形的音樂、有形的書畫、自然現象的雷電、人造器皿的瓶罐、莫非同品。故所謂同、意卽具有所持以爲據點的那項性質，至於此外的性質如何，則一概置諸不論。所謂異品、以不具有所持以爲據點的無常性爲唯一條件，至其具有何種別的性質，則在所不問。故凡世間所認爲不生不滅的事物、如時間、如空間、如物質、都屬異品。準此以談，甲乙同異的分別、以有無據點所標擧的性質爲準，兩皆具有，則相同，一有一無，則相異，兩皆不有，則無同異可言。無可言而不能不有所言，則只能謂爲不同不異。不同不異、與亦同亦異及畢同畢異、似相抵觸，實不抵觸，試言其故。不同不異、係就某一特定的據點所作的論斷。甲乙既皆不具該據點所標擧的性質，則就該據點立論，自不得強謂其爲相同，亦不得強謂其爲相異。亦同亦異及畢同畢異、係就許多不特定的據點所作的論斷。在此一據點上是不同不異的，另取許多別的據點，逐一更換來檢驗，必會遇到某一據點，其所標擧的性質、恰爲甲乙所皆有而不能不謂爲相同，又必會遇到另一據點，其所標擧的性質，爲兩者所一有一無而不能不謂爲相異。

同異辨別的分際

研討同異，一定要把同異說成有定。說成有定了，所說的同異、纔有建設性。漫言同異而不指出其據點，則同異完全無定。指出了據點，已可說有定了，但應用於實際的言論與行爲，其有定程度尚嫌不足，不免令人猶有無定的感想。因爲在此一據點上、甲乙相同，在彼一據點上、甲乙相異。彼此二據點、各有被人採取的資格，則相同相異二說、亦各有被人主張的可能，豈非有定之中、還是包含着無定！到了實際應用的時候，因需要關係，又須更進一步，設置同異辨別的範圍，規定據點取捨的準則，有論定甲乙相同的必要，則選取足以顯示相同的據點，有論定甲乙相異的必要，則選取足以顯示相異的據點。同異各有程度的高低，有論定甲乙大同小同乃至大異小異的必要，則選取適於顯示各該同異程度的據點。如此則同異始能益進於有定，不復有動搖的可能了。如此選定的據點、是同異辨別在實用上的分際，不可超過，亦不可不及。決定分際的、是當時所欲建立的主張，可簡稱論旨。同異的分際、決於論旨，故論旨不變，分際亦不得變，論旨一變，分際便不得不隨以變。試就朝三暮四與朝四暮三、一言其分際。朝三暮四與朝四暮三、原屬可以謂爲相同，亦可以謂爲相異。列子之所以取其同的一面而不取其異的一面，乃其論旨所使然。列子主張：實質未變，不當異其喜怒，故必須以辨到朝三暮四與朝四暮三的相同爲分際。總數相等、正足以顯示兩者的相同，故選以爲據點。假若有人欲爲衆狙辯護，謂其先怒後喜爲合理，論旨既變，分際自亦當變，必須辨到兩者的相異爲止，故須選取先少後多與先多後少的效用不一爲據點。

同異的分際、不可超過，亦不可不及，萬一違反此戒，定成錯誤的思想。現在自古籍中選錄故事二則，雖爲事實所未必有，却足爲此類錯誤思想的顯例。先述超過分際的錯誤。韓非子外儲說左上載：「鄭縣人卜子使其妻爲袴。其妻問曰：『今袴何如？』夫曰：『象吾故袴。』妻因毁新令如故袴」。卜子的論旨、謂新褲要同於舊褲，所以同異辨別當然要以辨至相同爲分際。但卜子的論旨、有點含混不淸。因爲相同有全部相同與部分相同之別，部分相同又有此一部分相同與彼一部分相同之別。其言「象吾故袴」、泛言相同，並未指實其同在何處，則所云相同、其意當爲全部相同，但按諸事理，決不應作如此寬泛的解釋。因爲一經如此解釋，則新舊相同、確亦可以包括在內，而卜妻的所爲、「毀新令如故袴」、正合於論旨了。「毀新令如故袴」、消滅了新製的功用，一定不會是「卜子使其妻爲袴」的原意。依照常識，其所要求的同、必以形狀大小等的相同爲限，故只應解作若干點上的相同。卜妻的所爲、不能不謂爲超過了分際，雖若理解得很嚴肅而不稍含胡，實則食而不化，徒爲笑談供給資料而已。

次說不及分際的錯誤思想。列子說符篇載：「楊朱之弟曰布，衣素衣而出，天雨，解素衣，衣緇衣而反。其狗不知，迎而吠之。楊布怒，將扑之。楊朱曰：『子無扑矣！子亦猶是也。嚮者使汝狗白而往，黑而來，豈能無怪哉』」。楊朱所說、似乎高超脫俗，但衡以常理，徒見其思慮不周與論斷失實而已。依楊朱所說，狗若白而往黑而來，人必引以爲怪，則人白而往黑而來，狗之引以爲怪、又何足責！故在楊朱之意，人的白而往黑而來與狗的白而往黑而來、是相同的，這是楊朱的論旨。所云白與黑、係就人衣與狗皮而言。論旨如是，分際爲了與之適應，自當辨到人衣與狗皮的相同。至其採取何種據點以顯示兩者的相同，楊朱的言論中未有所透露。人衣與狗皮的相同、不止一點。在相同的諸點中、必須與白而往黑而來有關的、方值得採取，其無關的、當然不在應取之列。依常理代推，只有覆蔽身體一點，最與白而往黑而來有關。人衣與狗皮的覆蔽身體、並不盡同，只是差相近似而已，不過除此以外，更沒有足資採取的，必不得已，只好姑予採用。但採用以後，依然不能說明人衣與狗皮先後易色的非有不同。人衣能脫換，白衣可易爲黑衣，狗皮不能脫換，白毛無法變爲黑毛。楊朱所說、必待人衣與狗皮的相同能同到各不能脫換，而後始可成立。但如此的相同、顯然爲事實所不能有，如此的分際、顯然爲同異辨別所無法到達，所以楊朱所說終成不及分際的錯誤思想。

同異與肯定否定

上文曾言：肯定否定、起於同異，同者予以聯合以成肯定，異者予以離析以成否定。所說既甚籠統，亦甚簡單。現在試作進一步的分析，以研討：同到如何程度，方可肯定，異到如何程度，必須否定。同異、就其與肯定否定的關係而言，可分四類：一爲全全相同，二爲偏全相同，三爲全偏相同，四爲偏偏相同。全、謂性質的全部，偏、謂性質的一部分。每一判斷、有兩個名稱，居首者、通常稱爲主詞，居末者、通常稱爲謂詞。全全相同、意即主詞所指事物的全部性質與謂詞所指事物的全部性質相同。前一全字、係就主詞說，後一全字、係就謂詞說。偏全與全偏之或先或後，亦在表示主詞與謂詞的順序。

一、全全相同、只可就以作肯定判斷，如言：我是我，人是人。我與我、人與人，各是同一事物。任何事物與其自身、總屬相同，不能相異，只可肯定，不容否定。故全全相同、是最高度的相同，亦是肯定最堅強的基礎。假若有人主張：我不是我，或別具哲理，或故弄玄虛，不是尊崇常識講求實際的人所能贊同。我與我、人與人、實同，名亦同，其只應聯合而不容離析，理太明顯，無須申述。故主詞謂詞實同名同的肯定判斷、在日常言論中、甚少看到，爲用不廣。全全相同固以同實而又同名爲模式，但不以同名爲限，只要同實，儘可異名，且以異名表同實，更可以有益智的功用。所以我們所見全全相同的肯定判斷、其主詞與謂詞、往往不同其名，如言：人是理性動物，孔子是至聖先師。動物之中、只有人是具有理性的，人以外別無理性動物，理性動物以外亦無有人。古聖賢之中、只有孔子被尊爲至聖先師，孔子以外別無至聖先師，至聖先師以外不有孔子。所以人的性質與理性動物的性質、孔子的性質與至聖先師的性質、各無不同，亦即各是全全相同。既稱全全相同，自必沒有半點相異。於此可能有人懷疑，以爲與上文任何兩件事物亦同亦異之說不能融洽。如此的懷疑、一言即可消釋。亦同亦異、係就兩件事物而言，全全相同、係就同一事物而言。人與理性動物、其名雖二，其所指之實則一。

二、偏全相同、謂主詞所指事物的一部分性質與謂詞所指事物的全部性質相同。凡有如此相同情形的，可就以作肯定判斷，如言馬是動物。馬所具有的全部性質、可作簡單的分類，分爲兩大部分：一爲動物所通有的性質，一爲馬所獨有的性質。前一部分、在馬、爲其性質的一部分，在動物、正是其性質的全部。故馬與動物、是偏全相同。此類肯定判斷的主詞與謂詞、其所指事物、若從類別方面來看，都具有小類與大類的關係。如卽上例而言，馬是小類，動物是大類。小類除了承受大類的全部性質以外，又具有該小類所以成爲小類的特殊性質，故與大類形成偏全相同。又有一種肯定判斷，實亦建立在小類大類的關係上，其外貌則殊不然，如有些馬是白的那樣的判斷、可取以爲例。在此一判斷中、主詞有些馬、意指白馬，謂詞白的、則可釋爲白物的省略語。白馬、一方面是白物的小類，另一方面亦是馬的小類。依照用語的慣例，小類的名稱不得用以稱呼大類，大類的名稱可用以稱呼小類，故白馬得簡稱爲馬。但一用馬這個大類名稱來替代，不白的馬勢必亦被包括進去，則又非事理所許，故加數量的限制詞，暗示其爲專指白馬。用因明的術語來解釋，有些馬是言陳，白馬是意許。故不拘言陳而依意許，則有些馬與白物、亦屬偏全相同。

三、全偏相同、謂主詞所指事物的全部性質同於謂詞所指事物的一部分性質。此一相同、與上面所說的偏全相同、兩相比較，有其同處，亦有其異處。同處在於雙方相同的性質、一爲一部分，另一爲全部，異處在於主詞與謂詞的互易其位。因其有同，故亦應就以作肯定判斷，因其有異，故其肯定判斷的量不能不有分別。偏全相同時，可說馬是動物，縱不加一切字樣，其意必爲一切馬盡是動物。全偏相同時，只可說：有些動物是馬，主詞上必加數量的限制詞，以明動物於馬外尙有許多其他非馬的動物。這兩個判斷一經比較，可見其數量限制之應加與否、決於小類大類之孰爲主詞與孰爲謂詞。大類成自小類的聚合，非存於小類之外。故小類的分子莫非大類的分子，大類的分子雖亦爲小類的分子，但不一定爲某一小類的分子。馬與牛羊等小類合成動物大類，故每一匹馬必爲一匹動物，一匹動物可能是一匹馬，亦可能是一匹牛或一匹羊而不是一匹馬。故以小類馬爲主詞，論其與大類動物的關係，因爲全數的馬盡是動物，故可作概括的肯定。以大類動物爲主詞，論其與小類馬的關係，因爲只有一部分的動物是馬，故只可作部分的肯定。

四、偏偏相同、謂主詞所指事物的一部分性質同於謂詞所指事物的一部分性質。雙方旣僅各有一部分的性質相同，則其另一部分的性質一定相異，故偏偏相同，必然亦是偏偏相異。試以馬與牛爲例。馬的全部性質中、含有動物通有性與馬的特有性兩大部分，牛的全部性質中、含有動物通有性與牛的特有性兩大部分。就其所含動物通有性而言，雙方相同，就其所含馬的特有性與牛的特有性而言，雙方相異。故馬與牛、是偏偏相同，亦是偏偏相異。着眼於其相異，固應作否定判斷，着眼於其相同，亦未嘗不可作肯定判斷。但否定與肯定、不當並立，只宜選取其一，而牛馬之所以各自成類，因其各具特性。故與其重視相同，不若重視相異，因而只說馬不是牛，不說馬是牛。

綜上所述，甲乙的相同、一定要同到其中一方爲全同，方得作肯定判斷，謂甲是乙。同不到此一程度，只能作否定判斷，謂甲不是乙。以上云云、僅就事物性質的同異與肯定否定簡述其關係。事物尚有數量方面的同異，作具體判斷時亦應顧及，且俟後論。

主詞與謂詞、若其所指爲同一事物，則不論其爲同名或異名，總是全全相同，必須就以作肯定判斷。但若將同一事物分成兩截或兩類，以之分充主詞與謂詞，則全全相同轉成偏偏相同，只能就以作否定判斷了。例如我與我、原屬全全相同，今若分作兩截：幼年的我與老年的我，則其中一部分的我雖依然相同，其另一部分的幼年與老年、顯然相異，合而言之，不過偏偏相同，故只可說：幼年的我不是老年的我。又如人與理性動物、原是同一事物，今若分作兩類：衰弱的人與健全的理性動物，則成偏偏相同，亦只可說：衰弱的人不是健全的理性動物。又若僅僅主詞指其一截或一類，謂詞仍指其全程或全類，則成偏全相同，仍可作肯定判斷，謂幼年的我是我，謂病人是理性動物。

三異

世間一切事物、凡有彼此可分，都有些相異。其相異情形、非必一致，有一般的，有特殊的。一般的相異存於一切事物之間，可稱別異。特殊的相異存於特定事物之間，有相反與矛盾兩類。合而言之，共得三類，故稱三異。

一、別異爲一切事物相互間所通有，有可兼的，有不可兼的。兼、即言旣是甲又是乙，兩者結合在一起。如言美女，美與女別異，却可結合在一起，故美與女是可兼的。如天與女，則不但別異，且不能相兼。雖有天女那樣的名稱，只是神話世界中的人物，不是現實世界所能有。思想的對象、大別爲價值與事實兩大類，事實又可分爲若干類。在中國、受了印度思想的影響，大抵採用實德業三類的分法。實卽是事物，德卽是性質，業卽是作爲。類別與相兼的可否、沒有關係。同類的有可兼與不可兼，異類的亦然。畫家與書家、短小與玲瓏、談話與微笑、是同類而可兼，水與火、方與圓、爭與讓、是同類而不可兼。畫家與短小、畫家與談話、是異類而可兼，畫家與目盲、畫家與手戰、是異類而不可兼。可兼的、通常用亦字而字且字的字等，以表示其結合，不可兼的、則不得誤用此等字眼。故可說：某君是畫家亦是書家，短小而玲瓏，且談且笑，短小的畫家，談笑中的畫家，但不得說：盲目的畫家，手戰的畫家。因爲就通常情形而言，目盲的人不能作畫，手戰的人亦不能作畫。

二、三類之中、各有相反的項目，在事物類、如童如叟，在性質類、如熱與冷，在作爲類、如愛與憎。相反有三點特徵：㈠相反的項目處於同一事實系列的兩端。如童處於年齡系列的始端，叟則處於其末端，又如熱處於溫度系列的最高端，冷則處於最低端。因其爲同一系列的兩端，故相反的項目大抵屬於同類，其爲異類分子的、殊屬少見。唯有兩類同有某種系列，始可有越類的相反，如事物類中的童與性質類中的老、同爲年齡系列的一端，故亦構成相反。㈡相反的項目處於兩極端，故不能相容，因而亦不能相兼。一個人、方其尚在童年時，決不會老得來已足令人稱之爲叟。亦童亦叟，是我們常人所不能想像的。一杯水、既是熱的，不會同時又是冷的。氷冷的沸水、爲世間所不能有。愛好與憎惡、不會存於同一心情之中。方其愛時，只覺其好而不肯捨去，不會覺其不好而汲汲於拋棄。世間誠有少年老成那樣的成語，但所云老成、別有意義，言其持重而不輕率。常人誠亦有時說到冷開水，係指冷却了的開水，冷與開不在同時。㈢相反的項目不能相容，但可以容中。此所云中、係指兩端的中間。既有兩端，必有中間。中間既不同於此端，亦不同於彼端。故我們不能說：亦童亦叟，却可說：非童非叟，不能說：亦熱亦冷，只可說：不熱不冷。非童非叟、即是童叟之間的壯，不熱不冷、即是冷熱之間的溫。

三、矛盾比相反，又深一層，其名出自韓非子。難勢篇云：「人有鬻矛與楯者，譽其楯之堅，物莫能陷也。俄而又譽其矛曰：『吾矛之利，物無不陷也。』人應之曰：『以子之矛陷子之楯，何如？』其人弗能應也。以爲不可陷之楯與無不陷之矛爲名，不可兩立也」。難一篇中亦載此文，措辭稍異而已。矛盾的原義、在於顯示兩件事物的不能並立，以與相反者之不相容不得兼相比，未有差別可言。理則學上所云矛盾、則更深一層，於不相容不得兼以外，又加上不容中一義，故別成一類。矛盾成自一對積極概念與消極概念。積極概念、如童、如熱、表示各該事物或性質的存在。積極概念上加否定詞，如非童、如不熱、則成消極概念，取消其積極概念所含有的全部內容。任何積極概念都可以加上否定詞，故任何概念都有其矛盾概念。矛盾之間、不能有中，故無中可容。例如熱與不熱之間、不能有既非熱亦非不熱的溫度。因爲不熱只取消了熱，別無其他積極的意義，故凡溫度低於足稱爲熱的，都爲其所包括。不僅冷是不熱，溫亦屬不熱。相反時可容的中、既經括入消極概念，自無中可舉了。故用矛盾概念來討論溫度，於熱與不熱、必須選取其一，只可說熱或說不熱，別無選說第三者的可能。若改用冷與不冷來討論，則只可說冷或說不冷，不容作第三種斷語，因爲中間的溫已括入不冷之中。現代理則學頗重視矛盾，用以表示思想的主要原則。矛盾不能相兼，世間決不會有既是甲又非甲的事物，故以甲與非甲的相兼表示非有。矛盾不能容中，世間一切事物只有甲與非甲兩種，不能有既非甲亦非非甲的第三種，故以甲與非甲的相加表示一切。古代於相反與矛盾的分別、似尚未有充分的認識。孟子告子上篇有「性無善無不善也」一語。善與不善、一積極，一消極，在形式上、是兩相矛盾。但「無善無不善」、兩俱否定，明示其可以容中，故在意義上、善與不善、只能解作相反，亦即只能把消極的不善解作積極的惡。

第六章　周觀兼顧

經驗要精要博

經驗是知識最原始的源泉，亦是思想最底層的基礎。經驗又精又博，則源泉清潔，基礎穩固，由此所自出的知識與建在其上的思想、可以不致有先天不足的遺憾。

精的意義、頗不單純，試爲分析，可見其含有如下的諸種內容。一爲不錯誤，見騾識其爲騾，不誤認以爲馬，見黑識其爲黑，不誤認以爲灰。不錯誤、是精的基本內容，無此基本，其他內容勢且無所依存，自不能有精之可言。精的此一內容、通常稱爲正確。次爲不猶預。猶預、謂𡩋存兩可，未能是認其一而否認其他。例如家中閒坐，忽聞戶外有劈拍的響聲，可能是鞭炮聲，亦可能是手槍聲，雖前者的可能性較大，但猶未敢斷然認定。故不猶預、相當於無可疑，亦相當於因明所重的決定智中的決定一詞。三爲不浮淺，不要僅作表面的觀察，要更進一步探索其底蘊。例如鯨、若僅作浮淺的觀察，其外形確與魚相同，自易認其爲屬於魚類，及進而作解剖的與生理的觀察，卽可見其與魚甚不相同。故經驗要深入，不可止於淺嘗。四爲不粗疏。不粗不疏，就是又細又密，不止於作粗枝大葉的觀察，且進而考查其細微末節，不僅獲知其大體的輪廓，且進而探得其詳情，巨細無遺，條理井然。五爲主從分明。此云主從、係就事物所具的性質而言。

同屬某類事物所不可或缺的性質，有其主要與非主要的分別。主要的性質、是事物所以成爲該類事物並以別於他類的特徵，故是固定的。非主要的性質、則可以如此，可以如彼。兩足而直立、能思索、能言語、是人的主要性質，膚色的黑白、身材的高矮、是人的非主要特質。六爲常偶的不亂。世間事情、有經常發生且有週期性的，有偶一發生的。經常發生而有週期性的事情、可以預計其再來，偶一發生的事情、則可遇而不可求。守株待兔、正是諷刺誤偶爲常的故事，意在警惕人們，勿作廢時失業的愚事。七爲不盲從權威。權威都是某一知識領域內既專且精的飽學之士，爲大衆所尊敬，故爲大衆所信從。權威誠有其値得尊敬與信從之處，但智者千慮，不無一失，且權威不止一人，所見又未必相同。故不當僅因其爲權威的見解而貿然信從，亦當擇其可從者而從之。八爲不輕信流言。社會上的傳說、傳者原具有姑妄聽之姑妄言之的心情，不懷有必須誠實報導的責任感。所以流言本是不足信的。及一人傳十，十人傳百，無意之間、各有增損，卒至流言的內容且不能保持其原來的形態。荀子大略篇云：「流言止於知者」，表示了智者之不會爲流言所惑。

精的重要、古代的大學問家早經有所垂示，例如孔子。論語季氏篇載其勉勵語云：「君子有九思：視思明，聽思聰……」，謂視覺要儘量看得明白，聽覺要儘量聽得清楚。視與聽、是經驗的主要來源，故以之爲經驗的代表，「思明」、「思聰」、卽是要求一切經驗儘量求精。孔子以之爲君子所當務，且與「思忠」、「思敬」、「思義」等並列，可見其對於經驗的精、重視到如何程度了。

博、係指見多識廣而言，與精異其意義。故精者不必博，博者不必精，有精而不博的，亦有博而不精的。經驗不精，則應付不易得當，難收得心應手的功效。經驗不博，則臨事無以應付，有手足不知所措的困擾。沒有使用電燈經驗的人、不知道如何開關，電燈忽而熄滅，不知道如何更換燈泡。關於颱風的災害沒有直接經驗或間接經驗的人、不知道在颱風警報發出以後預作防災的工作。旅客初至某地觀光，人地生疏，須請熟悉當地情形的人爲之導遊。船長駛船入港，雖已多次，仍須請熟悉港內情形的專家爲之領港。凡此諸例、雖大小繁簡不同，都顯示了經驗廣博之大有實用。故博與精、同屬重要，既須求精，亦須求博。

中國古代的大學問家有些言論，似乎表示了經驗廣博的不足重視。例如論語述而篇所載孔子語：「多見而識之，知之次也」，又如衞靈公篇所載孔子告子貢語：「女以予爲多學而識之者與……非也，予一以貫之」，其於多見多學、似乎都看得很平淡。荀子對於博、不但未看重，且有輕視的口吻。致志篇云：「師術有四，而博習不與焉」，尚僅表示不重視而已。解蔽篇云：「博聞彊志，不合王制，君子賤之」，則直視爲可賤了。但細考孔子與荀子所說，其不重視或賤視、都不是絕對的，僅在某種情形之下始不予重視或竟予賤視而已。論語雍也篇載有孔子語：「君子博學於文，約之以禮，亦可以弗畔矣夫」，謂君子憑藉博學，搜集了甚多的資料，以供約束歸納，蔚成精深的義理，如此方能有合於道。依此說來，約以博爲資料的儲藏所，必先有博，而後始能有約。兩者間既有先後與因果的關係，不當有此貴彼賤的分別。由此推之，孔子所不重視的博、必其內容不足以供精深義理的約成。荀子所云「博聞彊志，不合王制，君子賤之」、正表明了此意。荀子之所以賤視博聞彊志，非因其廣博而賤之，只因其內容不合王制而賤之，故所賤的、不是當博的博，而是不當博的博。

周觀以求精

周觀與兼顧、照字面解釋，實在沒有顯著的分別。周觀、謂觀察周到，一點一滴亦不遺漏。兼顧、謂件件顧到，沒有顧此忽彼的偏差。所以這兩個名稱、大體說來，直可謂爲同義。但本文用此二名，擬略加分別，不過其分別不加在意義上，僅加在其適用的對象上，亦卽非將此二名用作不同的意義，只將此二名用於不同的對象上。具言之，凡對於一件具體的事物作周到的觀察，則稱之爲周觀，對於大類中的小類或小類中的分子作普徧的觀察，則稱之爲兼顧。此亦非謂理論上有如此分別稱呼的必要，只是爲了敍述的方便，以不同的名稱分呼兩類不盡相同的觀察，既以顯示觀察對象之可以有如此的分類，亦以促令敍述之得以益趨簡化。

周觀固足以致經驗於益精，似乎亦足以致經驗於益博。因爲對於一件事物觀察周到而無所遺漏，比諸對於同一事物僅作粗疏觀察時的所見，必較豐富。如實言之，若以所見較多而謂爲博，周觀誠亦有助於博。但通常說到博，偏指觀察對象的數量增多而言，至若有關同一事物的見聞，初誤而後正，初疏而後密，初少而後多，通常謂爲增精，不謂爲增博。因爲正確無誤與不疏不漏、正是精的主要特徵。周觀原是一件事物的周到觀察，故以求精爲其特殊作用。

每件事物所須周觀的、有兩方面：一爲靜態，一爲動態。靜態、指該事物各部分的形狀性能而言，動態、指該事物生滅的經過與進行的情況而言。

先說靜態的周觀。每件事物都可分爲若干部分，縱使事實上並無明顯的界線可據以劃分，至少在設想上有其劃分的可能。有些事物、其各部分的形狀與性能、莫不相同，絕無差異。有些事物、各部分有其不同的形狀與不同的性能。例如一盆水、縱使原來是熱水與冷水相攙和的，經過片刻，盆面的水與盆底的水、其溫度一定相等，不會有一熱一冷的差異。在如此的事物上、任何部分都足以代表整體，任何部分的經驗都等於整體的經驗。所以只要手指輕微接觸水面，覺其爲溫，卽可斷言其全盆盡屬溫水，不待接觸了全盆的水而後始敢論定。故就部分足以代表整體的事物而言，偏觀的效用等於周觀，不復有周觀的必要。但世間事物不盡如此，其部分不足以代表整體的、實居多數。例如一棵小樹、有根，有幹，有枝，有葉，有花，有果。其根幹等各有特殊的形狀與特殊的作用，互不相同，且亦無一足以代表小樹的整體。於此而欲認識小樹，自須從根至葉，一一觀察，無所遺漏，亦卽不可以不周觀。若僅見其幹，不見其根，僅識其葉，不識其花，未足謂爲已經識得了此樹。故有周觀必要而不周觀，其所得經驗必且如盲人摸象同樣可笑。涅槃經云：「有王告大臣：汝牽一象來，示盲者。衆盲各以手觸。大王喚衆盲問之：汝見象類何物？觸其牙者言：象形如蘿菔根。觸其耳者言：如箕。觸其脚者言：如臼。觸其脊者言：如牀。觸其腹者言：如甕。觸其尾者言：如繩」。衆盲以手所摸得的、誠爲象牙象耳等的眞相，以之爲全象的形狀，則成以偏概全的錯誤經驗。此一寓言、正提示了周觀的重要，令人徹悟部分經驗之不可輕易視作整體經驗。

周觀與同異分明及知識如實、有其聯帶關係。周觀如有缺陷，則同異易於混淆，所知亦難如實。試以孟子盡心下篇所引孔子語：「惡莠，恐其亂苗也，惡佞，恐其亂義也」爲例，以資說明。莠與苗、是兩種不同的植物而甚相似。兩者的觀察、各欠周到，則不能比較以見其不同，於是同異不能分明，或誤莠爲苗，或誤苗爲莠，所知亦不能如實了。佞與義、是兩種有同有異的言行。隨機應變，不拘一格，是其同處，一以禦人，一以成美，是其異處。同處甚顯明，異處頗隱晦。觀察不夠周到，只見其明顯的同處，不見其隱晦的異處，佞與義便會相混相亂。論語憲問篇所載微生畝的譏刺孔子，正供給了一則實例。孔子疾固尙義，微生畝譏其爲佞。微生畝此一譏刺、正反映其觀察不盡周到，未能明見佞與義的分別，其所云佞、並非如實的佞。觀察不周，能使義佞相亂，善惡不分，其影響的嚴重，當爲關心是非的人所不能忽視。

次說動態的周觀。此云周觀、係指觀察次數的繁多而言。先述一則可笑的故事，以見此項周觀之亦甚重要。對日抗戰期間，大後方廣修公路，以利交通。重慶某報嘗載：川西某偏僻鄉間有一老翁，聽見他人說起：鄰縣築了公路，公路上有一種很大的車子，叫做汽車，不用人挽，不用牛拉，自能行駛。老翁感到過於新奇，深覺未可輕信，爲了證實起見，遂不遠數十里，走到公路上去親自察看。不幸得很，當時適有一輛長途汽車，機件發生了故障，正由牛拉着，拖回廠中修理。老翁見了，便斷定人言之易於失實，並深信汽車亦不能不靠牛力引以前進。此翁的實證精神、至堪欽敬，其輕率而錯誤的論斷、則我們應當引以爲殷鑑。其論斷之所以輕率而錯誤，非由他故，純出於周觀之未能做到。汽車機件沒有故障，靠汽油酒精等燃燒的力量來推動，是汽車的經常現象，而汽車之所以爲汽車，全憑此一特徵。機件發生故障，靠牛力引以前進，是汽車的偶然現象，汽車之所以有異於牛車，其故亦正在此。常與偶的分辨、其簡單而可信的方法、應推周觀。每次或極大多次觀察、都見其如此，則所見當爲經常現象。少次見其如此而多次見其不如此，則少次所見當爲偶然現象。所以千慮雖有一失，猶不失爲智者，千慮縱有一得，終不免爲愚者。老翁僅憑一次觀察，遽作結論，其與周觀所要求的次數、相距甚遠，已不免犯有輕率的過失。又不幸其一次所見、恰巧是偶然現象，而遽斷爲經常現象，遂成了思想上可笑的大錯。所以周觀的重要、是數說不盡的。韓非子五蠹篇云：「宋人有耕者。田中有株，兔走觸株，折頸而死。因釋其耒而守株，冀復得兔，兔不可復得，而身爲宋國笑」。宋人所爲、確亦屬於以偶概常的愚見愚行，不過韓非子用以比喻「以先王之政治當世之民」，則未見其切當。因爲兔的觸株、是純粹偶發事件，先王的政、則有爲而爲，兩者甚不相類。

兼顧以求博

兼顧之與周觀、如前已述，在意義上並無顯著的分別，只是在對象上異其用途而已。周觀可說是兼顧一件事物靜態方面的各部分與動態方面的各作用，兼顧可說是周觀大類中各小類或小類中的各個體。整體成自部分，大類成自小類，小類成自個體，其情形大體相同。故若着眼於大體，則周觀與兼顧的適用對象、亦未嘗不可謂爲相同。不過周觀所致力的、是個體的認識，兼顧所致力的、是種類的認識，其對象畢竟不盡相同，因而其作用亦當細別爲二。種類的認識、正是歸納作用的起步。歸納的進行次第、如孔子所垂示：「博學於文，約之以禮」，故歸納的起步、應是運用正確的方法以廣集資料。兼顧正是搜集資料的正確方法，故其主要任務在於求博。

種類的構成、是多層的，初由個體集合以成小類，繼由小類集合以成較大的類，復由較大的類集合以成更大的類，層層集合，終成最大的類。自最小類以至最大的類，其間層級之多、幾於不可勝計。現在所欲探討的、不是種類構成層級如何的問題，只是種類集成以後性能如何認定的問題。所以姑將種類的集成簡化為二類：一為個體的集成小類，二為小類的集成大類。

先就小類性能的認定，一論兼顧的重要。凡得認為小類的性能的、必須是該小類所屬一切個體所通有，若僅為此一部分個體所特有而為彼一部分個體所不有，則不得列入該小類性能之內。欲確定某一性能之為一切個體所通有抑為若干個體所特有，唯有求助於兼顧。後漢書朱浮傳云：「往時遼東有豕，生子白頭，異而獻之。行至河東，見羣豕皆白，懷慚而還」。此雖為假設的譬喻，實際上確有如此的事例。我輩生長在長江下游的人、正與遼東人同病，平日所見、盡是黑豬，不知不覺間、懷有一種錯誤的見解，以為天下豬玀一般黑。及對日抗戰，移居四川。見有甚多白豬，多年謬見、始獲破除。當初謬見之起、起於沒有機會兼顧。所以誠欲掃除固陋，必須努力覓取兼顧的機會，幸而遇到，尤不可不鄭重利用。在見慣聽慣的事情以外、遇到特異的例外，縱屬為數不多，亦應珍視，並特予紀錄，以作常識應否修正的參考。

在每一小類中、任何個體所通有的，必為該小類的性能，不為任何個體所通有的，必不能認為該小類的性能。原則如是，但有例外。若某一性能必待個體發展至某一程度而後始實現，則雖不爲任何個體所通有，不能因此否定其爲該小類的性能。例如直立行走、非嬰兒所能，但我們不能不承認其爲人類的特長之一。又若某一性能原爲任何個體在正常狀態中所通有，若干個體因爲慘遇變故，橫遭剝奪，亦不能因此否定其爲該小類的性能。例如理性、非患有嚴重精神病的人所能保有，但我們不能不承認其爲人類的特長之一。

有些性能、其相互之間、關係非常密切，甚至其所用名稱亦甚容易相混，但小類可能有其一而不有其他。舉例言之，人、一定是男或是女，亦即一定具有性別，故有性別、是人類的一項性能。但人不一定是男，亦不一定是女，故是男是女、不是人類的性能。所以我們只可說：人是有性別的，却不得說：人是男的，亦不得說：人是女的。又如人體或高或矮，必有身材，故有身材、是人類的性能。但人不一定高，亦不一定矮，故是高是矮、不是人類的性能。所以我們只可說：人是有身材的，却不得說：人是高的，亦不得說：人是矮的。

次就大類性能的認定、簡述兼顧的重要，其重要程度、與其在小類性能認定作用中所發揮的、完全相同，故沒有詳說的必要。凡所屬直接小類所通有的，必爲大類所具有的性能，直接小類所不通有的，必非大類所能有的性能。此云直接小類、言其與大類之間沒有層級的間隔。若爲大類所由集成的小類下的小類，則有間隔，對於大類雖亦不失其爲小類，但只是間接小類，不是直接小類。例如男性與女性，是人的直接小類，少女與老婦，只是人的間接小類。男性與女性通有的性能、如直立行走、如能有理性、必爲人的性能。少女與老婦所通有的性能、如女性、僅爲間接小類所通有，不爲直接小類所通有，不能爲人的性能。故在認定大類的性能時，必須認清直接小類與間接小類的分別，並僅以直接小類爲兼顧的範圍。大類以直接小類通有的性能爲性能，故某一性能之是否爲某一大類的性能、依人們是否認某一小類爲該大類的成分而異。例如雞鴨等家禽、若認爲不屬於鳥類，則能飛當爲鳥類的性能之一，若認爲屬於鳥類，則能飛便不得視爲鳥類的性能了。

認定性能，不論其爲大類或小類，同以兼顧爲不二法門，但所須兼顧的數量、則有多少之異。大類的成分是小類，其數量少，小類的成分是個體，其數量多。認定大類的性能，只須兼顧其直接小類，故其兼顧較簡約，認定小類的性能，須兼顧個體，故其兼顧較繁複。事實上認定大類的性能時、容或兼顧到小類中的小類，甚至兼顧到小類中的個體，則其兼顧之繁複、自將遠甚於小類性能的認定。但在理論上、兼顧到個體，是認定小類性能的任務，不屬於認定大類性能的兼顧範圍。所以認定大類性能而兼顧到個體，理論上應當解釋爲大類小類性能的同時認定。小類性能認定時的兼顧個體、亦只可從寬解釋，謂須多多選樣觀察，愈多愈好，非謂件件都須顧到，不得有一件遺漏。一件不遺，不是事實上所能做到，亦不是理論上所必要求，只要選樣能審愼而周到，亦可無違於理想了。選樣所當依據的、是最足影響個體變異的因素。例如就動植物而言，氣候的寒熱、卽是此項因素之一。故在認定某類果樹的性能時，應廣就南北不同的地區，各選取若干個體以爲觀察的資料。

相違決定

周觀兼顧了，經驗益博益精，事物的性能全盤顯現，於是事物之有無相反作用、亦不難一目了然。處理事物而欲無所失誤，洞察該事物之有無相反作用、實爲要件。有了洞察的心願，必須有洞察的方法以助其達成。試作相違決定、可說是達成洞察志願的一條捷徑。

相違決定、原是因明的術語，用以稱呼六種不定過失中的一種。相違決定是兩個論斷所合成。決定、係就理由言，謂兩個論斷所用的理由、各有堅強的力量，足以支持其結論屹立不移，意卽理由正確切當，悉合推理規則所要求。相違、係就結論言，謂兩個結論、一然一否，正相反對。故相違決定、意卽兩個正當的理由所證明的兩個相反的結論，亦卽兩個論斷、雖正相反，而各顚撲不破。似此兩個論斷，自其顚撲不破言之，不能不各認其爲是，自其兩正相反言之，不能同認其爲是。欲認定其爲一是一非，又苦於無所依據。孰是孰非、無可判定，因明不得已，只好歸入不定過失。我們之所以主張試作相違決定，非取其顯示了是非之無可判定，乃取其揭露了同一事物之可以有相反的作用，以助周觀兼顧之能益收實效。

論斷的對象、或爲事實，或爲價值。在事實方面、只見有貌似的相違決定，未見有眞實的相違決定。因明書中所舉的實例、採自印度哲學，非數語所能說明，引述殊覺不便，且僅能成立於兩個特定學派之間，非一切學派所能同許，沒有客觀性，只是貌似的相違決定。世說新語夙惠篇載：「晉明帝數歲，坐元帝膝上……因問明帝：『汝意謂長安何如日遠？』答曰：『日遠。不聞人從日邊來，居然可知。』元帝異之，明日集羣臣宴會，告以此意，更重問之。乃答曰：『日近。』元帝失色曰：『爾何故異昨日之言邪？』答曰：『舉目見日，不見長安』」。晉明帝先後所說、合而觀之，有似一則相違決定，實則不然。「日遠」與「日近」兩次答語、是兩個相反的結論，但其一是一非、則盡人皆知。「不聞人從日邊來」與「舉目見日」、是兩個理由，雖各爲正確的事實，但都非切當的論據。無人前來，未足以證明其地必遠，舉目可見，未足以證明其物必近。列子湯問篇載：「孔子東游，見兩小兒辯鬥，問其故。一兒曰：『我以日始出時去人近，而日中時遠也。』一兒以日初出遠，而日中時近也。一兒曰：『日初出，大如車蓋，及日中，則如盤盂，此不爲遠者小而近者大乎！』一兒曰：『日初出，滄滄涼涼，及其日中，如探湯，此不爲近者熱而遠者涼乎！』孔子不能決也」。此一假設的辯論、列子評爲「孔子不能決也」，謂雖智如孔子，亦不能判定其誰是誰非，按其語氣，已直認其爲相違決定了。此在當時的知識程度、雖足爲相違決定的適當好例，衡以今日的知識，則依然貌似而已。因爲兩兒所用理由、或不正確，或欠切當。日初出時大而日中時小、是自然而普徧的錯覺，不是如實的視覺，故沒有充當理由的資格。有了去火或遠或近不同的原因，固會引致涼熱不同的結果，但倒過來以知覺涼熱的不同爲理由，則非必能斷言去火必有遠近，故其理由不能謂爲切當。又假如一人云：某君是王氏之子，故姓王，另一人抗議云：某君出繼外家，故不姓王。前說所依據的、是一般的道理，後說所依據的、是特殊的情形。特殊情形的力量勝過一般的道理，故此二說還是有是非可言，不構成眞實的相違決定。

事實性的論斷、不得既謂如此又謂不如此，故任何事物不得就以作眞實的相違決定。價値性的論斷不然，儘可既謂如此又謂不如此，故幾於可以說：任何事物都得就以作眞實的相違決定。試爲舉例。水、能灌漑田畝，以利作物的生長，故甚有益，能淹沒禾稼，令其腐爛以死，故又甚有害。火、能爲人們煮熟食物，且爲人們帶來光與熱，故甚有益，能燒毀財物，能殺傷生命，故又甚有害。水與火、既爲人生所一日不可或缺，亦爲人生災害的兩大來源。既謂其有益，又謂其有害，正合於相違決定的範式，其與因明所說的不同處、在於相反兩說的同可成立、並非是非無法判定。水火以外的事物、其可就以作相違決定的、幾於俯拾卽是。各種疾病的特效藥、大都帶有副作用，一方面足以治病，他方面亦爲病因。毒藥足以致死，其害甚大，但用以攻毒，則又甚有效。故試作相違決定以檢查世間一切事物，可以發見：幾於無一不是有利又有害的。

利與害是相反的。上章說及三異中的相反，如冷與熱，謂其不能相容相兼。今言一切事物幾於無一不是有利又有害，則相反的可以相容相兼了。前後所說、豈不自相抵觸！此僅貌似抵觸，其實並不抵觸。冷與熱、是事實，是事物本身所固具的。事物本身不能既冷且熱，故相反者不能相兼，事實性論斷之不得作相違決定，亦由此故。利與害、是價值，是主觀所賦與，不是客觀所固具。主觀有不同的乃至相反的需要，各求滿足，客觀事物的性能，往往足以滿足此一需要而妨礙別一需要，於是主觀便賦以相反的價值。事物本身不能兼有相反的性能，故相反者不能相兼，其對於人的需要，時或予以滿足，時或予以妨礙，不能不接受外來的相反評價，故相反者可以相兼。

兼權熟計

關於利害的認識，荀子有一番話，非常精闢。不苟篇云：「欲惡取舍之權、見其可欲也，則必前後慮其可惡也者，見其可利也，則必前後慮其可害也者，而兼權之，孰計之，然後定其欲惡取舍，如是，則常不失陷矣。凡人之患、偏傷之也。見其可欲也，則不慮其可惡也者，見其可利也，則不顧其可害也者，是以動則必陷，爲則必辱，是偏傷之患也」。荀子所說兼權、與相違決定大體相同，僅有甚少的不同而已。相違決定初未預期同一事物之必有相反作用，試作以後始發見其利害相兼，兼權則依據同一事物利害相兼的普偏知識，提醒人們：切勿只見其利而不見其害。荀子此一告誡、確足以救治常人的弱點。常人見了有利而可欲的，只曉得在有利而可欲的方面着想，不會放大眼光、轉向有害而可惡的方面去想一想。引誘越強烈，慾望越熾盛，見利不見害的情形越不易免。所謂利令智昏，卽由此而起。荀子雖只說到見利不見害的不當，見害不見利之同屬偏傷，自在不言之中。故兼權卽是利害兼顧的意思。熟計是盤算精密或策劃審愼的意思。兼權是前一步，熟計是後一步。若不先之以利害的一一看透，則盤算縱費盡心力，亦且無從精密。若不繼之以盤算的精密，則利害的一一看透，亦且白費功夫。故兼權與熟計、必須一先一後，順序不亂，又必兩不缺一，效用始彰。荀子這一番話、堪稱提供了治事成功的秘訣。

事物的利害、有甚易見的，有甚難明的。淮南子道應訓載：「魯國之法、魯人爲人妾於諸侯，有能贖之者，取金於府。子貢贖魯人於諸侯，來而辭不受金。孔子曰：『賜失之矣。夫聖人之舉事也，可以移風易俗而受教順，可施後世，非獨以適身之行也。今國之富者寡而貧者衆，贖而受金，則爲不廉，不受金，則不復贖人。自今以來，魯人不復贖人於諸侯矣』」。此則故事、不論其爲實有或虛構，其於利害認識之時或甚難、顯示得非常剴切。子貢的辭不受金、常人僅能見其慷慨廉讓的利，不能見其非人人所能取法而轉足以阻礙他人善行的害。所以兼權不可止於淺嘗，必須儘量深入以使其價值發揮無遺。

利之應當把握與害之應當躲避、是常人共同的意見，可說沒有例外。然則如何把握，如何躲避呢？常人經過熟計以後所採用的方法、大抵不外下列三式：㈠世間有極少數的事物，就其本身所固具的性能加以衡量，應當只會有利，不會有害，但亦須有他事爲之輔助，方不致發生流弊。論語陽貨篇所載孔子告子路語：「好仁不好學，其蔽也愚，好知不好學，其蔽也蕩」、可引以爲例。故欲長保仁與智的大利而不任其流爲愚與蕩，必須以好學爲之輔助。㈡通常的事物都有利又有害，其處理方式、不外一方面發揚其利，使之升到最高限度，另一方面抑制其害，使之降到最低限度。例如人們鑒於水能載舟亦能覆舟，乃改進船舶的構造，限定裝運的重量，發展操縱的技術，制訂航行的規則，儘量提高載舟的利，消除覆舟的害。於是原屬利害不相上下的，一變而成利多害少或幾於有利無害了。㈢有兩利於此，一大一小，不可兼得，則取其大者。此即通常所云兩利相權取其重。孟子告子上篇所說的「魚、我所欲也，熊掌、亦我所欲也。二者不可得兼，舍魚而取熊掌者也」，藉具體事實以標示了此一原則。韓非子外儲說右下載：「公儀休相魯，而嗜魚，一國盡爭買魚而獻之，公儀子不受。其弟諫曰：『夫子嗜魚，而不受者，何也？』對曰：『夫唯嗜魚，故不受也。夫卽受魚，必有下人之色。有下人之色，將枉於法。枉於法，則免於相。雖嗜魚，此不必能自給致我魚，我又不能自給魚。卽無受魚而不免於相，雖嗜魚，我能長自給魚」。此以當前的無利為勝於有利，且以之為此後的長久的大利、合於孔子在論語憲問篇內所說的「見利思義」的深意，自屬熟計之更進一層、識見之更高一着。有兩害於此，一大一小，不可兼避，則取其小者。此即通常所云兩害相權取其輕，而常言的「毒蛇螫手，壯士斷腕」、則為其具體的事例。蛇毒入手，一經蔓延，必且喪失生命，斷腕，始足以阻止蛇毒的蔓延，故是不得已的救治手段。喪生的害大，斷腕的害小。故斷腕以免喪生，不失為取小害以避大害。但墨子不作如是觀，其大取篇云：「害之中取小也，非取害也，取利也」。其意殆謂壯士的斷腕、非因其害小而取之，因其有利於保全生命而取之。人的常情、取利不取害。所以墨子此一解釋、值得深思。

第七章　觀點上

觀點與是非

墨子小取篇云：「若若是，則雖盜人、人也……殺盜人，非殺人也」，明以殺盜爲非殺人。荀子正名篇云：「殺盜非殺人也，此惑於用名以亂名者也」，既以殺盜非殺人爲思想上的過失，必是認殺盜之爲殺人。墨子與荀子、同爲中國古代的名學大家，而所見相反若是，其故如何？又此相反的兩說、究屬一是一非，還是兩俱無誤？假若兩俱無誤，則相反而竟能並是，其故又如何？試作推敲，實難胡斷其爲一是一非。至其所以相反及其所以並是，實緣兩家所採用的觀點互不相同。不同的觀點可以導致不同的是非，所以觀點的得失、有其研討的必要。

觀點、照字面簡單解釋，是思想所藉以觀察的據點，說得詳細一點，可謂爲思想的觀測站，依其所負任務以觀察站外的一切事物，並憑觀察所得、進而作應作的論斷。我們看人，可採用不同的角度或方向，可從前面看，可從側面看，亦可從後面看。觀點亦如視覺所從觀的角度或方向，對於同一事物、可適用此一觀點，亦可適用彼一觀點。從前面看人，見其有雙眉雙目，又見其有一鼻一嘴。從側面看人，見其有一眉一目及半鼻半嘴。從後面看人，則既無眉無目，亦無鼻無嘴，僅見其有後腦與頸。所從觀的方向不同，則所見不能相同。觀點亦有同樣的情形，適用此一觀點，則所見如此，適用彼一觀點，則所見如彼，兩者可能甚不相同。從右側看與從左側看，所從觀的方向雖異，所見却大致相同。觀點亦然，雖兩不相同，而所見時或一致。

在推理中、大前提與結論、關係至爲密切。大前提標擧原則，不論其正誤如何，具有決定結論的力量。例如大前提而謂有翅膀的動物莫不能飛，則結論不得不斷言雞鴨之亦能飛。大前提而謂有翅膀的不一定能飛，則結論便不必強納雞鴨於能飛之列。結論必須接受大前提的領導，不得企圖違背，若竟違背，便失其爲該大前提的結論了。故大前提的是非、足以影響結論的是非，除別有原因外，大前提而是，則結論亦是，大前提而非，則結論亦非。觀點與論斷之間、亦具有同樣密切的關係。觀點亦力能領導論斷，控制論斷。故凡論斷而不違背某一觀點的領導，必爲該觀點所許爲是，有所違背，則必爲該觀點所斥爲非。所以觀點所許所斥的是非、嚴格言之，應稱某觀點下的是非、以表示其爲有條件的是非，其效用限於局部，不定能通於全局。至若觀點本身有瑕疵，或本身雖無瑕疵而適用不當，則所是更未必是，所非亦未必非了。

觀點有種種，若拘執其中之一，以縱論一切，雖不無所得，却不免有所偏，因而不免有所失。又若不自省其爲偏，而誤認其爲全，則更將有是非混亂之虞了。此一道理、見於荀子評論諸家的思想之中。其非十二子篇、初言「飾邪說，文姦言」，自係對於所非十二子的總責難。其下分評時、除了子思與孟子外，對於其他十家，都謂其爲「其持之有故，其言之成理」。這兩句評語、與其解作責難之辭，不如解作稱許之辭。前後對照，甚易令人疑其自相牴觸。實則所許所責、非屬一事，不但無所牴觸，且顯示其周到而公平。所許、是局部的是，所責、是全局的非。諸家各偏執一個觀點以縱論天下事，當其所論的事、確可適用其所偏執的觀點，因而所作論斷、正確無誤，自可謂為「其持之有故，其言之成理」。當其所論的事、不當適用或不當單獨適用其所偏執的觀點而猶悍然適用或單獨適用，致令論斷陷於荒謬，成為邪說姦言，而又稱道其所偏執的觀點以事文飾，自當謂為「飾邪說，文姦言」。故前後兩說、融洽而不牴觸。荀子所說之可以作如是解，有荀子的言論為證，試以其評論墨子者為例。解蔽篇云：「墨子蔽於用而不知文」，謂墨子蔽於實用，偏採其為觀點，不識文采之亦足為觀點之用。天論篇云：「墨子有見於齊，無見於畸」，文中用一見字，更可以見其指觀點而言，謂墨子偏採齊一觀，拒採參差觀。解蔽篇云：「夫道者、體常而盡變，一隅不足以擧之」，又嘗云：「凡人之患、蔽於一曲而闇於大理」。一隅當係一曲之見的範圍，「體常而盡變」當係大理的全局。儒家主張「齊之以禮」，故在修禮的一隅內、墨子採用齊一觀，荀子不能不推許其為「其持之有故，其言之成理」。儒家主張親疏有別，而墨子在待人一隅內還是採用齊一觀，荀子自不得不斥其為非。兩者合而觀之，顯然犯有以偏概全之病，故在大理之前，不得不責其「飾邪說，文姦言」。

觀點頗與主義相似，但不相同。觀點是思想的嚮導，指示觀察與論斷時所當注意的重點。故觀點所求的、是思想在形式方面趨赴其所期待的方向。主義是思想的成果，經過了觀察與論斷以後所達到的。故主義所求的、是思想在實質方面維持其所期待的形態。唯心與唯物、是哲學上的主義，不稱之爲觀點，民主與專制、是政治上的主義，亦不稱之爲觀點，故均不在本章研討之列。

觀點相互之間、有多種不同的關係。有相反的，有相通的。有兩不相干的，有殊途同歸的，有相輔以成美的，有相制以去惡的。有應當分別適用的，有應當聯合適用的。且其關係並不固定，往往因論斷對象的不同而有所轉變，在論斷此一對象時，其關係如此，及論斷彼一對象時，其關係會轉而如彼。此下研討觀點時、遇有必要，當予提及。

事實觀與價值觀

事實觀謂將對象視作事實而加以觀察與論斷，價值觀謂將對象視作價值而加以觀察與論斷。事實與價值、是思想對象的兩大類，其類雖異，其處則同，同處於事物之上、不過一爲客觀所固有，一爲主觀所賦與。因爲兩者同處於事物，故任何事物、旣可就以作事實觀，亦可就以作價值觀。至於兩者所見的是非、有相反的，亦有一致的，非可一概而論。試各擧例，以見其梗概。

先從兩觀所見是非之相反者說起。論語先進篇載有孔子的一句話：「過猶不及」，爲大家所熟知，亦爲大家所服膺。過、謂超過標準所要求的數量，不及、謂不滿足標準所要求的數量。「過猶不及」，卽言超過與不足、兩正相等。此就事實而言，是必不可能的事情。因爲無論所說的是多與少，是大與小，或是高與低，其間必有若干差距，決不能相等。這是極淺顯的事實，智如孔子，不會不知。孔子之作此語，非以事實爲依據，而是以價值爲依據的，試讀原文，當可了然。原文云：「子貢問：『師與商也孰賢？』子曰：『師也過，商也不及。』曰：『然則師愈與？』曰：『過猶不及』。」「孰賢」是價值的比較，所以「過猶不及」是價值性的論斷，不是事實性的論斷。過與不及在價值上的相等、可引淺近的事例爲之證明。有一種投環遊戲，植二三尺高的木桿於地，投者站在若干尺外，將手中所持的環投出，使其套上木桿。假定投者與目標、相距十尺。第一次投出的環飛至九尺五寸處，卽行落下，不及十尺，不能套上。第二次投出的環飛至十尺五寸處，始行落下，超過十尺，亦不能套上。兩次的飛行全程、相差一尺，故就事實言，自不能謂爲相等。兩次都不能套上，其效用同屬於零，故就價值言，自應謂爲相等。故「過猶不及」、在價值觀下則是，在事實觀下則非，一是一非，兩正相反。

上面既舉價值觀所是而事實觀所非的例，此下試舉一個相反的例，爲事實觀所是而爲價值觀所非。孟子梁惠王下篇載：「齊宣王問曰：『湯放桀，武王伐紂，有諸？』孟子對曰：『於傳有之。』曰：『臣弒其君，可乎？』曰：『賊仁者、謂之賊，賊義者、謂之殘。殘賊之人、謂之一夫。聞誅一夫紂矣，未聞弒君也』。「臣弒其君」的臣、指湯與武王，君、指桀與紂。齊宣王之作此問，必已是認了桀紂之爲君，否則不當用及君字與臣字。桀紂嘗爲天子，故桀紂是君一語、在事實觀下不能不謂其爲是。「聞誅一夫紂矣，未聞弒君也」的骨子裏，已否認了桀紂之爲君。其所以否認、則因爲桀紂是殘賊之人，不配爲君。故其否認的理由、是價值性的，不是事實性的，亦即桀紂之爲君、在價值觀下，爲孟子所斥爲非。故桀紂是君一語、在事實觀下則是，在價值觀下則非，一是一非，亦正相反。

上舉二例，事實觀所見的是非與價值觀所見的是非、兩正相反。亦有事例，兩觀所見的是非、正相一致。此一情形、只要就上述的第二例，將桀紂改爲堯舜，卽可見之。堯舜嘗居君位，載於史籍，衆所周知。故若作判斷云：堯舜是君，在事實觀下不能不謂其爲是。孟子離婁上篇云：「欲爲君，盡君道……不以堯之所以治民治民，賊其民者也」，滕文公上篇又引孔子語以稱頌堯舜道：「大哉堯之爲君……君哉舜也」。堯舜是聖君，是一切爲君者所當取法的，其配稱爲君，自屬當然。故堯舜是君一語、在價值觀下亦不得不謂其爲是。故堯舜之爲君、是事實觀與價值觀所同許的。

一切事物、因其一方面自身爲客觀的事實，故可用事實觀以論其是非，他方面因其爲主觀賦與了價值，故可用價值觀以論其是非。故泛就一般而論，觀點的適用是無可無不可的，但到了實際適用時，則有宜有不宜。所欲論斷的對象而爲價值性的，則應適用價值觀以論其是非。若誤用事實觀，則所論定的是非、其自身縱無瑕疵，但對於對象的是非、則無益亦無損，文不對題，白費心力而已。所欲論斷的對象而爲事實性的，只宜適用事實觀以論其是非，理亦相同。如上文引以爲例的「過猶不及」，若不問其爲事實性的抑爲價值性的，自可用事實觀以論其爲非又可用價值觀以論其爲是。如此論斷，則「過猶不及」徘徊於是非之間，其是非勢且無可決定。故必發掘其立說的原意，用價值觀以論定其是，而後孔子此言始足爲言行的準繩。弘揚孔子思想而及於此語，亦宜標明其爲價值觀下的論斷，不憚煩瑣地說道：在效用上過猶不及，以免引起聽者不必要的懷疑。桀紂之是君與否，常人習於適用事實觀，故傾問於是認其爲君，若欲否認，亦宜同時舉其所據的觀點。若爲兩觀所同是同非的，則最好亦雙舉其說。

類別觀與緣起觀

上文曾經說過，關於殺盜的是否殺人，墨子與荀子所見相反。墨子與荀子，可說都是中國名學的創始者，對於名的道理、各有精深的認識，不會亂作主張，其所以是認與否認殺盜之爲殺人，各有正確的依據。試爲探索，可以發見：兩家之所以異其論斷，實緣兩家所採用的觀點不同。荀子採用類別觀，故是認殺盜爲殺人，墨子採用緣起觀，故否認殺盜爲殺人。

小類成自個體，大類成自小類。故任何個體，必爲小類的一員，任何小類，必爲大類的一員。此項一攝一隸的關係、可稱類別關係，依據此一關係以觀察事物乃至論斷事物，則為類別觀。在此一觀點下、個體縱有專名，可用小類的名稱來稱呼，小類縱有特殊名稱，可用大類的普徧名稱來稱呼，不過要用得有分寸，令人一見卽知其所指為小類或大類的一部份而不是其全部。如言馬有四足，不得代以大類的名稱而謂動物有四足，因為如此一說，令人易於解作全部動物都有四足。若言騎馬，可代以大類的名稱而謂為騎動物，因為正如墨子小取篇所說：「乘馬，不待周乘馬然後為乘馬也，有乘於馬，因為乘馬矣」。同此道理，只要騎過一匹動物，便可說騎動物，不會令人誤解為騎過了全部動物。

荀子依據類別觀以是認殺盜之為殺人，在其正名篇內表示得很明顯：「……殺盜非殺人也，此惑於用名以亂名者也。驗之所以為有名而觀其孰行，則能禁之矣」，謂以殺盜為非殺人，實緣不識得用名的道理，而其所以不識得用名的道理，則又緣其不知道「所為有名」。正名篇嘗云：「故知者為之分別制名以指實，上以明貴賤，下以辨同異……此所為有名也」。人之所以制名，是為了指實，為了辨同異。為大類一部分成分的小類與該部分大類，原屬同實，自可同用一名。盜是人的小類，一個盜必是一個人。既可稱盜為人，自可稱殺盜為殺人，正如殺羊殺豬，可稱殺生，放鳥放魚，可稱放生。若同實而不許用同名，豈不抹煞了名的正用！西方的邏輯以採用類別觀為主，我們常人習用類別觀，故對於荀子的說法、都表同意，然而墨子採用緣起觀以作相反的論斷，亦有其是處。

事物之所以如此不如彼，必有其緣起，或由內出，或由外來。依據緣起以觀察事物乃至論斷事物，則爲緣起觀。墨子之主張殺盜不是殺人，其所依據者之爲緣起觀，在其小取篇內亦說得相當明顯。「……其弟、美人也，愛弟、非愛美人也……世相與共是之。若若是，則雖盜人、人也……殺盜，非殺人也」。墨子於此、比照愛弟之非愛美人，以論定殺盜之非殺人。弟是美人，但推究愛弟之情之所由起，則起於其爲自己的手足，非緣其有漂亮的容貌。從愛弟的緣起上看，愛弟與愛美人、是兩囘事，不是一囘事。故墨子所依據的、是緣起觀。殺盜與殺人、其關係正與相同。試問：何故殺盜？人人都會首肯，因其爲盜而殺之，非因其爲人而殺之。故在緣起觀下、殺盜不是殺人。

判別是非而欲無所失誤，緣起觀亦有其不可忽視的貢獻。關於殺盜是否殺人這一問題，若僅有類別觀以爲論斷的依據，則殺盜定是殺人。而關於殺人者應受的處分，在法制上、有殺人者死的原則，在輿論上、有殺人償命的信條。準此以談，則執行殺盜的劊子手亦當遭受以死償命的處分了。所幸類別觀以外、尙有緣起觀與之對抗，玉石俱焚的慘劇纔不致發生。同類事物若異其緣起，自應異其處理。韓非子說林上篇載：「惠子見鄒君曰：『今有人見君，則眣其一目，奚如？』君曰：『我必殺之。』惠子曰：『瞽、兩目眣，君奚爲不殺？』君曰：『不能勿眣」。此一問答，以極淺近的事例說明了緣起不同者之不可等量齊觀，亦顯示了緣起觀的重要。沒有眼病的人之眇其目，得已而不已，盲人的眇其目，出於不得不然，雖同屬眇目，而緣起不同，其處理方式自亦不能相同。

有人把相似而不相同的緣起混爲一談，以作有利於己的強辯，聞者不察，時或爲其所欺。韓非子說林上篇載：「有獻不死之藥於荆王者，謁者操之以入。中射之士問曰：『可食乎？』曰：『可。』因奪而食之。王大怒，使人殺中射之士。中射之士使人說王曰：『……且客獻不死之藥，臣食之而王殺臣，是死藥也，是客欺王也……』王乃不殺」。不死之藥通常所自誇的功能，是能抵抗疾病而不爲所殘害，不是能抵抗刀斧而不爲所殺傷，亦不是能違反紀律而不爲所制裁。今謂服藥而見殺，則所服者爲死藥而非不死之藥，則將抵抗刀斧的不死及違反紀律的不死與抵抗疾病的不死混爲一談了。混殺的緣起觀，與錯誤的理由相同，不足依據，亦不足採信。

類別觀與緣起觀，在本質上並不衝突，故兩觀的所是所非，亦不一定相反。如就前例而言，若能不憚煩瑣，說得細密一點，兩觀的是非，定可趨於一致。人之中，有善有惡，故人爲其大類，惡人爲其小類。惡人之中，有盜與非盜，故惡人爲其大類，盜爲其小類。今若不舉較遠的大類而舉較近的大類以論其與本小類的關係，亦卽不言殺盜是否殺人而說殺盜是否殺惡人，則兩觀所見，便無法相反了。盜是惡人中的一個小類，故從類別觀看來，殺盜一定是殺惡人。盜之所以殺，因其爲惡人，故從緣起觀看來，殺盜亦一定是殺惡人。世間有些相反的是非、起於言語表達的不夠精細，於此又得一例。

平等觀與差別觀

這兩種觀點的不同、在於是否就對象作優劣或高下的分別。平等觀只注意對象的結構如何與性能如何，至其優劣如何，則在所不計。所謂不計優劣，並非否認對象之有優有劣，亦非蔑視優劣為無足重輕，只因其所負任務無須涉及優劣的分別而已。差別觀則異是，以分別對象的優劣為其中心任務，更進而以去劣存優為其究竟任務。對象的優劣、基於對象某些結構或某些性能實況的不同。故欲分別優劣以定取捨，必須追溯到優劣所自出的結構或性能，明其實況，以確定優劣眞因的所在，以提示去劣存優的途徑。與優劣有關各結構各性能的實況、若未經認清，而漫言優劣，則所言不夠眞切，以之指導取捨，不一定能收實效。但結構及性能的認知、究不過準備工作，尙非本職焦點的所在。

平等觀與差別觀、兩不相妨，但在適用上，則各有所宜。有些思想宜用平等觀，不宜用差別觀，有些思想宜用差別觀，不宜用平等觀，依各該思想的性質而異。大體言之，以研究事實為主的科學，宜用平等觀，以研究價值為主的科學，宜用差別觀。因為事實科學、如物理學、如化學、其任務僅在於闡明各種物理現象與化學現象的眞相，不在於論定各該現象中項目的優劣。至若元素的比重，在某種意義上、固亦可稱為差別，但與優劣無關，不是分別優劣的差別。所以事實科學以採用平等觀為宜。價值科學、如倫理學、如材料學、其任務在於闡明言行的善惡或材料的良窳。善惡與良窳、都是優劣，所以價值科學以採用差別觀爲宜。不必採用差別觀而採用，其弊爲越職，應當採用差別觀而不採用，其弊爲失職。越職與失職、兩皆不宜，但比較起來，失職的害處大於越職。因爲原以分別優劣爲任務的學科而竟不分別優劣，豈不令該一學科喪失其地位而自毁其存在！

前在第一章中、曾說及理則學與心理學的不同，主要在於所用觀點的不相一致。思想、是理則學研究對象的全部，亦是心理學研究對象的一部分。兩學雖同以思想爲研究對象，但理則學以分別是非爲主要任務，心理學則否。所負任務不同，所用觀點亦當有異。理則學既負有分別是非的任務，自當以採用差別觀爲主，心理學不負有分別是非的任務，故只須採用平等觀。假使心理學於採用平等觀以外，亦用及差別觀，則心理學不僅爲心理學，且亦爲理則學了。理則學而不採用差別觀，應分別的優劣、不予分別，則淪爲心理學的一部分，空負理則學之名而無其實，不足爲理則學了。

衡量價值，固當以分別優劣爲要務，但亦有事項，雖在不同情形之下，其價值總是相等，無優劣可分，則亦不當強作優劣的分別。故價值科學於採用差別觀以外，有時亦用及平等觀。試以孔子的教育學說爲例，可見其兩觀並用而各得其宜。論語衞靈公篇載有孔子的一句話：「有教無類」，揭示了教育的究竟功能，亦奠定了義務教育的基本理論。「無類」、謂不論貴賤、貧富、智愚、善惡、任何類別的人，「有教」、謂都應接受教育，藉以增進知識，改善情性。合而言之，謂只要是人，無一不當接受教育。教育對於任何人都有價值，無優劣可分，故就教育的一般效用立說，不採用差別觀。雍也篇又載：「子曰：『中人以上、可以語上也，中人以下、不可以語上也』。孔子將人的智慧分為上中下三等，並揭示了因材施教的必要。「可以語上也」的「上」、指高深的教材而言。智慧高超的人、理解力強，教材高深，亦能充分領悟而受其益。智慧平常的人，理解力弱，教材高深而超過其所能領悟，則雖用心學習，亦受益不多，或竟不能受益。同一教材、其效用的有無或多少、依受教者智慧的高下而不同，非可一概而論。不可一概而論，故必須採用差別觀。故此二觀、分肩並用，能各顯其宜，則相得而益彰。

分析觀與綜合觀

注重事物所由以構成的性能，就以條分縷析作各項細密的觀察與論斷，這是分析觀。注重事物的整體，就以粗枝大葉作全局的觀察與論斷，則為綜合觀。這兩種觀點、以並用而互相補助為原則，既分析，又綜合，既見其細，又見其全，庶幾所見可以圓滿而無缺陷。若僅分析而不綜合，極其弊害，必流於支離。若僅綜合而不分析，極其弊害，必流於含混。我們常人、疏於分析，所作論斷、每多含混而欠清晰。這是我們思想上的一大毛病，有努力矯正的必要。

在第二章內曾說及是非的有定與無定，並謂在學術社會中、雖二說並立，但學者個人總是取其一而捨其他，不會二說兼取，在通俗社會中、不但二說並存，且竟以一人而兼主二說，一若相反的主張可以相容而不相斥，在與人爭論時，則主有定說以示自己爭是之有合於理，爲人調解時，則主無定說以示雙方俱是而不必爭。是非忽而有定，忽而無定，恍惚迷離，令人無所適從。此一困擾、只須如該章所述，就是非與定、作簡略的分析，即可消除。是非有其現實狀況的一面，有其本具特質的一面。無定的定、是大家所公認而無異議的意思，有定的定、是只當如此不當如彼的意思。是非無定、謂就是非的現況而言，都有異議，沒有公認的。是非有定、謂就是非的本質而言，是者終是，不當亦非，非者終非，不當亦是。故是非無定說與是非有定說、各就其整體作綜合觀，則兩說相反，不當並存，就其內容作分析觀，則現況與本質、方面不同，公認與當然、意義不一，所論斷的是兩件不同的對象，其論斷自不得謂爲相反，更不容相斥。故綜合觀在整體上所認爲不能相容的、一經分析，可以發見其內容的可以相容，所以分析觀是不可以忽視的。

試再擧一例，以見分析觀在判別是非上之有甚大幫助。孟子滕文公上篇載：「孟子道性善」，於是後世便稱孟子的人性學說爲性善說。荀子性惡篇說：「人之性惡，其善者、僞也」，於是後世便稱荀子的人性學說爲性惡說。這兩種說法、依其名稱，亦即各就其整體而言，自屬相反而不能相容。後世學者大抵宗奉孟子而排拒荀子，甚至有人斥荀子所說爲洪水猛獸。但若用分析的眼光細讀孟子與荀子，當可見其不然。二家的相反、反在性字的意義上，不反在人性的本質上。孟子所說性的內容、爲仁義禮智，荀子不以屬諸性。荀子所說性的內容、爲好利而欲得，孟子不以屬諸性。兩家所認爲性的內容的、無一相同。荀子性惡篇評論孟子云：「是不及知人之性，而不察乎人之性僞之分者也。凡性者，天之就也，不可學，不可事。禮義者，聖人之所生也，人之所學而能所事而成者也。不可學不可事而在人者、謂之性，可學而能可事而成之在人者、謂之僞，是性僞之分也」。荀子此論、其主要責難、在於責孟子不識得性字的眞義而誤用性字。孟子所說的性、旣以仁義禮智爲內容，在荀子看來，應當正稱爲僞。由此說來，孟子所道的「性善」與荀子所說的「其善者，僞也」、其名雖異，其實儘可謂爲相同。荀子所說的性、以好利而欲得爲內容，故未嘗不可解作物欲。孟子盡心下篇「養心莫善於寡欲」的欲字、亦指物欲而言。以寡欲爲養心的要件，明白表示了欲之非善，此與荀子的「人之性惡」、其實際意義、又有多少差別！故不就兩家所用性字加以分析而含混評論，不免把兩家所說視同水火之不能相容，一經分析，各得其眞義，必能明見兩家所說、雖不一致，但亦相去不遠。

分析觀足以救治思想的含混，其貢獻確甚豐厚，但若過份重視分析，以爲只要做到分析，萬事已足，便止於分析，不復輔以綜合，則亦足引人誤入歧途，令思想陷入支離的境地。公孫龍子堅白篇有「堅、白、石、三」之說，其眞意究屬如何，不易揣知。有人解釋：堅、指性質而言，白、指色澤而言，石、指形狀而言。此三者是三件相離不相卽的事物，不可合爲一談。「堅、白、石、三」的意義而果如此釋，只知分析，不知綜合，其所得結論、勢不免有支離的缺陷。試就三者中的形狀與性質，一論其關係，以概其餘。用分析的眼光來看，誠然形狀自形狀，性質自性質。談形狀，不必說及性質，談性質，不必說及形狀。形狀與性質，各自獨立，無須相顧。用綜合的眼光來看，則形狀與性質，互相依存。性質存於形狀中，形狀存於性質上。堅者不能不方不圓，方者不能不堅不柔。如就一塊方的堅石而言，我們一方面固須作分析觀以了解方與堅之爲兩件事，其方、不因其堅而方，其堅、不因其方而堅。他方面亦須作綜合觀以了解方與堅之不可以分離。方而不堅，不足以成方堅石，堅而不方，亦不足以成方堅石。故必分析與綜合並施，方足徹底把握方堅石的眞相。

抽象觀與具體觀

抽象觀與具體觀、是分析觀與綜合觀所衍生，亦可說：是該兩觀點在某種特殊情形下的別一名稱。抽象觀將對象視作抽象的事物，具體觀則將對象視作具體的事物。此云抽象與具體、用作相對的意義，不用作絕對的意義。除了個體以外，其他對象都具有或高或低的抽象性。同此對象、將其抽象性視作高於另一對象，則為抽象觀，反之，視作低於另一對象，則爲具體觀。採用的觀點不同，其論斷自亦不免隨以有異。試爲引例，以資說明。

孟子告子上篇載：「孟子曰：『生之謂性也，猶白之謂白與？』曰：『然。』『白羽之白也、猶白雪之白，白雪之白猶白玉之白與？』曰：『然。』『然則犬之性猶牛之性，牛之性猶人之性與」。現在只取其中「白羽之白也、猶白雪之白……與」一語爲例，以說明兩家不同論斷之出於不同的觀點。關於白羽之白與白雪之白的同異、孟子雖未明白表示其所見，觀其「然則……牛之性猶人之性與」的詰難，可以想見其以二者的白爲不相同。因爲依照孟子的主張，人性與牛性大相懸殊。告子對於孟子的設問，作了肯定的答覆，明白表示其以二者的白爲無異。兩家的論斷、是非相反。告子對於孟子最後的設問，孟子書中未載其答覆，朱註遂斷言：「於是告子自知其說之非而不能對也」，一若告子自覺理虧而不敢作答。朱註所說、純屬懸揣，當時實情究屬如何，不宜作無可證實的臆斷。朱註以告子所見爲非，亦難謂爲持平的評斷。若採純客觀的態度來評論，則二說俱是。在抽象觀下，二者的白不能不謂爲相同，告子所答、無可非議。在具體觀下，二者的白不能不謂爲相異，孟子所見、亦屬正理。

白有多種，有灰白，有乳白，還有其他的白。就種類而言，白是大類，灰白等是小類。就名稱而言，白是共名，灰白等是別名。茲爲敍述方便起見，其爲大類而共名的白、姑稱爲共白，其爲小類而別名的白、姑稱爲別白。共白統攝一切的白，在表示白的諸名之中、其抽象性最高。別白、其非用以稱謂個體的、亦具有抽象性，但比諸共白，則較低，故對共白而言，不妨謂爲具體。「白羽之白」的下一白字、可以解作共白，亦可解作別白。白羽一名、原是羽與白二名所結合而成，故可分析爲羽與白兩個成分。今抽取此白，使與羽脫離，不復顧念其與羽原來的結合，則此抽出來的白、應是共白而非別白。「白雪之白」亦可作如此觀，將其下一白字解作共白。共白只有一，沒有二。故在抽象觀下、白羽之白與白雪之白、成了第五章內所說的全全相同，不能不謂爲同，告子所答、正符此理。若把白羽視作一個整體，不予分析，令白始終附着在羽上，不考慮其有分離的可能，則此附着在羽上的白、有如灰白與乳白，應是別白而非共白。「白雪之白」的白、依同一理由，只可解作別白。別白有多種，隨其所附着的物體之不同而異其性質。故在具體觀下、白羽之白與白雪之白、成了第五章內所說的偏偏相同，不能不謂爲異，孟子所見、自屬正確。假使告子而採用具體觀，必且同意於孟子的所見，又假使孟子而採用抽象觀，亦必同意於告子的所答。

關於牛之性與人之性的同異，依照上述的道理，亦可作是非相反的論斷。採用抽象觀，將牛之性與人之性的性解作動物的通性，則其性相同，採用具體觀，將牛之性解作牛的特性，將人之性解作人的特性，則牛之性與人之性相異。

重異觀與重同觀

重視事物間的相異，輕視事物間的相同，如此的觀點、可稱重異觀。反之，重視事物間的相同，輕視事物間的相異，則可稱重同觀。這兩種觀點、是分析觀與綜合觀各趨極端所演成的不良結果。分析觀而以分析爲至上，引爲專務，以綜合爲多事，不屑一顧，則成唯異是尊的重異觀。綜合觀而以綜合爲唯一要圖，以分析爲無益於事，則成唯同是尙的重同觀。兩觀趨向相反，故其所作論斷亦相反。兩觀各屬一偏之見，故其所作論斷亦各有所偏而不得其正。在中國思想史上，重異觀與重同觀、各曾佔有一席，但均未蔚成主流。重異觀的影響尤微，後世未有繼起的著名學者。茲各引古人所說爲例，以見兩觀的梗概。

公孫龍子的白馬非馬論、可以代表重異觀的論斷。白馬與馬、有其同處，亦有其異處。若欲同異兼舉而無所遺漏，應稱爲亦同亦異。白馬具有馬的全部性能，一無短缺，這是白馬與馬的同處。白馬於具有全部馬性以外，又具有馬性中所無的白性，這是白馬與馬的異處。白馬大部分的性能同於馬的全部性能，故就白馬而言，與馬構成偏全相同。凡屬偏全相同，依照通例，應作全稱肯定判斷，故常識莫不認白馬爲馬。公孫龍子則捨去相同的一邊，而專取相異的一邊，謂白馬爲非馬。此其爲說，違反常識，故不能有實用的價值。韓非子外儲說左上云：「兒說、宋人善辯者也，持白馬非馬也，服齊稷下之辯者。乘白馬而過關，則顧白（此白字疑是衍文）馬之賦。故籍之虛辭，則能勝一國，考實按形，不能漫於一人」。韓非子此說、揭發了白馬非馬論之不能見信於常人，遂亦不能有補於實用。

道家有些言論，足令人推定其論斷所依據之爲重同觀。列子楊朱篇云：「十年亦死，百年亦死。仁聖亦死，凶愚亦死。生則堯舜，死則腐骨，生則桀紂，死則腐骨。腐骨一矣，孰知其異」。莊子駢拇篇云：「伯夷死名於首陽之下，盜跖死利於東陵之上。二人者、所死不同，其於殘生傷性均也，奚必伯夷之是而盜跖之非乎！天下盡殉也，彼其所殉仁義也，則俗謂之君子，其所殉貨財也，則俗謂之小人。其殉一也，則有君子焉，有小人焉。若其殘生損性，則盜跖亦伯夷已，又惡取君子小人於其間哉」。此二則的主張、可謂充分發揮了重同觀的精神。堯舜與桀紂，有「仁聖」與「凶愚」之異，有「死則腐骨」之同。伯夷與盜跖，有「死名」與「死利」之異，有「殘生傷性」之同。君子與小人、有「殉仁義」與「殉貨財」之異，有「其殉一也」之同。事實上的有異有同，未爲列子莊子所否認，及作論斷，則捨其視爲無關緊要的相異，專取足以齊一是非的相同。「腐骨一矣，孰知其異」、謂末了同成一堆腐骨，又有什麼分別！「殘生損性，則盜跖亦伯夷已，又惡取君子小人於其間哉」，謂伯夷與盜跖同屬殘生損性，只須看重此一結束的相同，不必追問其故的相異而分爲君子與小人。「奚必伯夷之是而盜跖之非乎」，更不必譽伯夷爲是而斥盜跖爲非。

第八章　觀點下

齊一觀與參差觀

齊一觀要求一切事情趨於齊一，以容許參差爲不當。參差觀則相反，容許參差，且進而要求參差，並以強求齊一爲大錯。這一對觀點、與上述的重同重異那一對觀點、相似而有異，亦與上述的平等差別那一對觀點、相通而不同。重同觀與重異觀、係就自然的或人爲的事實立說，或看重其同而忽視其異，或看重其異而忽視其同，雖其影響所及、與價值不能無關，但原不以衡量價值爲主。齊一觀與參差觀則就人爲的事實以論其提高價值的途徑，故以衡量價值爲主，不論事實上原屬相同或相異，一以趨向於同或趨向於異爲理想。平等觀與差別觀、雖有分別優劣與否之異，因而已經涉及了價值，但雖涉及價值，只就對象本具的性能加以衡量。齊一觀與參差觀則或以齊一爲優，或以參差爲優，主張用人力來導向齊一或參差，以增進其價值。

齊一觀與參差觀、並不絕對相反，故亦時或相容。齊一有程度高低的不同。通常所稱劃一、是程度最高的齊一，絕不容許有絲毫的參差。通常所稱統一、是程度較低的齊一，多少留有參差的餘地。例如有些人造品、其大小有一定規格，稍有出入，便不適於用。又有些人造品、則只須大體合於標準，細節可以不必盡同。參差觀亦並不要求件件事情都須相異而不相同，只是要求不可強求齊一以妨礙參差，故亦容許低度的齊一。這兩種觀點、各有所宜，不得謂其一爲必是而其他爲必非。至於何事宜齊一，何事宜參差，則見仁見智，可以大不相同。同此事情、有人以爲宜於齊一，有人以爲宜於參差，意見相反，幾若水火之不能相容。亦有同此一事、同此一人、於某一部分上主張齊一觀，於另一部分上主張參差觀。茲爲兩觀相忤相順情形，各舉一例。

墨子提倡仁愛，孟子亦提倡仁愛，但兩家所提倡的仁愛、大不相同。孟子反對墨子，反對得非常嚴厲，甚至斥其主張爲無父，爲禽獸。原其所以不同，則僅因兩家所採用的觀點有異。墨子採用齊一觀，主張兼愛，主張不分等級的愛，愛他人要愛得與愛自己相等，愛他人的父母要愛得與愛自己的父母相等。孟子則採用參差觀，以爲仁愛應分等級，不當齊一。孟子分仁愛爲高下三級。最高級稱爲親，用以愛父母。次高級稱爲仁，用以愛衆人。最低級稱爲愛，用以愛萬物。這三級的仁愛、用孟子自己的用語來說，就是「親親」、「仁民」、「愛物」。這是齊一觀與參差觀相忤情形的一例，相忤得非常嚴重。

國父在三民主義中所垂示的平等學說、並用齊一觀與參差觀，令人領悟到兩觀之有相輔相成的功用。國父分平等爲眞平等與僞平等。眞平等只平脚，不平頭，只要求出發點的相等，不要求到達點的相等。出發點相等，則人人享有同樣的發展機會，到達點不必相等，則人人可以盡其最大的努力以發展其才能至於極限，不受人爲的無理壓抑。

平脚的主張所採用的、是齊一觀，不平頭的主張所採用的、是參差觀。這是兩觀相順情形的一例。

謹守觀與權變觀

做人做事，各有成規，理應悉心遵守，不可稍存怠忽。闡揚此一理想的、可稱謹守觀。謹守觀所要求的、自是處常的正道，值得大家尊重。但世事有常有變，常者固多，變者亦不少。若遭遇變故而與尋常大異，則成規不足以應付，不足以收穫處理的實效。於此而欲處理得當，不得不變更成規，或多或少，以適應機宜。此種以適應機宜為要務的理想、稱為權變觀。權變是不得已之舉，非可濫用，非可視同成規。謹守觀與權變觀、一守一變，兩正相反，一以處常，一以處變，各有其宜。故只要善為運用，可收互相補救之效。謹守不渝，極其弊害，必且窮於應付而不能有所成就，權變觀足以救其窮。權變無度，極其弊害，必且流為不當的言行而資以自恕，謹守觀足以止其濫。

經權之辨、孟子發揮得很透徹。離婁上篇載：「淳于髡曰：『男女授受不親，禮與？』孟子曰：『禮也。』曰：『嫂溺則援之以手乎？』曰：『嫂溺不援，是豺狼也。男女授受不親、禮也，嫂溺援之以手者、權也」。此中所說的禮、相當於成規，相當於常道。在平常的時候、禮是必須謹守的，斷不可違背，若有違背，便貶低自己的人格。男女授受不親、是古代重要禮節之一，故平居必須謹守。嫂溺，是一件猝發的變故，若當時除了援之以手外，別無更方便更迅速的救援方法，自不當拘於男女授受不親的常禮而不立卽援之以手。設或不權變以圖急救，其惡且等於豺狼。所以謹守固屬要務，權變同樣亦不失爲要務。

謹守適度而得當，自屬甚善，設或超越了得當的程度而到達了超級得當，則如何？試爲設例，在機關中服務，認眞從事，不稍怠忽，亦是謹守的一種。依時進退，不敢遲到，不敢早退，依限竣事，既不延誤，亦無差錯。如此工作、可稱謹守得當。工作勤奮，每於限期以前完成，成績優異，超越職務所要求。如此既勤奮，又優異，堪稱謹守超級得當。在任何機關、主管對於此種超級得當的職員、一定優予嘉獎，斷不會反加申斥或竟解除其職務。常情莫不如是，但世間亦不無執持相反意見的人。韓非子外儲說右上載：「吳起示其妻以組曰：『子爲我織組，令之如是。』組已就而效之，其組異善。起曰：『使子爲組，令之如是，而今也異善，何也？』其妻曰：『用財若一也，加務善之。』吳起曰：『非語也。』使之衣而歸。其父往請之，吳起曰：『起家無虛言』。依照吳起所說，則謹守而超級得當，不但不足爲功，反足爲罪。至其所以爲罪，細按吳起所說，主要關鍵當在超過要求而不與要求相切合。切合要求、是治軍所最重視，正如荀子議兵篇所云：「順命爲上，有功次之。令不進而進，猶令不退而退也，其罪惟均」。吳起所爲、蓋欲以治軍之道治家，是否用得其宜、大可懷疑。平心而論，除了作戰當時以外，超過要求而別無不良影響，似應視以爲功，不當斥之爲罪。

不屬自己職務內所應爲的事情、亟待執行，以免釀成災害，而負有執行責任的人適因故無法執行，則於袖手不管與自動效力之間、究應何去何從？自謹守觀的精神推之，既不在應守之列，儘可袖手不管。自權變觀的精神推之，既不惜委曲以成事，理應自動效力。法家於此、採用謹守觀的精神。韓非子二柄篇載：「昔者韓昭侯醉而寢，典冠者見君之寒也，故加衣於君之上。覺寢而說，問左右曰：『誰加衣者？』左右答曰：『典冠。』君因兼罪典衣，殺典冠。其罪典衣，以爲失其事也，其罪典冠，以爲越其職也。非不惡寒也，以其侵官之害甚於寒」。典冠者越職加衣，成人之美，並非成人之惡，常識方以爲有功，而法家則以爲有罪，其相反一至於此。推法家此一精神而廣之，則常識所期待而讚美的事情、將有許多轉成罪行。例如發覺鄰居有賊而代報盜警，途中看見道傍房屋起火而代報火警，身非鄰居的看守人，亦非道路的巡邏員，越職代庖，豈不盡成罪行！且人們一方面有職務內應守的事情，他方面亦有人格上應守的事情。自動效力，成人之美，正是人格上所應守的，其重要性決不低於職務內所應守。法家重視其一而賤視其他，徒示人以所見之不廣。

實用觀與文飾觀

實用觀、如名所示，看重實用，以之爲衡量一切事物的標準。所謂實用、卽是實而不虛的用處，亦卽是十足的用處，其所收效果、恰恰能滿足主觀所懷抱的基本而不容打折扣的要求。故若用力不足，其效果不能充分滿足基本要求，則不配當實用之稱。若浪費精力，其效果於滿足基本要求上無所增益，則夾雜了虛用，不盡是實用了。故飲食的實用、以能止饑渴爲度，衣服的實用、以能禦寒冷爲度，過此，不復是實用了。文飾觀並不菲薄實用，其與實用觀分歧處、在於不以實用爲極限，以爲實用之上尙須益以文飾。饑而欲食，寒而欲衣，是初步的要求。及既得食得衣，食而欲美味，衣而欲美觀，則爲進一步的要求。初步的要求固須力謀滿足，不滿足，無以維持生命。進一步的要求亦有滿足的必要，不滿足，無以美化人生。故在文飾觀看來，實用觀失於鄙陋，在實用觀看來，文飾觀失於虛浮。

在中國思想史上，其主張實用觀最力的，可推墨子。其辭過篇說到古聖王作爲宮室之法，謂「室高足以辟潤濕，邊足以圉風寒，上足以待雪霜雨露，宮牆之高、足以別男女之禮，謹此則止。凡費財勞力、不加利者、不爲也……是故聖主作爲宮室，便於生，不以爲觀樂也」。說到衣服，則謂「適身體、和肌膚而足矣，非榮耳目而觀愚民也」。說到飲食，則謂「足以增氣充虛、彊體適腹而已矣」。對於「錦繡文采靡曼之衣、鑄金以爲鉤，珠玉以爲珮」及宮室方面的「靑黃刻鏤之飾」，則責難備至。其所以責難、則因一經講究文飾，「女工作文采，男工作刻鏤」，削弱了生產事業，卒至引起政治上的不安。荀子解蔽篇評墨子爲「蔽於用而不知文」，故對墨子的實用觀而言，荀子所採用的、可說是文飾觀，試讀其禮論篇，卽可見之。「故禮者、養也。芻豢稻粱，五味調香，所以養口也。椒蘭芬苾，所以養鼻也。雕琢刻鏤，黼黻文章，所以養目也……」，其所用以爲養的、都超過了實用的程度。此尚係就一般而言，且更進而說道：「君子既得其養，又好其別。曷謂別？曰：「貴賤有等……故天子大路越席，所以養體也……」，其所用以養鼻養目的、更遠勝於尋常悅鼻悅目的事物。荀子以爲必如此文飾，方能明分達治。

實用觀與文飾觀、在意義上、固屬相反，但在事實上、實用與文飾之間要劃一條分界線，殊屬難能。昔日所視爲文飾的、時至今日，有許多已轉成實用。凡用以滿足實用所需的物件、通常稱爲日用品或必需品。凡用以文飾的物件、有之無裨於實用，無之無損於實用，通常稱爲奢侈品或裝飾品。昔日的奢侈品、因時勢的變遷，有許多已轉成今日的必需品，卽此可以窺見文飾轉爲實用而無嚴格分界的情形。試擧一例。昔日時間觀念尚頗淡薄，計時工具尚未發達，時鐘與錶、只是富貴人家的裝飾品，無關實用。今則業務機關的上班與下班、有一定時間，大衆交通工具的出發與到達、亦有一定時間，人人都有隨時知道現在是幾點幾分的必要，手錶便已成了必需品。所以實用與文飾之間、並無一成不變的界線。

文飾是一種自然的趨勢，因其亦出於人心有力的要求，貪安樂與好炫耀爲其兩大動力。彈簧沙發、坐起來總比硬木板櫈舒適得多，烹調適度，吃起來總比粗製濫煮鮮美得多。人人貪安樂，自然而然嚮往文飾。珠翠滿頭，足以顯示富有，談吐高雅，足以顯示才學。人人好炫耀，自然而然嚮往文飾。故不論個人與社會，只要智力所逮，財力所及，莫不向着文飾邁進。談到民族或社會的文化，人們又大抵以文飾的程度分別其高下，富於文飾而遠於實用的、則目爲高度文化。於是文飾益發受到鼓勵，踵事增華。文飾之爲用、有功有罪，一依其趨向而定。文飾趨向雅潔，足以淨化人的性情，則有功，趨向淫佚，足以腐化人的品德，則有罪。

遵古觀與創新觀

遵古觀以爲舊的都是好的，故事事都應取法於古。創新觀以爲新的纔是好的，故事事都應從新創作。在目前的通俗社會中、可說兩觀並行，試看報紙所登藥商廣告，卽可見之。凡屬中藥廣告，都託稱秘傳古方，凡屬西藥廣告，都誇稱最新發明。此兩觀的並行、盛於近時，明係受了西方思想的影響。在未受外來影響以前，遵古觀的社會勢力強過創新觀者甚多，古時尤甚。淮南子脩務訓載：「邯鄲師有出新曲者，託之李奇，諸人皆爭學之，後知其非也，而皆棄其曲」，此可爲尊古賤今極端的一例。

遵古觀與創新觀、各有其心理上的基礎。我們常人都有習慣性，一次如此做了，第二次遇到同樣的情形，很自然而然地亦如此做。做的次數一多，成了最沒有抵抗的流向，除了覺悟其不當而痛下決心予以革除外，不會改變。常言所云習慣成自然、正顯示了此理。此一心情發展的結果，便成了遵古觀。遵古行事，既可少費心力，亦易於討好。但我們常人在另一方面又都有好新奇的心理。新的刺激、纔能引起我們的注意，刺激一陳舊，便引不起注意了。入芝蘭之室，久而不聞其香，非因芝蘭忽而喪失其香，只因香的刺激歷時稍久，不復有引起注意的力量。常言所云喜新厭故、正顯示了此一情形。此心發展的結果，便成創新觀。從新創作，既足自娛，亦足動人聽聞。

遵古觀與創新觀、雖各有心理的基礎，但同屬一偏之見，不足據以論定思想的是非。新舊是時間上的差異，與大小長短等空間上的差異、同爲事實方面的性能。善惡則爲價值的正負。事實與價值、異其類別，異其意義，本不當併爲一談。且新舊與善惡之間、亦無必然的聯帶關係。舊者之中、有善有惡，新者之中、亦有善有惡。一枚水蜜桃、新摘的、其味美於舊摘的，一罎花雕酒、陳年的、其味醇於新釀的。新舊與善惡是相錯的，並不相合。更進一步言之，新與舊、亦不一定有截然的界限，往往有些極新的，却正是極舊的。例如女子的再嫁、是近時新開的風氣，可謂極新的，但古代原有此俗，故亦可謂極舊的。至於衣着的款式，更是新變舊，舊翻新，循環不已。今年時行的、明年卽變爲老式，後年可能又變爲新式。皮鞋變遷於尖頭方頭之間，上衣變遷於濶領狹領之間，變來變去，不出若干花色的範圍。新舊的分別、雖有一定，自更不足用以爲評定善惡的依據了。

中國古代最大思想家孔子、深切認識到新舊之不足據以判別善惡，故既不尊古賤今，亦不尊今賤古，只是尊善賤惡而已。論語所載孔子言論中、最能明白顯露此一態度的、計有二則。其一見於子罕篇，「子曰：『麻冕、禮也，今也純，儉，吾從衆。拜下、禮也，今拜乎上，泰也，雖違衆，吾從下』」。禮、是昔時所定，今、指現時所行。故禮與今、卽指古與今而言，亦卽指舊與新而言。孔子的採用純冕，因其儉於麻冕，非因其爲新制。孔子於此、其所採以爲取捨標準的、是道德方面的儉與奢，不是時間上的新與舊。又孔子的不採用拜上，因其泰於拜下，非因其不合舊制，其取捨以恭與泰爲標準，亦與新舊無關。另一則見於衞靈公篇，「顏淵問爲邦。子曰：『行夏之時，乘殷之輅，服周之冕，樂則韶舞』」。依孔子此說，治國所當採用的、或爲古制，或爲今制，唯其有裨於治以爲準。古制而有裨於治，則採古制，今制而有裨於治，則採今制。其不計新舊只問善惡的精神、亦歷歷可見。此一精神、最公正，最合理，最足領導思想走上大路而防止其誤入歧途。

權威觀與自得觀

權威觀以爲一切論斷只須遵從權威，權威以爲是的，可信其爲必是，權威以爲非的，可信其爲必非。所謂權威、意卽在某一學問或技術的範圍內、具有深邃的學識與豐富的經驗，爲大家所推崇而不敢違逆的人。權威、有的是古人，有的是今人，故權威觀與遵古觀，有時是一，有時是二。自得觀與之相反，以爲一切論斷都須以自己的心得爲基礎，經過自己審愼的研究與批判，覺其爲是，始可論定其爲是，覺其爲非，始可論定其爲非，以拾人唾餘爲可恥，以任人牽着鼻子走爲大辱。自得觀重視獨立自主，古今權威皆非所重，故與創新觀之只求新而不問誰所創者，亦不相同。

中國人的思想、傾向於權威觀。在科學時代、國家舉行考試、命題作文，明白規定：要代聖賢立言。違反者、不論文詞如何優美，都不能及格。聖賢、即是權威，代聖賢立言，卽是就權威所說的話，發揮其精義。從前的讀書人自幼養成了代聖賢立言的習慣，故一伸紙，一擧筆，詩云子曰便瀏湧而來。能善於運用這些資料，則有所主張，無人敢駁，與人辯論，定能制勝。最近三四十年來，始有人公開懷疑權威，批評權威，乃至抗拒權威。但察其所賴以爲權威周旋的，無非國外的權威，依然受人牽着鼻子走，不過牽手已換了人。故其基本態度、還是沒有跳出權威觀的範圍。自得觀的氣息、雖非絕無，但甚稀薄，以與權威觀瀰漫社會的勢力相比，豈止侏儒之與巨人。古來亦嘗有人提倡自得觀或類似的自得觀，殆因不合大衆的口味，未受歡迎，或因遭受權威觀的抑制，未獲抬頭。

權威觀與自得觀、各有利弊。先說其利。大家採用權威觀，則眞理正義一旦確立，便為大家所共信共守，雖有巧辯邪說，不能動搖其毫末。大家採用自得觀，則人各自勵，務求深切認識：眞理必如何而後始為眞，正義必如何而後始能正，以鞏固眞理與正義的基礎，而不甘盲從。次說其弊。權威觀推行至於極端，則大家只知取法，不知深究，思慮失其用武之地，不免日卽於萎縮，文化失其推進的動力，不免於故步自封。自得觀推行至於極端，則人人不甘自同於成俗，不論是非，只想立異以鳴高，人人深懼喪失其自主，不論得失，必欲自作主張以為快。所以這一對觀點、必須妥善運用，以收互相制衡之效。

儒家思想、在此兩觀之間、似乎並未偏取一觀而偏捨他觀。孟子滕文公上篇載：「孟子道性善，言必稱堯舜」。從「言必稱堯舜」一語看來，孟子實際言行所採用的、必是權威觀。但離婁下篇載有孟子語：「君子深造之以道，欲其自得之也。自得之，則居之安。居之安，則資之深。資之深，則取之左右逢其原。故君子欲其自得之也」，對於自得的功用、讚美備至，其重視自得、自在意中。惟於權威觀與自得觀之間、究應如何調處，則未有所說及。孔子有一則言論，載在論語為政篇，可藉以窺見孔子對於權威觀與自得觀所懷抱的態度。其言曰：「學而不思則罔，思而不學則殆」。「學」與「思」對舉，故是兩項異義的作用，其重點不相同。「學」是向他人學習，其重點在於取法，以權威觀為基礎。「思」是自作思量，其重點在於發見，以自得觀為基礎。「罔」的原義爲羅網，此處則用作束縛的意思，「殆」是危害。只知從事於取法權威，不知從事於自作思量，則爲權威所束縛，不能有充分的自由發展。只知從事於自作思量，不知從事於取法權威，則放肆而無所防範，終且不免陷入「愚而好自用」的危境。「學而不思則罔」，故必學而且思，始可免於罔。「思而不學則殆」，故又必思而且學，始可免於殆。學思相濟，是孔子的基本主張。準此以談，孔子亦必主張：權威觀與自得觀不應兩相排擠，却應互相補救。依據此一態度以從事論斷，定可得論斷之正。

現代科學家以不尙權威爲其主要研究態度之一，孔子在衞靈公篇內有「君子……不以人廢言」一語，兩相比較，乍看，似乎毫無關係；細究，則可見其原則相同。不尙權威，非謂一切權威都不可從，僅謂不當僅因其爲權威所說而一味信從，亦卽不當僅因其爲衆所推崇的人所說而隨聲附和。「不以人廢言」的人字、自其下文所用廢字推之，定係專指小人而言。故「不以人廢言」、謂不當僅因其爲衆所不推崇的人所說而一概斥以爲非，其言外之意亦容許其所說之時或可取。衆所推崇的人所說、其所以不可一味信從，必因其所說有是有非。衆所不推崇的人所說、其所以不可一概排斥，亦必因其所說有是有非。兩者同依一條原則：不論何等樣人所說，同屬有是有非，雖有是者多而非者少與是者少而非者多之異，不會盡是而無非，亦不會盡非而無是。這確是持平的看法，所以古今中外同認其爲客觀的實情。

理論觀與實踐觀

理論觀重視理論，謂理論爲實踐所自出，故重於實踐。不識得某件事情的關係重大而不可以不實踐，則不會作實踐的打算，不識得如何實踐之方能順利達成，無法開始其實踐的進行。總而言之，理論是實踐的根本，沒有理論，實踐便不可能。實踐觀則重視實踐，以爲理論僅屬思想上的認定，其最大效果、不會勝過空言，至多能使觀念變質，不能使事物改觀。必待實踐以後，人生方有改善的希望，社會方有進步的可能。綜而言之，理論的效用、僅能使人見理益明，實踐的效用、方能使人獲惠益多。

中國固有的思想、在外國思想未輸入以前，所盡力鑽研的、以人生問題爲主，至於宇宙問題，不過偶爾附帶涉及而已，亦卽特別注意人道，不大關心天道。其闡述人道、大體言之，以實踐道德爲基礎，政治理想與教育宗旨、莫不建築於此一基礎之上。旣以實踐道德爲基礎，其推重實踐觀、自在意中。不過雖推重實踐觀，却亦未嘗因此輕視理論觀，不妨謂爲兩觀並重。但理論觀之不受輕視、大抵以有關人道者爲限。其與人道沒有密切關係的，往往被視爲無用之談。這些情形、在荀子思想中表現得很明顯，故引以爲例，以見梗概。

荀子儒效篇云：「知之不若行之，學至於行之而止矣……聖人也者……已乎行之矣……知之而不行，雖敦必困」。這幾句話、明白表示了實踐比理論之有更高的價值，亦即表示了實踐觀之應當特別重視。但天論篇云：「不知貫，不知應變」。「貫」、是貫通的意思，是理論的主要特徵，故指理論而言。「變」、是偶發而異於常態的事情。「應變」、即是處理這些異常的事。荀子以應變為一件大事，以能應變為一件大本領。「不知貫，不知應變」、係就一般而言，謂不懂得理論，便不知道如何處理不尋常的大事。君道篇又云：「不知法之義而正法之數者，雖博，臨事必亂」。「法之數」、是法令的條文，「法之義」、是法令條文所依據的義理，亦即有關法的理論。此係就法令的執行而言，謂不懂得法理，雖記住許多條文而謹守不懈，在適用上必會感到迷惑而發生錯誤。這兩則言論、顯示了理論的重要之決不亞於實踐。儒效篇云：「志安公，行安脩，知通統類，如是，則可謂大儒矣」。「志安公，行安脩」、是有關實踐的德性，意即篤於實踐。「知通統類」、是貫通義理，意即精於理論。既篤於實踐，又精於理論，方成理想人格的大儒，可見理論觀與實踐觀是應當並重的。兩觀之應受同等重視、確為至當的見解，值得大家取法。

理論之與人道沒有密切關係的、不在荀子重視之列。天論篇云：「無用之辯、不急之察、棄而不治。若夫君臣之義、父子之觀、夫婦之別、則日切磋而不舍也」。「無用之辯……」既「棄而不治」，「君臣之義……」則「日切磋而不舍」，可見君臣之義諸事、必非無用之辯。然則所云無用之辯、究指何事？不苟篇云：「山淵平，天地比……

是說之難持者也，而惠施鄧析能之，然而君子不貴者，非禮義之中也」。儒效篇又云：「若夫充虛之相施易也，堅白同異之分隔也……不知無害爲君子，知之無損爲小人」。「無用之辨」、當係指「非禮義之中」的理論而言，亦指知道與否不會影響人格高下的理論而言。這些理論、都與人道沒有密切關係。故理論之中、依其與人道關係的情況，有當重的，亦有不當重的。科學有純理科學與應用科學之分。就實踐道德而言，與人道有密切關係的理論、相當於應用科學，其無密切關係的、至少有一部分相當於純理科學。但純理科學若不進步，應用科學不易發展。衡以此理，則理論之在目前雖與人道沒有密切關係的，亦未可遽予輕視。

準情觀與循理觀

情指情感，理指理智。人人有情感，亦人人有理智。情與理、雖爲人人所同具，但必待其人修養到了極頂，方能好合無間。試讀論語爲政篇所載的孔子自道語：「七十而從心所欲，不踰矩」，可以得其明徵。「心所欲」、即是情之所趨，「不踰矩」、即是理之所許。孔子原是勤於修養的人，一直修養到了七十歲，情與理方能一致。至於常人，情與理、雖亦有時相合，但不相合的、其數可能更多。在情理不相合時，論斷是非，以從情爲主的、可稱準情觀，以從理爲主的、可稱循理觀。在準情觀看來，言行之爲用、本在於發抒情感，故應以能發抒者爲是，以不能發抒者爲非。在循理觀看來，言行應以顯示理智爲任務，故應以能顯示者爲是，以不能顯示者爲非。

中國人的思想、就通俗社會而言，準情觀的勢力遠勝於循理觀。所以常人每當舉辦一事，首先想到的、就是找門路，託人情。因爲大家都懷有一種觀念：沒有人情可託，則事事難如登天，有人情可託，則事事都可如願以償。於是子女入學，要託人情，子女學校成績不佳，有開除的危險，亦要託人情。遇到親戚朋友說情，以格於法令而不肯通融，會被人當面斥爲擺官架子，打官話。所謂打官話、實卽堅守循理觀而不肯向準情觀低頭。事事看重情面，外國人嫺於辭令者、訣我們爲人情味濃厚，聞者不察，竟有引以爲榮者。實則人情味的濃厚、不一定是件好事，辦理公務，尤非所宜。所以破除情面，一直爲重要官箴之一。這一對觀點、在其適度的範圍以內、各有是處，一經超過或有所不及，便會喪失其是。所以應當妥善運用，準情而無害於理，循理而無傷於情，庶幾兩全其美。

學者的意見、亦有主情與主智的分別。主情主義、雖不一筆抹煞理智的存在與功用，但以情感爲構成言行的主要因素，以情感爲判別是非的主要標準。故主情主義、可謂準情觀之學術化了的。主智主義、與之相反，雖不抹煞情感的存在與功用，却置重於理智，以理智爲言行的主要因素與是非的主要標準。故主智主義必與循理觀相一致。孟子與荀子的學說、可引以充這兩種主義的實例。依孟子所說，人的特長、亦卽人之所以優於禽獸處、在於具有仁義之心。人而欲維持其所以爲人，不任其墮落爲禽獸，必須以發揮此一持長爲要務，故以「居仁由義」爲其中心主張。孟子告子上篇云：「惻隱之心、仁也，羞惡之心、義也」，釋仁爲出自惻隱，釋義爲出自羞惡。惻隱與羞惡、均屬情感，故孟子學說可謂以情爲主，以情爲重於智。荀子非相篇云：「人之所以爲人者……以其有辨也……辨莫大於分，分莫大於禮」，王制篇又云：「人有氣，有生，有知，亦且有義，故最爲天下貴也」。有禮有義、纔是人的特長，纔是人人所當發揮，故荀子以「隆禮貴義」爲其中心主張。荀子所主張的禮義與孟子所主張的仁義、在字面上看不出甚大分別，但在兩家所取的意義上、却相去頗遠。荀子性惡篇云：「凡禮義者……非故生於人之性也……聖人積思慮，習僞故，以生禮義而起法度」。禮義是理智所創作，不以情感爲本源，故荀子的學說可稱主智主義。兩家主情主智的色彩、在其闡釋孝道上、相當明顯。孟子敎孝，如離婁篇所說，要人「悅於親」「順乎親」，重在情感上立說。荀子敎孝，如子道篇所載：「從義不從父……孝子所以不從命，有三：從命則親危，不從命則親安……從命則親辱，不從命則親榮……從命則禽獸，不從命則脩飾」，重在理智上立說。荀子思想之不爲世所接受，其主智主義之不合大衆準情觀的胃口，可能爲其一大原因。

妙悟觀與實證觀

妙悟、即是神妙的領悟，與哲學家所說的直覺及文藝家所說的靈感、大致同其意義。古來大文學家的神來之筆、可說卽是妙悟的收穫。實證、卽是眞憑實據所證明。眞憑實據、屬於事實，其爲人所知，則經由感官的經驗。故實證亦可說是經驗所證明，爲近代科學奉爲最切實可靠的研究方法。妙悟與實證、其作用雖不相同，其本質並不抵觸，儘可妙悟而兼實證，亦可實證而兼妙悟，只會相輔而各受其益，不會相礙而各蒙其害。科學史上有名的發明、如牛頓看見蘋果落地而想到萬有引力，正是經驗與推悟合作的最佳效果。常人莫不看見蘋果的落地，只因沒有牛頓那樣優秀的想像力，未能有此同等卓越的發明。各種學理的建立、莫不先有假設以爲研究進行的指向，然後廣泛搜集事例以爲證明的資料。假設成自想像，正是推悟的產物。事例正是眞憑實據，具有擁護假設登上學理寶座的實力。任何學理，自其成立的歷程言之，莫不經過悟與證二關，故亦未嘗不可說：成自悟與證的協力合作。

妙悟與實證、原屬可以互助合作，且亦應當互助合作，一旦被選爲觀點，因其各有所偏重，遂形成對峙的局面而互相非難。在妙悟觀看來，唯有得自心靈的啓示，纔能幽深玄妙，使所得登入化境而有崇高的價值，至若經驗所得，謂爲平凡，尙屬客氣，極言其弊，實應謂爲庸俗。故妙悟觀不但不求實證，且卑視實證。在實證觀看來，唯有得自感官的經驗，方能眞實無妄，經得起覆按，使所得確切可信而有實用的價值，至若妙悟所得，雖亦偶有近眞而勉強可信，但屬於美妙而堪自娛的幻想者、實居多數。故實證觀不以妙悟爲可靠，縱有妙悟，亦必待實證而後可信。

中國的大思想家中、有採取實證觀的，亦有採取妙悟觀的。孔子所採取的觀點、依其在論語中所載的自道語，可說是實證觀。八佾篇載：「夏禮、吾能言之，杞不足徵也，殷禮、吾能言之，宋不足徵也。文獻不足故也，足，則吾能徵之矣」。此則言論、明謂前代的文物制度，必須有實據可憑，方能從事硏討，其實證精神、表示得非常明顯。因其重視實證，故亦重視經驗，又因其重視經驗，故如季氏篇所載，亦重視視聽的聰明，以「視思明，聽思聰」爲君子所當務的九思中的二思。述而篇所云「述而不作」、即言所說各有依據，不出自一己的玄想。述而篇又載：「我非生而知之者，好古敏以求之者也」。上一句是自謙語，謂非智慧高超的人。下一句自述其爲學的態度，謂喜歡以歷史事實爲資料，探索治亂興亡的所以然，表示其治學精神之爲歷史的經驗主義。

孟子雖自稱是孔子的私淑者，但其所採取的觀點，却與孔子不同，是妙悟觀，不是實證觀。孟子在告子上篇內答覆公都子道：「耳目之官、不思而蔽於物，物交物，則引之而已矣。心之官則思。思則得之，不思則不得也。此天之所與我者，先立乎其大者，則其小者弗能奪也」，就心的功用與耳目的功用作比較的論斷，稱美前者爲大者，鄙視後者爲小者。「思則得之，不思則不得也」，心能思而耳目不能思。故在孟子之意，只有心能有所得，耳目是不能有所得的。能有所得，纔値得重視，不能有所得，只足鄙視而已。其重妙悟而賤實證，表示得很明顯。盡心上篇所載帶有神秘色彩的主張：「萬物皆備於我矣」、「上下與天地同流」、都得自妙悟而無法實證。

從容觀與迅捷觀

從容觀與迅捷觀、前者主緩，後者主急，兩正相反。緩與急、各有利弊，緩的弊正是急的利，急的弊正是緩的利。緩的通病、在於易失良機。機會之來、往往稍縱即逝，必須急起直追，方有捉住的可能，一經觀望，便會失之交臂。所以緩的弊正是急的利。急的通病，在於忙中有錯。處理任何事情，必須儘量鄭重，從容考慮，方能面面顧到，一涉匆促，便會顧此失彼。所以急的弊正是緩的利。鑑於急的有害而思所以救治，自不免想到從容的可貴而傾向於從容觀。鑑於緩的有害而思所以救治，又不免想到迅捷的可貴而傾向於迅捷觀。這一對觀點、各有是處，亦各有非處，用得其宜，則各可以成事，用違其宜，則各可以敗事。

這一對觀點之不一定是與不一定非、爲衆所周知，故人們擇用觀點，有時取此，有時取彼，各隨其宜，並不固定。但此云不固定、只是相對的不固定，不是絕對的不固定。就個人而言，何取何捨，與其人的性情有關，亦與其人的習尙有關。生性遲緩的人、自己做事，必從容不迫，且以他人的匆忙爲不當。生性急躁的人、自己做事，以趕緊結束爲能事，亦以及早竣事期望於人。做事認眞的人、每做一事，必細琢細磨，不稍草率，以期做到盡善盡美。做事馬虎的人、只求完工的迅速，不計成績的優美。常人欲往某處，若有捷徑可通，必走捷徑，途中遇雨，必快步奔避。舊日的讀書人、尤其所謂道學先生、以行不由徑爲高尚，故雖有捷徑，不屑行走，以規行矩步爲文雅，故雖遇雨，亦不敢加緊步履。

撇開個人的性情與習尚，就一般人的心理而論，迅捷觀似較從容觀更見重於人。因爲有許多事情，人們都覺得，快速總比緩慢好得多。例如交通工具、人人都喜歡快速而厭惡緩慢。舊日以牲口代步的時代、於大而有力的家畜中、選用馬而不選用牛，於馬中、選用駿馬而不選用駑馬，無非因爲馬比牛跑得快，駿馬比駑馬跑得快。駿馬雖快，猶以爲未足，更進而期望有千里駒的出現。事實上交通工具的發展、確能恰如人意，時至今日，既發展爲火車汽車，又發展爲飛機，其速率且已超過音速。其他事情、在不降低成績的範圍以內，快速的都比緩慢的受到重視。至如競賽，更只有競速的，未見有競慢的。凡此諸事、都透露了人心崇速賤慢的實況。但此實況、只顯示了人情的好惡，未可取爲評價的依據。

從容觀與迅捷觀、各有是非。其是與非、不出自緩與急本身的歧異，來自與其所事的配合。必所事具有宜緩宜急的情勢，而後緩急纔有是非可言。所事可緩而處理緩，所事應急而處理急，則緩與急均是。所事不宜緩而處理緩，所事不當急而處理急，則緩與急均非。故旣不可以偏執從容觀，亦不可偏執迅捷觀，只應各隨處理當時的情況而妥愼選用。常人且已粗知此情，聖賢尤能洞見此理。論語先進篇所載孔子語：「求也退，故進之，由也兼人，故退之」、正表示孔子依照受教者的性情而分別採用不同的觀點。冉有遲疑，故勵之以急進，子路躁急，故勉之以從容，對症下藥，垂示了因材施教的模範。孟子萬章下篇云，「孔子之去齊，接淅而行。去魯，曰：遲遲吾行也，去父母國之道也。可以速而速，可以久而久……孔子也」。盡心下篇又云：「孔子之去魯，曰：遲遲吾行也，去父母國之道也。去齊，接淅而行，去他國之道也」。孔子去魯去齊之異其遲速，一經孟子的闡釋，益見其各適所宜。

第九章　名實的關係

名與實

思想、簡言之，卽是有所論定，如言馬是動物。此一論定、通常稱爲判斷，成自馬與動物兩個部分。這兩個部分、在理則學內、自其具有言語的性質言之，則稱爲名稱，自其具有心理的性質言之，則稱爲概念。名稱、在有些理則學教本上、稱爲名詞，爲了避免與文法上所說的名詞相混以引起誤會，不欲予以沿用。在文法上、名詞與形容詞動詞有別，不屬同類。在理則學上、不計名詞形容詞動詞的差異，同視爲名稱。判斷由名稱所構成，故名稱是思想的基本原素。

馬與動物、一方面是名，一方面亦是實。就馬而言，說於口頭與寫於紙上的、是馬的名，目所見與身所騎的、是馬的實。然則名與實、其間關係如何？墨子小取篇云：「以名舉實」，荀子正名篇云：「故知者爲之分別制名以指實」，墨子經說上篇又云：「所以謂、名也，所謂、實也」。故名、是用以舉實、用以指實、用以謂實的，實、則爲名所舉、爲名所指、爲名所謂的。古時之所以稱名所舉所指的爲實、當係取其眞實存在之意。但我們現時解釋此一實字，不能不放寬範圍，於包括實有的事物以外，令其兼括虛擬的事物，更進而令其兼括與事實異類的價值。凡能爲人所思的、統稱爲實，亦卽將實字解作對象。故名稱與概念、是用以稱呼對象、指點對象、在思想中爲對象的代表。

名稱的爲一爲多、依對象的件數或類數而定，與字數的多少沒有關係。例如筆、是一個字，因其代表著一類對象，故是一名。毛筆雖是兩個字，因其所代表的亦是一類對象，故亦是一名。這枝新的湖州羊毫筆、成自九字之多，因其只代表一件對象，依然還是一名。成自兩字以上的名稱、如上述的毛筆、其義爲毛製的筆，不是毛與筆，故是一名。若言紙筆，則指紙與筆兩類對象，便成二名。故成自兩字以上的名稱、其用字相同者、不定是一名，亦不定是二名，隨其取義而異。如言老弱，解作年老者與體弱多病者，分指二類，則爲二名，解作年老而體弱者，合指一類，則爲一名。中國文往往省略連詞，文言文尤甚，故同一名稱有作兩解的可能。

思想運用名稱以進行其論斷，但思想所欲就以有所論定的、自其究竟任務言之，是對象，不是名稱。只因對象處於心外，無法將其搬入心內以供思量，不得已，乃借助於其代表以求勉力完成任務。馬是動物一語、縱可解作馬名之爲動物名，但試追詢其所以可作如此論定的原由，必因馬實之爲動物實。故對象方面馬之爲動物、是此一論定的根據，亦是此一學理的本源。莊子逍遙遊所說的「名者、實之賓也」、於此亦可適用。我們的思想雖不得已而借助於名稱，但一刻不可忘懷，我們所欲論定的、實爲對象方面的眞相。所以研究事理，應當在實事實物上用功夫，不可專在語言文字上費思量。韓非子外儲說載：「鄭人有欲買履者，先自度其足，而置之其坐。至之市，而忘操之。已得履，乃曰：『吾忘持度』，反歸取之。及反，市罷，遂不得履。人曰：『何不試之以足！』曰：『寧信度，無自信也』。研究事理而不留意實事實物，只在文字的記載上絞腦汁，有似於鄭人的信度不信足，捨本逐末，難收研究的實效。

名稱之代表對象，有代表得不甚切當的，有人採取正名主義，主張更易名稱以杜絕誤會，有人採取俗成主義，不以紛爭爲然。例如民國始建時所廢止的舊曆，或稱農曆。有人因爲與農事有密切關係的二十四節氣，在該廢曆內沒有固定的日子，不足供農家的需用。名不副實，視爲不可採用。有人則依據荀子正名篇所說的「名無固宜，約之以命，約定俗成，謂之宜，異於約，則謂之不宜」，以爲雖不固宜，既經約定，儘可沿用，不必更張。荀子所說，確屬正理，但在稱廢曆爲農曆上可否適用，不無問題。「名無固宜」，謂在初有言語的太古時代，如以馬爲例，原無不得不呼以馬聲的理由，呼以他聲，亦未嘗不可，且馬聲在當時亦尚未有固定的意義，用以呼馬，固可，用以呼他物，亦未嘗不可。時至現代，創制農曆以名廢曆，其情形頗有不同。農之指耕作，早經約定俗成，已有固宜，今以之稱呼無關耕作的事物，能不違背成俗而帶來不宜！故引用荀子的理論以辯護廢曆之不妨稱爲農曆，未可謂爲深得荀子立說的精義。

内容與外圍

名稱有其一定的意義。例如口頭上說到筆，不僅僅發出了筆那樣的一種聲音，亦表示了筆那樣的一種意義。名稱之所以能有一定的意義、因其爲某一特定對象的代表。故名稱的意義、得自對象。意義可分爲兩個方面。一個方面叫做內容，是涵容於名稱以內的，得自對象的性質。另一個方面叫做外圍，是圈圍於名稱以外的，得自對象的數量。任何對象、有其性質，亦有其數量。故代表對象的名稱、亦必既有內容，又有外圍。虛擬的對象、雖不能有眞實的性質與數量，但亦有其虛擬的性質與數量。對象的性質、有少至一項的，有多至數項數十項的，甚不齊一。對象的數量、就類而言，或僅攝一類，或兼攝多類，就個體而言，少則一員，多則恒河沙數，相距不可以道理計。

對象的性質、有爲該類對象各分子所必具而不可或缺的，可稱必具的性質，有不然的，可稱非必具的性質或偶具的性質。如就筆而言，人造的物質的書寫工具、是其必具的性質。故凡具有這些性質的，都得稱爲筆，缺乏這些性質的，都不得稱爲筆。故筆的必具性質、詳言之，可析爲四項：㈠人造的，㈡物質的，㈢工具，㈣用以書寫的。簡言之，則可歸併爲書寫與工具二項，因爲工具總是以物質爲材料而由人力所製造的。物質所造、雖爲筆的必具性質，但何種物質所造、則只是偶具的性質。毛製的是筆，鋼製的與鉛製的亦不失爲筆。故毛製鋼製等不是筆的必具性質。工具必有體積，體積必有粗細長短可言。但不論粗的細的、長的短的，只要是用以書寫的，便是筆，不是用以書寫的，便不是筆。粗細長短、對於筆之所以爲筆，沒有絲毫影響，故亦不是筆的必具性質。

必具性質、因其爲各分子所通有，故亦稱通性。名稱的意義卽取此通性以爲其內容，故名稱的內容卽是對象必具性質的總和。

對象的數量、係指對象分子的總數而言，或指所轄小類的全部，或指所轄個體的全部。試仍以筆爲例，就小類而言，毛筆、鋼筆、鉛筆、石筆、粉筆、原子筆、合起來，構成筆的數量。就個體而言，這枝毛筆、那枝鋼筆、現用的鉛筆、已毀的石筆、教師手中的粉筆、學生手中的原子筆、世間所有個別的筆、合起來，構成筆的數量。裱糊工人所用的糊刷，其質料雖同於毛筆，其形狀雖似若干枝毛筆所編成，但因其非用以書寫，自不得計入筆的數量之內。名稱的意義卽取此數量以爲其外圍，故名稱的外圍卽是對象分子的總數。

內容與外圍之間、存有一增則一減、一減則一增的反比情形。試取兩個具有大類小類關係的名稱，相與比較，卽可見之。例如筆、是大類名稱，以書寫工具爲其內容，以全部的筆爲其外圍。今若於書寫工具上增加毛製一項內容，則成小類名稱的毛筆，僅能總括全部毛筆，不復能兼括鋼筆等其他的筆。由此可見：內容增加了，外圍便隨以減縮。試更進而於毛字上加一羊字，則成更小一類的名稱，僅能總括全部羊毫筆，連紫毫狼毫等筆亦不復爲其所包括。故內容益加多，則外圍益縮小。倒過來看，羊毫筆的內容上減去羊字，則成大類的毛筆，不僅總括羊毫筆，亦兼括紫毫等毛筆。內容減少，外圍便隨以擴大。更進而在毛筆的內容上減去毛字，則成更大一類的筆，毛筆以外的筆、亦盡爲其所包括。內容益少，外圍便隨以益大。任何名稱，自內容以觀外圍，莫不具有此一增減反比的情形。但若自外圍以觀內容，則不盡然。試再以筆爲例，在昔外國的書寫工具尚未輸入之時，說到筆，僅指毛筆，其外圍只包括羊毫紫毫等筆，其內容則爲毛製的書寫工具。及鋼筆鉛筆等輸入，筆的外圍擴大了，其內容不得不隨以減去毛製而僅留書寫工具，否則便不能包括鋼筆等。在此一情況下、外圍增則內容減，亦成反比。但最近原子筆問世以來，筆的外圍顯已擴大，而內容則依然爲書寫工具，未嘗減少。於此可見：外圍的擴大、不定引致內容的減少，不定形成增減的反比。以小類的總數解釋外圍，其情況如此，以個體的總數解釋外圍，此一情況更加顯著。人口日益膨脹，教育日益普及，筆的產量日益增多，然而筆的內容、事實上未嘗減少，理論上且已減無可減了。

名稱的意義、可以有主觀的與客觀的之分。主觀的意義、指某人某時心中實際所想到的意義，此人與彼人所想、不必相同，此時與彼時所想、亦可能有異。例如說到筆，年老一輩的人所首先想到的、大概是毛筆，年青一輩的人所首先想到的、大概是鋼筆。又如說到燃料，鄉間的家庭主婦意指木柴與煤炭，大都市的家庭主婦意指瓦斯與電氣，從事運輸事業的人意指石油。流動不居，不足採爲標準。客觀的意義、是事理上所應有的意義，亦是科學研究所收穫的意義，除非對象變動，驟改舊觀，或知識進步，新有發見，不會隨人隨事變易，足爲大衆共守的標準意義。故思想運用名稱，必須用作客觀的意義，論斷方能得是非之正。

分類

名稱有外圍，有內容，各有加詳闡釋的必要。外圍是對象分子的總數。對象本身、或爲一類，或爲一個個體。其爲個體的、只包括自己，此外別無所包括。其爲類的、大者包括若干較小的類，小者直接包括若干個體。加詳闡釋、即在舉示其所包括，尤在舉示其所包括的小類。舉示所包括的小類，稱爲分類。對象本身爲個體，或其直接所包括的盡屬個體，則無類可分。唯有對象本身是類，其直接所包括的又爲或大或小的類，方有分類之可言。例如筆、其本身是類，且包括着若干較小的類，故筆是可以分類的。

在分類中、被分的那個大類，稱爲上位概念或綱名，分出來的小類、對上位概念而言，稱爲下位概念或目名，其相互間則稱並位概念。荀子正名篇中所說的共名別名、正與綱名目名相當。故就筆類而言，筆是上位概念，毛筆是下位概念，毛筆與鋼筆鉛筆等互爲並位概念。上位與下位、綱與目、是相對的，不是固定的，隨其與對方的關係而變易。筆、對毛筆而言，是上位概念，對工具而言，則轉成下位概念，因其爲工具的一種。毛筆、對筆而言，是下位概念，對羊毫筆而言，則轉成上位概念，因其統率着羊毫筆等多種。故上位概念比諸下位概念，內容較少而外圍較寬，下位概念比諸上位概念，則內容較多而外圍較狹。並位概念相互間、其內容偏偏相同，其外圍則完全離絕。故上位概念得用以稱呼下位概念所指的對象，下位概念不得用以稱呼上位概念所指的對象，並位概念則不得用以互呼其所指的對象。

分類不能沒有一定的依據。沒有依據而從事分類，勢且無從分起。有依據而不一定，分類所得、必且雜亂無章。分類所依據的、通稱分類標準。分類標準、必取諸對象的性質，其總綱爲該類對象所必具，其分目則僅爲該類對象所偶具。就筆而言，因其是物質的，故爲物質所造這一總綱，是筆的必具性質。既爲物質所造，必爲某一種物質所造，亦卽必爲物質的某一分目所造，如金屬製或非金屬製，但因各分子的質料不同，故某種物質所造，只是筆的偶具性質。筆的普通分類、卽取物質所造這一必具性質爲標準，就以展示其得爲偶具性質的分目，如毛製鋼製，於是乃有毛筆鋼筆等的分類。對象的必具性質、往往不止一項，各有充任分類標準的資格，因而同一對象可就以作二種以上不同的分類。筆、是物質的，必有體積，雖粗細長短、紛紜不一，但必有粗細長短可言。故筆又得以體積爲分類標準，分爲大號筆中號筆與小號筆。

同一對象、雖可依據不同的標準，作不同的分類，但每一分類，只可依據一個標準，必須守住一個標準，若雜用兩個以上的標準於一個分類之中，則分類所得、必不免於混亂。故就筆而言，質料與體積、雖同可採爲分類標準，但只可分別採用以分作兩個分類，不可混合採用以合作一個分類。因爲分類所得的並位概念、理應不能相兼，如毛筆之不能兼爲鋼筆，庶可藉以發揮分類的實用。若合採兩個標準，則其所得的並位概念、勢必可以相兼，如毛筆之得爲中號筆，分類的任務將無由完成了。

分類必須將待分對象所能統率的小類、盡數舉出，不但不可以掛一漏萬，且亦不可以掛萬漏一。故對象所統率的小類、爲數不多的、其分類較易，爲數甚多的；其分類較難。爲了分類適合理想，有一種分類的技巧，將對象分爲正負兩小類，其式爲分甲爲乙與非乙，其例如分筆爲毛筆與非毛筆。如此的二分法、不患有擧目不盡的缺陷，因爲乙與非乙相加，將如下章所述，必能括盡一切，決無遺漏。

中國文字大抵有偏傍，以表示所指對象之屬於何類。如梅字與桃字、各用木字爲偏傍，以示其屬於木類。又如鯉字與鯽字、各用魚字爲偏傍，以示其屬於魚類。人們見了這些字，雖未能由以詳知其所指對象之究屬何等樣事物，至少已能藉以知其爲樹爲魚。此一示類的表記、確供人以極大的方便，足爲中國文字的一大特色，足令中國人引以自傲。偏傍的示類功用、誠堪珍視，但亦不可過於信任。因爲有些字、在現代看來，不能不謂爲誤用了不當用的偏傍，若猶信以爲合於對象的眞相，則不免釀成錯誤的知識。現在試擧兩個大家所熟知的字爲例，以見一斑，一爲鯨字之從魚，二爲鏡字之從金。此二例雖同屬示類錯誤，其起因不一。鯨字之誤用魚傍、出於造字當時知識的浮淺，只看見其外形之有似於魚及其生息水中，不識其實質之爲哺乳動物。若在現代新造此字，必作犬傍，不作魚傍。鏡字之用金傍、原屬無誤，因爲造字當時所用以鑒形的、本係銅鏡，確爲金屬所鑄。其後用具進步，銅鏡廢棄，對象的實質已變，名稱的字形依舊，遂亦形成了示類的錯誤。居今日而爲鏡子造字，一定做照玻璃等字，用斜玉傍，不用金傍。

定義

定義是名稱內容的加詳闡釋。名稱內容代表對象必具性質的總和，因其爲總和，故涵攝着若干項目，不過或多或少、至不齊一。外圍最廣，統率一切，始終居於上位概念，無緣轉成下位概念，如「有」那樣的概念、其內容至爲簡單，僅攝一項。其餘名稱的內容、均較複雜，至少攝有二項，多則幾於不易一一枚舉。定義、係就內容加以分析，求得其項目而予以列舉。故內容僅有一項的概念、其內容無可分析，其項目已見於名稱，雖不爲之作定義，亦不患其滋生誤解。內容攝有二項以上的、其內容有待於分析，其項目未見於名稱，欲令人得其正解，必須爲之作確切的定義。內容愈複雜，定義亦愈有其必要。定義在於列擧內容的項目，試以筆爲例，其內容、如前節所曾述，可以分析爲四項，或簡化爲二項，故將這四項或二項盡數擧出，謂筆爲書寫工具，便成筆的定義。

定義有兩方面的功用。一方面表明自家的特質，以示其應爲獨立的一類，不容分裂爲二類。另一方面顯示其與他類的分別，以示其不當見併於他類，亦不許他類分子的混入與冒充。這兩方面、是二而一，一而二。中國人所說的筆、以書寫工具為定義。凡工具而以書寫為專務與常職的，不論其所書寫之為何種文字或圖形，都應羣集以構成一個筆類，同用一個筆字以為名稱。故從國外輸入的書寫工具、雖不與原有的筆同其形狀，亦稱為筆。至若因質料不同而分類，則為類中的類，不失其本屬一個大類。工具的功用、與書寫相近而非純屬書寫，則不令其歸入筆類，不呼以筆名。打字機工作的結果雖與筆的工作結果相同，因其為打字而非寫字，故未許其為筆。定義至關重要，必須嚴守而不游移，思想方易臻於正確。

定義的任務既在供人以正確的知識，故必須定得非常切當。如何方稱得上切當？其舉示內容的項目、要舉得恰如其分，應舉的莫不舉及，不應舉的決不舉及，既不漏，亦不溢。應舉而漏舉，勢且轉成其上位概念，不應舉而溢舉，勢且轉成其下位概念。例如毛筆的定義、應為毛製的書寫工具。若漏舉毛製這一項內容，便成其上位概念的筆，又若溢舉羊毫以為其內容的一項，便成其下位概念的羊毫筆，均失其為毛筆的切當定義。切當定義的模範方式、為上位概念加目異。目異、是目所特具的內容而緣以別於上位概念與並位概念的。如毛製、即是毛筆的目異，故筆上加此目異，即成毛筆的切當定義。古來字書所載的解釋、如「梅、木也」、如「鯉、魚也」、只舉了上位概念，未舉目異，雖不失為一種釋義，但不足以當定義之稱。

字義的解釋、通常總是着眼於正面，謂某事如何，雖亦可說及其反面，謂如何便非某事或不如何便非某事，但不過用以輔助說明，不視作釋義的正軌，定義尤當如此。然而古書中時或有例，似以反面釋義爲正軌。論語爲政篇載：「見義不爲，無勇也」，雖可由以引出勇德的定義，謂勇是見義敢爲，但孔子之作此語、其目的當在評論「見義不爲」，不在解釋勇德，故未可引以爲反面釋義的適例。孟子盡心上篇載有孟子勸人尙志的話：「仁義而已矣。殺一無罪，非仁也，非其有而取之，非義也……居仁由義，大人之事備矣」。孟子這一番話的主旨、在於敎人居仁由義，則依照常理，似應擧示仁義的定義，亦卽盡擧仁義的內容，俾人詳知所應居與所應由而不惑於適從，不當僅僅擧及仁義一部分的意義而止。今孟子不從正面擧示仁義的意義，却在反面擧示非仁非義的意義，已不能不令人疑其爲反面釋義而不合正軌。孟子所說、固可轉變爲正面語，謂仁爲不殺無罪，謂義爲不取非其有。但轉變以後，依然未能有合於切當的定義，其故有二。一因擧義不盡。孟子所提倡的仁義、涵義頗豐，不僅不殺無罪與不取非其有而已。梁惠王上篇載有孟子語：「未有仁而遺其親者也，未有義而後其君者也」，可見孟子所說的仁義還涵有不遺親與不後君的重要意義。二因用否定語解釋，不足以顯示確切的實況。如言不殺無罪，只表示了不採取殺戮的處理方法，至於如何處理那無罪的人，開釋呢？昭雪呢？嘉獎呢？表揚呢？未有絲毫的透露。不透露實況，不足以盡定義的任務。故定義必用肯定語，忌用否定語。荀子書中亦有類似的實例，作反面的釋義，如法行篇云：「君子有三恕。有君不能事，有臣而求其使，非恕也。有親不能報，有子而求其孝，非恕也。有兄不能敬，有弟而求其聽令，非恕也」。此則言論之不能視作恕的定義、似亦無用多辯。

中國人雖智慧優秀，但似乎不長於作定義。古籍中足稱爲切當定義的、甚不多見，註釋家所作解釋、亦甚少具備切當定義的條件。拆字式的解釋、無當於理，却頗盛行。仁、是道德的總源，爲衆德所自出，亦是道德的總體，衆德各爲其一支。儒家最重視仁，自應精密研究，爲之作切當的定義。古來說仁的人甚多，說得切當的未必多。有一種拆字式的說法，爲多人所樂於採用，即在今日，猶爲學人所樂道而不覺其不合於理。其說謂仁字成自人字與二字的結合，表示其爲二人相處的情形，故必有二人，而後始能有仁，因而釋仁爲人與人相處所執持的態度。人與人相處，誠必有其態度，但其態度、雖可能是友善，亦可能是憎恨。故僅言態度，不道及仁的實質，如何能顯示仁的可貴！這是最重大的缺點。現在姑置此層不論，僅論仁的發生與存在之是否必以二人相處爲要件。儒家所重視的仁、出自孔子孟子的提倡，故解釋儒家的仁，不當違反孔子孟子的所說。論語雍也篇載有孔子語：「夫仁者、已欲立而立人，已欲達而達人」。依此所說，仁者所應盡的任務、有兩方面：一方面爲己立己達，他方面爲立人達人。立人達人，誠必人我相對，無人，便無所施其立與達。至若己立己達，只須有我，不必有人。故孔子說仁，未嘗以二人相處爲要件。孟子梁惠王上篇牽牛章、敍述齊宣王不忍見牛的觳觫而命易之以羊，孟子爲之解釋當時的心情云：「是乃仁術也，見牛未見羊也」。由此可見：孟子所說的仁、且亦存於人與牛之間，不以人與人相處爲限。讀了孔子孟子此二則言論，必能覺悟仁字拆字式解釋之非可採取。其他德名、亦有拆字式的解釋，如「中心爲忠，如心爲恕」。此云中心、固當解作常人口中所說的「把良心放在當中」，以顯示其富有道德的氣息。但良心放在當中，雖只會爲善，不會作惡，却不一定是忠，可能是正直無私，亦可能是誠實不欺。如心所如的、縱亦解作專指善心，亦可能指他德，不定指恕。這些拆字式的解釋、釋義過寬，不能道出各該德的特色以別於他德，故均不足採用。縱使造字的始意、果如拆字式的解釋所云，經過學者長期使用，積義深厚，已非原始意義所必能表達了。

異名同實

荀子正名篇云：「此所緣而以同異也，然後隨而命之，同則同之，異則異之……故使異實者莫不異名也，不可亂也，猶使異實（楊掠註云：或曰：『異實當爲同實。』）者莫不同名也」。異實、命以異名，呼以異名，同實、命以同名，呼以同名。這是命名所應守的原則，亦是用名所應遵的準繩。理想雖如此，事實却不然。異名同實的、時有所見，同名異實的、則更所在多有。

異名同實、即言兩個以上的名稱、其音不同，其字不同，而所指的、却是同一對象。試爲舉例，有爲常人口中所共說的，如鼠與耗子，如日與太陽，有僅見於文人筆下的，如以狸奴稱猫，以管城子稱筆。他國言語亦有異名同實的情形，而中國似乎特別發達。一篇之中、多次說及同一對象，若始終使用同一名稱，旣不免枯燥無味，亦顯示了作者詞彙的貧乏，於是儘量使用不同的名稱，以資潤飾，卒至釀成關門閉戶掩柴扉那樣無聊的詩句。通常的應用文字已不欲多用同名，文學的作品則更以堆砌異名爲修辭的要着。

同實之所以用異名、有其不同的心理基礎。中外同有一種心理，使用雅潔的名稱以代替令人感到厭惡的原有名稱，俾聞者聽到的當時別有所想及，不直接想到那汚穢的對象。例如上厠所，西洋人稱爲洗手，以示其爲潔身之擧，中國人稱爲大小便，以示其爲解除身體上困擾之擧，更進而稱爲出恭，稱便器爲恭桶，其氣氛益高潔了。此一心理基礎、最純正，亦最堪稱道。至若使用許多異名以自炫淵博，則等而下之了。

異名同實、即是一實多名。由名望實，則稱異名同實，由實望名，則稱一實多名。中國人對於一實多名、似乎懷有特別嗜好，超過其他民族之上。此一傾向、在人名上表現得最爲明顯。往日除了不識一字而出賣勞力的農工以外，每一男子都不止擁有一名。在士商家庭、男子始生，即爲之取乳名，及入塾讀書，則爲之取學名，同時或稍後又爲之取字。讀書人中、其僅僅擁此三名者、尙屬擁名最少的人。風雅之士、更進而自取別字，亦有稱其所居爲某樓、某室、某齋、某軒，以表示其所懷的志趣，或以表示其對於前賢的景仰。以一人而擁至十餘名之多者，亦未嘗無之。除了這些家庭及自身所取名字以外，還有後人所稱的別名。中國有避諱的習俗，在言談中、在文章內、提到所尊敬的人，不敢直稱其名，遂代以其人的爵名或職名。例如文起八代之衰的韓愈、因其諡爲文，乃稱爲韓文公，或因其爵爲昌黎伯，乃稱爲韓昌黎。又如與李白齊名的詩聖杜甫、因其嘗任職於工部，乃稱爲杜工部。人名喜多，餘波所及，遂亦歡迎物名之多異稱。

新興的事物、命名者思路不同，命以不同的名稱，遂亦有異名同實的現象。建築高牆所用的鐵條、有人譬之以筋，有人譬之以骨，乃有鐵筋洋灰與鋼骨水泥二名，同實的異名構成一聯巧對。又如番茄、是南方的譯名，取其有似於茄子。北方則呼爲西紅柿，四川則呼爲洋椒，或取其似柿，或取其似椒。

異名同實、雖不致在思想上引起混亂，雖不若同名異實之有大害，對於思想的正確、未能有所貢獻，且因一實多名之故，徒令記憶增加負擔，無助於知識的擴展。至若使用冷僻的異名，令人胡猜亂測，妨礙思想的順利進行，則不但無益，反而有害了。

同名異實

同名異實、謂名稱相同，而所指對象、却異其種類或異其個體。名稱指示了對象，因而獲得其意義，故同名異實亦可稱同名異義。又若轉移目光，着眼於數量的多寡，則同名異義亦可稱一名多義。

一名多義是各國語言文字通有的情形，不獨中國爲然。但因中國是文明古國，使用語言文字的歷史特別久長，故一名多義的情形亦特別熾盛。試翻閱字典，一名之下、列有多種意義的、觸目皆是，僅列一種意義的、寥寥無幾。制名始意、原以專指特定對象，並以別於其他對象，亦卽原本只賦以一義，未賦以多義。故新制的名稱、尚能保持其單純而未具多義，如麵包，如鐵路。但人們喜歡說俏皮話，汽車雖係新名，已有人借作他義，稱步行爲乘坐十一號汽車了。及使用稍久，引申假借，許多相近而不相同的意義、附加其上，逐漸釀成多義。歷時愈久，歧義愈多，所以越是古老的言語文字，其所使用的名稱越趨於多義。

現在試舉一個淺明的例，以見一名多義的實況。生、是一個大家所熟習的字，其義似乎簡單易曉，但略加探索，已可見其雜而不純。生物一名中的生字、其義爲有生命，生母一名中的生字、其義爲己身所自出，生客一名中的生字、其義爲向所未識，生番一名中的生字、其義爲尚未開化，生梅一名中的生字、其義爲尚未成熟，生魚一名中的生字、其義爲未經烹調，生鐵一名中的生字、其義爲未經鍛鍊。同用作生命一義的生字、其所指外圍、或有廣狹的不同，或有彼此的分別。如言生物　其生字指一切有生命的物體，統括人類動物與植物。至若衞生院救生局諸名中所用的生字、依照各該院局所掌的職務，專指人的生命，不兼括動植物的生命。又如殺生放生二名中的生字、通常專指鳥獸魚鼈而言。殺人與伐木、不稱爲殺生，縱囚脫逃，捨木不伐，不稱爲放生。其專作人字意義用的生字、又有廣義與狹義之別。如言學生，可以通稱男女兩性，若言老生小生，則專指戲劇中扮演男子的角色。以上所擧、不過是些常見的例，若廣爲搜求，還不知有多少異義。

就同一時代而言，同名已多異義，通古今而論，異義自益加多。古人用子字，不僅指兒子，亦可指女兒，故論語公冶長篇云：「以其子妻之」，今則子字專指兒子，不復兼指女兒。出家一名、古人用以泛稱人們的離家遠遊，所以大學云：「故君子不出家而成敎於國」，今則專用以稱述男女之剃度爲僧尼，至於尋常的離家遠遊，不得稱爲出家。故同一名稱的適用範圍、有古寬今狹的不同。河、原是黃河專用的名稱，今則淮河運河亦稱河。江、原是長江專用的名稱，今則浙江珠江亦稱江。此二例表示了名稱的適用範圍、有古狹今寬的不同。油、原是某一水道的名稱，後來油河湮沒，無所適用，乃專用以稱動植物脂肪所製成的液體。然字本是燃燒的意思，借用爲然否的然字等意義後，本義反不通行。此則原義廢棄，新義代興了。

同名異義、有異至相反程度的。同名之所以有異義、出於引申假借。遇到新發見或新製作的事物，無暇別制新名，乃借用舊有事物之相與類似者或與有關係者的名稱以爲名稱，遂增新義而漸成多義。設有一名，既向此方引申假借，又向彼方引申假借，引申復引申，假借復假借，愈引愈遠，久借不歸，推演至極，可能成為一名而具有相反的意義。如此極端的現象、誠屬少見，但亦不無其例。論語顏淵篇云：「君子成人之美，不成人之惡，小人反是」。孟子滕文公上篇云：「至於子之身而反之，不可」。大學云：「其所令反其所好，而民不從」。此三例中的反字、都是違背的意思。孟子梁惠王下篇云：「王速出令，反其旄倪」。盡心下篇云：「堯舜、性者也，湯武、反之也」，又云：「君子反經而已矣」。此三例中的反字、是歸還或回復的意思。違背與回復、其意義相去甚遠，可謂已達到相反的程度，故反字可為同名而有相反意義的一例。孟子梁惠王下篇云：「吾王之好田獵、夫何使我至於此極也！父子不相見，兄弟妻子離散」。墨子所染篇云：「此六君者、所染不當，故國家殘亡……君臣離散，民人流亡」。此二例中的離字、是分開的意思。墨子七患篇云：「禹七年水……湯五年旱，此其離凶餓甚矣」。莊子則陽篇云：「天下有大菑，子獨先離之」。此二則中的離字、是遭遇的意思。分開與遭遇、更不能不說是相反的意義，故離字可為同名而有相反意義的又一例。所幸後來文字進步，用作回復意義的反字、寫作返字，用作遭遇意義的離字、改用罹字，故在現代文字中、已不見有此二名的用作相反意義。

名稱使用愈久，異義有日益增多的趨勢。人們慮其愈多愈亂，在文字方面，力求分化，使向由一字表示的諸義、分由若干新製的字來表示。於是原屬異義甚多的名稱、其異義因而減少了。分化方法之最簡便者、當推偏傍的增加。試舉辟字爲例，以見一斑。論語先進篇的「師也辟」作僻，後世用到此義，則加人字傍作僻。論語憲問篇的「賢者辟世」、後世用到此義，則加辵字傍作避。墨子小取篇「辟也者、舉也物而以明之也」的辟字、後世加言字於其下，作譬。孟子梁惠王上篇「欲辟土地」的辟字、後世加門字於其外，作闢。荀子正論篇「不能以辟馬毀輿致遠」的辟字、後世下加足字，作躄。禮記喪大記「絞一幅爲三，不辟」的辟字、後世下加手字，作擘。辟踴、後世寫作擗踴，辟歷、後世寫作霹靂。只有君主與徵召等不常用的意義、仍舊用辟字來表示。故現時的辟字、雖猶多義，比諸古代，則已簡化得很多了。此種分化、在嗜古者看來，容或卑視爲文字的墮落，在理則學看來，對於思想的清晰與正確、有甚大的貢獻，實可謂爲文字的進步。

同名異實，爲害甚多，足使言論意義不明，是非難定，甚且啓人誤解，鑄成大錯。中庸云：「生乎今之世，反古之道，如此者、烖及其身者也」。反字、如上所述，具有相反的意義，且爲中庸所均經採用，如「小人反中庸」、謂小人違背中庸，如「反求諸身」、謂回到自己身上來謀所以改進。然則「反古之道」的反字、究應解作違背，抑應解作回復，義涉兩可，殊難確定。遵古氣息濃厚的人、傾向於解作違背，創新精神旺盛的人，傾向於解作回復。又假有人說：孟子嘗言：「食、色、性也」。這句話亦是亦非，依孟子這一名稱的所指而異。孟子一名、既指孟子其人，亦指孟子其書。若指其人，則其說非，因爲「食、色，性也」非孟子所說，若指其書，則其說是，因爲此語確載於孟子。所以同名異實，足使是非游移。列子天瑞篇載有一則故事，告者所用名稱、用作僻義，不用作常義，聞者解作常義，依以行事，卒至身敗名裂。「齊之國氏大富，宋之向氏大貧，自宋之齊請其術。國氏告之曰：『吾善爲盜……』向氏大喜，喻其爲盜之言，而不喻其爲盜之道，遂踰垣鑿室，手目所及，亡不探也。未及時，以贓獲罪，沒其先居之財。向氏以國氏之謬己也，往而怨之。國氏曰：『若爲盜若何？』向氏言其狀，國氏曰：『嘻！若失爲盜之道至此乎！今將告若矣。吾聞天有時，地有利。吾盜天地之時利、雲雨之滂潤、山澤之產育，以生吾禾、殖吾稼、築吾垣、建吾舍。陸盜禽獸，水盜魚鱉，亡非盜也。夫禾稼、土木、禽獸、魚鱉、皆天之所生，豈吾之所有，然吾盜天而亡殃。夫金玉、珍寶、穀帛、財貨、人之所聚，豈天之所與，若盜之而獲罪，孰怨哉」。盜的常義、是盜人，不是盜天。二者的異處、在於盜天所盜之既非我有亦非人有而是無主之物，盜人所盜之雖非我有卻爲人有而是有主之物。孟子萬章下篇云：「夫謂非其有而取之者、盜也，充類至義之盡也」，謂雖或有人以「非其有而取之」爲盜，但這只是充其極的說法，亦卽只是極端的說法，可見孟子雖謹於取與，亦未以「非其有而取之」為盜的常義。故意使用似是而非的僻義，以自炫通達玄妙，以試探對方的能否穎悟，如國氏者，世間不乏其人。此種行徑、縱無害人之心，難免不有害人之實。荀子正名篇所云「故析辭擅作名以亂正名……則謂之大姦，其罪猶為符節度量之罪也」、足為嚴正的針砭。

任何事物，其價值的有無、常依衡量標準而異，在甲標準下毫無價值的，到了乙標準下，可能轉成極有價值。同名異實、亦非例外。在理則學的眼光下、一名而有多義，易使思想陷入混亂，終且釀成大錯。在文學的眼光下、正因其名同實異，可藉以造成語意雙關，益增風趣。有些作品、正利用同名異實以逞其技巧，使成為絕妙好詞。試舉一例：有一位學官，主持縣學的入學考試。此種入學考試、原為童子而設，故稱童子試，其應考人、不問年齡，一律稱為童生。有一老者前來應考，學官敬佩其老而不懈，特別約其面談，及見其學無寸長，乃戲撰一聯以嘲之。聯云：「行年七十猶稱童，可云壽考，到老五經還未熟，不愧書生」。此中若無「童」、「壽考」、「書生」等的同名異實，便不足以成此妙聯。

同實異故

同實異故、詳言之，應稱同名同實異故，謂同名所指的實、是相同的，但其實之所以同，則異。其同名出自類別觀的所見，其異故出自緣起觀的所見。如強盜的殺人與劊子手的殺人、就名而言，同為殺人，就故而言，則大異其趣。同實異故的實與故、若分作二事看待，則爲同名同實，若將故視作實的一部分，則爲同名異實的又一種。

同實異故、爲中國古代學者所早經見及而予以重視。荀子臣道篇云：「敬人有道，賢者則貴而敬之，不肖者則畏而敬之，賢者則親而敬之，不肖者則疏而敬之。其敬一也，其情二也」。「其敬一也」、卽是同實，「其情二也」，卽是異故。形跡上同爲敬人，至其所以敬，則或因貴而親之，或因畏而疏之，其故相反。韓非子說林上云：「田伯鼎好士而存其君，白公好士而亂荊，其好士則同，其所以爲則異。公孫友自刖而尊百里，豎刁自宮而諂桓公，其自刑則同，其所以自刑之爲則異。慧子曰：『狂者東走，逐之者亦東走，其東走則同，其所以東走之爲則異』」。淮南子說山訓亦說：「狂者東走，逐者亦東走，東走則同，所以東走則異。溺者入水，拯之者亦入水，入水則同，所以入水則異……故寒顫，懼者亦顫」。這些辨析與例證、都很精審，值得珍視，因爲有許多思想上的錯誤與迷惑，其主要起因、不外眩於實之同而忽於故之異。

同實異故的事情、其與他事的關係、有不因異故而不同的，有因異故而不同的。若是前者，可就同實作概括的論斷，若是後者，則必須就異故作分別的論斷。試爲設例，以見一斑。中國社會上有吃素的人，只吃蔬菜，不吃魚肉。其所以吃素、約略可分三類。大多數吃素的人、是出家的僧尼與在家的善男信女，因爲信仰佛教，以殺生爲戒，故不食魚肉。這種吃素、可稱爲吃宗敎素。有少數人，因爲信奉某種衞生學說，以爲吃素有益於衞生，吃葷有害於身體，故遂吃素。此種吃素、可稱爲吃衞生素。又有少數人，天生不能吃葷腥，一吃葷腥，或覺腸胃不舒適，或竟會嘔吐，故不得不吃素。此種吃素、可稱爲吃天然素。現在設欲硏討吃素與營養的關係，則可概括討論，不必追訴其吃素之故。因爲不論那一種吃素，其所吸收的養分、是相同的，其對於健康的影響、亦是相同的。設欲討論吃素與開葷的關係，則必須顧到吃素之故，作分別的論斷。吃宗敎素與吃衞生素的人、一旦信仰衰絕或觀念變更，都有開葷的可能。吃天然素的人、體質不大會變，開葷的可能、幾等於零。

衡量同實異故的事情以定其價値，亦有應作概括論斷與應作分別論斷的不同。應概括而分別，應分別而概括，都足釀成思想上的錯誤。例如上述的三種吃素，其對於身體健康所發生的影響、完全相同，故衡量吃素的營養價値，只須作概括的論斷。若作分別的論斷，謂衞生素的營養價値高於宗敎素，徒見其爲入主出奴的見解而有失公平。至如戰爭，有些非戰論者，不問戰爭之緣何而起，一律斥爲罪惡，則其論斷之不合於理、亦屬罪無可辭。戰爭之起、其因不一，有爲侵略而戰的，有爲救亡而戰的，有爲弔民伐罪而戰的，有爲維護正義而戰的。侵略的戰爭、誠屬罪惡，其餘三種、均不失爲仁義之師。故同屬戰爭，其仁與暴、相去甚遠，必須分別評價，庶免玉石俱焚。

同實異取

取、卽是採擇，故異取、卽是異其採擇，此處則專指取義不同而言。同名而異實，取義自必不同。因爲義出於實，憑實取義，實旣不同，義自不能無異。例如救生與放生、雖同用一個生字，但救生的生、指人的生命，放生的生、指魚鳥的生命，所指旣異，取義自當隨以有異。設或無異，則不成其爲異實了。故異實的異取、是必然的異取，經常所應有，不足爲奇，遂亦不足另加說明。至若同實，所指旣屬同一對象，其本身所具有的性能、自必相同，其所賦與於名稱的意義、自亦必相同。故依常理而論，同名同實應無異義可取。但在特殊情形下、有非常理所能限制的。同實的異取、屬於非必然的異取，故特別提出來加以簡單的說明。

得自對象而不可或缺的意義、爲了表示其特色，於此姑稱爲構成的意義。同實異取所由起的特殊情形、有與構成意義無關的，亦有與之有關的，設想所及，計有二種：一爲偶有的附加，二爲偶發的必要。偶有的附加、謂名稱的構成意義中、本來沒有與之有關的任何意義，而若干方言時或有所附加，作爲其應有意義的一部分。所附加的、各地不同，甚或相反。於是使用不同方言的人、遂不免同名同實而異取，卒至引起無謂的糾紛。偶發的必要、謂構成意義中的某項意義、其範圍稍寬，有再加細分的餘地，平時因無分析的必要，習於綜合使用，在某一研討中、遇到必須分析而專取其中的某一目不得兼取其另一目時，辯說雙方若異其所取，亦可能釀成不必要的論爭。同實異取的例證、爲數不多，玆姑各爲設例，以見其義。

先述偶有附加情形下的同實異取。我們的口語中、有老太婆一名，通用甚廣，各地方言似乎都用到，且同指年老的婦人。惟據作者見聞所及，四川人、至少重慶一帶的人、以此稱爲尊稱，故見了年老婦人，滿口老太婆，以表敬意。江浙人用此稱，則寓有輕視之意，故絕不當面以此稱稱人。對日抗戰期間、江浙人避難入川，初聞此稱，不無誤會。又如小娘一名、意指少女。浙東如寧波、僅僅用作表示年齡的名稱，絕不含有他意。浙西如作者的故鄉海鹽、則唯有從事不名譽的賤業的少女，方得以此名稱之。地僅一江之隔，而取義的不同竟相距若是之甚。

次述偶發必要情形下的同實異取。前章說及抽象觀與具體觀時，曾取孟子書中白羽之白與白雪之白爲例，今說同實異取，仍用此例。告子以白羽之白與白雪之白爲同，孟子則以爲異。兩家之所以有此歧見、用客觀的眼光來看，可說出於同實異取。白羽之白與白雪之白、各爲羽上的白與雪上的白，各屬同名同實。羽與雪是物，白是其色。物與色、我們可以假想其分離而取其上的共白，則羽上的共白與雪上的共白、是一不是二。告子取共白，故論定其相同。我們亦可假想其不分離而取其上的別白，則羽上的別白與雪上的別白、是二不是一。孟子取別白，故斷定其爲不同。又如下章所將述及的，有些同名同實，可以用作不同的類別。此一事實、亦足爲同實異取的淵源。假有某甲語人，男子的身材高於女子，某乙在傍，則謂其東鄰的男子矮於西鄰的女子。此二人所說之所以相反、亦當歸因於同實異取。男子與女子、各視爲集體名稱而論其平均身材，男子確屬高於女子。但若各視作個別名稱以比較某一男子與某一女子的身材，則男子儘有矮於女子的。故雖同名同實，若異其取，則論斷可以異其是非。

第十章　名稱的類別

事實名稱與價值名稱

本項分類以思想對象的基本差別爲標準。前在第一章內曾經說過：思想對象、千差萬別，其種類的繁多、性能的複雜、幾於不可究詰。但化繁爲簡，自有其道，經過簡化以後，曾將全部思想對象總括爲二大類：一爲事實，爲客觀所固有，二爲價值，爲主觀所賦與。名稱是對象在思想中的代表。所代表的，既可分爲二大類，爲之代表的，遂亦隨以應當分爲二大類，代表事實的、稱爲事實名稱或事實概念，代表價值的、稱爲價值名稱或價值概念。試觀文法上表示實德業的三種詞類，可見其莫不有此分別。就名詞而言，性別方面的男與女、職業方面的工與商、都是事實名稱，才識方面的智者與愚人、德行方面的賢者與不肖、都是價值名稱。就形容詞而言，分量方面的輕與重、顏色方面的紅與綠、都是事實名稱，行爲方面的善與惡、藝術方面的美與醜、都是價值名稱。就動詞而言，行動方面的進與退、言談方面的語與默、都是事實名稱，爲父母者的施慈、爲子女者的盡孝、都是價值名稱。一切名稱、莫不可以歸入此二類，不會有例外。

同名不定同實，儘可用以指異實。同名亦不一定同類，儘有既可用作此類又可用作彼類的。如言：南面的高嶺上住有一位高士，其上下兩個高字、雖屬同名，其不屬同類，顯而易見。高嶺的高、是體積上的高，與低相對，故是事實名稱。高士的高、在用語習慣上、謂其品格高潔，非謂其身材高大，與卑污相對，非與矮小相對，故是價值名稱。又如小人一名、解作年齡幼稚的人，則爲事實名稱，解作品格卑下的人，則爲價值名稱。至如說：古來有美味之稱的熊掌、不見得眞美，其中第一個美字、究竟是事實名稱還是價值名稱，不無可疑的餘地。熊掌之自古以來已有美味之稱、是一件事實。故就「古來有美味之稱」全詞而論，自是一個事實名稱，但其中的美字、雖爲全詞中的一部分，其所指的，究爲主觀所賦與，不是客觀所固具，故視爲價值名稱，似較妥當。就本例而言，美字之究應歸入何類、其分別與否乃至其分別得當與否、在實用上、無甚關係，故在日常思想中、儘可置諸不論。但在有些別的事例中、名稱歸類的得當與否，與思想全局的正誤、關係重大，不可以不鄭重講求。

文化復興、是目前主要國策之一。在發動之初，不無懷疑的人。其所以懷疑、正因一般人對於文化一名的類別、認識得不夠清楚。文化、亦如其他名稱、可作事實名稱用，亦可作價值名稱用。所謂文化、簡單地說，就是人力改造了自然所得的結晶。一塊石頭、敲敲磨磨，製成了差可使用的工具，可說是文化。喉間的自然發音、稍加調節，譜成了差可發抒感情的歌聲，可說是文化。根據人心的要求而創造出來的各種風俗與制度、亦都是文化。文化而解作事實名稱，只要是人爲的結晶而不是自然而然的，不問其得失如何，不問其合理與否，都得以此名名之。所謂太古時代的文化、野蠻民族的文化、其所云文化、卽用作此義。若據此義以言中國文化，則建築的堂皇、音樂的優美、風俗的敦厚、道德的高超、固當稱爲中國文化，古代酷刑的車裂與凌遲、近世陋俗的纏足與吸食鴉片、亦當載入中國文化的目錄中。文化而解作價值名稱，則有所取捨，只收納其合理而有益的，放逐其不合理而有害的。準此以言中國文化，則只有優美的建築與音樂、醇厚的風俗與道德，方足稱爲中國的文化，至若酷刑與陋俗，都不足以當此稱。文化復興所欲復興的、專指價值概念的文化，世間決不會有愚妄的人、連酷刑與陋俗亦願見其復活。所以不談文化復興則已，欲談文化復興，文化一名的兩類用法、不可以不分別清楚。果能分別清楚，則懷疑者原有的懷疑、當可渙然氷釋，推行者亦必能知所警惕，愼防魚目之混珠。

我們還有一項主要國策，爲民國所由以建立的基礎，亦卽　國父遺囑中要求同志仍須努力的革命。革命、簡言之，卽是革除舊有的風俗制度而代以新的，與文化復興同爲對於過去事物的處理態度，不過一捨一取，恰正相反。所以革命與文化復興、粗看，似乎兩相抵觸，無法並容，細察，則不但見其非不相容，且可見其相得益彰。革命的命字、不論其所指爲出於自然或出於人爲，亦可用作事實與價值兩類意義。所欲革的、定是價值意義的命，更詳言之，必是具有消極價值的惡命，如君主專政的惡制，如溺斃女嬰的惡俗。故革命的眞意、應爲革除舊有的汚穢，文化復興的眞意、則爲振興昔日的精華。革命在字面上所注重表示的、是除惡，文化復興在字面上所注重表示的、是興善。惡不除，則善無以興，善不興，則惡無由除。除惡正所以興善，興善正所以除惡，二者可謂爲一事的兩面。所以辨明名稱的事實與價值兩類用法，有時大有用處，可使貌似抵觸的思想顯示其相需相成。

單獨名稱與普徧名稱

本項分類以所指對象之僅有一個與非止一個爲標準，亦卽以對象之一與多爲標準。凡名稱之用以專指某一特定個體、或人或物、以顯示其獨特性能的、稱爲單獨名稱或單獨概念，如孔子，如教育部現任部長，如手中的這本書。名稱之用以泛指某一特定種類中的任何一個個體、以顯示其共同性能的、稱爲普徧名稱或普徧概念，如聖人，如教育部部長，如書。單獨名稱僅能適用於一個特定個體，故其外圍最狹，必須顯示該個體的全部性能，故其內容最多。普徧名稱所指的、是類，故其內容必少於同系統中的單獨名稱，其外圍則必較廣。文法上有所謂專名，其與單獨名稱、意義可謂相同，適用則不完全一致。上例所說及的孔子、文法上亦稱爲專名，至如教育部現任部長與手中這本書，事實上雖亦專指某一人與某一物，但文法上不稱之爲專名。

中國古代名學家亦嘗作有此一方面的分類。墨子經上云：「名、達、類、私」，經說上云：「名、物、達也，有實必待文多也。命之馬，類也，若實也者，必以是名也。命之臧，私也，是名也，止於是實也」。合而言之，謂名有三類：其一爲達名，如物，其二爲類名，如馬，其三爲私名，如臧。私名相當於單獨名稱，達名與類名相當於普徧名稱，前者的普徧程度較高，後者的普徧程度較低。荀子正名篇云：「故萬物雖衆，有時而欲徧舉之，故謂之物。物也者、大共名也。推而共之，共則有共，至於無共然後止。有時而欲偏（依俞說改）舉之，故謂之鳥獸。鳥獸也者、大別名也。推而別之，別則有別，至於無別然後止」。荀子於此、依普徧程度的高低，分名爲四類。其最高級未定有名稱，依其所說「至於無共然後止」言之，未嘗不可稱爲無共之名，殆與西方哲學所說的範疇相當。其次高二級爲大共名大別名，正與墨子所說的達名類名相當。其最低級則爲無別之名，卽是單獨名稱。

單獨名稱專指一個特定的個體，可說是一體一名，普徧名稱通指許多同類的個體，可說是多體一名。在字面上、單獨名稱固亦有多體一名的，如上海有南京路，台北亦有南京路，又如人的同姓同名、亦時有所聞。但單獨名稱的多體一名、事屬偶合，與普徧名稱多體一名之爲必然的現象、大異其趣。上海與台北這兩條路之所以同名、只因命名者偶爾同樣想到了此一名稱的可用，遂加以選用，非因這兩條路同有某種性質，各非稱之爲南京路不可。又正因其爲偶然的選用，故有易名的可能。今日稱爲南京路，他日可以改稱北平路、東海路、乃至西藏路，東西南北、任命名者隨意選用。普徧名稱的多體一名則不然，此馬稱爲馬，彼馬亦稱爲馬，因爲同具馬的性能，不管呼者願意不願意，不得不呼爲馬。故馬之稱爲馬、在約定俗成以後、事屬必然，非出於任意選用。唯其不出於任意選用，故亦不得隨意改稱，既不得改呼爲驢，更不得改呼爲牛。趙高的指鹿爲馬、亦只藉以測驗阿順者的多寡，並非藉以宣示鹿之可以改稱。

單獨名稱之爲文法所稱爲專名的、可以借用爲普徧名稱。孟子告子下篇載有孟子語：「子服堯之服，誦堯之言，行堯之行，是堯而已矣。子服桀之服，誦桀之言，行桀之行，是桀而已矣」。此中前三個堯字與前三個桀字、各是單獨名稱，分指唐堯與夏桀，末一個堯字與末一個桀字、則借用爲普徧名稱，意謂聖明如堯與殘暴如桀。亦有名稱、依字面以探索其原義，應屬普徧名稱，而通常却用以專指某一特定的個體，例如清末民初所流行的稱謂：李合肥、黎黃陂。李合肥、其原義爲姓李的合肥人，則凡屬合肥人而姓李，依理均得以此名名之，但當時僅用以稱呼李鴻章一人。黎黃陂、其原義爲姓黎的黃陂人，而當時僅用以稱呼黎元洪一人。將這些例合併觀察，不免令人想見：有些名稱，其初原屬普徧名稱，其後緊縮爲單獨名稱，繼又擴展爲普徧名稱，但與原來普徧名稱的意義又不相同。試以孔子一名爲例，當可窺見此一轉來轉去的情形。孔子的原義、是今語的孔先生。故依照原義，本可用以泛稱任何一位姓孔的人，但自古以來習於用以專稱擁有三千弟子的至聖先師而成爲單獨名稱。時至今日，却又可說：蘇格拉底是希臘的孔子，將孔子借用爲聖人意義而又令其負擔普徧名稱的任務了。

集體名稱與個別名稱

本項分類、以合說與分說爲其基本標準。重在表示對象之爲合群所集成，則謂爲集體名稱或集體概念，故依其本義，只應用以稱呼許多個體所集合而成的群體，不得用以稱呼群體所由構成的個體，實例如社會，如公會，如團體，如隊伍。重在表示對象之有離群的獨立，則謂爲個別名稱或個別概念，故依其本義，只應用以稱呼群中的每一個體，不得用以稱呼全群，爲了與集體名稱對照，可舉個人、會員、團員、隊員等爲實例。個人等諸名稱、既可用以稱呼群中的任何個體，則依理而言，豈不即是上一分類中所說的普徧名稱！個別名稱與普徧名稱、確屬二而一，實質上無可分別，只是在名稱上爲了顯示其與單獨名稱的不同，則稱爲普徧名稱，爲了顯示其與集體名稱的不同，則稱爲個別名稱。

社會雖由個人集合而成，但社會這個名稱只能用以稱呼個人所集成的群體，不得用以稱呼爲之成分的個體。所以我們只能稱張三爲個人，斷不許稱張三爲社會。旅館業公會雖由悅來客店與如歸賓館等所組合而成，但悅來客店等本身只能稱爲會員，斷不能稱爲公會。由此說來，集體名稱似乎不能用作個別名稱。此亦不然。在意義上、集體自集體，個別自個別，兩相懸殊，不能相通。但在事實上、公會不定只有一所，團體不定只有一個。在大都市中、東區有東區的商業公會，西區有西區的商業公會。既然同屬商業公會，自應呼以同樣的名稱，於是公會一名、便轉成個別名稱，不復能謂爲集體名稱了。南部來了觀光團，北部亦來了觀光團。既然同屬觀光團，亦當呼以同樣的名稱，於是團體一名、亦失其爲集體名稱，只能謂爲個別名稱了。故事實上集體名稱儘有用作個別名稱的。集體名稱雖多可以用作個別名稱，但未必每一集體名稱都有此可能。例如聯合國、世界上只有一個，別無第二個，則聯合國一名、始終保持其爲集體名稱，無法轉成個別名稱。個別名稱亦可用作集體名稱。如有些公會的章程、規定會員資格爲個人會員與團體會員二種。會員本屬個別名稱，今得用以稱呼團體，豈非個別名稱亦可代表集體而用同集體名稱！至如個人、名中用有一個個字，似乎無法用作集體名稱，但我們若轉移目光，着眼於人之由骨肉臟腑所集成，則亦可稱之爲集體名稱，不過方面不同而已。

上面係就異實異名、言其集體名稱之可以用作個別名稱與其個別名稱之可以用作集體名稱，此下當就同實同名、說其一名之亦可作二用。例如人字、若用作個人的意義，謂張三是人，則爲個別名稱，若用作人類的意義，謂男女約略各佔人的半數，則爲集體名稱。又如就軍制中軍師旅團等名稱、言其編制，謂一軍成自若干師，一師成自若干旅，一旅成自若干團，則師旅等各爲集體名稱。若不言其編制，而言其數量，或言其駐地，如中國有若干師，或如第一師駐某地，則師旅等各爲個別名稱。

集體用法與個別用法的分辨、有其重要性，同實同名者、其重要性尤大。因爲在此一用法下爲是的，在彼一用法下、可能是，亦可能非，兩用法下的是與非、不定一致。故若採取某一用法下的是或非、視爲一般的是非，甚易犯上極大的錯誤。例如男子與女子、若各用作集體名稱，則男子顯然高於女子，若各用作個別名稱，則此一男子可能與彼一女子高矮相等，可能高於彼一女子，亦可能矮於彼一女子。故不能依據男子的平均高度高於女子之爲眞理，以否定魏先生之矮於魏太太，亦不能依據魏先生矮於魏太太這一明確事實，以否定男子平均高度高於女子之爲眞理，又如謂甲校學生的成績優於乙校學生的成績，其所云甲校學生與乙校學生、必須解作集體名稱，其說始能成立，意謂兩校學生的平均成績相比，甲優於乙。若各解作各個名稱，謂甲校任何一個學生，其成績莫不優於乙校的任何一個學生，則其說難通、因爲甲校全校成績最劣的學生某甲、其成績亦優於乙校全校成績最佳的學生某乙，其事當爲實際情形所不能有。

相對名稱與絕對名稱

本項分類、以名稱於本身以外是否別有所待爲標準。有些名稱、必待與另一名稱合併思量，其名稱方能成立，其意義方能完整。如此的名稱、通常稱爲相對名稱或相對概念，實例如父。父之爲名、得自其與子女的關係。唯有對於子女，始得稱父，故若不與子女合併思量，便無父之可言。有些名稱、只須就其自身思量，其名稱已能成立，其意義已能完整，因爲不須與其他名稱合併思量，故稱爲絕對名稱或絕對概念，實例如人。說張先生是父，因父字是相對名稱，故以有子或女爲條件，不能滿足此一條件，便不能如此說。說張先生是人，因人字是絕對名稱，除了必須具有人的性能以外，不更以他事爲條件，縱使其人無家無室，亦無礙於作此論斷。父對子女、始得稱父，子女對父母、始得稱子女，故父與子女、各爲相對名稱。在說明上、以父爲例，不以子女爲例，因爲用父字來說明，易於曲盡說明的任務。就一個男子而言，生來雖已具有爲父的可能，但必待結婚生子以後，始得實稱爲父。此一情形、最足以顯示相對名稱之有待於條件的完成。至於得稱子女的條件、出生當時已經具備，無待於日後的完成。世間決無無父之人，孤兒固嘗有父，遺腹子女亦非無父，乃至太古知有母不知有父的時代，亦只是不知而已，並非無有。生來本已具備得稱子女的資格，故不足取以顯示此一資格獲得的經過。

相對名稱別有所待，故凡論及相對名稱所指的事物，必須顧及與之相對的別一事物，否則或空泛而無益於用，或違逆而有害於理。父與子女相對待，故說到爲父者的職責，首應注意對於子女所負的職責，易辭言之，爲父之道實即教養子女之道，此外縱或尚有其他應作之事，亦不足爲主要的課題。試再舉一例，買與賣互爲相對名稱，買是買他人所賣的，賣是賣他人所買的。所以沒有買，便不能有賣，沒有賣，便不能有買，買與賣相需相成。所以說到買，必須顧及賣，說到賣，必須顧及買。說買而不顧及賣，說賣而不顧及買，若爲無心的疏漏，則爲謬見，若爲有意的疏漏，則成詭辯。古時鄧析曾作過如此的欺人之談。有買賣雙方，議價不成，均乞教於鄧析。鄧析教買方儘量抑價，謂只有你要買，別無他人要買，却不說及他處之有無此貨出賣。教賣方儘量擡價，謂只有你處出賣，別無他處出賣，却不說及有無他人之亦欲買。此一古來有名的詭辯、當於論及詭辯時，再作詳細的說明。

兩個相對名稱之間的關係、可稱相對關係。中國古來所重視的五倫、卽是人事方面的五種相對關係。孟子滕文公上篇載：「使契爲司徒，敎以人倫：父子有親，君臣有義，夫婦有別，長幼有序，朋友有信」，指出了五倫所應守的道德。中國重視「長幼有序」，故此一方面的相對名稱亦較發達，有伯叔兄弟姊妹等的細分。

在表示相對的作爲上、古代用名、較爲粗疏，後世則漸趨精密。例如借給人與借自人、是一件相對作爲的兩面，而古人同用一個借字。論語衞靈公篇「有馬者，借人乘之」的借字、是借給人的意思，左傳定公九年「盡借邑人之車」的借字、是借自人的意思。貸字亦作兩用，孟子滕文公上篇「又稱貸而益之」的貸字、是借入，左傳文公十四年「盡其家、貸於公」的貸字、是借出。借給人與借自人、誠然關係密切，彼此相依，不有借出，無由借入，不有借入，無所用其借出，但一出一入、究有分別。後世於借字或貸字外另加他字，以明其為相對關係中的何方，債權債務的分別乃得隨以分明。又如沽字、論語鄉黨篇「沽酒市脯不食」，邢疏云：「沽、賣也」，朱註云：「沽、市、皆買也」。故依邢疏，「沽酒」是市上所出賣的酒，依朱註，「沽酒」是市上買來的酒。二者在實際上雖可謂為一事，在字面上究不免費人思量。後世不用沽字，而分用買與賣二字，縱無其他好處，至少可令人在理解時節省些思量。

能所關係、可說是相對關係的一種。能動與被動、古人亦有用同一個字來表示而不加以分別的。例如墨子三辯篇的「湯放桀於大水……武王勝殷殺紂」、其放字與殺字、用作能動，七患篇的「夫桀無待湯之備，故放，紂無待武之備，故殺」、其放字與殺字、用作被動。此依所敍史實，尚易見其分別。論語子張篇云：「君子信而後勞其民，未信，則以為厲己也」，其信字解作能動的守信，其文可通，解作被動的見信，其文亦可通。而能動的信與被動的信、不定相依不離。雖有時如論語陽貨篇所說，「信則人任焉」，能動的信能夠引致被動的信，但亦有時如荀子非十二子篇所說，「君子……能為可信，不能使人必信己」，信而見疑，亦屬屢見不鮮。故論語該文、不易得其正解。其後用名漸趨精密，如荀子榮辱篇的「通者常制人，窮者常制於人」，已在字面上顯示了能動與被動的分別。

積極名稱與消極名稱

本項分類、以表示某一性能的有無爲標準。表示所指對象之具有某一性能的、稱爲積極名稱或積極概念，如馬、言其具有馬性，如黃、言其具有黃色。表示所指對象之不具有某一性能的、稱爲消極名稱或消極概念，如非馬、言其不具有馬性，如不黃、言其不具有黃色。

積極名稱雖僅以積極爲名，實則不僅具有積極作用，且亦兼具消極作用，一方面積極地表示其爲某種事物，他方面亦消極地表示其不是他種事物。前者可稱自保作用，後者可稱拒他作用。如馬、一方面表示其爲馬，保持自家的馬性，他方面表示其非牛非羊，拒絕他名所表示的牛性羊性。又如黃、一方面表示其爲黃以自保，他方面表示其非青非藍以拒他。消極名稱則不然，其作用正如其名，只消極地表示其不是某種事物，並不同時積極地表示其具有何種性能。不但不明說，且亦不暗示。西方的邏輯如此解釋，印度的因明亦作同樣的主張。故非馬、只消極地表示其不具有馬性，絕不暗示其具有牛性羊性乃至其他的物性。不黃、只消極地表示其不具黃色，絕不暗示其爲青色藍色乃至是否有色。消極名稱、一味消極，不含有任何積極的意義。見了非馬這一消極名稱而必欲推想其所指爲何物，則是牛是羊，是花是木，是沙是石，都有其可能。又如不黃、不但不能據以推想其爲青爲藍，且亦不能據以推想其爲有色或無色。故嚴格依照理則學的意義來講，不但紅花青草可謂爲不黃，甚至根本上不會有顏色的，如經濟，如法律，亦可謂爲不黃。總之，不論其爲有色或無色，只要不是黃色的，便可謂之不黃，因而不黃亦可謂爲黃色以外一切性能的總稱。故現代理則學謂積極名稱與消極名稱相加，可以等於整個世間。如就黃而言，黃加不黃，便括盡一切，不會有所遺漏，因爲除了黃的，盡是不黃的，不會有既非黃亦非不黃的事物。再如就馬而言，馬加非馬，同樣亦可括蓋一切，因爲世間沒有非馬亦非非馬的事物。

消極名稱、在理論上、僅否認某一性能的具有，並不是認其相反性能的存在，但在日用上、有時恰與相反，貌似否認，實則有所是認，在價值名稱方面尤多如此的情形。或故意含混其詞，不貶不褒而隱示貶意，或可褒可貶而偏取褒意。故其形式雖消極，其實質則積極，已失其爲眞正的消極名稱。智與愚、如第五章所曾述，處於兩極端，意義相反，不能相兼，但可以容中。故若說某人不智，其理論的意義、僅謂其人不具有高度的智慧，至於其人究應評以中智抑應評以下愚，則絲毫未有所涉及，亦即其人的實質、可能是中智，亦可能是下愚，未有所透露。但在日常談論時說到某一下愚的人，往往有所顧忌，不便直說其愚，故意緩和其詞，謂爲不智，以無所褒代替有所貶。如此隱示、積久成習，雖用不到顧忌時，亦不無以消極名稱代替積極名稱的情形。如論語子張篇的「紂之不善、不如是之甚也」，其辭爲「不善」、其義實爲「惡」。對人諱言惡，以不善爲代，對己則諱言善，以不惡爲代。例如藝術家以自己最得意的佳作示人，謙稱尙不太劣，卽以不褒不貶暗示其有可褒的價値。

又有消極名稱，字面上旣無所褒，亦無所貶，着想其好的方面，則可解作褒辭，着想其壞的方面，則可解作貶辭，習慣上則偏向好的方面着想而用作褒辭。成語「無價之寶」中的「無價」、「非常之士」中的「非常」、可取以爲例。無價、謂沒有價値可言，亦卽無從估計其價値，可能因爲一文不值，無所用其估價，亦可能價逾連城，無法以金錢計其價値。習慣上、「無價」僅用以形容寶物，不用以形容廢物，故成高度的褒辭。非常、謂不尋常，其知識與才能、可能都不及常人，亦可能都超越常人。通常說到非常之士，却偏指後者而言，不指前者。

又有若干消極名稱，通常用作貶辭，間亦用作褒辭。其褒貶之所以相反、出於所否定的那個字的取義不同。成語「無恥之徒」中的「無恥」、是貶辭，言其不知羞恥，無所顧忌。孟子盡心上篇云：「人不可以無恥，無恥之恥，無恥矣」，謂人不可以不知羞恥，若能以不知羞恥爲羞恥，當可不有可恥的作爲了。在短短十三個字的文章中、用了三次「無恥」。前二次的「無恥」、是貶辭，後一次的「無恥」、則爲褒辭，因爲所云「無恥」、不是不知可恥，而是不作可恥的事情。於此不能不提醒一下的：論語爲政篇「有恥且格」的「有恥」、亦屬褒辭。合而觀之，好像積極名稱與消極名稱可以用作同義，有與無可以解作一而非二。實則不然，這兩個名稱雖同用恥字，其取義不一。論語的「有恥」、謂知道羞恥，孟子的「無恥」、謂不作可恥的事。恥字的取義不同，故其一有一無、表面上雖相反，實質上則相通。中國古籍的註釋中、頗有以積極詞釋消極語的，最常見的、如「無寧、寧也」，「不亦、亦也」，稱為相反為訓，一若否定實卽肯定，則又出自別一原因，且俟講述判斷時再說。

有些名稱，因為字面上未冠有否定的字眼，形式上頗似積極名稱，但究其實際，縱不謂為消極名稱，却與消極名稱相通。舉例言之，如盲，如聾。盲、謂喪失了視覺的能力，聾、謂喪失了聽覺的能力。如此表示能力喪失的、通常稱為殘缺名稱或殘缺概念。他如啞與跛、亦屬此類名稱。殘缺、或為生來所本有，如天生的聾啞，或為生後所發生，如因災禍而成殘廢。殘缺名稱所表示的、就前一情形而言，是應有而實無，就後一情形而言，是本有而今無。故其所表示的主要意義、在於一個無字，與消極名稱所表示的無大差異，與積極名稱所表示的則相去甚遠，可說是形式積極意義消極的名稱。

同義名稱與異義名稱

本項分類、以兩個名稱意義上的同異為標準。兩個名稱、意義完全相同，亦卽內容完全相同，外圍完全相同，則互為同義名稱或同義概念，如文盲與目不識丁，又如孤兒與無父無母的孩子。故同義名稱、卽是上章所說的異名同實，就名與實的關係而言，則謂為異名同實，就名與名的關係而言，則謂為同義名稱。同義名稱、為數不多，為用亦不廣，其主要用途、在於用以製作定義。凡用以定義的、必須是待定義者的同義名稱，如理則學與導人趨是避非的學問。若定義的兩端不是十足的同義名稱，則不能達成定義的任務，不足以當定義之稱。

兩個名稱、其意義相異，亦卽內容外圍相異，則互爲異義名稱或異義概念。異義名稱、改就名與實的關係而言，應是異名異實。第五章的三異節中曾分相異情形爲三類，異義名稱表示名與名間的相異，亦當分爲三類，以與相應，一爲別異名稱或別異概念，二爲反對名稱或反對概念，三爲矛盾名稱或矛盾概念。

初說別異名稱。兩個名稱、只要異名而又異實，便互爲別異名稱，如書家與畫家，又如鐵製與木製。關於別異名稱、理則學上所當研討的、是可兼與不可兼的問題。別異名稱有可兼的，如書家可以同時是畫家，有不可兼的，如鐵製的不可能同時又是木製的。可兼不是必兼，僅謂有書家而兼畫家的，非謂書家一定是畫家。因爲事實上雖有一人而能書能畫的，亦有能書而不會畫或善畫而不善書的。不可兼、係專就同一事物、尤其專就同一部分說的，不得適用於不同事物或不同部分之上。例如有菜刀於此，鐵刄而木柄。就菜刀整體而言，亦卽合刄與柄而言，自可謂爲鐵製且木製的。單就刄而言，只可謂爲鐵製，不得又謂爲木製。單就柄而言，只可謂爲木製，不得又謂爲鐵製。兩個別異名稱若具有上位與下位的關係，如人與男，如花與梅，則可憑此一關係，推定其爲可兼。除此以外，其可兼與否、唯有訴諸事實來決定，不能依據關係或意義來推定。

次說反對名稱。兩個名稱、其所指對象具有相反的情形，則互爲反對名稱。對象的相反、如第五章所述，有三項特徵：一爲處於同一系列的兩端，二爲不能相容，三爲可以容中。如熱與冷、如白與黑、是其適例。熱與冷、同屬有關溫度的名稱，熱指溫度之最高者，冷指溫度之最低者。兩名所指、處於溫度的兩端。最高與最低、相距甚遠。處於最高端的、決不會同時又處於最低端，處於最低端的、亦決不會同時又處於最高端。故熱與冷、不能相容，遂亦不能相兼，世間決不能有又熱又冷的水。既有兩端，必有中間，兩端是靠中間的存在來隔離的。故兩端雖不能互容，却不能不同許中間的存在。世間雖不能有又熱又冷的水，却甚多不熱又不冷的溫水。故反對名稱、不能就以說其積極的相兼而謂又熱又冷，却可就以說其消極的相兼而謂不熱不冷。此種能兼與不能兼、雖亦淵源於事實，但僅憑名稱的意義，已足資推定。因其關係固定，已形成了簡明的定律。

再次說矛盾名稱。兩個名稱所指對象具有矛盾的情形，則互爲矛盾名稱。矛盾名稱比反對名稱，相異得更深一層，其例如熱與不熱，白與不白。反對名稱不能相容，但尚可容中，矛盾名稱不但不能相容，且亦不能容中，既不得說熱而不熱，亦不得說非熱又非不熱。因爲不熱這一消極名稱、其意僅僅斷言熱的不存，此外別無所表示，故其外圍甚寬，就溫度而言，不僅包括另一端的冷，亦包括熱與冷間的溫，除熱以外，其餘各級溫度無不爲其所包括。其只有熱與不熱可言而無第三者可說、自屬勢所必至。矛盾名稱最易從關係上推定。遇到兩個名稱，對於同一性能，其一肯定，其一否定，便可斷定其爲矛盾名稱而不虞有誤。一個名稱不一定有其反對名稱，因爲所指對象不一定與另一對象處於同一系列的兩端。但任何名稱，都可有其矛盾名稱，因爲任何性能、可以於此肯定其存在的，亦必可以於彼否定其存在。矛盾名稱可以自由造作，只要在積極名稱上加否定詞，便成該積極名稱的矛盾名稱，例如欲爲馬名造矛盾名稱，只須在馬字上加一個非字，欲爲黃名造矛盾名稱，只須在黃字上加一個不字。

反對名稱與矛盾名稱、在形式上、其分別甚清楚，一見卽可了然。反對名稱成自兩個積極名稱，如熱與冷，矛盾名稱成自一個積極名稱與一個消極名稱，如熱與不熱。中國人用名，時或將矛盾名稱用作反對名稱，不嚴格劃分，在有名的學術著作中已有其例，如孟子告子上篇的「性無善無不善也」。善與不善、形式上、一積極，一消極，明是一對矛盾名稱。「無善無不善」，既否定善，又否定不善，兩俱否定，明示其可以容中，意義上已用作反對名稱了。混淆不分，不足爲後世所取法。矛盾名稱以成自一個積極名稱與一個消極名稱爲常例，但亦不無例外，如偶數與奇數。任何一數，不是偶數，便是奇數，不會既非偶數亦非奇數，亦卽決不會容中。偶數與奇數、同是積極名稱，而合於矛盾名稱的特徵。故亦有矛盾名稱成自兩個積極名稱的，惟爲數甚少而已。殘缺名稱、重在表示某一官能的喪失不存，未嘗不可視同消極名稱，其與表示該官能健全的積極名稱、如盲目與明眼、兩相構成的、應是何種名稱？就官能的有無、一言其無，一言其有，有無之間不能容中，則盲目與明眼、應是矛盾名稱。殘缺名稱所表示的、甚多本有而今無，且其喪失亦不乏進行頗緩慢的。就視覺能力的喪失而言，進行途中很可能經過半盲的境地而形成容中的現象。由此說來，又不如解作反對名稱，俾能顯示明盲之間有其階層。

理學家中、有人主張：「無善無惡謂之善」，其玄學氣息非常濃厚，雖為一部分人士所稱道，但爲常識所難於理解，故亦爲常識所難於接受。善與惡、是反對名稱，可以容中。故無善無惡所指的，應是善惡系列上的中間情況，不屬於善，亦不屬於惡。方說「無善無惡」，緊接下去便說「謂之善」，則剛剛所否定的善，又肯定其爲善了。方否定，又肯定，其所欲表示的、究爲何義？表示肯定與否定兩相抵銷，無所然否呢，抑表示否定卽是肯定，然否無別？若是前者，則無庸贅說，若是後者，則不可思議。否定了甲乙兩端而同時又可肯定其甲端，則亦當容許同時肯定其乙端，旣可說：無善無惡謂之善，應亦可說：無善無惡謂之惡。然則無善無惡、究竟是善還是惡？若謂只能是善，不能是惡，不免過於武斷，沒有堅強的理由可舉。若謂是善亦是惡，則善惡無可分別，勸善戒惡豈不成了無意識的舉動！

自毀名稱

自毀名稱、不待他事爲之證實，只憑其名稱本身，已足見其不能成立，亦卽名稱自身含有毀滅的因素、足以毀滅其自己。自毀名稱、只能就兼名說，不能就單名說。荀子正名篇云：「單足以喻，則單，單不足以喻，則兼」，故名稱可以有單與兼的分別。所謂單名、當係字面上僅有專指一類事物的名稱，如駱駝，其內容若經分析，雖可分成多類，但其名稱不一一見諸字面。所謂兼名、當係指示二類以上事物的名稱相兼而成，亦卽二名以上所合成的一名，如雙峯駱駝、原屬二名的雙峯與駱駝合成一名，並且同見於字面。單名、其字面單純，是否含有毀滅因素、無從顯見，故不有自毀名稱。兼名、在字面上明白說出了相兼的兩名，若此兩名互相牴觸，不應兼而竟兼，則成自毀名稱。故凡反對名稱或矛盾名稱結合而成的、都屬自毀名稱，如冷的熱水，如不白的白紙。

名稱之是否自毀、其類型極易辨認，自毀名稱之不能成立、其道理亦甚明顯。但不僅常人的隨便談話中、時常用到類似的自毀名稱，連學者精心撰述的文章、其用有類似自毀名稱的、亦不乏其例。此非因用名的人不識其爲自毀名稱而濫予使用，實因其名稱貌似自毀而實非自毀。自毀名稱成自反對名稱或矛盾名稱的相兼。反對與矛盾、有止於字面的，只可稱爲似反對與似矛盾，有出於實質的，方可稱爲眞反對與眞矛盾。似反對名稱或似矛盾名稱、事實上儘可相兼，故其所結合而成的、只是似自毀名稱，儘可成立，儘可使用。眞反對名稱或眞矛盾名稱、事實上各相排斥，其所結合而成的、方是眞自毁名稱，不能成立，不可使用。眞反對與眞矛盾，有其形成所不可或缺的條件，缺少了任何一項，字面上雖反對雖矛盾，只是似反對與似矛盾，其相兼而成的名稱、因亦只是似自毁而已。條件有四：一爲同時，二爲同所，三爲同一系列的兩端或同一性能的然否，四爲同一標準所論定。試就此四項條件、分別述其梗概。

一、反對或矛盾的不相容、限於同時，不跨及異時。世間一切事物、盡在時刻流轉之中，絕無一成不變之局。方其如此，忽又如彼。一壺水、方其沸時，只熱不冷，燃燒停止，熱度便隨以漸減，及既冷却，則又只冷不熱。同此壺水，先熱後冷、是經常的現象。故熱與冷的不相容、就同時說，方合於事實，就異時說，便與事實相違了。矛盾的不相容、亦復如是。一壺水、謂其同時既熱且冷，則不可通，謂其本熱而今不熱，則爲事理所許。故同時、是不相容的一項不可或缺的條件，缺了此一條件，便不成其爲眞的反對或眞的矛盾。冷開水一名、爲人所常用，意謂本屬開水而現已冷却了的。其冷與熱、不屬同時，故只是似自毁名稱。又關於耕地、有熟荒一名，謂其本熟而今荒。其熟與荒、異其先後，故亦不是眞的自毁名稱。

二、反對或矛盾的不相容、限於同所，不跨及異所。世間事物、互不相同，有相異甚微的，有相異甚大的。相異縱或甚大，但無礙於異所並存。在一張飯桌上、可以擺有涼拌，又可以擺有熱炒，冷熱並陳，不相排擠。故同此一物，不能又冷又熱，若是兩物，則儘可一冷一熱。亦即在同一空間、冷與熱互相排擠，其一不去，其一不能來，在不同的空間、則各得其所，相安無事。在一個人身上、少與老不能相容，在兩個人身上、則一少一老、毫不衝突。所以同所、亦是不相容的一項不可或缺的條件。電影片中有所謂黑白片的，黑白二字連用，其所以不成爲自毀名稱、只因黑白不同其所。詩歌體中有所謂長短句的，長短二字連用，其所以能成爲沒有瑕疵的名稱、只因長短不在一句。

三、反對或矛盾的不相容、限於實質上確屬同一系列的兩端或確屬同一性能的然否，異乎此，則可能相容。一名往往多義，於常義或本義以外、又有別義。字面上指示同一系列的兩端的兩個名稱、各用作常義或本義，自屬不能相容，但若其一用作別義，或兩俱用作別義，則其所指、實質上已不復是同一系列的兩端，已不具有不相容應具的條件，自不會依然不相容了。現行口語中大小姐一名、可引以爲例。大與小、原指體積這一系列的兩端，本不能相容。但小姐一名、其現在通行的意義、非指體小的女孩，乃指未婚的女子，更進而爲既婚女子僅用父姓時的稱呼。大小姐的大、謂其爲姊妹中之最年長者，非謂其身體巨大。大小二字、都用作別義，已失其爲眞反對，故其相兼而成的名稱、亦不是眞自毀。積極名稱與消極名稱所一然一否的、必須在實質上確屬同一性能，方成眞矛盾，其所合成的名稱、方屬眞自毀。若其字面雖同，其意義不同，則僅爲似矛盾，不妨相兼。孟子離婁下篇有「非禮之禮、非義之義、大人弗為」一文。其「非禮之禮」與「非義之義」二名，僅着眼於其字面、不得不認為自毀名稱。既然不是禮、不是義，如何又得稱之為禮為義！但若着眼於其實質，則可以見其並非自毀。因為兩個禮字與兩個義字、各屬同名異義。下一禮字與下一義字，係指世俗所通認以為禮以為義的禮與義，上一禮字與上一義字、係指道理上所當認為禮認為義的禮與義。「非禮之禮」、「非義之義」、意即世俗所通認的禮義而非道理所能許的，亦即不合禮義眞諦的禮義或不當稱為禮義的禮義。

四、反對或矛盾的不相容、還有一項不可或缺的條件，即是出於同一標準所論定。此一條件、與上文所說的第三條件相通，因為同與一名多義有關，但不盡同。若出於不同標準的論定，則只是似反對或似矛盾，非必不相容，因而其合成的名稱、非必自毀。如矮與長、原屬相反。依照正常的說法，不得謂某人矮而長，但若作俏皮話，不妨說：某人是長矮子，意謂矮子中的長人。稱其為矮，係以衆人的平均身高為標準，謂其矮於此一標準。稱其為長，係以矮子的平均身高為標準，謂其高於此一標準。其長其矮、出於不同標準所論定，故儘可相容。球類比賽、事實上有與此相類似的用語，例如敗隊的勝隊。若干球隊相與比賽，初賽敗北者、列入敗隊。敗隊又相與比賽，成績最優者、則為敗隊的勝隊。其敗其勝、亦非出於同一標準。關於矛盾、亦有同樣情形。遭遇災難，時常有人自慰，謂爲不幸中的大幸。所然與所否的、雖同是一個幸字，但所否的幸與所然的幸、不出於同一標準所論定。依照尋常的標準，平安無事，方得稱爲幸，稍有災害，便屬不幸。災難有大有小。遭遇小災難而損失不多，比諸遭遇大災難而損失甚多的，自屬較幸。幸與不幸、相與比較的、不是同一事情，亦即所依以論定的、不是同一標準，故可以相容。古詩云：「貪吏而不可爲而可爲，廉吏而可爲而不可爲」。可爲與不可爲、在字面上、兩相矛盾，其所以得相兼，亦因其出於不同標準所論定，原詩下文、表示得很明白。「貪吏而不可爲者、當時有汚名，而可爲者、子孫以家成。廉吏而可爲者、當時有淸名，而不可爲者、子孫困窮被褐而負薪」。

第十一章　判斷的結構與作用

判斷的基本形式

判斷、意即有所論定。馬是動物、是一個判斷，論定馬之爲動物。救濟貧苦是善行、亦是一個判斷，論定救濟貧苦之爲善行。前一論定、得自認識，所認識的是事實，故馬之爲動物、是一個事實判斷。後一論定、得自衡量，所衡量的是價值，故救濟貧苦之爲善行、是一個價值判斷。事實判斷內所用的名稱、如馬、如動物、都是事實名稱，價值判斷內所用的名稱、如善行、是一個價值名稱。依此二例看來，事實判斷與價值判斷的分別、似乎在於用有價值名稱與否。實則此一不同、尙非分別的主要所在。因爲用有價值名稱的、有時亦可能只是事實判斷，不能解作價值判斷。例如孔子是聖人、誠是價值判斷，中國人尊孔子爲聖人、雖同樣用有聖人這一個價值名稱，但只是事實判斷。孔子是聖人、明白表示其論定之出於衡量作用，故是價值判斷。中國人尊孔子爲聖人、把中國人的衡量作用當作一件事實而加以認識，故是事實判斷。故此二種判斷的分別、在於其所欲表示的重點的不相一致。價值判斷重在表示其論定之得自衡量，事實判斷重在表示其論定之得自認識。一切判斷、就實質而論，莫不屬於此二大類之一。此二大類、實質雖大異，形式却全同，故一切判斷莫不同其形式。試將判斷中所用名稱一一代以符號，其本身沒有任何意義，因而可以用作任何意義。如甲與乙，則馬是動物、可代以甲是乙，救濟貧苦是善行、亦可代以甲是乙。於是甲是乙、便成了判斷的基本形式。判斷的其他形式、都出於此一基本形式的發展，或由附加，或由複合。

前在第一章內闡釋思想的意義時，曾言：理則學上所云思想、即是有所論定，以有所論定爲思想的特徵。思想經過辨別、比較、分析、綜合諸階段，而後始達於論定。故其有所辨別、有所比較、有所分析、有所綜合、無非爲了有所論定。思想指其全程，判斷則指其最後階段。故判斷可說是思想的究竟目標。思想之所以有是與非、正緣其有所論定，假若無所論定，便不能有是非之可言。僅舉馬與動物兩個名稱而不加以論定，既不言馬之爲動物，亦不言馬之不是動物，則無是亦無非。必待論定馬之爲動物，而後其是始見，必待論定馬之不是動物，而後其非始見。認識方面如是，衡量方面亦然。必待論定救濟貧苦之爲善行，而後始見其是，必待論定救濟貧苦之爲惡行，而後始見其非。理則學是研究思想是非的學問，以導人趨是避非爲任務，故判斷又可說是理則學研究對象的核心。

判斷亦稱命題。這兩個名稱、稍有分別。着重其爲思想的一環，則稱爲判斷，着重其爲言語的表達，則稱爲命題。思想不借助於言語，則無從表達，言語不表達思想，則成無意義的聲音。所思的與所說的、其內容兩相一致。故判斷與命題的小異、無關緊要。且理則學的注重點、在於是非。判斷的是非與命題的是非、完全一致，不因判斷與命題的小異而稍受影響。故其小異、不足重視。本書以通俗爲主，無意力求謹嚴，故姑把判斷與命題視作異名同實。惟就名稱的用字而論，判斷較勝於命題。因爲命題一名、在日常言語中、別有其通行的意義，指考試時的出題目而言，理則學上所說的命題、絕不含有與之相類似的意思。理則學上說到命題、應以其己身有所論定爲其意義的中堅，却非命題二字所能充分透露。判斷則不然，既無令人易於誤解之弊，又有明白透露要義之利，故本書樂於採用此名而避用命題。

判斷的成分

判斷的基本形式、如甲是乙、成自甲與乙兩個名稱。凡欲建立一個判斷，至少要有兩個名稱。假若只有一個名稱，勢不能有所論定，遂亦不能成爲判斷。例如僅有馬一個名稱而無其他名稱，便無從斷言馬是如何或馬不是如何。必待別有其他名稱，如動物，如植物，而後始得論定馬與動物間的關係，謂馬是動物，或論定馬與植物間的關係，謂馬不是植物。故判斷之必待有兩個名稱而後始能成立、其事與理、至爲明顯。在日常說話中、有時只說一個名稱，好像已經有所論定，已經建立了一個判斷。此則並非一個名稱之力能構成一個判斷，只緣另一名稱不言而喻，可以略而不說。若將所省略的予以補足，依然不失爲成自兩個名稱。例如看見鄰居失火，大呼「火」以報警，僅說一個火字，他人聽了，已能了解其爲報告火災的發生。因爲此一呼聲、意味着起火了或火災發生了。災害猝發，倉皇報警，遂把起字或發生二字省略了。起或發生、各是一個名稱，試爲補入以顯示該呼聲的整個意義，便可見其實非一名所構成。又如有人問我：馬是否動物？我答道：是動物。此一答語、明爲馬是動物的省略語。問語所問的、是馬，答語上承問語，定係就馬作答，不會就牛或羊作答，故不妨將馬字略而不說，以資簡潔。所以此一答語、表面上好像成自一名，實際上亦屬成自二名。

判斷是有所論定，而所賴以進行其論定及完成其論定的、是論謂作用。在論謂作用中、所論謂的、稱爲主詞，所用以論謂的、稱爲謂詞。故在馬是動物一判斷中、馬是主詞，動物是謂詞。故謂判斷爲成自兩個名稱，其具體意義、卽言判斷成自主詞與謂詞。但馬是動物一判斷、於馬與動物二名以外、還用有一個是字。這一個是字、理則學上稱爲系詞。主詞與謂詞是判斷所不可或缺，系詞是否可缺，則不無可疑。馬是動物中的是字、必不可缺，缺了，便不成其爲判斷。至若鳥語花香，鳥字與語字之間、花字與香字之間、未嘗用有是字，而其各成判斷，則絲毫不可置疑。於是西方理則學家有兩種不同的說法：一爲三成分說，一爲二成分說。主張三成分說的、以馬是動物爲模範例，謂每一判斷成自主詞謂詞及系詞，其未用有系詞是字的、只是一種省略式。鳥語這一判斷、其完整形式應爲鳥是鳴禽，花香的完整形式應爲花是香物。主張二成分說的、以鳥語爲模範例，謂每一判斷成自主詞與謂詞，系詞不當視爲一個獨立的成分，其不可缺的、只可解作謂詞的一部分。印度因明稱主詞爲前陳，稱謂詞爲後陳，未見有中陳之名。由此推想，因明當係採取二成分說。二成分說與三成分說、雖各持之有故，但兩相比較，後者似較牽強。因爲將鳥鳴解作鳥是鳴禽，與原判斷的意義實難謂爲切合。

成分在判斷中、孰應先說，孰應後說，有其一定的順序，不當紊亂。依照通例，待論謂的主詞、應當首先說出，所用以論謂的謂詞、應當說在最後，系詞則應當說在主詞與謂詞之間。馬是動物這一判斷、正合於此一程式。因明前陳後陳之稱、正指明了主詞與謂詞所應居的位置。主詞與謂詞、依照直接推理的規定，誠可互易其位。如馬是動物、可易位以成有些動物是馬。不過一經易位，其原來判斷與新得判斷已成爲兩個判斷，因其論旨先後不盡相同。馬是動物，旨在就馬有所論定，有些動物是馬，旨在就動物有所論定。但在實際說話作文中、不一定遵守先主詞後謂詞的法定程式。例如論語子罕篇載：達巷黨人讚美孔子道：「大哉孔子」，其主旨明明在於稱道孔子，故「孔子」應當是主詞，「大哉」纔是謂詞，而主詞却說在謂詞之後。故欲判別主詞與謂詞而無所失誤，除了以其所居位置爲標準以外，又當採明其論旨以爲重要的參考。

顯性與歸類

判斷成自主詞與謂詞，故判斷所欲論定的、是主詞與謂詞間的關係，說得更具體一點，是主詞與謂詞間的同異。言同言異，如第五章所曾述，必須舉示其所據以分別的標準。泛言同異，則世間一切事物、亦同亦異，無同異之可分。此云同異、專就意義而言，亦卽專指意義上的同異。主詞與謂詞、各是名稱。名稱都有其意義，所以主詞與謂詞有其意義上的同異。名稱的意義有兩方面：一爲內容，二爲外圍。所以意義上的同異、亦當分析爲二：一爲內容上的同異，二爲外圍上的同異。於是理則學家之間、發生了不同的意見，有謂判斷論定外圍上同異的，有謂判論論定內容上同異的，亦有謂雙論兩種同異的。

主張論定對象之爲外圍同異的學者、謂判斷作用在於認知主詞與謂詞的外圍有相同處而論定其可以相容，或認知其相異而論定其兩相離絕。馬是動物，意卽馬的外圍同於動物外圍的一部分，亦卽馬的外圍包括在動物外圍之內，因而馬爲動物的一小類。馬不是植物，意卽馬的外圍不同於植物外圍的任何部分，亦卽馬的外圍與植物的外圍完全隔絕，兩不相涉。依此所釋，判斷的目的、在於闡明主詞所指事物之是否隸屬於謂詞所指的事物，故可稱爲歸類說。主張論定對象之爲內容同異的學者、謂判斷在於認知主詞與謂詞的內容有相同處而論定其可以相容，或認知其相異而論定其必須相離。馬是動物，意卽馬的一部分內容同於動物的全部內容，亦卽馬的內容中含有動物內容的全部。馬不是植物，意卽馬的內容與植物的內容有重大的不同，亦卽馬的內容中不含有植物之所以異於動物礦物的特殊內容。依此所釋，判斷的目的在於闡明主詞所指事物之是否含有謂詞所指事物的性能，故可稱爲顯性說。有些學者，則兼主兩說，謂判斷之爲用、既以顯性，亦以歸類。名稱一定兼具內容與外圍，不會僅具其一而不具其他，且內容上的同異會影響外圍上的同異。故兼主兩說，最爲允當。兩說之中、若必欲論其優劣而分別主從，則應以顯性說爲主。其理由甚簡單。第九章曾說：內容與外圍有增減反比的情形，內容一有增減，外圍必隨以相反地減增，但外圍增減，不一定能引致內容的減增。故內容比外圍，較富於主動性。

因明闡釋判斷，亦兼採顯性與歸類兩說，而以顯性說爲主。因明論述前陳後陳，有總稱，有分釋。前陳總稱爲體，後陳總稱爲義。體是事物的意思，義是性能的意思。依照此釋，判斷作用在於論定前陳所說的事物含有後陳所說的性能，其注重顯性、無可置疑。因明又分釋體與義，謂其各有三名。體的三名爲自性、有法、所別，義的三名爲差別、法、能別。自性與差別、有法與法、所別與能別、各自成對。此三對之中、第二對的有法與法、正闡明了判斷之爲顯性，與其總稱所闡明的相同。法、是現象，指性能而言，有法、是含有該項現象，亦即含有該項性能。故前陳之後繼以後陳，即在顯示前陳之含有後陳，亦在顯示後陳之爲前陳的性能。第一對自性與差別、又有三釋。其第一釋、名局通對，足以令人推想判斷之當爲歸類作用。局、謂局限於一處，通、謂貫通至他處。前陳局限於本判斷所說及的事物，不貫通到本判斷所未說及的事物。就馬是動物而言，前陳局限於馬，不貫通到牛羊上去。後陳則貫通到本判斷以外的判斷上，因其所云動物、不僅能適用於本判斷所說及的是馬的動物，亦可適用於本判斷所未說及的是牛是羊的動物。故依局通對所說而稍易其辭，即言前陳舉示了全外圍，後陳則僅舉外圍的一部分。在一個判斷內、前陳後陳有說盡外圍與不說盡外圍的差異，可見前陳的外圍狹於後陳的外圍，亦可見前陳所說的事物隸屬於後陳所說的事物。

判斷與語句

判斷是理則學上所用的名稱，語句是文法上所用的名稱。馬是動物、自理則學看來，是一個判斷，自文法看來，是一個語句。然則判斷與語句、是一還是二？大體說來，判斷盡是語句，語句不盡是判斷。大部分的語句是判斷，小部分的語句不是判斷。至於部分的大小、大小到如何程度，則說法不一。有謂語句之中、只有敍述語纔是判斷，其餘的都不是，這是判斷與語句兩相一致最小限度的說法。有謂語句之中、除了眞正問語以外，無一不是判斷，則爲判斷與語句兩相一致最大限度的說法。本書採用最大限度說，此下試言其故。

敍述語、任何人都認爲判斷。所謂敍述語、即是說理敍事的語句。試從論語中取例，先進篇的「過猶不及」、是說理語，子罕篇的「子絕四」、是敍事語。這兩句話之應視作判斷、至爲明顯。判斷的特徵、在於有所論定。「過猶不及」、論定過度之不能有效用、與不及度相等。「子絕四」、論定孔子的爲人「毋意，毋必，毋固，毋我」。此二語既各有所論定，合於判斷的特徵，其必爲判斷，無待煩言。

讚歎語、如雍也篇的「賢哉回也」、如先進篇的「孝哉閔子騫」、如子路篇的「誠哉是言也」、嗟歎語、如雍也篇的「命矣夫！斯人也而有斯疾也」、如陽貨篇的「飽食終日，無所用心，難矣哉」、如子罕篇的「吾已矣夫」等、有人不認爲判斷，因其帶有情感的氣氛，而非純粹出自理智。實則欲判別某一語句之是否可以視作判斷，只應問其是否有所論定，至於是否帶有情感的氣氛，則儘可不問。「賢哉回也」、論定顏淵之有賢德，「孝哉閔子騫」、論定閔子騫之有孝行，「誠哉是言也」、論定「善人爲邦百年，亦可以勝殘去殺矣」所說之正確可信。這些讚歎語、從其有所論定一點看來，理應認爲判斷。「命矣夫！斯人也而有斯疾也」、論定冉伯牛那樣的人患有那樣疾病之非出於自召，「飽食終日，無所用心，難矣哉」、論定好逸惡勞的人之不易救藥，「吾已矣夫」、論定孔子自己的理想之無法實現。這些嗟歎語、情感的氣氛雖頗濃厚，既有所論定，亦不失爲判斷。

命令語、如陽貨篇的「居！吾語女」、如泰伯篇的「啓予足，啓予手」、告誡語、如學而篇及子罕篇的「過則勿憚改」，如里仁篇的「父母之年、不可不知也」、勉勵語、如雍也篇的「女爲君子儒」、如顏淵篇及衞靈公篇的「己所不欲，勿施於人」、亦有人不認爲判斷，因其所表示的、止於意志或理想，尚未成爲事實，無從評斷其眞與僞。執持此一看法的人、僅認事實判斷爲判斷，不承認價值判斷之亦爲判斷。命令語等、誠然不是事實判斷，却不失爲價值判斷。故若僅以有所論定爲判斷所不可或缺的特徵，不問其所論定之爲事實或價値，則命令語等不能不謂爲判斷。「居」、具言之，卽是你可以囘座了，論定你的囘座之無違於禮，「啓予足，啓予手」、意卽現在你們應當揭開蓋在我身上的被，看一看我的手足有無受過傷，論定察看手足之爲應做的事情，「過則勿憚改」、論定有過卽改之有助於進修，「父母之年、不可不知也」、論定牢記父母年齡之爲子女應盡的責任，「女爲君子儒」與「己所不欲，勿施於人」之爲價值判斷，更無贅說的必要。

問詢語可分二類：其一、形式與實質俱屬問詢，可稱眞問語，其二、形式是問詢，實質不是問詢，可稱似問語。眞問語自不能謂爲判斷，因其未有所論定，如爲政篇的「何爲則民服」，又如子路篇的「何如斯可謂之士矣」。在這兩句問語中、連所應與「民服」或「士」論其關係的之究爲何事、亦未有所假想，如何還能有所論定！如八佾篇的「管仲儉乎」，又如季氏篇的「子亦有異聞乎」，主詞與謂詞雖已齊備，但其間關係如何、疑不能決，故未能有所論定。憑此無所論定一點，已可斷言：眞問語只是語句，不是判斷。似問語、其實質不是問詢而是論定，故應當視作判斷、並擬稱爲問語型的判斷，以顯示其形式的特殊。問語型判斷、有肯定式的，亦有否定式的，其語氣的強弱、大相懸殊。肯定問語型而表示肯定，其語氣弱，弱於通常的肯定判斷，否定問語型而表示肯定，其語氣甚強，強於通常的肯定判斷。

現在先從肯定問語型說起。論語有自問自答之文。泰伯篇云：「君子人與？君子人也」，其自問語爲肯定式，其自答語亦爲肯定式。子罕篇云：「吾有知乎哉？無知也」，其自問語亦爲肯定式，其自答語則爲否定式。自問自答、以答語的然否，直接顯示其問語之應然應否，亦間接顯示問語之隱含着肯定或否定的期待。自問可以作肯定的自答，亦可以作否定的自答。由此推想，肯定問語型當可解作肯定判斷，亦可解作否定判斷。事實上論語的用語中、確有如此兩種相反的用法。如憲問篇的「是知其不可而爲之者與」、又如微子篇的「是魯孔丘與」、都可解作肯定判斷，但都含有猜測與遲疑的意思。如八佾篇的「必也射乎」、又如學而篇的「孝弟也者、其爲仁之本與」、亦都應解作肯定判斷，但亦都委婉其辭以示虛懷。故肯定問語型雖可用作肯定判斷，但其肯定力不強。至如公冶長篇的「孰謂微生高直」、明謂微生高不直。子罕篇的「何陋之有」、明謂不陋。述而篇的「仁遠乎哉」、明謂不遠。陽貨篇的「鄙夫可與事君也與哉」、明謂不可與事君。所以這些肯定問語型都應視作否定判斷。肯定問語型的肯定力、原頗微弱，弱而又弱，終且可以用作否定。

次說否定問語型。學而篇的「學而時習之，不亦說乎」、謂學了時常練習，是一件可悅的事情，其實質與肯定判斷無異，其肯定力且比「可悅也」更強。子罕篇的「文不在茲乎」、謂文不在他處，正在於此，同篇的「無寧死於二三子之手乎」、謂寧可死於弟子之手。憲問篇的「愛之能勿勞乎」、謂愛其人，必須使其人勞心或勞力，比「愛之必須勞之」，其肯定力亦較強。論語尙用有多句否定問語型，莫不應當視作肯定判斷，從前的注釋家亦未有不作如是解的。全句的解釋固未嘗有誤，其否定詞的解釋則大有問題。「無寧死於二三子之手乎」、集解引馬融說：「無寧、寧也」，邢疏與朱注均採其說。「無寧、寧也」、自古以來，奉爲模範的解釋，且名之爲相反爲訓。影響所及，不免有人援以爲例，釋「不亦」爲「亦也」，釋「不在」爲「在也」，釋「勿勞」爲「勞也」，把否定詞一一釋爲肯定詞，而使否定等於肯定。若果可以如此相反爲訓，推而廣之，則雍也篇的「有顏回者好學，不遷怒，不貳過」、其「不遷怒，不貳過」、亦可解作遷怒貳過，豈不成了孔子以遷怒貳過爲當學了！子路篇的「君子和而不同，小人同而不和」、其「不同」可以解作「同」，「不和」可以解作「和」，則君子和而同，小人同而和，君子與小人無可分別了。顏淵篇的「君子……不成人之惡」、其「不成」解作成，則君子應以成人之惡爲當務了。相反爲訓，必至顚倒是非，爲害之大，有逾尋常。中國文的文法、縱不精密，當亦不致粗疏到否定與肯定不分之甚。試細察論語中寧字的用法，當可見「無寧、寧也」之不足爲訓。論語用寧字作願辭，計有五次，都用在肯定判斷中。其四次、寧字上未用有無字，其下亦未用有乎字，其一次、卽上引的「無寧死於二三子之手乎」、寧字上用有無字，其下用有乎字。由此可見：其上不用無字，則其下不必用乎字，其上用有無字，則其下必須用乎字，否則便成否定判斷，不復能發揮肯定的力量。此一異點、正顯示了寧與無寧的分別。所以無寧只是無寧，決不是寧。若必欲以「寧也」爲釋，只可說：「無寧……乎、寧也」，不得說：「無寧、寧也」。

否定問語型之所以有堅強的肯定力、有其心理的基礎。近時研究問答心理的學者、嘗以實驗證明否定式問語暗示力的強大。所謂問語的暗示力、卽言問語中隱約提示了一條路線，誘令答者循以思索或追憶，使所答正如問者所期待。實驗的方法、以幻燈映示一幅圖畫，使多人同時觀看。放映時間甚短，僅一分鐘。然後將觀衆分爲甲乙兩組，就圖畫的同一內容、用不同形式的問語發問，令答者各憑己意作答。統計答語正誤的多少，以測定問語暗示力的大小。假定圖中實際上未畫有貓，故以無貓爲答的、始成正答，以有貓爲答的、自屬誤答。甲組問語用肯定式，問以花間有貓否，乙組問語用否定式，問以花間不是有貓否。統計結果、甲組的誤答較少，乙組的誤答較多。正因肯定式問語雖亦隱約提示了畫中有貓，但其語氣柔和，答者不大受其拘束，富有自由追憶的餘地，故其誤答出自其人記憶的錯誤，甚少暗示的影響。否定式問語的提示有貓，雖亦並不露骨，但其語氣堅定，答者除了有極清楚的記憶外，甚易受其束縛，專循所提示的路線進行其追憶，故其誤答出自記憶錯誤與暗示影響雙重原因。否定式問語擁有強大魔力，令人樂於走上肯定的一途，故不論古今中外，說話作文，都喜用否定問語型以代替肯定判斷。

自語相違

因明所講的三十三過之中、有一種有關判斷的過失，叫做自語相違。語，指判斷而言，自語、即是判斷自身。自語相違、謂判斷自身含有牴觸的因素，不煩用外在的事理來證明，僅憑其內在的因素，已可見其不能成立。判斷成自主詞與謂詞。故若主詞與謂詞是反對名稱或矛盾名稱，而就以作肯定判斷，又若是同實名稱，或同名，或異名，而就以作否定判斷，則各成自語相違。前者：如言黑狗是白的，或言黑狗是不黑的。後者、如言馬不是馬，或言駒不是幼馬。因明所舉的模範例、為「我母是其石女」。「我母」、謂生我的女子，「石女」、是不能生育的女子。所以我母與石女這兩個名稱、字面上雖非一積極而一消極，意義上實為兩相矛盾。此一自語相違、可謂成自矛盾名稱的聯合。中國有兩句成語：「烏頭白，黃河清」，亦足引為自語相違的好例。烏是全身純黑的鳥，其頭亦黑而不白。黃河、自古以來，混濁而黃，未嘗有澄清的一日。黑與白、濁與清、是反對名稱，依理只能就以作否定判斷，今竟就以作肯定判斷，便成自語相違。自語相違所說的、是世間必不能有的事情，所以我們中國人常以「烏頭白，黃河清」形容事理之所必無。

肯定式的自語相違、有眞與似的分別，其理與上章所說自毀名稱完全相同。主詞與謂詞、若是眞反對或眞矛盾，則其所合成的肯定判斷、方是眞自語相違，若是似反對或似矛盾，則其所合成的肯定判斷、只是似自語相違而已。眞反對與眞矛盾的成立、有四項條件，不可缺一，其詳已見上章，不再贅述。茲僅試設簡明的例，以見自語相違之所以有似是而非者。㈠如言：昔日少年今白頭，只是似自語相違。少年、言其少，白頭、言其老。少與老、固相反對，但其所以反對、以同時爲條件。至若昔日的少與今日的老、今昔異時，不具備反對所必需的條件，自不成其反對。㈡如言：白紙上寫的是黑字，亦只是似自語相違。白與黑之成反對、以同所爲條件。紙上不寫字處、是白的，寫字處、方是黑的。白黑不同所，故只是似反對。㈢如指小學教科書上初見的一個字，告學生道：這個熟字是生字，其言熟字、謂其字的讀音是熟，其言生字、謂其字未經學習。此熟與生、非居於同一系列的兩端，故不是眞反對，因而所說亦不是眞自語相違。又如說：他的義子是一個不義之子，其言義子、謂係領養或寄名的兒子，其言不義之子、謂其言行非子道所宜出。所肯定的義與所否定的義、完全是不相干的兩回事，故亦只是似自語相違。㈣如言：這個侏儒好高，其言侏儒、謂其比常人矮得很多，其言好高、謂其比別的侏儒高得很多。其矮其高、不出於同一標準所衡定，故亦只是似反對而非眞反對。

否定式的自語相違、以主詞與謂詞的同實爲必要條件。若果同實，則不論其爲同名或異名，都成眞的自語相違，若非同實，則雖同名，亦只是似自語相違而已。大多數的名稱是多義的，同名異實、比比皆是，所以不但在隨便的談話中、就連謹嚴的著作中、亦甚多似自語相違。如言：你這個人不是人，在主詞中已是認其爲人，在謂詞中又否認其爲人，好像是一句不通的話，實則是一句很惡毒的罵人語。主詞中的人、就形體言，謂詞中的人、就品格言，名同義異，故非不通。論語雍也篇的「觚不觚」、亦可爲例。依此朱註云：「觚、稜也……皆器之有稜者也。不觚者，蓋當時失其制而不爲稜也」。依此所釋，上一觚字、指現在所見觚的形狀，下一觚字、指觚原來應有形狀。前後兩個觚字、其義已不復相同，故雖就以作否定判斷，亦不構成自語相違。又如顏淵篇的「君不君，臣不臣」、亦同此理。因爲上一君字與臣字、指君位與臣位，下一君字與臣字、指君道與臣道。此二語、言居君臣之位而不盡君臣之道，故非自語相違。

關係判斷

有一種判斷，其形式與判斷的基本形式：甲是乙、稍有不同，通常稱爲關係判斷，因其主要作用、在於論定兩件事物間的關係。關係判斷所論謂的關係、種類不一。其爲日常思想所時常想及、爲日常言談所時常說及的、有數量關係，有方位關係，有親屬關係。其以數量關係爲論謂對象的、如言：甲大於乙，其以方位關係爲論謂對象的、如言：甲在乙東，其以親屬關係爲論謂對象的、如言：甲是乙之父。此中甲與乙、是就以論謂其關係的，亦卽是關係所附着的，故稱關係體。大於、在東、是父、是用以表示關係的，故稱關係詞。甲與乙同爲關係體，但有主客的分別。說甲大於乙時，甲、是數量關係的出發點，故是關係主體，乙、是數量關係的到達點，故是關係客體。若易言：乙小於甲，則乙轉爲主體而甲轉爲客體了。關係判斷的形式、與甲是乙、稍有不同。爲了分別起見，有人特別稱甲是乙這種形式的判斷爲主謂判斷，因其成自主詞與謂詞。此種不同的名稱、只是爲了方便而設，若因此以爲主謂判斷所論謂的不是關係，或以爲關係判斷非成自主詞與謂詞，則成甚大的誤解，不可以不予辯明。

主謂判斷所論謂的、實在亦是關係，不過不是數量方位等關係而已。如上文所曾述，馬是動物、依顯性說，意即馬含有動物的性能，馬是能有，動物是所有，依歸類說，意即馬類包括在動物這一大類中，馬是所括，動物是能括。能與所、正是一種關係。就此一情形而言，主謂判斷與關係判斷、已難謂爲有着顯著的不同，更進一步言之，且不能不將主謂判斷歸入關係判斷。甲同於乙或甲異於乙，其爲關係判斷，絕無疑義。主謂判斷所論謂的、根本上亦不外此一同異關係。馬是動物這一判斷、若不怕煩瑣而連其可以肯定之故一併說出，則應說：馬的一部分內容同於動物的全部內容，或說：馬的全部外圍同於動物的一部分外圍。一經如此詳說，主謂判斷豈不正是關係判斷！

關係判斷實亦成自主詞與謂詞。有些人之所以疑其有異於主謂判斷、蓋出於謂詞認定之未得其當。如言：象大於牛，有人將大於二字解作系詞，剩下來的牛字又不能有充任謂詞的資格。因爲象大於牛，是一個肯定判斷，單單一個牛字、如何能用爲謂詞！於是此一關係判斷便好像沒有謂詞了。實則大於二字、不當視同系詞，只應視爲謂詞的一部分，與其下的牛字聯合以論謂主詞的象，便非常順當而不覺得有任何窒礙了。故若將關係詞與關係客體合爲一名，解作謂詞，則關係判斷亦成一主一謂，與主謂判斷無所不同了。

主謂判斷與關係判斷、所論定的、既同爲關係，所由以構成的、又同爲一主一謂，然則此兩種判斷的分設、豈不成了畫蛇添足之舉！此亦不然。在判斷的結構與作用上、雖無分設的必要，在用作推理的成分上、却以分設爲較方便。傳統理則學規定：一個三段論法只許用三名，超過此數，便成過失。以主謂判斷爲成分的三段論法、都符合此一規定。如言：馬是動物，動物是生物，故馬是生物，僅含有馬、動物、生物三名。至若關係判斷所構成的三段論法，則不然。如言：象大於牛，牛大於羊，故象大於羊，則成自象、大於牛、牛、大於羊四名。又如言：文王是武王之父，武王是成王之父，故文王是成王之祖父，則所含名數、竟達文王、武王之父、武王、成王之父、成王之祖父五名之多。此二推理、雖不合規定，但其正確性、絲毫沒有可以置疑的餘地。爲了維持主謂判斷所構成的推理之不得超過三名，亦爲了不誤判關係判斷所構成的無過失推理之爲有過失，分設兩種判斷，俾在運用上各得其所，不失爲方便之舉。

第十二章　判斷的質與量

判斷的質

判斷的質、係指肯定否定而言。其肯定者、如言甲是乙，用是字以爲系詞，其否定者、如言甲不是乙，用不是二字以爲系詞。故肯定與否定、表現在系詞上。凡系詞明白用有是字或其同義詞，或確實可推定其隱藏此義而未明說，則其判斷爲肯定。系詞明白用有不是二字或其同義詞，或確實可推定其隱藏此義而未明說，則其判斷爲否定。爲了詳切說明，擬將肯定與否定分析爲作用上的肯定否定與形式上的肯定否定。就作用而言，肯定自肯定，決不能與否定相通，否定自否定，決不能與肯定相通，其分別與界限、至明且嚴。在形式上、其情形稍有不同。原應作肯定判斷的，亦可且時常出以否定的形式，原應作否定判斷的，亦可且時常出以肯定的形式。例如欲肯定眼前所見這朵花之爲紅色，本應出以肯定的口氣，謂此花是紅的，但在實際言談中、儘可改爲否定口氣而說道：此花不是不紅的。欲否定所見的花之爲紅色，本應說：此花不是紅的，但亦儘可說：此花是不紅的。肯定的可以說成否定的，否定的可以說成肯定的，肯定與否定、似乎可以相通。其實此一情形、只是貌似相通，並非眞正相通。因爲當肯定說成否定或否定說成肯定時，其謂詞紅的、原屬積極名稱，已隨着系詞是字之變爲不是與不是之變爲是字，轉變爲消極名稱的不紅。積極同於肯定，消極同於否定。在數學上、正與負相乘，則成負，負與負相乘，則成正。肯定相當於正，否定相當於負。故肯定與否定連用，不論其爲先肯定後否定或爲先否定後肯定，都成否定。否定與否定連用，即通常所云二重否定，則成肯定。故肯定作用之可出以否定形式與否定作用之可出以肯定形式，非謂肯定與否定可以相通，更非謂肯定與否定可以相等，僅謂肯定其如此、等於否定其不如此、否定其如此、等於肯定其不如此。

謂甲是乙以肯定其如此，謂甲不是非乙以否定其不如此，兩者在理則學上的意義、可謂完全相同，所以任作何語，都無不可。實際之所以往往作否定語以代肯定語，因其心理影響有強弱的不同。作肯定語，其影響較弱，作否定語，其影響較強，試引古籍中語以爲實例。論語雍也篇的「非不說子之道」、比諸肯定語：悅子之道，語氣較強，更能博得對方的諒解。里仁篇的「父母之年、不可不知也」、比諸肯定語：父母之年、必須知道，語氣較強，更能引起爲子女者的責任感。述而篇的「吾未嘗無誨焉」、比諸肯定語：我都嘗敎誨，語氣較強，更能使聞者信而不疑。上章曾說：否定問語型的肯定力、強於肯定判斷，其理正與此同。顏淵篇的「孰敢不正」、其疑詞孰字、相當於否定詞的莫字，微子篇的「焉往而不三黜」、其疑詞焉字、相當於否定詞的無字。

上文曾說：判斷形式的肯定否定、表現於系詞。今假有判斷，其主詞下用有否定詞，但究係否定系詞抑係消極謂詞，字面上不易分清，則不妨視爲可作兩解，不決定其爲肯定與否定。例如顏淵篇的「君子不憂不懼」、解作君子不是有所憂懼以屬諸否定判斷，固可，解作君子是無所憂懼以屬諸肯定判斷，亦無不可。就該判斷本身而論，解作肯定或否定，其意義並不隨以有所變動，故不妨存而不決，儘可俟其用作推理資料，與其他判斷發生關係，宜於解作肯定，則解作肯定，宜於解作否定，則解作否定。

判斷的肯定與否定、以主詞謂詞間的同異為依據，相同則予以肯定，相異則予以否定。馬與動物有相同處，故作肯定判斷，謂馬是動物。馬與牛相異，故作否定判斷，謂馬不是牛。主詞謂詞間的同異、有兩個方面：一為內容方面的同異，另一為外圍方面的同異。內容與外圍、相關甚切，故此兩方面的同異、互為影響。但所云互為影響，非謂絕無小異。前在第五章內、曾述同異與肯定否定的關係，以內容方面的同異為主要依據，其外圍方面的同異、僅偶一說及而已。現在分就兩方面言其與肯定否定的關係。

先述內容同異與肯定否定的關係，第五章已有所敍述，茲再述其要點，並略加補充。主詞謂詞間內容上的同異，可有四目，其中三目，又各可小別為二，故亦可說：可有七目。其一為全全相同，卽主詞內容的全部與謂詞內容的全部、兩相一致。既屬全全相同，自無一絲相異，故只能就以作肯定判斷，不可能又有就以作否定判斷的餘地。全全相同，定係同實，但不一定同名。同實而同名的、如馬與馬，同實而異名的、如駒與幼馬。馬是馬，駒是幼馬，各為肯定之最正確而無可疑的。其二為偏全相同，卽主詞內容的一部分、同於謂詞內容的全部。馬與動物、可以爲例。馬的全部內容、可分爲兩大部分：其一部分是動物所通有的，可稱動物性，其另一部分是馬所獨有的，可稱馬的特性，或竟簡稱爲馬性。動物則除了動物性以外，別無所有，動物性是動物內容的全部。故馬的內容中動物性那一部分、與動物的全部內容、構成偏全相同。據此相同，自應作肯定判斷，謂馬是動物。有人解釋：馬是動物，其主詞馬應解作是動物的馬，以排拒僅具馬形而無生命的石馬銅馬，其謂詞動物亦應解作是馬的動物，以排拒非馬的動物。若取此解，則馬是動物，內容上應屬全全相同，不復是偏全相同了。此純係理論問題，無關實用，不欲多所研討。依照通說，馬的全部內容既僅有一部分同於動物，一定另有一部分不同於動物。故偏全相同的另一面、必是偏全相異。但雖有異，因受外圍同異的影響，不能就以作否定判斷。其三爲全偏相同，即主詞內容的全部同於謂詞內容的一部分，如動物與馬。前者的全部內容動物性、與後者一部分內容的動物性一而不二。即此相同，自可據以作肯定判斷。動物內容的全部、既僅同於馬的內容的一部分，則必異於馬的內容的另一部分。故於全偏相同之外，同時亦必形成全偏相異，而可據以作否定判斷。有相同處，有相異處，故既可就以作肯定判斷，亦可就以作否定判定，惟須各加數量的限制，以期兩不相妨。其四爲偏偏相同，即主詞的一部分內容與謂詞的一部分內容相同。既僅各有一部分的內容相同，則其餘一部分內容必不相同。故偏偏相同的另一面、必是偏偏相異。如馬與牛、可以爲例。馬與牛、同有動物性爲其內容的一部分，故偏偏相同，馬性與牛性有別，故又偏偏相異。馬與牛、雖偏偏相異，亦偏偏相同，則就以所作的判斷、否定肯定、似應同可成立。但肯定否定的決定，不是內容同異所能獨專，外圍同異亦分負其責。

次述外圍同異與肯定否定的關係。西方傳統理則學向來重視外圍，故其說明肯定與否定，亦多從此一方面闡釋。外圍的同異、共有五目，前人嘗各爲圖解，以利說明。

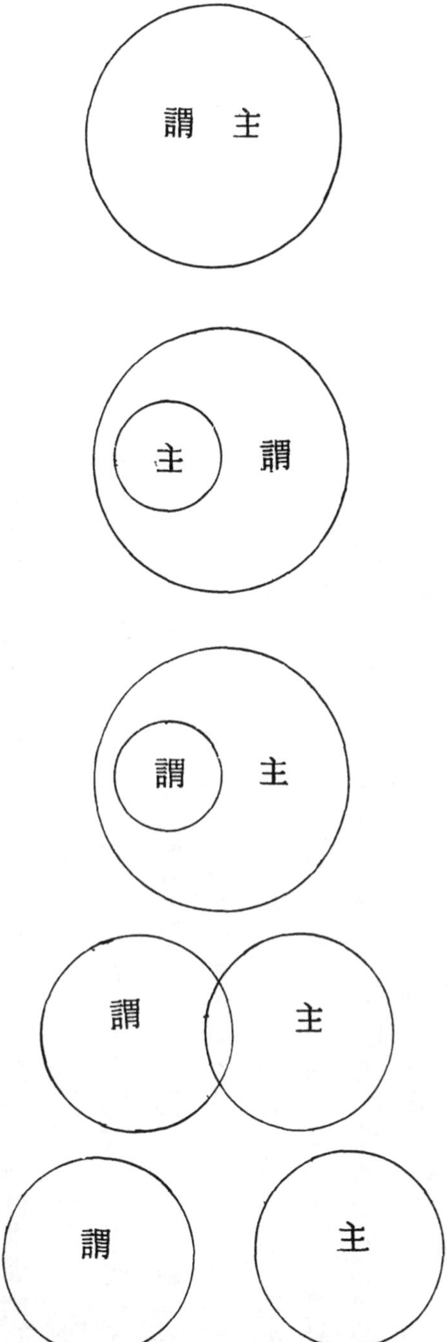

圖以圓表示外圍，大圓中設小圓，表示小圓之爲大圓所包括，兩圓相交，表示其互以一部分相關涉，兩圓相離，表示其不相關涉。其一爲全全相同，即主詞的全部外圍與謂詞的全部外圍、兩正一致，亦即雙方外圍的寬狹、兩正相等，如第一圖所示。外圍方面全全相同的、內容方面亦全全相同。故其主詞與謂詞、縱不同名，必係同實，若不同實，不論在外圍方面與內容方面，都不能全全相同。上文述內容的全全相同時，曾以駒與幼馬爲例，今再採用。每一匹駒、定是幼馬，每一匹幼馬、亦定是駒。任何一駒，莫不居於幼馬外圍之內，任何幼馬，絕無居於駒的外圍之外。駒與幼馬、原是一物，故駒的外圍即是幼馬的外圍，事實上只是一個外圍，思想上姑分爲二以便硏討。此一相同、是最高度的相同，自得據以作最高度的肯定判斷。其二爲全偏相同，即主詞外圍的全部同於謂詞外圍的一部分，亦即主詞的外圍狹於謂詞的外圍而爲其所包括，如第二圖所示。外圍的全偏相同、即是內容的偏全相同，如馬與動物，可爲實例。任何一匹馬，都是動物，都居於動物的外圍之內，絕無居於其外的。但動物的外圍中、除了一小部分爲馬所聚居外，其餘大部分則爲非馬的牛羊等所割據。故馬與動物所構成的、是全偏相同。有此相同，自當據以作肯定判斷。馬的全部外圍局處於動物外圍中的一隅，故對動物的全部外圍而言，亦構成全偏相異，但不能就以作否定判斷，因其與下文所將闡述的謂詞周偏理論不能相容。其三爲偏全相同，即主詞的一部分外圍同於謂詞的全部外圍，亦即主詞的外圍寬於謂詞的外圍，如第三圖所示，其例則如動物與馬。主詞既僅有一部分外圍同於謂詞的全部外圍，則其餘部分的外圍、必異於謂詞的全部外圍。故偏全相同時、必又有偏全相異與之並存。外圍的偏全相同，在內容上、應屬全偏相同，外圍的偏全相異、在內容上、應屬全偏相異。主詞與謂詞、有相同時，亦有相異時，故可分別作肯定與否定的判斷而各加數量的限制，如言：有些動物是馬，有些動物不是馬。其四爲偏偏相同，即主詞外圍的一部分與謂詞外圍的一部分相同。主詞外圍既僅有一部分爲謂詞外圍所包括，則其餘一部分必不爲所包括，形成偏全相異，如第四圖所示，馬與白可取以爲例。外圍方面偏偏相同且偏全相異時、內容方面當爲偏全相同與偏全相異，或爲全偏相同與全偏相異。因其有時相同，故可說：有些馬是白的，或有些白的是馬。因其有時相異，故又可說：有些馬不是白的，或有些白的不是馬。其五爲全全相異，即主詞的外圍中、不包含謂詞的外圍，謂詞的外圍中、亦不包含主詞的外圍，兩相離絕，毫無關涉，如第五圖所示。此在內容、應爲偏偏相同兼偏偏相異，涉及外圍，則有異而無同，如馬與牛、是其適當的例。馬的全外圍中、不會有一匹牛，牛的全外圍中、亦不會有一匹馬，故成全全相異而只能作否定判斷。

綜上所述，內容外圍同異與肯定否定的關係、計有六種不同的情形，表列如下：

一、內容全全相同——外圍全全相同——無限度肯定例如一切駒是幼馬。

二、內容 偏全相同 ——外圍 全偏相同 ——無限度肯定
　　　　偏全相異 　　　　全偏相異

例如一切馬是動物。

三、內容 偏全相同 ——外圍 偏偏相同 ——有限度肯定
　　　　偏全相異 　　　　偏全相異 ——有限度否定

例如有些馬是白的與有些馬不是白的。

四、內容 全偏相同 ——外圍 偏全相同 ——有限度肯定
　　　　全偏相異 　　　　偏全相異 ——有限度否定

例如有些動物是馬與有些動物不是馬。

五、內容 全偏相同 ——外圍 偏偏相同 ——有限度肯定
　　　　全偏相異 　　　　偏全相異 ——有限度否定

例如有些白的是馬與有些白的不是馬。

六、內容 偏偏相同 ——外圍全全相異——無限度否定
　　　　偏偏相異

例如一切馬不是牛。

判斷的量

判斷、一方面有質，另一方面又有量。其質應受重視，其量亦應受重視。判斷的量、說得詳細一點，其實是判斷主詞的量，說得再詳細一點，是主詞外圍的量。量分二種：一爲全部，一爲部分。故就量而言，判斷應分爲全稱與特稱二種。全稱判斷、謂擧主詞外圍的全部而有所說，如言一切甲是乙，特稱判斷、謂擧主詞一部分的外圍而有所說，如言有些甲是乙。全稱與特稱、各用數量詞來表示。數量詞有多種，或明說數量，或隱示數量，其詞不一。或說在主詞之前，或說在主詞之後，其處亦不一。最普通且亦值得稱爲模範的、是明說數量且說在主詞之前。其表示全稱的、如言：一切的人都有理性，或言：所有的人都有理性，或言：每一個人都有理性，或言：人人都有理性。至如孟子告子上篇的「惻隱之心，人皆有之」，又如公孫丑下篇的「天下之民擧安」，其數量詞皆字與擧字、說在主詞人字與「天下之民」之後。再如梁惠王上篇的「未有仁而遺其親者也，未有義而後其君者也」、則不明說數量，却借用否定詞以烘托出全稱的意義，且說在句首。從來沒有一個仁者而遺其親的，即言：每一個仁者都不遺其親，從來沒有一個義者而後其君的，即言：每一個義者都不後其君。烘托數量的否定詞、亦有用在句末的，如論語學而篇的「不好犯上而好作亂者、未之有也」，其義等於通常形式的全稱判斷：凡屬不好犯上的人、都不好作亂。

特稱的表示、與全稱的表示有同樣的情形，在尋常的言談與作文中、大抵明說數量，且說在主詞之前，如言：有些人能作詩，若干人能作畫。文言文的表示特稱、不一定如是。論語爲政篇「或謂孔子曰」的或字、公冶長篇「或乞醯焉」的或字、都是現代口語「有人」的意思，其特稱寓於主詞之中，不居於主詞之外。又有將特稱的數量說在句末的，如子罕篇的「苗而不秀者有矣夫，秀而不實者有矣夫」、謂有些苗不開花，有些開花的不結實。

判斷的量、只有全稱與特稱兩種，故不是全稱，必是特稱，不是特稱，必是全稱，不可能有既非全稱亦非特稱的。但在我們平常所聽到的言談與所看到的文章中、往往遇到沒有標明數量的語句，究應解作全稱呢，還是應解作特稱？此則唯有探索語意，隨應決定，實難建立一條不易的定例。論語憲問篇有「有德者必有言，有言者不必有德」二語，其主詞「有德者」與「有言者」同樣未冠有數量詞，但可從其用有「必」與「不必」，推定「有德者」之爲全稱與「有言者」之爲特稱。「有德者必有言」、謂有德的人一定有言，從來未曾有過有德而沒有言的人，故「有德者」應屬全稱。「有言者不必有德」、謂有言的人不一定有德，有些人說盡好話而不盡做好事，故「有言者」應屬特稱。不過大體說來，未標明數量的判斷、解作全稱，較爲穩妥，解作特稱，易犯錯誤。此蓋基於人們心理許可全稱之不明白標示，不許可特稱之隱而不宣。何以見之？假若我說：馬是動物，他人聽了，不覺刺耳，故不會對我有所責難。假若我說：馬是白的，他人聽了，不免刺耳，會責難道：馬都是白的嗎？此一責難、即在表示特稱者之不可以說成全稱。

表示特稱的「有些」或「若干」、西方傳統理則學作有寬狹程度相距甚遠的定義，謂至少有些，可能全部，意卽只要不是無有，少自全部中一二個體，多至整個全部，都可稱爲有些而就以作特稱判斷。例如聖人，古今中外，寥寥無幾，可以說：有些人是聖人，人人都有兩手，亦可以說：有些人有兩手。故有些甲是乙那樣的特稱判斷、其所確切表示的、只是不無是乙之甲，至於是否只有一部分的甲是乙而其餘部分的甲不是乙，則未有所表示，故其餘部分的甲、有是乙的可能，亦有不是乙的可能。但亦有理則學家斥如此用法爲不當，謂其有違思想精密的要求。依其所說，有些旣與一切相對，則有些只可是有些，不得又是一切。必須確實只有一部分的甲是乙，始可說：有些甲是乙，若全部的甲都是乙，則只應說：一切甲都是乙，不得說：有些甲是乙。必如此，全稱與特稱、方有顯著的分別，其分別方值得重視。傳統理則學有關「有些」的說法、在理論上、確屬不夠圓滿，但亦有其方便。例如經驗上雖獲知若干甲之爲乙，至於未經驗的甲之究竟是乙非乙，尙未獲知，則姑作不確定的特稱判斷，謂有些甲是乙，爲其餘的甲保留亦得是乙的餘地，似亦不失爲論斷審愼的一道。爲求全計，似宜兩存其說，而劃定其分別適用的界限。明知其爲全部如是的，只許作全稱判斷，不得作特稱判斷。特稱判斷則分爲兩種；一爲如實的，一爲存疑的。明知其僅有一部分如是的，則作如實的特稱判斷，已知一部分確屬如是，未知餘部分究屬如何，則作存疑的特稱判斷。

上來闡釋全稱特稱的分別，均係就普偏名稱之用作主詞者取例，凡就全類有所論謂，則謂爲全稱判斷，僅就若干個體有所論謂，則謂爲特稱判斷。諸多判斷之中、有以單獨名稱爲主詞的，如言：孔子是聖人，其數量之低，可能低於特稱判斷的最低數量。如此的判斷、應屬特稱，抑屬全稱？普偏名稱、其全類爲許多個體所聚合而成，單獨名稱則不然，其全類爲一個個體所獨力支持。故在普偏名稱、個體是全類的部分，在單獨名稱、個體即是全類，二者無可分別。孔子是聖人這一判斷、雖屬有關個體的判斷，却亦是有關全類的判斷，不是有關部分的判斷。以單獨名稱爲主詞的判斷、既在論謂全類，不在論謂部分，自應歸入全稱，不當列入特稱。

判斷四式

判斷既有其質，又有其量。質有二種，量亦有二種，二二相乘，共得四種。故判斷的質量、合併計算，應有四式：一爲全稱肯定判斷，二爲全稱否定判斷，三爲特稱肯定判斷，四爲特稱否定判斷。判斷是思想的核心，爲理則學所須時常道及。若每次道及，都須擧其全名，則雖不甚長，亦覺其煩，能有符號爲其代表，定可感到簡便。拉丁文肯定一詞、其字母中含有A與I兩個聲母，否定一詞的字母中含有E與O兩個聲母，理則學遂取A與I分別代表肯定判斷的二式，取E與O分別代表否定判斷的二式。茲將判斷四式的全名符號及其應具形式，列表如下：

全稱肯定判斷	A	一切甲是乙
全稱否定判斷	E	一切甲不是乙
特稱肯定判斷	I	有些甲是乙
特稱否定判斷	O	有些甲不是乙

A的理則學形式、應爲一切甲是乙，但在實際言談與作文中、往往不完全遵照此一定式。不過雖不完全遵照，却足令人窺見其合於此式的含義而易於改造爲此式。試舉數例，以見一斑。論語里仁篇的「君子喻於義，小人喻於利」、其主詞上都未用有數量詞，但依人們語言心理的習慣，可以推知其意在斷言：個個君子都喻於義，個個小人都喻於利。憲問篇的「仁者必有勇」、可從其所用必字上推知其意之爲每一仁者都能見義敢爲。學而篇的「孝弟也者、其爲仁之本與」、以肯定問語型委婉表示一切孝悌行爲之可能是仁道之本。雍也篇的「誰能出不由戶」、以否定問語型強調每一外出的人之一定經由門戶。

E的理則學形式、應爲一切甲不是乙，但實際所說、往往與此小異或大異。爲政篇的「君子不器」、其所云君子、依照慣例，定係通指一切君子，並非偏指若干君子。憲問篇的「未有小人而仁者也」、謂沒有一個小人是仁者，卽言一切小人都不是仁者。陽貨篇的「鄙夫可與事君也與哉」、字面上雖未明說一切，亦未明說不可，但其含義之爲一切鄙夫不可與事君，實甚明顯。亦有肯定問語型、其表示全稱否定，較爲隱約。雍也篇的「斯人也而有斯疾也」、其末一也字可解作耶字。表面上似僅懷疑如此的人之會生如此的病，骨子裏正在否定如此的人之會生如此的病，意卽如此的人不當生如此的病。

I的理則學形式、應爲有些甲是乙。通常說話，甚多符合或接近此式，亦有與之相距較遠的。子罕篇的「有鄙夫問於我」、明言有些鄙夫。學而篇的「有朋自遠方來」、其「有朋」亦可解作朋友的一部分。八佾篇的「或曰：孰謂鄹人之子知禮乎？」、其或字亦正是有些人的意思。但如說：不是個個人都不愛國，若不仔細想一想，容或不易看出其爲I。不是二字、意在否認個個人都不愛國之爲事實，而是認其反面，雖不能謂其是認了反面的全部，至少亦當謂爲是認了反面的一部分，亦卽是認了有些人的愛國，故應當釋爲I。

O的理則學形式、應爲有些甲不是乙。日常言談，不一定如此說，或說：甲不一定是乙，或竟出以肯定的口氣，謂甲而不乙，亦是有的。前者的實例、如憲問篇的「勇者不必有仁」，後者的實例、如同篇的「君子而不仁者有矣夫」。至如說：良心不是個個人都有的，則更須多費一層思考，方能見其爲O。良心不是個個人都有，等於說：不是個個人都有良心，故亦等於說：有些人不有良心。

判斷四式、試與主詞謂詞外圍同異關係的五圖相對照，其義當益可顯然。A所表示的、可能是第一圖，如言：一切駒是幼馬，亦可能是第二圖，如言：一切馬是動物。E所表示的、最簡單，只有第五圖一圖，如言：一切馬不是牛。I所表示的、依說法的不同而有異，若採用全稱事實可作特稱論斷的說法，則除第五圖外，無一不爲其所表示。其表示第一圖的、如言：有些駒是幼馬，表示第二圖的、如言：有些馬是動物，表示第三圖的、如言：有些動物是馬，表示第四圖的、如言：有些馬是白的。若採用全稱事實只可作全稱論斷的說法，則I只許表示第三第四兩圖，不得表示第一圖與第二圖。O所表示的、從寬許其表示全稱事實，則後三圖均可爲其所表示。其表示第三圖的、如言：有些動物不是馬，表示第四圖的、如言：有些馬不白，表示第五圖的、如言：有些馬不是牛。若從嚴不許其表示全稱事實，則只能表示第三第四兩圖。

主詞謂詞的周徧與不周徧

周徧、既周且徧，是統統說到而無所遺漏的意思，不周徧、是其消極名稱，意即只說到一部分，沒有說及其全部。故周徧與全稱、不周徧與特稱、各是同義。全稱與特稱、原屬用以指示主詞外圍的全徧，一經用以稱呼判斷數量上的類別，遂歸其專用，另用周徧與不周徧以名主詞謂詞外圍的全徧，俾免兩相糾纏。

主詞謂詞的周徧與不周徧、對於推理的正誤、具有甚大的影響。誤認周徧爲不周徧，其害尚小，誤認不周徧爲周徧，其害甚大。故周徧與不周徧、必須認識得清楚而正確。好在周徧與不周徧的分別標準、甚爲簡單，只要把判斷的質量辨別淸楚，便不會有所誤認。

主詞的周徧與不周徧、以判斷的全稱與特稱爲分別標準。凡屬全稱判斷，其主詞必周徧，凡屬特稱判斷，其主詞必不周徧。其所以可作如此分別、甚易明瞭。如上已述，全稱判斷、意卽擧主詞的全部外圍而有所論謂，故其主詞之爲周徧、自屬當然。特稱判斷、僅擧主詞外圍的一部分以爲論謂對象，故其主詞的不周徧、亦屬理所必至。

謂詞的周徧與不周徧、以判斷的肯定與否定爲分別標準。凡屬肯定判斷，其謂詞雖可能周徧，但通常認爲不周徧。凡屬否定判斷，其謂詞必周徧。先說肯定判斷謂詞的不周徧。試以一切馬是動物爲例，其謂詞動物、僅指動物的一部分而言，亦卽僅指是馬的動物而言，其是牛是羊的那些動物，則不在所指之列。謂詞未指對象的全部，自只能謂爲不周徧。至如一切駒是幼馬，其謂詞雖指幼馬全部，但在形式上、只見其與「一切馬是動物」相同，不見其有異，亦卽看不出其謂詞之實係周徧。且肯定判斷的謂詞、雖有周徧的，爲數不多，其不周徧的、居大多數。若欲建立概括的原則，只宜以多概少，不宜以少概多。又實係周徧而視作不周徧，雖有失實之害，却無冒險之危。實不周徧而視作周徧，既失實，又冒險。若求思想保持穩健，與其冒險，寧可失實。故在傳統理則學上、肯定判斷的謂詞、一律定爲不周徧。次說否定判斷謂詞之一定周徧。如言一切馬不是牛，必待確知牛的全外圍中不有一匹馬，而後始得如此說，萬一竟有一二匹是馬，則此判斷便不能成立。謂詞必盡其外圍，故必周徧。肯定判斷謂詞的不周徧、否定判斷謂詞的周徧、與墨子的一部分學說、頗相符合。小取篇云：「乘馬，不待周乘馬然後爲乘馬也，有乘於馬，因爲乘馬矣。逮至不乘馬，待周不乘馬而後爲不乘馬」。乘馬是肯定語，只要乘過一匹馬或數匹馬，即可說乘馬，故馬字是不周徧的。不乘馬是否定語，必須沒有乘過任何一匹馬，方可說不乘馬，故馬字是周徧的。

綜上所述，列表如左：

A	主詞周徧	謂詞不周徧
E	主詞周徧	謂詞周徧
I	主詞不周徧	謂詞不周徧
O	主詞不周徧	謂詞周徧

A判斷的主詞周徧與謂詞不周徧、都不免有問題。如人能說話、通常視爲A判斷，於是其主詞依例應屬周徧，但事實上嬰兒與啞吧不能說話，却不能不算是人。所以此主詞人字非眞周徧，僅指官能成熟而無殘缺的人而言。故A判斷主詞的周徧只是原則性的，事實上儘有例外。又如無父無母的孩子是孤兒，其所表示的、是第一圖，主詞外圍與

謂詞外圍同其寬狹。主詞周徧，謂詞亦必周徧。今若視爲A判斷，依例認定其謂詞爲不周徧，而取以爲大前提，則依推理規則，勢且不得斷言非無父母者之非孤兒。明明是毫無過失的結論，竟爲推理規則所不許，豈不使推理與事實脫節而陷推理規則於沒有實用價值的境地！爲救此害，許多理則學家主張：表示第一圖的、應另立爲一類，以與表示第二圖的A判斷相分別。此種判斷、因其主詞謂詞的內容與外圍同屬全全相同，故應稱爲同一判斷，以U爲符號，並規定其主詞謂詞兩俱周徧。於是判斷形式增爲五式，而依理可以成立的推理亦不致爲推理規則所無理拒斥。關於增設同一判斷之有利於推理，且俟講述推理時再說。

拒他判斷與除外判斷

有一種語句、爲人們所時常用到，其式爲：只有甲是乙或唯甲是乙。因爲句首用有唯字，故有人稱之爲唯字句。在理則學上，因其只許甲是乙，不許其他事物之亦爲乙，故稱爲拒他判斷。判斷的理則學形式、只有五式，沒有第六式。任何判斷，都可改造爲五式中的一式，拒他判斷亦非例外。有人直認唯甲是乙爲一切甲是乙，則不免有失精密而流於粗疏。粗疏的看法會釀成粗疏的論斷，既以自誤誤人，亦難逃識者的指摘，引例如下。

論語陽貨篇載有孔子的一句話：「唯女子與小人爲難養也」。意存詆毀孔子的人、藉口此語，譏孔子爲輕視女性。「難養」一詞、其含有輕視的意思，不能謂非實情。所謂輕視女性，其義當爲輕視女性全體。若僅輕視一部分女性，則在女性上應加限制語，不當籠統其詞。且輕視應予輕視的那一部分女性，正是尊重善惡的人所應爲，不足爲思想偏頗的罪名。故欲責孔子爲輕視女性全體，必先證明其「難養」之說係就女性全體而言。若僅言一部分女性難養，則僅表示其對於該部分女性的輕視，不能謂爲表示了對於全體女性的輕視。然而「唯女子……爲難養也」、可否解作一切女性均屬難養，則大有問題。依照常情而論，唯甲是乙、解作一切甲是乙，總屬冒險之舉，以避免爲宜。

唯甲是乙、究應解作判斷五式中那一式？解釋之道：第一步先就乙的外圍考慮其所包含者之究爲何事何物。判斷明說：唯甲是乙，只許是甲的事物包含於乙中，不許非甲的任何事物混入其內。依據此一情形，可以確實建立一個E判斷：一切非甲的不是乙。就乙而言，其外圍中既僅包含甲而不包含非甲，故又可確實建立一個A判斷：一切乙是甲。這兩個判斷、雖一爲E而一爲A，其義相通，可以互相轉變。惟此兩個判斷、未以甲爲主詞，未直接表示甲之於乙、其關係如何。好在既經知道了乙之於甲的關係，很易推知甲之於乙的關係。故第二步在於愼作推理。一切乙是甲，其謂詞不周徧，依照推理規則，不周徧的不得轉爲周徧，故只能轉變爲I判斷的有些甲是乙，不得轉變爲A判斷的一切甲是乙。按諸事實，其情形確亦如是。如言：只有人能作詩，事實上確是只有一部分人能作詩，不是個個人都能作詩。又如言：只有耳聾的人用助聽器，事實上亦確非個個耳聾的人都用助聽器。但事情往往不可一概而論，亦有拒他判斷所表示的、確係事實的全部而非其一部分。如言：只有人能笑，事實上確是人人都能笑。故拒他判斷、有僅可解作特稱判斷的，亦有可以解作全稱判斷的。不過解作特稱判斷，百無一失，絕對保險，解作全稱判斷，可能是，亦可能非，是非難有把握。故爲論斷健全計，欲釋拒他判斷爲全稱，應於拒他判斷外，別有資料爲之補助。故僅憑「唯女子……爲難養也」一語而責孔子爲輕視女性，實嫌論證不足，其癥結所在、在於忽視了句首之用有唯字。

拒他判斷有冠以否定詞，以示其爲容他的，如言不唯甲是乙，實例如孟子告子上篇的「非獨賢者有是心也」。此一判斷的解釋之道：先將句首的非字暫置不論，將獨字以下的當作拒他判斷而解作個個不賢的人不有是心。再將非字加上，如上節所曾述，便成I判斷的有些不賢的人有是心。亦可將獨字以下的解作個個有是心的人是賢人，再將非字加上，便成O判斷的有些有是心的人不是賢人。這兩個判斷可以相通，有些不賢的人是有是心的人，可轉變爲有些有是心的人是不賢的人，亦即不是賢人。故就形式而論，不唯甲是乙，應解作有些非甲是乙或有些乙不是甲。

又有一種判斷，可稱除外判斷，其式爲：除了甲，沒有是乙的，或除了甲，都是乙，此種判斷、雖若與拒他判斷頗不相同，實則即是拒他判斷，或至少甚易改造爲拒他判斷。如言：除了人，沒有能作詩的，等於說：只有人能作詩。又如言：除了修養深厚的人，都會衝動，等於說：只有修養深厚的人不會衝動。所以除外判斷的處理、只須先將其改造爲拒他判斷，而後再作更進一步的改造。

判斷間的對當

判斷四式、若其所用主詞相同，其所用謂詞亦相同，例如同以馬爲主詞，且同以動物爲謂詞，其相互間所具各種關係、總稱對當，得緣某一式判斷的是非，以推定其他諸式判斷的是非。對當關係、共有四種，如下圖所示。圖中僅列AEIO，未列U。因爲U本由A中分出，與A同多而異少，尤因U在對當關係中、其及於與受於他式判斷的影響、無異於A，故附入A中，不予另列。表示特稱的數量詞、如前已述，有兩種解釋。特稱判斷的對當關係、依該詞解釋的不同而不同，故有分述的必要。茲先依傳統的解釋說述，次依後起的解釋說述。

A與E、量同質異，構成反對對當，不能同時並是，却可同時並非。先說不能同時並是，A若可成立，則E必不能成立，反之，E若可成立，則A亦必不能成立。至其所以如此，只要利用主詞謂詞的外圍同異圖以從事思索，便可明如目睹。A之所以能成立、其所表示的、必爲第一圖，如言一切駒是幼馬，或爲第二圖，如言一切馬是動物，而此二圖必非E所得而表示，亦即決不得謂一切駒不是幼馬，亦不得謂一切馬不是動物，故E必非。E之所以能成立、其所表示的、必爲第五圖，如言一切馬不是牛，而此圖必非A所得而表示，亦卽決不得謂一切馬是牛，故A必非。綜而言之，A是，則E必非，E是，則A必非。次說可以同時並非。可非不是必非，故A非時、E可能非，但亦可能不非，反之，E非時、A亦可能非，可能不非。故可以同時並非、實卽其一非時，其他是非不定。A之所以成非、必其所表示的爲末三圖中的一圖。若爲第三圖，如言一切動物是馬，或者爲第四圖，如言一切馬是白的，則此二圖亦非E所得而表示，故若出以E的形式，亦必同屬非是。但若所表示的而爲第五圖，如言一切馬是牛，則此圖正爲E所唯一應當表示的，其必是而不非、無煩多說。故A非時、E或是或非，沒有一定。E之所以成非、必因其所表示的爲首四圖中的一圖，若爲第一圖與第二圖，正是A所當表示，故A是，若爲第三圖與第四圖，亦非A所當表示，故A亦非。綜而言之，E非時、A亦或是或非，不能推定。

I與O、亦量同質異，其所構成的、稱爲下反對，以別於AE間的反對，可以同時並是，但不得同時並非，亦卽其一是時、其他是非不定，其一非時、其他必是。先說可以同時並是。依傳統的解釋，表示特稱的「有些」、至少是有些，可能是一切。故I、除第五圖外，得表示其他四圖中的任何一圖。當其表示第一或第二圖而成是，適爲O所不得表示，故I是而O非。當其表示第三圖或第四圖而成是，適爲O所亦得而表示，故I是，O亦是。O、除第一圖與第二圖外，得表示其他三圖中的任何一圖，當其表示第三圖或第四圖而成是，適爲I所亦得而表示，故O是，I亦是。當其表示第五圖而成是，適爲I所不得表示，故O是而I非。合而言之，I與O、其一是時、其他或是或非，不有一定。次說不得同時並非。I所不得表示的、爲第五圖，故若就此圖作I判斷，其判斷必非。但此圖爲O所得而表示的諸圖中的一圖，故若就以作O，其判斷必是。又若就第一圖與第二圖作O判斷，其判斷必非，就以作I判斷，其判斷必是。合而言之，I與O、其一非時、其他必是。

A與I、E與O、質同量異，構成差等，全稱是時、特稱亦是，全稱非時、特稱不定，特稱是時、全稱不定，特稱非時、全稱亦非。先從全稱看特稱。就第一圖與第二圖而言，應作A判斷，但亦可作I判斷。就第五圖而言，應作E判斷，但亦可作O判斷。故全稱是時、特稱亦是，可從全稱之是，推定特稱之亦是而不會有誤。就後三圖作A判斷，無一不非，但就第三第四兩圖作I判斷，是而不非，就第五圖作I判斷，始成必非。又就前四圖作E判斷，無一不非，但若作O判斷，僅非於第一第二兩圖，不非於第三第四兩圖。故全稱非時、特稱有是有非，不得從全稱的非以推定特稱的是非。次從特稱看全稱。I判斷是於前四圖，A判斷則僅是於前二圖，不能是於中二圖。O判斷是於後三圖，E判斷則僅是於末一圖，不能是於餘二圖。故從特稱的是，無法推定全稱的是非。I判斷用以表示第五圖，非而不是，A判斷亦然。O判斷用以表示首二圖，非而不是，E判斷亦然。故從特稱的非，可以推定全稱的亦非。

A與O、E與I、質量俱異，構成矛盾，不能同時並是，亦不能同時並非，其一若是，其他必非，其一若非，其他必是。先說不能同時並是。A若是，其所指必係第一圖或第二圖，而此二圖正爲O所不能表示，故若就以作O判斷，其判斷必非。O若是，其所指必係後三圖之一，而此三圖正爲A所不能表示，故若就以作A判斷，其判斷必非。E若是，其所指必爲第五圖，而此圖獨爲I所不能表示，故若就以作I判斷，其判斷必非。I若是，其所指必係前四圖之一，而此四圖均爲E所不得表示，故若就以作E判斷，其判斷必非。綜而言之，A與O、E與I、其一若是，其他必非。次說不能同時並非。A之所以成非，必因其表示了後三圖之一，而此三圖正是O之所以成是的依據。O之所以成非，必因其表示了首二圖之一，而此二圖正是A之所以成是的依據。E之所以成非，必因其表示了前四圖之一，而此四圖正是I之所以成是的依據。I之所以成非，必因其表示了第五圖，而此圖正是E之所以成是的唯一依據。故A與O、E與I、其一若非，其他必是。

於此有特別提出來一說必要的、爲以單獨名稱爲主詞的A與E間的對當關係。A與E間的關係、在以普徧名稱爲主詞時，不能同時並是，但可同時並非，以單獨名稱爲主詞的A與E、却不盡然，只有其關係的一半，不有其關係的另一半。試設例以顯示其不盡然的情形。孔子是聖人、是一個是的A判斷，孔子不是聖人、是一個非的E判斷。一是一非，固合於不能同時並是的特徵。孔子是小人、是一個非的A判斷，孔子不是小人、是一個E判斷而不非。縱使改用事實名稱爲謂詞，如言：孔子是齊人，又言：孔子不是齊人，一A一E，依然一非一是，不成俱非。改用任何謂詞，都無法合於可以同時並非的特徵。故按其實情，已成了矛盾關係，不復是反對關係。推原以普徧名稱爲主詞的A與E之得同時並非，實緣其主詞所指的全類成自許多個體，而諸個體之中、有如是的，有不如是的。於是斷言其全類如是，固非，斷言其全類不如是，亦非。單獨名稱所指的、其全類成自一個個體。同此個體，不能既如是，同時又不如是，故取以爲主詞的A與E、一是則必一非，一非亦必一是。

判斷四式間的是非關係、綜上所述，列表如下。表中第一直欄的A是與A非等、表示A若是或A若非，其第二直欄以下的是非、表示各該直欄首格所擧各判斷由A是或A非等所推知的是非，不定二字、表示其有是有非，無法推定。

	A	E
A是		非
A非		不定
E是	非	
E非	不定	
I是	不定	非
I非	非	是
O是	非	不定
O非	是	非

I	是	不定	非	是			不定	是
O	非	是	是	不定	不定	是		

次依「有些」的後起解釋，一覰特稱判斷的對當關係與傳統解釋所獲致的結論有如何的不同。依後起的解釋，有些只是有些，不得謂一切爲有些，俾一切與有些、各保持其原有的意義，各發揮其應有的功能。故在全類如是或不如是時、只可作A或E，不得作I與O，若有所作，應當評其爲非。必在一部分如是而一部分不如是、A與E不能成立時、方可作I或O，始得謂I或O爲是。在如此限制之下，I所得而表示的、僅第三圖與第四圖，O所得而表示的、亦僅此二圖，其餘各圖俱非I與O所得而表示。

先說兩個特稱判斷相互間的是非。I僅是於第三圖與第四圖，非於其他三圖。O亦僅是於此二圖，而非於其餘三圖。同其所是，亦同其所非，其相互間的是非，至爲單純，是則同是，非則同非，可從此方的是非，推定彼方的是非。

次說全稱與特稱間的是非。第一圖與第二圖、就以作A判斷，則是，就以作I判斷，固非，就以作O判斷，尤非。第五圖、就以作E判斷，則是，就以作O判斷，固非，就以作I判斷，尤非。故全稱若是，特稱必非。A之所以成非、若起因於表示了第三第四兩圖，則I與O俱是，若起因於表示了第五圖，則I與O俱非。E之所以成非、若起因於表示了首二圖，則I與O亦非，若起因於表示了中間二圖，則I與O俱是。故全稱若非，特稱有是有非。I與O僅是於第三圖與第四圖，而此二圖、既非A所得而表示，亦非E所得而表示。故特稱若是，全稱必非。I與O之所以成非、若起因於表示了首二圖，則A是而E非，若起因於表示了第五圖，則A非而E是。故特稱的非、不能據以推定全稱的是非。

茲據上述，試作一表，俾與前表對照，以見其異。

	A	E	I	O
A是			非	非
A非			不定	不定
E是			非	非
E非			不定	不定
I是	非	非		是
I非	不定	不定		非
O是	非	非	是	
O非	不定	不定	非	

第十三章　複合判斷

原素判斷與複合判斷

判斷的基本形式、爲甲是乙或甲不是乙，成自一個主詞與一個謂詞。主詞與謂詞、可能各成自一個字，亦可能各成自許多字，其字數的多寡、可能相去甚遠。但不論字數多寡，只要合指一事一物，以待論謂，便算一個主詞，只要合指一事一物，用以論謂，便算一個謂詞。其他判斷形式、都由此基本形式發展而來，複合爲其發展的一條主要途徑。複合作用、是多層的，初由兩個以上具有基本形式而結構較爲簡單的判斷，合起來構成一個較爲繁複的判斷，繼又由繁複程度較低的判斷，合起來構成一個更繁複的判斷。其較繁複的判斷、因其爲較簡單的判斷所合成，故可稱複合判斷。那些較簡單的判斷、對複合判斷而言，因其爲所由以合成的原素，故可稱原素判斷。

複合判斷、計有三種。其一爲聯合判斷，其理則學形式爲：甲是乙且丙是丁，以甲是乙與丙是丁爲原素判斷，藉連詞且字或其同義詞的作用，合成一個複合判斷，其實例之最簡單者、如言：你來且我往。其二爲蘊蓄判斷，其理則學的形式爲：若甲是乙，則丙是丁，以甲是乙與丙是丁爲原素判斷，藉連詞若……則或其同義詞的作用，合成一個複合判斷，最簡單的實例、如言：你若來，則我往。其三爲析取判斷，其理則學的形式爲：甲是乙或丙是丁，以甲是乙與丙是丁爲原素判斷，藉連詞或字的作用，合成一個複合判斷，可用你來或我往以爲實例。以上所說、止於示例，務求簡潔，力避繁雜，故所舉複合判斷、不論形式與實例，各僅成自二個原素判斷。至於實際所用的複合判斷，其所由構成的原素、決不以二項爲限，儘有三項四項乃至更多的。

原素判斷與複合判斷之間、沒有絕對的區分。所謂沒有絕對的區分、卽言並非凡屬原素判斷的、決不能爲複合判斷，亦非凡屬複合判斷的、決不能爲原素判斷。一方面、雖有只能充任原素判斷而絕非複合判斷的，如馬是動物，或如你來。因其能與他判斷合成複合判斷，故是原素判斷，因其非由更簡單的判斷所合成，故不是複合判斷。但他方面、所有複合判斷、在理論上、無一不可以爲原素判斷，只是在實用上、已極繁複的複合判斷而再用作原素判斷，殊不方便，不得不適可而止，卒至釀成一種現象，好像有些複合判斷不能再爲原素判斷。以複合判斷爲原素判斷所合成的，可稱複合的複合判斷，其形式、如言：若甲是乙且丙是丁，則戊是己而庚是辛，其實例、如言：若你來而我往，則過從益密而友誼益厚。如此的例、雖已複合而又複合，猶屬簡單，尚可有更繁複的。

原素判斷甲是乙與丙是丁、本是兩個判斷。其間有無關係、僅憑這兩個判斷本身，不一定看得出，假有關係，其關係如何、亦不一定看得出。必待連詞爲之連結，而後其關係始明白顯現出來。故所用連詞不同，其關係亦隨以異。如上所述，原素判斷同爲你來與我往，連以且字，則成聯合判斷，連以則字，則成蘊蓄判斷，連以或字，則成析取判斷。故連詞既是複合判斷種類的標誌，亦是複合判斷意義的支柱，其在複合作用中所負任務的重大，無庸多言。連詞之於複合判斷、既如此重要，故在理論上是萬不可缺的，但在實用上、或因措辭力求簡潔，或因理智所可推測，往往省略不說。此種省略情形、口語中亦時或有之，文言文中則更屢見不鮮。

聯合判斷

聯合判斷的理則學形式、爲甲是乙且丙是丁，藉且字的連結，使甲是乙與丙是丁合成一個判斷，以示所聯合者之俱是與並存。表示聯合的連詞、除且字外，尚有而字又字亦字等，試引論語中的語句，以見其例。其用且字爲連詞的，如爲政篇的「有恥且格」，又如先進篇的「可使有勇，且知方也」。其用而字爲連詞的，如爲政篇的「譬如北辰居其所，而衆星共之」，又如里仁篇的「君子欲訥於言，而敏於行」。其用又字爲連詞的、如子罕篇的「天固縱之將聖，又多能也」，又如憲問篇的「不能死，又相之」。其用亦字爲連詞的、如先進篇的「不踐過，亦不入於室」，又如衞靈公篇的「知者不失人，亦不失言」。論語所載語句、其用有而字以爲連詞的、誠然爲數不少，其省略連詞的、似乎更多。不論所聯合項數的多寡，同有省略連詞的實例。其聯合二項而省略連詞的、如里仁篇的「君子喩於義，小人喩於利」。其聯合三項而省略連詞的、如子罕篇的「知者不惑，仁者不憂，勇者不懼」。其聯合四項而省略連詞的、如顏淵篇的「非禮勿視，非禮勿聽，非禮勿言，非禮勿動」。其聯合五項而省略連詞的，如陽貨篇的「恭則不侮，寬則得衆，信則人任焉，敏則有功，惠則足以使人」。其聯合六項而省略連詞的、如同篇的「好仁不好學，其蔽也愚，好知不好學，其蔽也蕩，好信不好學，其蔽也賊，好直不好學，其蔽也絞，好勇不好學，其蔽也亂，好剛不好學，其蔽也狂」。其聯合七項而省略連詞的、如同篇的「詩、可以興，可以觀，可以群，可以怨，邇之事父，遠之事君，多識於鳥、獸、草、木之名」。其聯合九項而省略連詞的、如季氏篇的「視思明，聽思聰，色思溫，貌思恭，言思忠，事思敬，疑思問，忿思難，見得思義」。其所聯合的、或爲僅具基本形式的簡單判斷，如「君子喻於義」與「知者不惑」等，或爲其本身已是複合判斷，如「恭則不侮」與「好仁不好學，其蔽也愚」等。

聯合判斷所聯合的各項、在本質上、是平列的。所謂平列、意卽資格相等，任務相等，並無主從的差別，亦無重輕的等第。不過一張嘴不能同時說兩件以上的事，一枝筆不能同時寫兩件以上的事，必待一件事說完寫完以後，方能說或寫另一件事，所以不能不有一個先後。爲了表明平列的精神，爲了防止疑以先後分別重輕的誤解，理則學特別規定：所聯合的原素可以自由易項。如就甲是乙且丙是丁而言，儘可倒過來說：丙是丁且甲是乙，其義完全相同，絲毫沒有變動。我們中國人有一種很通行的看法，以爲先後表示着重輕或尊卑，說在前的，一定較重或較尊，說在後的，一定較輕或較卑。於是研究論語的人，見了述而篇「子以四教：文、行、忠、信」的先說文後說行與先進篇「德行……言語……政事……文學……」的先說行後說文，次第不同，遂以為各有用意，乃有「四教以文為先，自博而約，四科以文為後，自本而末」的解釋。實則論語未必定有以敍述先後表示對象重輕的通例，很可能如理則學所主張，敍述順序無關重輕。論語的記載中、有好幾處，令人不得不作如此想，試舉其最顯著的。顏淵篇載：子貢問治國之道，孔子答云：「足食，足兵，民信之矣。」，最先舉食，其次舉兵，最後舉信。及子貢問到「必不得已而去」的時候，孔子答以最先去兵，其次去食，信則必不可去。是則在孔子心目中、信最重要，食次之，兵最輕。孔子未依事物的重輕以安排敍述的先後，正透露了先後與重輕的無關。憲問篇載：「邦有道，危言、危行，邦無道，危行、言孫」。在一章之中、上一句先說言後說行，下一句先說行後說言。子罕篇的「知者不惑，仁者不憂，勇者不懼」、先說智者，次說仁者。憲問篇的「仁者不憂，知者不惑，勇者不懼」、先說仁者，次說智者。同屬言與行，同屬智者與仁者，而敍述有時先此後彼，有時先彼後此，正符合可以易項的原則。論語的文例與理則學的規定、竟不謀而合，可說是心同理同的一種具體表現。

聯合有順聯與逆聯的分別。所謂順聯、即言前項與後項所表示的、趨向相同，逆聯則趨向相反。如言：我好心照顧他，他對我也很有好感，這是順聯，因為前後所說、都趨向於友好的表示。若言：我雖好心照顧他，他却恨我，前項表示友好的情形，後項表示不友好的情形，趨向相反，故成逆聯。又如說：他用心聽講，且作筆記，是順聯。若說：他雖聽講，但心不在焉，則為逆聯。逆聯判斷、在普通言談中、大抵其一項用有雖字，其另一項用有但字或却字，故較易於認識。文言文崇尚簡潔，大抵省略連詞，故無此方便，但一究其意義，亦不難分辨其順聯與逆聯。如里仁篇的「仁者安仁，知者利仁」、如子路篇的「近者說，遠者來」、一見卽可識其為順聯。如八佾篇的「夏禮、吾能言之，杞不足徵也」、如顏淵篇的「是聞也，非達也」、其為逆聯，亦不難辨認。文言文中、雖大抵省略連詞，但亦間有不省略的，如子路篇的「小人……說之雖不以道，說也」。

簡主簡謂的判斷與複主複謂的判斷

聯合判斷所由以合成的原素判斷、若其主詞相同，則可僅說一次而省略其餘各次，以成簡化的聯合判斷。如甲是乙與甲是丁、一經聯合，可簡化為甲是乙而且是丁。如此簡化了主詞的、可稱簡主判斷。又若其謂詞相同，亦可僅說一次，不必每次俱說。如甲是乙，丙亦是乙，則聯合以後，可簡化為甲與丙是乙。如此簡化了謂詞的、可稱簡謂判斷。這兩種判斷、論語中各有其實例。先說簡主判斷，衞靈公篇的「知者不失人，亦不失言」、係智者不失人與智者不失言兩個原素判斷所合成，原應說兩次的主詞「知者」、簡化爲僅說一次。述而篇的「子不語怪、力、亂、神」、係子不語怪、子不語力、子不語亂、子不語神：四個原素判斷所合成，原應說四次的主詞、簡化爲僅說一次。次說簡謂判斷，里仁篇的「富與貴，是人之所欲也」、係富是人之所欲與貴是人之所欲兩個原素判斷所合成，原應說兩次的謂詞「是人之所欲也」、簡化爲僅說一次。先進篇的「今由與求也、可謂具臣矣」、係子路是具臣與冉有是具臣兩個原素判斷所合成而簡化了謂詞。其下文「弑父與君，亦不從也」、明係承「今由與求也」而來，亦即明以子路與冉有爲主詞。故此聯合判斷、係子路不會從命弑父、子路不會從命弑君、冉有不會從命弑父、冉有不會從命弑君：四個原素判斷所合成，不但謂詞多所簡化，主詞亦有所簡化。

有些判斷、其外形頗與主詞或謂詞簡化了的聯合判斷相似，其實質則不與相同。其似簡主判斷而實非的、如述而篇的「子溫而厲」與憲問篇的「夫子欲寡其過而未能也」、因其謂詞爲複合概念，應稱複謂判斷。其似簡謂判斷而實非的、如爲政篇的「見義不爲、無勇也」與憲問篇的「貧而無怨難」、其主詞係複合概念，應稱複主判斷。簡主簡謂與複主複謂的分別、以能否分析爲兩個以上的判斷爲準。簡主與簡謂、原屬兩個以上的判斷所合成，其得分析而還原、自屬當然。如簡主的「子不語怪、力、亂、神」、所說本屬四件事，自可分析爲四個判斷，以清眉目。至若「子溫而厲」，非謂孔子具有兩副面目，對某一些人溫和，對另一些人嚴厲，乃謂溫中帶厲，厲中帶溫，令人覺得可以親近，但亦不敢侮慢。「溫而厲」、只是一件事，故不得分析爲子溫與子厲兩個判斷，倘竟分析爲二，便與原義相違。「夫子欲寡其過而未能也」所表示的、亦只是一件事，謂有心減少過失而未能做到。其所未能做到的、即是過失的減少，不是他事。故若析爲兩個判斷，則後一判斷「夫子未能」、其意義便將有欠明確了。簡謂的「今由與求也、可謂具臣矣」所說的子路與冉有、是兩個人，自屬兩件事，自可析爲兩個判斷。至如「見義不爲、無勇也」，若析爲兩個判斷，謂「不爲」爲「無勇」，尚可說得過去，謂「見義」爲「無勇」，則不可通，故此一判斷不能認爲簡謂的複合判斷。「貧而無怨難」、若析而爲二，雖可謂「無怨」爲「難」，却不當謂「貧」爲「難」，故亦只能視爲複主的單一判斷。

簡主簡謂的聯合判斷與複主複謂的單一判斷、有分別清楚的必要，若誤此爲彼或誤彼爲此，可能釀成甚不合理的錯誤思想。相傳清初有一個貳臣，文名甚盛，告老以後，在故鄉經營一座花園，以逸老二字爲園名。有人撰一聯以譏誚之，聯云：「逸居無教則近，老而不死是爲」。上聯採用孟子滕文公上篇的「逸居而無教，則近於禽獸」，下聯採用論語憲問篇的「老而不死，是爲賊」。從文學的眼光看，罵得痛快淋漓，不能不謂爲一聯絕妙的好對，從理則的眼光看，則下聯斷章取義，是一種令人難以原諒的誤解或曲解。論語原文云：「幼而不孫弟，長而無述焉，老而不死，是爲賊」，應當是一個複主的單一判斷，不可能是一個簡謂的複合判斷，亦即不可能分析爲三個判斷，而「老而不死，是爲賊」、尤不能成爲一個有當於理的判斷。僅僅老而不死，只要是具有常識而又思想不太粗疏的人，都不會評其爲賊，何況孔子！且依雍也篇所載，孔子曾說：「仁者壽」，又依公冶長篇所載，孔子以「老者安之」爲其志願之一。孔子尊重老者，決不會對於別無慙德的老者、僅因其不死而作此惡評。

蘊蓄判斷

蘊蓄判斷的理則學形式、爲：若甲是乙，則丙是丁。冠有若字或其同義詞的甲是乙、稱爲前件，表示其爲前驅的原素判斷。冠有則字或其同義詞的丙是丁、稱爲後件，表示其爲後果的原素判斷。實際上所用的判斷、其形式不一定如此完整。現在試從論語中引些實例，先引其形式完整的，次引其形式不完整的，終引其實質明顯而形式含混的。初引的、其前件冠有如字，其後件冠有則字，不待體察其意義，一見便知其爲蘊蓄判斷，如雍也篇的「如有復我者，則吾必在汶上矣」，又如先進篇的「如用之，則吾從先進」。次引的、前後兩件中、僅有一件用有表示其任務的字眼。有以苟字表示其所冠者之爲前件的，如述而篇的「苟有過，人必知之」，又如顏淵篇的「苟子之不欲，雖賞之不竊」。間亦有用而字以表示其爲前件的，如爲政篇的「人而無信，不知其可也」，又如憲問篇的「士而懷居，不足以爲士矣」。關於後件，用則字來表示的、其數最多，如述而篇的「奢則不孫，儉則固」，又如子路篇的「上好禮，則民莫敢不敬，上好義，則民莫敢不服，上好信，則民莫敢不用情」。又有用斯字爲後件的表記的，如公冶長篇的「再，斯可矣」，又如述而篇的「我欲仁，斯仁至矣」。間亦有用故字或然後二字以表示其下文爲後件的，如先進篇的「求也退，故進之，由也兼人，故退之」，如雍也篇的「文質彬彬，然後君子」。負有前件後件的任務而別無文字爲之表明的，數亦不少，如述而篇的「不憤，不啓，不悱，不發」，又如衞靈公篇的「人無遠慮，必有近憂」。

蘊蓄判斷別有一個相當通行的名稱，叫做假言判斷，意謂在某一假設之下所論定。此一名稱，易啓誤解，一方面可能引致過於拘謹的誤解，另一方面又可能引致過於放肆的誤解。其過於拘謹的誤解，謂假設含有虛擬的意思，與事實的敍述應不相同，其內容所指、他日縱有實現的可能，但在判斷當時必尚未實有其事。倘已實有其事，儘可直說其事如何，不當出以假設的口氣：謂假若如何，則其事如何。例如嚴寒時河水凍結了，則只須說：河水凍結了，不當說：倘然冷極，則河水凍結。如此的假言判斷、至多在其事尚未實現時，如在夏秋之間，還可以說，到了其事已經實現，則必不可說。依此所釋，嚴寒則河凍這句話、有可說之時與不可說之時，不是任何時都可說的。孔子經巫馬期轉告陳司敗的指摘以後所說的「苟有過，人必知之」、亦說在不當說的時候了。如此拘謹的誤解、反映了假言判斷這個名稱之不盡適宜。其過於放肆的誤解、則謂假設既屬虛擬，自可自由設想而不受任何拘束，甚且謂假設應以大膽爲特色，不必依現有知識以評定其合理與否，不必以想入非非爲禁忌，越是想入非非，越有寬濶的研究天地，越有新奇發見的可能。故在任何前件之下，可取任何事情以爲其後件，不能不許其成爲一個合式的判斷。如說：二五若是一十，則我是一個十足的好人，固可成爲無瑕可摘的判斷。元旦若天氣晴朗，則諸般設施莫不順利，更屬無懈可擊的判斷了。於是諸種迷信的話、都有成爲假設的權利，思想且因此愈失其清明。故以假言爲一類判斷的名稱，可能使其成爲一切荒謬判斷的逋逃藪。

不稱假言而稱蘊蓄，則可以預杜誤解而益顯眞義。蘊蓄、意卽前件所說的事情之中、蘊藏着或含蓄着後件所說的事情，只要有前件處，一定會有後件，亦卽只要有前件的引發，一定會有後件的追隨，不會有了前件的作用，而後件不追隨而來的。此一引一隨的關係、就是蘊蓄。試舉淺顯的實例，如太陽光一經照入，室內便光明起來，陽光的照入、是前件，室內的光明、是其後件。有此前件爲之引發，不可能無此後件爲之追隨。故蘊蓄關係、是一種必然的關係，是條件與後果的關係，且亦包含着原因與結果的關係。認明此一關係之爲本類判斷的特徵而固執之，則上述的兩種誤解都不會發生。第一、前件必須力能引發後件，後件則須必然追隨前件。前件而不定引發後件，則不足以爲該一後件的前件，後件而不定追隨前件，則不足以爲該一前件的後件，亦卽兩事而不具有一引一隨的必然關係，不得就以建立蘊蓄判斷。數學上的乘除與人格的善惡、氣候的陰晴與行事的成敗、各無一引一隨的必然關係，故謂二五若等於一十，則我是好人，或謂元旦天氣若晴朗，則諸事順利，都不是理則學上所能許其成立的判斷。第二、兩事而確實具有一引一隨的必然關係，則引發者一定可以爲前件，追隨者一定可以爲後件，亦卽兩者一定可以複合以成蘊蓄判斷，至於其事之或爲虛擬或爲現實，則毫無關係。事之虛擬者、如言人人能不以自己所不欲的施於他人，則社會可以增進安寧，前後件所說雖均未成爲事實，其前件之能引發後件、則爲事理所必至，故是一個合式的蘊蓄判斷。嚴寒一到，河水凍結，是現實的景況，其間具有引發與追隨的必然關係，則事實具在，甚易覆按。蘊蓄判斷的主要目的、在於顯示此一必然關係的存在。此一必然關係、不僅存於前後件所說未成事實的時候，亦存於成爲事實的時候，決不會因其已成事實而反消失。故嚴寒則河凍，可說於夏秋之間，亦可說於嚴寒旣至河水已凍之後，任何時都不失爲眞理。

前件與後件、其所具作用有別，其所負任務不同，故前件始終是前件、不得倒過來充任後件，後件始終是後件，不得倒過來充任前件。例如若陽光照入，則室內光明，不得倒過來說：若室內光明，則陽光照入。因爲陽光照入，纔有變暗黑爲光明的能耐，足以充任室內光明的條件。至若室內光明，並無引入陽光的能耐，自不足以充任陽光照入的條件。不過條件有唯一的與非唯一的之分。所謂唯一的、卽言只有某一件事情力能招致後件，其餘都無此能耐。所謂非唯一的、卽言有好幾件性能不同的事情，各能單獨引發後件。例如陽光照入，不是室內光明的唯一條件，因爲夜間沒有陽光，點了燈，同樣會光明。至如說：甲若大於乙，則乙小於甲，此一前件、當是唯一條件，因爲除了甲大於乙，乙是不會小於甲的。上言前件後件不能倒轉，是專就非唯一條件說的。若是唯一條件，則可互爲條件，既可說：若甲大於乙，則乙小於甲，亦可倒過來說：若乙小於甲，則甲大於乙，因爲甲之所以能大於乙，無非起因於乙之小於甲。判斷形式的若甲是乙，則丙是丁，因其着重於顯示前件之必能引致後件，故通常適用於非唯一條件的判斷。若欲顯示前件之爲唯一條件，理應加一僅字，謂僅若甲是乙，則丙是丁，但日常的言語文字殊少如此的說法。中國文中、有從積極消極兩方面來說，以顯示其前件爲唯一條件的。例如論語顏淵篇的「百姓足，君孰與不足，百姓不足，君孰與足」、謂若百姓富足，則君亦富足，若百姓不富足，則君亦不富足，以論定百姓的富足應是國君富足的唯一條件。

任何事情，不論其爲道理上可能有的或不可能有的，都可取以爲前件與後件的資料，沒有任何限制。但在前後件的搭配上，則多少有些限制，不能絕對自由。前後件的可能有與不可能有、互相搭配，可有四種情況：一、前後件都可能有，二、前後件都不可能有，三、前件可能有，後件不可能有，四、前件不可能有，後件可能有。此中第一第二與第四、搭配得當，都可構成蘊蓄判斷，第三則搭配未得其當，不能成立。第一、如言：若養料豐足，則成長順利，第三、如言：若神通廣大，則可以不食而生，第四、如言：若神通廣大，則可以終身無病。這三種判斷、都可成立。第三、如言：若衞生周到，則不會死亡。唯此一種，不得成立。第三與第四的兩個原素判斷、同屬一可能有與一不可能有，何故其一得成判斷而其一則否？關鍵所在、還是在於蘊蓄判斷成立要件的一引一隨關係之能否實現，亦即前件所說一成事實，後件所說會不會隨即跟踪而來。前件所說、若是不可能有的，必永無成爲事實的一天，引發的動力既無由存在，自不容指望後件所說的追隨。所以只要道理上容許其有一引一隨的可能，即不妨姑取以爲前件與後件，第四情況之得成判斷、其故即在於此。前件所說是可能有，則不乏實現的機會，後件所說不可能有，則絕對不會實現。前件所說一旦實現，而無法招致後件所說，不能發揮引發的功用，自不足以充當前件。前後所說、既不能具有一引一隨的關係，第三情況之不能構成蘊蓄判斷、自屬當然。

近時理則學家中、有主張廢除主謂判斷而將其解作蘊蓄判斷的。主謂判斷與蘊蓄判斷之得互相轉變、原爲傳統理則學所是認。例如主謂判斷云：用功的學生有好的成績，可改作蘊蓄判斷云：學生若用功，則其成績好。又如蘊蓄判斷云：若陽光照入，則室內光明，可改作主謂判斷云：陽光照入之室是光明的。主張廢除主謂判斷的學者不以互轉爲滿足，謂一切主謂判斷、依其實質而言，盡是蘊蓄判斷，不能別成一類。例如馬是動物，其實質應爲：其物若是馬，則其物是動物。此一主張、是否足取，有可疑之點三：一、馬是動物、詞甚簡單，一經改爲蘊蓄判斷，則其詞較繁。原屬簡單的、有否改成繁複的必要！二、馬是動物、是實際說話作文時習用的形式，且爲常人所易於理解，其物若是馬，則其物是動物，不是常人所用的形式，亦不是常人所易於理解的語法。原屬富有實用價值的、有否改成沒有實用價值的必要！三、主謂判斷、如第十一章所述，有顯性歸類的功用，蘊蓄判斷的功用、則在顯示一引一隨的關係，兩者功用不同。是否顯性歸類的功用無益於思想而可予廢棄，甚或有害於思想而必須廢棄！

析取判斷

析取判斷的理則學形式、爲甲是乙或丙是丁，你來或我往、可用以爲最簡單而具體的例。所謂析取、卽言分析而加以擇取。析取判斷別有一個相當通行的名稱，叫做選言判斷，間亦有人稱之爲離接判斷。這兩個名稱、用以顯示該類判斷的特徵，都嫌有些偏而不全。選言判斷這個名稱、顯示了擇取的意義，而分析的意義、則顯示得不夠明白。離接判斷這個名稱、只夠顯示離析的意義，而於擇取的意義、可謂絲毫未有所顯示。故採用析取判斷一名，以期顧名卽可以把握該類判斷特徵的全貌。試卽上例、說明其應稱析取判斷的理由。你我二人欲圖會晤，依當前的實際情況分析起來，可由的途徑、計有二條：其一爲你來我處，其另一爲我往你處，二者之中、可以任取其一。

聯合判斷與蘊蓄判斷、爲中國古人所常用，故在古籍中可以引用的實例、爲數甚多，析取判斷似乎爲古人所不常用，故在古籍中搜求實例，不易多得。且有若干、實質上應當解作析取判斷，形式則不與近似，或相去頗遠。如論語子罕篇的「吾何執？執御乎，執射乎」、按其實質，本屬析取判斷，意謂我將做駕駛員還是做射手，二者之中、當擇其一。但其表示方式、不甚相類。且有形式採取他種判斷而其實質應屬析取判斷的，例如荀子富國篇的「凡攻人者、非以爲名，則案以爲利也，不然，則忿之也」。觀其形式，似應解作蘊蓄判斷，但究其實質，則與其解作所表示者之爲蘊蓄關係，不如解作所表示者之爲析取關係，更爲適切。此一則言論的要義、謂攻伐他國，或爲了弋取弔民伐罪的美名，或爲了攘奪土地貨財的實利，或爲了報復欺侮侵凌的仇恨，三者必居其一。孟子書中、頗有符合理則學形式的析取判斷，如滕文公上篇的「夫物之不齊、物之情也，或相倍蓰，或相什伯，或相千萬」，又如萬章上篇的「聖人之行不同也，或遠，或近，或去，或不去」，均可引以爲例。

析取判斷的兩個原素判斷、若其主詞相同，則可省說主詞一次，若其謂詞相同，則可省說謂詞一次。例如我去或我不去，則可省爲我去或不去，你去或我去，則可省爲你或我去。析取判斷、亦如聯合判斷，可以隨便易項，故既可說：你來或我往，亦可倒過來說：我往或你來，敍述的先後雖顚倒，判斷的意義則依然如故，沒有絲毫變動。

析取判斷所由成的原素判斷、通稱爲支，爲了表示其爲析取判斷所專用，特別稱爲析取支。在你來或我往這一判斷中、你來與我往、各爲一支。成自二支的析取判斷、可說是最簡單的。若僅有一支可舉，則不成其爲析取判斷，因爲既未有所分析，亦不能有所擇取。故同一言詞而順序顚倒，如朝三而暮四或暮四而朝三，同一事實而用名不同，如二五或一十，文字上雖似二支，意義上實僅一支，亦不足以構成析取判斷。又如馬或四足獸，前後二支雖非同義，但馬是四足獸中的一小類，以四足獸爲其內容的一部分，擇取四足獸，固未必擇及馬，擇取馬，則定已擇及四足獸。時或不定兼取，時或一定兼取，不足以充分發揮擇取的意義，故亦不足以用爲名副其實的析取支。

析取支以舉示二支爲最少限度，多則可自三支以至許多支，沒有一定限制，事實上有多少支應舉，卽舉多少支。例如說到物質的形態，應舉三支：或固體或液體或氣體，說到一年的四季，應舉四支：或春或夏或秋或冬，說到五行，應舉五支：或金或木或水或火或土，乃至說到天干，應舉十支，說到地支，應舉十二支。綜而言之，那待分析的對象包含多少小類，卽須枚舉多少支，務求舉盡，不有遺漏。若不能舉盡，便成殘缺的析取判斷，雖猶具有析取判斷的形式，不能發揮析取判斷的實用。因爲所遺漏的、縱僅一支，而所當擇取的、可能正是這一支。試引孟子梁惠王上篇中的一段文字，以見其例。孟子語齊宣王曰：「王之所大欲、可得聞與？」王笑而不言。曰：「爲肥甘不足於口與？輕煖不足於體與？抑爲采色不足視於目與？聲音不足聽於耳與？便嬖不足使令於前與……」曰：「否，吾不爲是也。」曰：「然則王之所大欲，可知已。欲辟土地，朝秦楚，蒞中國，而撫四夷也」。孟子初時所說、誠屬故意假裝不知而作了一個殘缺的析取判斷，以備引發其後來所說的一番大道理，但足引以示例：殘缺的析取判斷不能滿足實用的需求。

析取支不得採用同義名稱，故必異名異實而後可。同名異實，雖不同義，但易惑於同名而不注意其異義，故爲了避免混亂，以不用爲宜。異名異實的不同、計有三種：一爲別異，有可以相容的，有不能相容的。二爲反對，雖可容中，却互不相容。三爲矛盾，絕對相拒。故析取支有相容與相拒的分別。如言：花或美或香，其兩支是相容的。如言：數目或是偶數或是奇數，其兩支是相拒的。相容與相兼、其義有別。相容可以相兼，但不一定相兼，亦卽相容之中、有相兼的，有不相兼的。至於相拒，則只會離絕，決不會相兼。故相容的析取支、如花或美或香，其事實上所可包括的情況、其開展後所可得的結果、計有三種：一爲美而不香，二爲香而不美。三爲既美且香。相拒的析取支、如數目或偶或奇，則只有二種可能：一爲偶而不奇，二爲奇而不偶。此係就二支者舉例，支數愈多，則其可能數亦隨以愈繁。亦有析取支、在事理上原屬相容，經加上限制後，始轉成相拒。例如說：你去或他去，在通常情情形下，本可你他二人俱去，若經通知，只可一人前往，不得二人同往，則只能你去他不去或他去你不去了。

析取支之中、至少必須有一支，其所說是事理上所可能有的，若各支所說、盡是事理上所不可能有，則無支可取，析取判斷勢且無從成立。如就兩支者而言，細菌是動物或植物，其兩支所說、俱屬可能有，擇取的範圍寬廣，饒有迴旋的餘地，自屬析取判斷的最好資料。若說：馬是動物或是植物，其前一支所說、是可能有，其後一支所說，是不可能有，擇取受有限制，但尚不無可取，析取判斷差可成立。若說：馬是植物或是礦物，兩支所說、同屬不可能有，既都不在可取之列，自不能資以建立合格的析取判斷。

連詞省略的弊病

中國人作文，向來崇尚簡潔，憎惡冗長，凡雖省略而無損於意義之完整與清明的，固莫不省略，縱使省略的結果、意義稍呈殘缺與混濁，亦不惜省略。省略之極、卒至如「夔一足」，如「穿井得一人」，其眞義陷於湮沒，誤解流行，令人迷惑。韓非子外儲說左下載：「哀公問於孔子曰：『吾聞夔一足，信乎？』曰：『夔、人也，何故一足！彼其無他異，而獨通於聲，堯曰：『夔一而足矣』，使爲樂正」。「一而足」、僅僅省略了一個而字，便令人誤解其爲只有一條腿。呂氏春秋察傳篇載：「宋之丁氏、家無井，而出溉汲，常一人居外。及其家穿井，告人曰：『吾穿井得一人』。有聞而傳之者曰：『丁氏穿井得一人』。國人道之，聞之於宋君。宋君令人問之於丁氏，丁氏對曰：『得一人之使，非得一人於井中也』」。省略了「之使」二字，遂傳爲奇聞，使宋君而不令人調查，終且眞相不明，釀成迷信的傳說。所以過分省略，難免令人發生得不償失之感。

複合判斷的三種、其所賴以標明其類別與顯示其作用的，全在於所用連詞的不同。設或略去連詞，其分別勢且無從顯現，其作用亦且無由發揮。例如你來與我往，必待連以且字，而後始知其並是而共存，必待連以則字，而後始知其一引必一隨，又必待連以或字，而後始知其容許擇取。在中國文中，這些連詞因爲常常遭遇不當省略的省略，遂養成人們忽視連詞重要性的習慣，於其應有的分別及其特具的作用、不加注意。此種疏忽，雖在賢者，時或有所不免。論語八佾篇載孔子語：「君使臣以禮，臣事君以忠」。朱註云：「二者皆理之當然，各欲自盡而已」，明謂使臣與事君，各有其應盡之道，不隨對方的態度而有所變異，亦即使臣之必須以禮與事君之必須以忠、都是沒有任何條件的。但其下文又引尹氏語云：「君臣以義合者也，故君使臣以禮，則臣事君以忠」，明言臣之事君以忠，以君之使臣以禮爲條件，君而使臣以禮，臣固當事君以忠，君若使臣不以禮，則臣之事君應否以忠、不免別成問題了。尹說明與朱註自身所說相抵觸，朱註竟予以引用而又無一言調解，令人不能不懷疑朱註之忽視了尹說中的用有則字。

心安理得一語，爲人們所時常道及，且引以爲行事所當遵循的準則，謂做人做事，必須做到心安理得。心安與理得，除了主張「心卽理」的理學家以外，都認爲兩件不同的事情。心安所重、在於無愧無怍，主觀的色彩較濃。理得所重，在於利人利己，客觀的色彩較濃。我們若不求甚解，固可含胡其辭，不察其分別、不究其關係。若欲引以爲行事的準則，則其有無主從或輕重的分別，似乎不可以不知其大略，否則勢且不知從何處着手，不知在何處用力。有無主從以及孰重孰輕的論定、不是理則學的分內事。理則學僅負有義務，提醒大家：心安與理得之間、若用有連詞以表明其爲何種複合判斷，則應用起來，更不致茫無頭緒，定可益得其指導的實惠。心安與理得、同屬可能有的事情，故得連以且字以作聯合判斷云：心安且理得。依以行事，則心安與理得兩方面必須同等致力，不可偏重偏輕。亦得連以則字以作蘊蓄判斷云：心安則理得。依以行事，則只須於心安上盡其全力，因爲一經心安，理必不招而得。又可連以或字以作析取判斷云：心安或理得。依以行事，則可於兩者之間、任取其一以爲致力的目標，其他則置之不顧，亦可兼取兩者，不分輕重。所用連詞不同，所含意義亦隨以異。故欲發揮心安理得這句話的功用，應當運用連詞以明示其意義。例如要求行事之心安與理得並重，必須明說：行事要心安且理得，不但不可省去且字，且當加重其語氣，以杜絕聞者的發生誤解。連詞省略不用，徒增迷惑，是無益而有損的。

三種複合判斷可以互相轉變。例如聯合判斷得轉變爲蘊蓄判斷，亦得轉變爲析取判斷。但我們不可因此誤會：以爲既可轉變，必可相通，既可相通，何必分淸彼此。所謂轉變，只許更改形式，不許更改意義，意在表示：同一意義，可表以不同的形式。故轉變的實施，不是沿用本來的原素判斷而僅僅更改連詞所能了事。例如原屬聯合判斷的心安且理得、轉變爲蘊蓄判斷，若僅僅更改連詞而說：心安則理得，便與原義大相逕庭，必須同時更改判斷的質而說：不是心安則理不得，方可不失原義。轉變爲析取判斷，同樣有變質的必要，不得說：心安或理得，却須說：不是心不安或理不得。其他二種判斷的轉變、亦須經由如此的途徑。所以轉變自轉變，類別自類別，形式的轉變、並不意味着判斷類別的取消。心安且理得、是習用的說法而爲人所易於理解，故有實用價值，轉變所得、則與相反，沒有實用價值。另二種判斷轉變的結果，亦復如是，不必具說。

第十四章　直接推理

推理

推理與經驗、同爲知識的源泉，這是古今中外大家所是認的。論語公冶長篇載有子貢語：「回也聞一以知十，賜也聞一以知二」。此中所云「聞一」、卽係指經驗而言，所云「知十」與「知二」、卽係指推理而言。子貢作此語，可見當時已經認得一切知識莫不來自經驗與推理。因明說到知識的淵源，亦歸結爲現比二量。現量卽是經驗，比量卽是推理。

推理與經驗、相依爲用。沒有經驗，推理無由開展，沒有推理，經驗無由完成。就推理而論，一方面全靠經驗爲其基礎，始得進行自家的開展，他方面必須參與經驗，以幫助經驗的完成。經驗了這匹馬之爲動物與許多別的馬之亦爲動物，始得推定馬之無一不是動物。又經驗了牛羊等之同爲動物，乃得推定動物之非盡屬於馬。故推理以經驗爲基礎，是建築在經驗上的。然而經驗的完成，亦有賴於推理的幫助。見了馬，其所以能知其爲馬且進而知其爲動物，如第四章第四節所曾述、除了純粹知覺供給質料以外，亦賴舊有知識爲之解釋。舊有知識的解釋、其作用正與推理作用相同，實難謂爲不當歸入推理之列，其與通常所說推理的不同處、僅在其不爲人所意識而已。

廣義的推理、雖當兼括經驗所由以完成的無意識的解釋，但理則學上所欲研討的、則以建築在經驗上而爲人所意識的推理爲限。此云推理、簡言之，卽自既有的判斷內引出一個別的判斷來，是就既有的知識有所擴展，不是於既有知識以外有所創造。既有的判斷是理由，引出的判斷是結論，故亦可說：推理是自理由出發以達於結論的過程。每一判斷、有其顯示的意義，亦有其隱含的意義。例如就馬是動物而言，馬之具有動物的性能及其爲動物的一類，是此一判斷的顯示意義，馬與動物以外的物類相離絕，馬之具有形體、具有生命、乃至具有知覺、是此一判斷隱含的意義。僅憑此一判斷的本身或兼憑其他判斷的幫助，把這些隱藏意義顯示出來，以另成一個判斷，這就是推理。推理能力、爲人類所獨擅，其他動物、雖甚高等者，亦少有長於推理的明顯跡象。故粗略地說，推理能力的有無、是人獸的分界，推理能力的高低、是人類智愚的等第。子貢所說的「回也聞一以知十，賜也聞一以知二」、正以顏淵的推理能力高於自己的推理能力爲理由，證明自己的才智不及顏淵。

推理有直接與間接的分別。一個判斷、僅憑其自身所用的兩個概念，不借助於第三個概念居間媒介，卽可推出一個新判斷的，是直接推理。例如馬是動物，僅憑馬與動物兩個概念，便可推定動物小類之一之必爲馬。兩個概念分居兩個判斷，必待那兩個判斷所同用的第三概念居間媒介，其關係始能顯現的，是間接推理。例如馬是動物而動物有知覺，動物既與馬有關，又與知覺有關，經其媒介，遂得論定馬之亦有知覺。故直接推理卽是不經媒介的推理，間接推理則爲經過媒介的推理。

直接推理，計有二種：一爲加詞，二爲轉變。有人將前章所述的對當列入直接推理，則直接推理計有三種。對當、依據AEIO四式判斷中某式判斷的是非，以判別他式判斷的是非，雖亦有所推斷，但與直接推理之推展某一判斷的意義以另作判斷者、其作用究不相同，故不予列入。加詞、謂以同一名稱加諸原判斷的主詞與謂詞，或加於其上，或加於其下。轉變、利用主詞或謂詞的矛盾概念，以變換判斷的質，與變換主詞與謂詞的位，或雙變其質與位。轉變、依其所變換的項目，可分爲四小類：一爲換質，二爲易位，三爲反易，四爲反換。

加詞

加詞是在原判斷的主詞與謂詞的上方或下方、同樣加上一個表示性能的名稱，以成一個新的判斷。加在上方的、如言：馬是動物，故白馬是白動物。加在下方的、如言：馬是動物，故馬骨是動物的骨。加詞這種直接推理、墨子曾有所說及，稱之爲侔，其說載在小取篇。墨子分加詞爲「是而然」與「是而不然」兩種。就其所舉的例而加以探索，其所云「是」、當係就原判斷而言，其所云「然」與「不然」、當係就新判斷而言。意謂其原判斷是者、其新判斷有是有非，並非一律皆是。如言：象是動物，故大象是大動物，其原判斷是，其新判斷亦是。若原判斷不改，而新判斷改云：故小象是小動物，則原判斷雖是，而新判斷却非。又如說：蟻是動物，故小蟻是小動物，則是而然。若改說：蟻是動物，故大蟻是大動物，則是而不然。以之說象而是的，移以說蟻則成非，以之說蟻而是的，移以說象則成非。同樣的加詞、加諸象與蟻，其是非相反。相反的原因何在、墨子未有所說明。普通理則學教本雖說及加詞的有是有非，但或因其不是重要的推理，亦甚少說其成是成非的緣由。

現在試卽前例、以求其成是成非的大略緣由。動物是大類或總類，象與蟻各是其小類或支類。動物都有體積，而體積有大小的分別。總類動物、包括甚衆，外圍甚廣，故其體積巨大與細小之間、距離甚遼遠，差別甚顯著。依其體積的懸殊，至少可分爲巨大與細小二類。支類的象與蟻、固亦各有大小的不同，但支類所見的大小與總類所見的大小、頗不相同。象類屬於動物中的體積巨大類，亦卽在巨大類中佔有一席的地位。象之體積巨大者、不但在象類中是大的，在動物類中亦是大的。象之體積細小者、在象類中雖是小的，在動物類中依然是大的，不是小的，因其比諸大蟻，不知要大到多少倍。謂大象爲大動物，保持象在動物中應有的地位，故其論斷無可非議。謂小象爲小動物，將象自動物的體積巨大類中移出，納入了體積細小類，更改了象在總類中應居的地位，其論斷有違事理，故不能成立。蟻類在動物的體積細小類中佔有一席地位，謂小蟻爲小動物，順其地位立說，故其論斷是，謂大蟻爲大動物，逆其地位立說，故其論斷非。試再設一例。動物都會行動，不過有快有慢，故可分爲行動快速與行動遲緩兩類。兎屬快速類，龜屬遲緩類。若說：兎是動物，故快速的兎是快速的動物，或說：龜是動物，故遲緩的龜是遲緩的動物，所加的詞不改變其原居的地位，故所說可以成立。若說：兎是動物，故遲緩的兎是遲緩的動物，或說：龜是動物，故快速的龜是快速的動物，所加的詞改變了原居的地位，故所說不能成立。綜上所述，可以總結如下：加詞的是非、以改變原來地位與否爲準，不改變則是，改變則非。

加詞之加在主詞與謂詞下方的、亦有是有非，其所以是與所以非、亦如加在上方者，以應居地位的變更與否爲準。例如象在動物中，居於部分的地位，且居於百分比甚低的地位。若言：象是動物，故象的一部份是動物的一部分，則爲合格的推理。因爲象在動物中既居於部份的地位，部份的部份、亦是部份，象的一部份，縱屬動物的極小部份，總不失其爲一部份。若說：象是動物，故象的大部份是動物的大部份，則其結論不能成立。因爲大部份一詞、改變了原來百分比甚低的地位。更進一層，可說：象是動物，故象的增減是動物的增減。因爲部份所包含的個體、卽是總類所包含的個體，故其增減必相一致。但不可說：象是動物，故象的滅種是動物的滅種。因爲部份消滅，總類雖有所減損，却不會隨以俱滅。

上來示例所擧的原判斷、盡屬以名詞爲其謂詞，但主謂判斷的謂詞、亦甚多用形容詞或動詞的，如花香，如鳥鳴，其加詞情形如何？此一問題、應依謂詞詞類的如何解釋而異其回答。有些理則學家主張：判斷的謂詞應當盡屬名詞。花香係花是香物的省略語，鳥鳴係鳥是鳴禽的省略語。依此說法，花香可加詞云：花香，故紅花香是紅色的香物，鳥鳴可加詞云：鳥鳴，故黃鳥鳴是黃色的鳴禽。此一說法、釋香爲香物，釋鳴爲鳴禽，未免牽強，不夠自然，故爲若干理則學家所不取。判斷的主詞是名詞，不將謂詞之爲形容詞或動詞的強解爲名詞，則主詞與謂詞異其詞類，實難接受同樣的加詞。花香若加詞云：紅花紅香，鳥鳴若加詞云：黃鳥黃鳴，還成什麼意義！物體有顏色可言，性質與動作是沒有顏色可言的。詞類不同的主詞與謂詞、雖亦時或加上同一的詞而其義尚可通的，如言：風大，故狂風狂大，或言：風吹，故狂風狂吹。但這些只可視爲偶有的現象，未可據以爲常例。故凡以形容詞或動詞爲謂詞的判斷、不是施行加詞的適宜對象。

關係判斷之可否加詞、其情形與主謂判斷大致相同。表示親屬關係的判斷、如周公是武王之弟，其關係客體與關係詞合成一個名稱，且可視同主謂判斷的謂詞，故可加詞云：仁智的周公是武王的仁智之弟。至於表示其他關係的，如周公誅管叔，其所表示的、是施受關係。若保持判斷的原狀，不加改作，勢且無從加詞。因爲可加在周公一名上的仁智二字、不可能加在誅管叔一詞之中。若必欲加詞，唯有將原判斷改作周公是誅管叔的人，然後始得加詞云：仁智的周公是誅管叔的仁智人。但一經改作，便不能切合原判斷的意義。原判斷周公誅管叔、其重點在於表示周公某次所行之爲何等樣的事，改爲周公是誅管叔的人，則其重點在於表示周公平日爲人之爲何等樣的人。將某一次的行事說成平日的爲人，不是嚴謹態度所可許的。

換質

質、指判斷形式上的質，亦卽指肯定與否定而言。換質、謂變換判斷形式上的質，原屬肯定判斷的、變換爲否定判斷，原屬否定判斷的，變換爲肯定判斷。前在第十二章說肯定否定時，曾將肯定否定分析爲作用上的肯定否定與形式上的肯定否定。作用上的肯定否定、是不能互相轉變的。馬是動物、決不能轉變爲馬不是動物。馬是動物與馬不是動物、在對當關係中、構成反對對當，不能並是，其一若是，其另一必非。直接推理所期待的、是從一個是的判斷中推出一個同樣是而不非的判斷。變換馬是動物爲馬不是動物，變是爲非，顯違推理的本意。換質、必須保全原判斷的意義，不使失墜，僅許變換其口氣而已。故換質專指形式肯定否定的轉變，口氣雖變，意義不變。換質而欲不失原判斷的意義，當然不是僅僅變換系詞的肯定與否定所能做到，此外尙須利用謂詞的矛盾名稱。每一積極名稱、都有其消極名稱與之構成矛盾關係，縱在日常言語中沒有現成的，亦不難隨時造作以應需要。消極名稱表示積極名稱所含意義的不存在，故其作用同於否定。聯合肯定系詞與積極名稱的謂詞以論定其是如此，其形式肯定，其作用亦肯定。聯合否定系詞與消極名稱的謂詞以論定其不是不如此，其形式否定，其作用則因二重否定等於肯定，故是肯定。聯合否定系詞與積極名稱的謂詞以論定其不是如此，其形式否定，其作用亦否定。聯合肯定系詞與消極名稱的謂詞以論定其是不如此，其形式雖肯定，其作用仍屬否定。換質就是把原來說是如此的，改說爲不是不如此，把原來說不是如此的，改說爲是不如此。故在形式上雖肯定者換爲否定，否定者換爲肯定，在作用上則肯定者依然肯定，否定者依然否定，原判斷的意義保存如故，無所失墜。

現在分說主謂判斷、亦即判斷基本四式的換質。第一說A判斷。前在第十二章中曾經指出：謂詞外圍與主詞外圍寬狹相等的、應與A判斷劃分，另立一類爲U判斷。今說換質，與謂詞的外圍不相關涉，凡就U判斷所當說的、無一不是就A判斷所當說的，故僅說A判斷，已足應用，不另說U判斷，以免重複。A判斷的換質、依上所陳，一切馬是動物、不是變換爲一切馬不是動物，而是變換爲一切馬不是非動物，其式爲原屬肯定系詞與積極謂詞的，換爲否定系詞與消極謂詞。若原判斷的謂詞是消極名稱，自當反其道而行之，換作積極名稱。例如一切暴君是不仁之人，換質則爲一切暴君不是仁人。換質所變換的、應以形式上的質爲限，不當涉及他事，故A判斷一經換質，必成E判斷。在中國語中，以E判斷代A判斷的，其例甚多。如城高池深，用肯定口氣來說，其義已甚明顯，而孟子公孫丑下篇卻不憚煩地出以否定的口氣，說道：「城非不高也，池非不深也，兵革非不堅利也，米粟非不多也」。其所以往往用E代A，實緣否定判斷在人的心理上，其肯定力反比肯定判斷爲強。例如論語里仁篇的「父母之年、不可不知也」、泰伯篇的「士不可以不弘毅」、比諸肯定判斷，益能增強知與弘毅的重要性。如孟子盡心上篇的「孩提之童、無不知愛其親也」及同篇的「民非水火不生活」、比諸肯定判斷，益能增強所說的可信性。A判斷換質的結果、亦多不採用否定判斷而採用否定問語型，論語首章即提供了三例：「不亦說乎」，「不亦樂乎」，「不亦君子乎」。這些疑問詞乎字、直與否定詞不字或非字、同其作用。孟子萬章上篇說及百里奚之爲人，既稱其爲「可謂不智乎」，又稱其爲「不可謂不智也」，兩語交替爲用，益可見其意義的相同。換質所得、不無不合日常言語的規格的。如漢高祖是劉邦，依例換質，應云：漢高祖不是非劉邦。爲了接近常軌起見，或當稍稍增繁其辭云：漢高祖不是不姓劉不名邦的人。關係判斷的換質、可由此類推。象大於牛，換質則云：象非不大於牛。上海在南京之東，換質則云：上海非不在南京之東。

第二說E判斷的換質。E判斷的系詞必係否定詞，其謂詞或係積極，或係消極。換質時、既須將其系詞換作肯定，又須於謂詞改用其矛盾名稱，使之轉成A判斷。一切動物不是植物，換質則成一切動物是非植物。一切植物不是無機體，換質則成一切植物是有機體。在中國語中、本當作E判斷而改用A判斷的，其例不常見，改用肯定問語型的，則不乏其例。論語述而篇的「仁遠乎哉」、其本意原在提示仁之不在遠處，先進篇的

「何必改作」、其本意原在主張長府之不必改作，各用肯定問語型以代否定判斷。顏淵篇載：「君子不憂不懼……內省不疚，夫何憂何懼」，一章之中、初言「不憂不懼」，繼言「何憂何懼」，益見否定判斷之得換質爲肯定問語型。

第三說I判斷的換質。此項換質、一如A判斷的換質，既將其肯定系詞換作否定系詞，又將其謂詞之爲積極名稱的換作消極名稱，或將其爲消極名稱的換作積極名稱，以轉成O判斷。有些馬是白的，換質則成有些馬不是不白的，有些馬是不白的，換質則成有些馬不是白的。

第四說O判斷的換質。其系詞、否定的換作肯定，其謂詞、原用名稱換作其矛盾名稱，以轉成I判斷。有些馬不是白的，換質則成有些馬是不白的，有些馬不是不白的，換質則成有些馬是白的。

茲將AEIO四式判斷的換質方式、列爲一表，以便省覽。

原判斷		換質後的新判斷	
A	一切甲是乙	E	一切甲不是非乙
E	一切甲不是乙	A	一切甲是非乙
I	有些甲是乙	O	有些甲不是非乙
O	有些甲不是乙	I	有些甲是非乙

位、指主詞與謂詞在判斷中所居的位置而言。易位、是主詞與謂詞互易其位，亦卽原來的主詞轉爲謂詞，原來的謂詞轉爲主詞，以成一個新的判斷。例如馬不是牛，易位則成牛不是馬。這兩個判斷僅僅主謂顚倒而已，其意義完全相同，未有絲毫變動。爲了易位而猶能保全原判斷的意義，理則學上設有如下的兩條規則。

易位

一、原判斷的質、易位時應予維持。

二、原判斷中不周徧的概念、不得於易位時變爲周徧。

依第一條規則所定，易位中不得兼含換質，原屬肯定判斷的、易位後仍應是肯定判斷，原屬否定判斷的、易位後仍應是否定判斷。判斷本許換質，但換質是另一種轉變，與易位無關，兩者應當劃分清楚，不可混爲一談。故本條的用意、在於闡明：只可爲了換質而換質，不可爲了易位而換質，並非禁止一個判斷之又易位又換質。易位以前、儘可換質，易位以後、亦儘可換質。不過如此措施、成了雙層轉變，不復是易位的單層轉變，且轉變所得、亦必多少異其形態。爲了保全純粹易位的眞相，故有本條的規定。第二條規則禁止原判斷中不周徧的概念之於易位時轉爲周徧，這是易位成是成非的關鍵所在，遵此規定則是，違此規定則非。周徧、卽是徧及外圍的全部，不周徧、只是涉及外圍的一部分。原判斷所用概念而不周徧，表示了其所論定的、只是該概念一部分外圍之與另一概念的關係，至於該概念的他一部份如何，未有所涉及，亦未有所隱含。直接推理是將原判斷所本來隱含的意義，用新判斷顯示出來，不是別有所創造，故必須謹守原判斷的論定範圍，不得少有逾越。若將原判斷不周徧的概念於易位時轉成周徧，豈不將原僅一部分外圍的論定，擴展爲全部外圍的論定，而違反了易位的本分！擴展雖懸爲厲禁，緊縮則儘可容許。因爲關於全部外圍如此或不如此的、關於一部份外圍亦必如此或不如此。故原判斷中所用的周徧概念、不妨於易位後改爲不周徧。

第一、說U判斷的易位。U判斷之異於A判斷、僅在於其所用謂詞的周徧，此外別無不同。易位的是非、正以周徧之有無不當的改變爲標準，故U判斷應與A判斷分說。一切駒是幼馬，這是一個U判斷，因爲主詞駒的外圍與謂詞幼馬的外圍、其寬狹正相等。依照第一條規則，易位不兼換質，故易位後仍當爲肯定判斷。主詞駒與謂詞幼馬、原各周徧，分別轉爲新判斷的謂詞與主詞，其仍得保持周徧，爲第二條規則言外之意所默許。故易位以後、轉成一切幼馬是駒，還是U判斷。判斷的主詞與謂詞均爲單獨名稱的，都是U判斷，故漢高祖是劉邦，得易位爲劉邦是漢高祖，假若解作A判斷，勢且無從易位了。U判斷易位後，仍爲U判斷。凡易位而不變更判斷的量的、通常稱爲簡單易位。概念的定義、必須是U判斷，否則不能盡其任務。判斷之是否爲U而非A，試作易位，不失爲檢驗的一法。U判斷易位所得、應當仍是全稱判斷。若此新得的全稱判斷而有不合事實處，便足反證原判斷之不是眞正U判斷。試設一例，以資說明。我們常說：寡婦是無夫的，方以此一判斷爲已將寡婦一名的主要內容盡情說出，頗堪充當寡婦的定義。但易位所得的一切無夫的都是寡婦、其不盡合事實、是顯而易見的。無夫者之中、雖不少寡婦，尤多未婚的女子。故無夫者的外圍、廣於寡婦的外圍，謂寡婦爲無夫者，只能視爲A判斷，不能視爲U判斷。若改無夫者爲喪夫者，明其爲本有而今無，較可與寡婦的外圍同其寬狹。U判斷的易位、欲從古籍中取例，中庸的「誠則明矣，明則誠矣」、不失爲可引之文。

第二、說A判斷的易位。A判斷易位後，依照規則，應當仍舊是肯定判斷。其謂詞原不周徧，依照規則，易位後仍不得周徧。肯定判斷而其主詞不周徧的，是I判斷。故A判斷易位，只能轉成I判斷。一切馬是動物，易位後，只可說：若干動物是馬。全稱判斷轉成特稱判斷，故稱爲限量易位，以別於U判斷之簡單易位。

第三、說E判斷的易位。E判斷易位後，仍應是否定判斷，其主詞與謂詞、原各周徧，分別轉爲新判斷的謂詞與主詞，仍得保持其周徧。故E判斷易位，仍爲E判斷。如一切動物不是植物，易位則成一切植物不是動物，其方式爲簡單易位，與U判斷相同。孟子滕文公上篇的「爲富不仁矣，爲仁不富矣」、似乎可引爲E判斷易位的一例，但嚴格講來，其爲例非甚適切。因爲「爲富」與「富」、「爲仁」與「仁」、其義不完全相同。「爲富不仁矣」而易位，只應說：仁不爲富矣，不可說：「爲仁不富矣」。

第四、說I判斷的易位。I判斷、依照規則，亦當採取簡單易位的方式，因爲易位後既須保持原判斷的質之仍爲肯定，又須保持主詞與謂詞之各不周徧，故I判斷易位，仍爲I判斷。例如有些馬是白的，易位則成有些白的是馬。就此例而言，事實確與形式相符合，因爲白與馬、只是偏偏相同而已。至若有些動物是馬，易位雖只許說：有些馬是動物，若依據事實立說，則應云：一切馬是動物。然則一切馬是動物、其是非究屬如何？此則依其由來而異。就其得自事實的認識而言，應屬於是，就其得自I判斷的易位而言，則屬於非。

第五、說O判斷的易位。O是唯一不能易位的判斷。O是否定判斷，易位後仍須否定，不得轉爲肯定。O判斷的主詞是不周徧的，易位後仍須不周徧，不得轉爲周徧。但易位後新成立的判斷、既屬否定，其謂詞不能不周徧。欲以原判斷必不周徧的主詞轉充新判斷不得不周徧的謂詞，供求失調，勢不能有所成就。有些馬不是白的、不能易位爲有些白的不是馬而不違反規則。又若解作有些馬是不白的而易位爲有些不白的是馬，則成了I判斷的易位，不復是O判斷的易位。

綜上所述，列表如下：

原判斷	易位方式	易位後的新判斷
U　一切甲是乙	簡單易位	U　一切乙是甲

A　一切甲是乙　限量易位　I　有些乙是甲
E　一切甲不是乙　簡單易位　E　一切乙不是甲
I　有些甲是乙　簡單易位　I　有些乙是甲
O　有些甲不是乙　不能易位

既述主謂判斷的易位，次述關係判斷的易位。此所云位、係指關係主體與關係客體所居位置而言，故易位卽是主體與客體互易其位，主體轉爲客體，客體轉爲主體。主謂判斷易位時、其系詞不變，關係判斷易位時，其關係詞雖亦有不變動的，但變動者實居多數，此爲主謂判斷易位與關係判斷易位不同的主要所在。關係判斷的易位方式、約略可分三種：一爲原詞易位，二爲所動易位，三爲反詞易位。原詞易位，謂沿用原來的關係詞，不予變動。判斷之表示相等關係或交互關係的，可採用原詞易位。其表示相等關係的、如二五等於一十，可易位云：一十等於二五，「過猶不及」，可易位云：不及猶過。其表示交互關係的、如孟子與告子關於人性問題互相非難，故孟子反對告子，可易位爲告子反對孟子。又如曾國藩與左宗棠同爲湖南人，故曾國藩是左宗棠的同鄉，可易位爲左宗棠是曾國藩的同鄉。所動易位、謂易位時須將原關係詞的能動語調改爲所動語調，凡判斷之表示片面行動的、其易位都應採用此一方式。「陽貨欲見孔子」，但孔子並不欲見陽貨，正想設法避而不見，故若原詞易位爲孔子欲見陽貨，則違反當時的實情，釀成甚大的錯誤。陽貨既欲見孔子，則孔子之爲陽貨所欲見的人，自屬事實，故欲保全原判斷的意義，只應作所動易位云：孔子爲陽貨所欲見。又如「仲尼祖述堯舜」，堯舜與孔子、在時間上相距甚遠，絕無互相祖述的可能，故不得原詞易位云：堯舜祖述仲尼，只可所動易位云：堯舜爲仲尼所祖述。反詞易位、謂易位時必須不用原來的關係詞而改用其反對名稱，凡判斷之表示參差不齊情形的、都須採用此一方式。如言象大於牛，不得原詞易位云：牛大於象，因爲如此易位，正與原義相反，亦不得所動易位云：牛爲象所大於，因爲如此易位，不免語不成語，唯有作反詞易位，謂牛小於象，方能順理成章。他如武王是周公之兄，只可反詞易位云：周公是武王之弟，上海在南京之東，亦只可反詞易位云：南京在上海之西。

關係判斷之以似字或其同義詞爲關係詞的、其是否可以適用原詞易位、硏討起來，是一個頗饒興趣的問題。在平常情形下、似字的意義、雖不能謂爲與同字的意義相同，至少可以謂爲相近，故不免以彼例此，認爲可作原詞易位。有些學生的姊妹，容貌擧止、非常相似，既可謂其妹似姊，亦可謂其姊似妹。故此兩語之間、其可作原詞易位，絕無疑問。即如陽貨貌似孔子，亦儘可作原詞易位云：孔子貌似陽貨。但唐書楊再思傳有云：「人言六郎似蓮花，非也，正謂蓮花似六郎耳」。依此所云，只可說：蓮花似六郎，不當說：六郎似蓮花。此一說法而應用於易位，則原判斷若爲蓮花似六郎，便不得易位爲六郎似蓮花。如此抑而不許，雖若有違常例，但仔細一想，確亦有其道理。試引孟子滕文公上篇的「有若似聖人」爲參考，以闡發其理之所在。在此一判斷中、聖人是所似，是理想上的模範人格，有若是能似，是倣效聖人而已達到了逼眞境地的人。試以書畫爲喻，所似是範本，能似是臨本。「有若似聖人」、是有若求似於聖人，不是聖人求似於有若，是有若的人格有似於聖人，不是聖人的人格有似於有若。故若易位，只可作所動易位云：聖人爲有若所似，不得作原詞易位云：聖人似有若。容貌的似、其所以得作原詞易位，因其所說屬於純粹事實，不存有範本與臨本的關係。人格的似以及美醜愛憎的似、涉及價値，範本與臨本的分別不容抹煞，易位時必須還其本來面目。故同屬以似字或其同義詞爲關係詞，因其有事實判斷與價値判斷不同，不得不異其易位的方式。

價値判斷以似字或其同義詞爲關係詞的，不得作原詞易位，這是一件値得注意的事情。若忽視而不加注意，思想難免有失當之虞。嘗見有人評論墨子的兼愛主義，謂其視父母若路人，故孟子斥之爲無父。此一評論的不盡妥當、卽緣對於易位問題注意得不夠周到而起。墨子在兼愛篇中、只說：「故視人之室若其室，誰竊，視人之身若其身，誰賊……視人家若其家，誰亂，視人國若其國，誰攻」。又說：「視人之國若視其國，視人之家若視其家，視人之身若視其身」。關於父母，亦只說：「爲其友之親若爲其親」。墨子所主張的、是視他人的家國如自己的家國，視他人的父母如自己的父母，未嘗主張：視自己的家國如他人的家國，視自己的父母如他人的父母。視他人的家國父母如自己的家國父母，是一個有關價值的關係判斷，不容作原詞易位。評墨子爲視父母若路人，可謂無視此一禁條，擅作原詞易位，以構成莫須有的罪名。視他人的家國父母若自己的、與視自己的家國父母若他人的、在文字上雖相差甚微，在意義上則大不相同。自己的是較親的，他人的是較疏的。故教人視他人的如自己的，是教人一視同親，教人視自己的如他人的，則成了教人一視同疏。借用孟子盡心下篇的話來描述，則視他人的如自己的、是「以其所愛及其所不愛」，視自己的如他人的、是「以其所不愛及其所愛」。故兩者意義上的差別甚大，價值上的距離尤遠，必須劃分清楚，切不可任其混同。孟子的評論兼愛、亦足令人懷疑其不無混同之嫌。滕文公上篇載有孟子詰難墨者夷之的話：「夫夷子信以爲人之親其兄之子、爲若親其鄰之赤子乎」，好像墨家教人親其兄之子一如親其鄰之子，孟子認爲不可能而加以詰難。但依墨子主張兼愛的精神，只會教人視他人的如自己的，不會教人視自己的如他人的，則只應難以親其鄰之子果能如親其兄之子否，不應難以親其兄之子果能如親其鄰之子否。孟子此一詰難、不易得其正解。

反易

易、指易位而言，反、意卽相反，故反易、卽言相反的易位，詳言之，謂取原判斷謂詞的矛盾概念爲主詞，取原判斷的主詞爲謂詞，以構成一個新的判斷。如甲是乙，反易則成非乙不是甲。欲使原來的謂詞轉成其矛盾概念，必須借助於換質。如甲是乙的乙、欲其轉成非乙，必先換質爲甲不是非乙，而後乙的矛盾概念始獲成立，始得轉用爲新判斷的主詞。故反易是先換質次易位，是雙層轉變。在轉變時、自須遵守換質與易位所應遵，此外則無其他限制。

第一、說A判斷的反易，兼括U判斷的反易。U判斷的反易、其方式、其結果、莫不同於A判斷的反易，故只須在說A判斷的反易時，附帶說及，不必另說。一切馬是動物、是一個A判斷，換質則成一切馬不是非動物，易位則成一切非動物不是馬。經過兩層轉變所得的此一判斷、卽是反易所應得的新判斷。反易中途、經過換質，故A判斷一經反易，轉成E判斷。原判斷的謂詞是積極名稱的，反易後的主詞自應是其矛盾概念的消極名稱，若原是消極名稱，則反易以後、理應以其相與矛盾的積極名稱爲主詞。如一切礦石是無機物，反易應云：一切有機物不是礦石。U判斷的反易、一如A判斷的反易。一切駒是幼馬，反易則成一切非幼馬的不是駒。一切文盲是不識字的，反易則成一切識字的不是文盲。

第二、說E判斷的反易。反易的程序、是先換質後易位。E判斷一切動物不是植物，換質則成一切動物是非植物，轉成了A判斷。A判斷只可限量易位，故只能轉成I判斷的有些非植物是動物。又如一切動物不是無機體，反易則成有些有機體是動物。E判斷反易，各成I判斷。但如一切文盲不是識字的，換質轉爲一切文盲是不識字的，成了

U判斷，自可易位爲一切不識字的是文盲。此屬例外，爲數不多。

第三、說I判斷的反易。I判斷是無法反易的。其所以不能反易、起因於其初層轉變的換質。例如有些馬是白的，欲反易，須先換質，而一經換質，成爲O判斷的有些馬不是不白的，依照規則，不得易位。故I判斷的反易、一定中途夭折，無法完成。

第四、說O判斷的反易。O判斷有些馬不白，換質則成I判斷有些馬是不白的。I判斷可以易位，故得轉成有些不白的是馬。故O判斷反易所得、是I判斷。又如有些農夫不是不識字，可反易爲有些識字的是農夫。

綜上所述，列表如下：

原判斷	反易後的新判斷
A 一切甲是乙	E 一切非乙不是甲
E 一切甲不是乙	I 有些非乙是甲
I 有些甲是乙	不能反易
O 有些甲不是乙	I 有些非乙是甲

關係判斷未嘗不可反易，但不能作與主謂判斷相同的反易。主謂判斷的反易、經過先換質後易位的途徑，以達到原謂詞的矛盾名稱轉成主詞的形態。關係判斷能遵行其途徑，却不能完成其形態。四乘六等於三乘八，可換質爲四乘六非不等於三乘八，繼以易

位，則成三乘八非不等於四乘六。其新判斷的關係主體雖屬原判斷的關係客體，却非其矛盾名稱。四乘六等於三乘八，無法反易爲非三乘八的不等於四乘六。其所以不能如此反易、因爲關係客體不能於換質時改用其矛盾名稱而不犯過失。四乘六等於三乘八，只能換質爲四乘六非不等於三乘八，不得換質爲四乘六不等於非三乘八。不是三乘八的數目之中、亦有與四乘六相等的，如二乘十二。又如象大於牛，只能換質爲象非不大於牛。若換質爲象不大於非牛，則顯然錯誤，因爲非牛者之中、如雞如犬，都比象爲小。

反換

反換之爲轉變、是用原判斷主詞的矛盾概念爲主詞，用原判斷的謂詞或其矛盾概念爲謂詞，以構成一個新的判斷。如A判斷一切甲是乙，反換以後，應爲有些非甲是非乙。故在既知甲的全部莫不是乙或非乙以後，欲更進一步知道非甲與乙之關係如何，可利用反換以從事探索。欲使原主詞的矛盾概念轉作主詞，必須先將原主詞轉入謂詞的位置，藉換質以令其轉成矛盾概念，然後再易位，令其回到主詞的位置。故反換亦如反易、兼用換質與易位，且反覆應用，不似反易之各僅用一次。故反易較簡單，反換較複雜。且主謂判斷四式之中、不能反易的、僅有一式，不能反換的、則多至二式。

第一、說A判斷的反換，不兼括U判斷的反換。因爲A判斷反換所得、僅是特稱判斷，U判斷反換所得、應當仍是全稱，故兩方有分說的必要。試以一切馬是動物爲例，其反換應自換質開始。若不經換質而逕行易位，則轉成I判斷的有些動物是馬，換質則成O判斷的有些動物不是非馬。原主詞的馬雖已轉成其矛盾概念的非馬，但因O判斷不能易位，無法回到主詞的位置上去，反換便於此遇到阻塞，無法前進了。故必首先換質爲E判斷的一切馬不是非動物，次易位爲E判斷的一切非動物不是馬，再次換質爲A判斷的一切非動物是非馬，終又易位爲I判斷的有些非馬是非動物，於是反換乃告完成。換質後繼以易位，卽是上節所述的反易。A判斷的反換、經過兩次換質與易位而始成，故其反換、可說成自變重的反易。原主詞若爲消極名稱，則反換後之應改用其矛盾概念的積極名稱，事屬當然，不煩贅說。

第二、說U判斷的反換。U判斷的反換、其程序同於A判斷的反換，僅其新判斷之爲全稱而非特稱，有異於A判斷反換的所得。古來有許多言論，正說反說，同用全稱判斷。若不於A判斷的反換以外別立U判斷的反換，以爲格式之一，則那些言論、或且疑其犯有過失，而妄斥其爲不能成立了。U判斷的一切駒是幼馬、其反換亦首先換質，以成E判斷的一切駒不是非幼馬，次易位爲E判斷的一切非幼馬不是駒，再次換質爲U判斷的一切非幼馬是非駒。在此第三步上、與A判斷的反換發生了差異。A判斷反換第三步所得的一切非動物是非馬，其主詞的外圍狹於謂詞的外圍。因爲主詞外圍所包括的、如竹如石，莫不爲謂詞外圍所包括，而主詞外圍所不能包括的、如牛如羊，則爲謂詞外圍所能包括。主詞狹，謂詞寬，其所構成的、自不能不是A判斷。U判斷反換第三步所得的一切非幼馬是非駒，其主謂兩詞的外圍、寬狹正相等。因爲不論是馬非馬，凡或老或壯而非幼的，無一不是非幼馬，亦無一不是非駒。主詞謂詞既有寬狹相等的外圍，其所構成的、自必爲U判斷。最後又易位，便成U判斷的一切非駒是非幼馬。

古籍中正說反說同用全稱判斷的、可釋爲U判斷互相反換的實例。試引數則，並略加說明。論語衞靈公篇載：「言忠信，行篤敬，雖蠻貊之邦行矣，言不忠信，行不篤敬，雖州里行乎哉」，此則言論、僅憑其字面所說，似難視爲U判斷的互相反換，尤因其謂詞所用的文字不盡相同。但若注重其義而不注重其辭，並略加簡化，實不失爲U判斷互相反換的一例。「雖蠻貊之邦行矣」、甚言其到處可以行得通，「雖州里行乎哉」、甚言其到處不會行得通。故此則言論可以簡化爲合於理則學形式的反換：一切忠信篤敬的言行是到處行得通的，一切不忠信篤敬的言行是到處行不通的。孟子書中可引爲例的、更多於論語。如離婁上篇的「至誠而不動者，未之有也，不誠未有能動者也」，謂一切至誠必能感動人，一切不誠必不能感動人。又如盡心下篇的「仁者以其所愛及其所不愛，不仁者以其所不愛及其所愛」，其可引爲互相反換的例，更屬明顯。

第三、說E判斷的反換。A判斷反換之所以始自換質而後繼以易位，因欲使原主詞轉入謂詞的位置而無損於判斷之保持其全稱。E判斷本身已是全稱否定，故可減省一步而逕行易位。一切動物不是植物的反換、一開始即可易位以成另一E判斷的一切植物不是動物，次換質爲A判斷的一切植物是非動物，最後又易位爲I判斷的有些非動物是植物。

第四、說I判斷的反換。I判斷不論如何轉變，都無法完成其以主詞矛盾概念爲主詞的反換。I判斷的有些馬是白的，若做A判斷的反換，開始即先換質，則成O判斷的有些馬不是不白的。O判斷不能易位，原主詞無法轉入謂詞的位置，反換亦隨以無法進行了。若做E判斷的反換，先易位爲I判斷的有些白的是馬，次換質爲O判斷的有些白的不是非馬，反換至此，亦不得不告中止了。

第五、說O判斷的反換。O判斷亦是不能反換的，不論做照A判斷或E判斷，都無法進行到終點。有些馬不是白的，不能易位，故無法做照E判斷開始其反換。若做照A判斷，初換質爲I判斷的有些馬是不白的，次易位爲I判斷的有些不白的是馬，再次換質爲O判斷的有些不白的不是非馬，至此亦便無法再進行了。

綜上所述，列表如下：

原判斷	反換後的新判斷
U 一切甲是乙	U 一切非甲是非乙
A 一切甲是乙	I 有些非甲是非乙

E　一切甲不是乙　　I　有些非甲是乙

I　有些甲是乙　　不能反換

O　有些甲不是乙　　不能反換

關係判斷不能作與主謂判斷相同的反換。關係判斷之肯定者、如欲反換，理應比照A判斷進行。A判斷的反換、成自二重反易。關係判斷、雖經換質而又易位，如上已述，其所得不能與A判斷反易所得的同其形式。故縱或再經一層反易，其所得之不能同於A判斷的反換所得，當不難推知。關係判斷之否定者、如欲反換，理應比照E判斷反換的程序，初易位，次換質，再次又易位。四乘五不等於三乘六，易位爲三乘六不等於四乘五，此固理所當然，但若更進而換質爲三乘六等於非四乘五，便於理有所不順了。因爲非四乘五者、所包頗廣，二乘九、固屬非四乘五所包括而與三乘六相等，三乘七、亦屬非四乘五所包括而與三乘六不相等。中途既發生了不順理情形，自應懸崖勒馬，不再進行。又如張三不看見李四，自可易位爲李四不爲張三所看見，更進而換質，只可換爲李四爲張三其人所不看見，不能換爲李四爲非張三其人所看見。在張三不看見李四的當時，雖可能有張三以外的人看見李四，但亦可能未有一人看見。既不得換質爲李四爲非張三所看見，自不得更進而易位爲有些非張三的人看見李四。

第十五章　主謂判斷的三段論法

間接推理

推理有直接與間接的分別。直接推理、謂新判斷主詞謂詞間的關係、自原判斷主詞謂詞間的關係直接推得，無須由第三者爲之居間媒介。間接推理、謂新判斷的主詞與謂詞原本分居兩個判斷之中，並非同居一個判斷之內，故兩者的關係如何、未有表示的機緣。但此主謂二詞、在兩個原判斷中表示其與有關係的、恰巧是同一的第三者，於是藉此第三者的居間媒介，兩者間的關係即可順利推知。故間接推理所由以與直接推理相分別的、是第三者的媒介，間接推理的特徵、亦在第三者的媒介。推理之所以足貴、因其具有擴展知識的功能。直接推理僅將原判斷已顯示的關係、改用另一種形式，再度表示，以見同一道理另一面的情況，其所擴展的較狹。間接推理則依據原有的兩個判斷所顯示的兩種道理，發掘其所未經明白表示的第三種道理而加以表示，其所擴展的較寬。故間接推理比諸直接推理，有更大的功能，有更高的價值。

間接推理、通常分爲三大類：一爲演繹推理，二爲類比推理，三爲歸納推理。此一分類、以推理的出發點與到達點之爲普偏道理或特殊道理爲標準。演繹推理自普偏道理出發以達於特殊道理，類比推理自特殊道理出發以達於另一特殊道理，歸納推理則自特殊道理出發以達於普偏道理。道理之爲普偏或特殊、不是固定不移的，是與其所對的道理比較而得名的。同一道理、對於所包括的道理而言，是普偏的，對於所從屬的道理而言，則成特殊。例如馬之爲生物、對於幼馬之爲生物而言，是普偏道理，及其轉而與動物之爲生物相對，便成特殊道理。故所云普偏與特殊、其義實等於較普偏與較特殊。

演繹推理的模範論式、是自普偏道理出發以達於特殊道理，如言：一切動物是生物，一切馬是動物，故一切馬是生物。一切動物是生物，就動物全部立論，故其爲理較普偏，一切馬是生物，僅就動物的一部分立論，其爲理自較特殊。此一推理、成自主謂判斷，其進行軌跡、正自普偏以達於特殊。舊日所注重研究的、盡是主謂判斷所構成的演繹推理，發見其經由如此的行程，遂定以爲演繹推理的特徵。至如關係判斷，研究之日尙淺，其所構成的演繹推理又不具有如此的特徵，爲當時所未計及。關係判斷所構成的推理、如象大於牛，牛大於羊，故象大於羊，其象大於牛與象大於羊所表示的兩則道理、實無普偏與特殊之可分。故自普偏以達於特殊、嚴格言之，實已不足爲演繹推理通有的特徵，惟以之描述其與類比推理等的分別，尙多少有其用處。演繹推理、除了主謂判斷所構成者爲其主要部分外，有成自關係判斷的，亦有成自複合判斷的。馬莫非動物，動物莫非生物，則馬之爲生物、是無可避免的，是不得不然的。象既大於牛，牛又大於羊，則象之大於羊、亦是不得不然的。故演繹推理具有必然性，其推理所得、是必然的，不是倖中的。

類比推理以類似爲推理的基礎，有甲與乙兩類或兩件事物於此，其所具性能有多項相同，於是推想甲物有那些性能且有某一性能，如丙，乙既同有那些性能，很可能亦有丙性能。試舉理則學上常舉的例爲例：地球有陽光，有水陸，有寒暑，且有生物，火星亦有陽光，有水陸，有寒暑，故亦很可能有生物。關於地球可說的道理與關於火星可說的道理、兩不相屬，只可視爲兩皆特殊，故釋類比推理爲自特殊以達於特殊。類比推理所得、有可信度甚高的，因而爲人所時常採用，亦有可信度甚低的，因而時或爲人所不敢輕用。一般言之，類比所得、總難免是或然的，不過其或然度的高低相差甚大而已。

歸納推理是集零爲整的推理，其歷程係將原屬零零星星許多各不相干的特殊道理，彙而通之，以合成一則删繁存簡而可以廣泛應用的普偏原理。試爲設例：年老的張三是人又是動物，年幼的李四亦是人又是動物，乃至聰明的趙五與愚笨的錢六，亦莫不是人又是動物。在這些特殊道理中、捨去老幼智愚等雜亂情形，僅取其是人又是動物，以論定一切人之同爲動物，歸納推理便於此收穫了成果。歸納所得的普偏道理，不僅適用於過去與現在，亦當適用於未來。過去與現在的人之爲動物、屬於已聞已見，亦即已爲經驗所證實。至於未來的人之爲動物、屬於未見未聞，且是今人所不得而見不得而聞的，僅由迄今爲止的經驗作保，能否具有必然性、不無問題，有人疑其僅具或然性，亦非全無理由。然則歸納所得不應當信賴嗎？此亦不然。歸納所得、有如支票，若信用卓著，迄未發生過退票的情事，如人之未有不是動物，自可信賴不疑。

三種間接推理、在西方的邏輯中，分別運用，不相牽涉，不相含攝。演繹推理所用以爲依據的、雖得自歸納推理，但當其作演繹推理時，只演繹，不兼歸納，當其作歸納推理時，只歸納，不兼演繹。在印度的因明中、則三種推理合冶於一爐。就比量的整體而言，是一則演繹推理，就其所用的因而言，則攝有歸納推理，就其所用的喻而言，則又攝有類比推理。故其比量不是單純的演繹推理，是兼攝歸納與類比的複合推理。

主謂判斷三段論法的結構

主謂判斷所構成的演繹推理、其模範論式、如上節所述，爲：一切動物是生物，一切馬是動物，故一切馬是生物。日本人因其成自三個判斷，倣照因明三支作法的名稱，譯爲三段論法，中國人加以採用，已成一個通用名稱。一切動物是生物與一切馬是動物、是此一三段論法的出發點，稱爲前提，一切馬是生物、是此一三段論法的到達點，稱爲結論。在全部三段論法中、用有三個名稱：一爲馬，二爲動物，三爲生物。就此三個名稱所指的實物而言，具有種類大小的關係。馬爲動物所包括，是動物中的一類，動物爲生物所包括，是生物中的一類。故馬是小類，動物是中類，生物是大類。指示此三類實物的名稱、承受種類大小的關係，遂亦用大小等字以誌其外圍寬狹的分別。馬是小類，故稱小詞，動物是中類，故稱中詞，生物是大類，故稱大詞。結論的「馬是生物」、以小詞爲其主詞，以大詞爲其謂詞，只用及小大二詞。中詞「動物」、僅見於前提、不見於結論，一次與大詞相結合，又一次與小詞相結合。前提有兩個，爲了分別起見，中詞與大詞相結合的，稱爲大前提，中詞與小詞相結合的，稱爲小前提。列表如下，俾便一目了然。

大前提　一切動物（中詞）是生物（大詞）

小前提　一切馬（小詞）是動物（中詞）

結　論　故一切馬（小詞）是生物（大詞）

小詞大詞等名稱、得自模範論式所用概念間的大小關係。三段論法的格式不止一種，故其所用概念間的大小關係亦頗紛歧，不相一致。如言：一切馬是四足獸，有些動物是馬，故有些動物是四足獸，亦是一則合格的論斷，未有過失。其三個概念所指的實物，相與比較，動物實爲大類，四足獸爲中類，馬爲小類。但一經用作三段論法的成分，不論其所指實物之爲大類或小類，只要是用作結論的主詞，便稱小詞，用作結論的謂詞，便稱大詞，僅用於前提而不用於結論的，便稱中詞。故動物雖屬大類的名，在此一三段論法中、則爲小詞，四足獸雖屬中類的名，在此一三段論法中、則爲大詞，馬雖屬小類的名，在此一三段論法中、則爲中詞。故在適用小詞等名稱時、不必追究原義以滋疑惑，小詞只須解作結論的主詞，大詞只須解作結論的謂詞，中詞只須解作居間的媒介詞。

三段論法所由成的三個判斷、在日常的言語與思想中、大抵小前提居首，大前提居中，結論居末，這可說是自然的順序，如言：馬是動物，動物是生物，故馬是生物。但理則學上別有其法定的順序，要首列大前提，次列小前提，末列結論，如上表所示。

因明的比量、就其整體而言，亦是演繹推理，因其成自三個部分，通稱三支作法。三支作法的成分、其所負主要任務及其所含主要意義、與三段論法各成分的所負所含、完全相同，僅其名稱及位次不與相同而已。三支作法的第一支叫做宗，即是三段論法的結論，第二支叫做因，即是小前提，第三支叫做喻，即是大前提。喻又分二支：其一爲同喻，是大前提本身，其二爲異喻，是大前提的反易，並各附以實例。故三支作法各成分的法定順序、與三段論法正相反。茲將三段論法前揭的實例改爲三支作法的形式，列爲一表，俾與前表對照。

宗（結　論）		馬是生物
因（小前提）		因其是動物
喻（大前提）	同喻	凡屬動物都是生物如牛如羊
	異喻	凡非生物都非動物如土如沙

三個成分排列順序的相反、令人推測其用意的不同。三段論法、意在推悟，故先說理由，後說結論，令人見了如是的理由，自會領悟其當有如是的結論。三支作法、意在

證明，先舉結論，後舉理由，以示必須如此主張的所以然。故三段論法可稱推悟式，三支作法可稱證明式。

宗支的主詞、卽上例中的「馬」、叫做宗有法，其謂詞、卽上例中的「生物」、叫做宗法，因支、卽上例中的「動物」、叫做因法。因明有一規定：宗有法的外圍、必須狹於因法的外圍，因法的外圍、必須狹於或等於宗法的外圍，不合此一規定，便成過失。此一規定的用意、與小詞等得名的原義正相符合。邏輯將此外圍大小關係著於小詞等名稱之上而不堅守，因明未將此關係著於宗有法等名稱之上而堅守不渝，成了一幅有趣的對比。原則相同而趨嚮有異，殆因三段論法所許可的格式、其數較繁，不得不廣設例外，三支作法所許可的格式、非有多種，不煩有所變通。

主謂判斷三段論法的規則

三段論法之成自主謂判斷的、曾爲傳統理則學所詳切研究，依據自古以來大家所公認爲是而不非的實際言論，發掘其致是的所以然，定爲致是的條件，並擷取各條件所自出的基本要義，設爲推理規則，以資遵守。推理規則的數目、各家所說不相一致。因爲互有關聯的規定、有人併爲一條，亦有人分爲二條，至於內容，可謂並無不同。現在分爲七條，先列條文，次分節說明其意義，並指出其適用要點。

第一條　每一三段論法必須含有三個概念與三個判斷，不得少，亦不得多。

第二條　中詞至少須有一次周徧。

第三條　凡在前提中不周徧的概念，不得於結論中轉成周徧。

第四條　兩前提若均爲否定判斷，不得作結論。

第五條　兩前提中若有一個是否定判斷，其結論亦必否定，若兩個都是肯定判斷，其結論亦應肯定。

第六條　兩前提若均爲特稱判斷，不得作結論。

第七條　兩前提中若有一個是特稱判斷，其結論亦必特稱。

上述七條規則之中、有人稱後二條爲附則，以示其與前五條有所不同。前五條各以事實爲依據，各是原始而獨立的，不能由他條推演而得。後二條雖亦有其事實的依據，但可由前五條推演而得。能遵行前五條而無失誤，自不會有不合後二條的情形發生。故此二條雖不特別定爲規則，亦無損於推理規則的完整。但爲了便於把握及易於注意起見，還是以附設爲宜。

上述的七條規則、依其所規定內容的不同，可分爲四類。第一條單獨爲一類，規定三段論法應當含有多少成分。第二條與第三條合爲一類，規定所含概念的周徧應當如何處理。第四條與第五條又爲一類，規定所含判斷的質應當如何安排。第六條與第七條亦爲一類，規定所含判斷的量應當如何安排。凡違反規則的、都成過失，且各定有過名。

違反第一條規則的、通常稱爲四名的過失。違反第二條規則的、稱爲中詞不周徧的過失。違反第三條規則的、稱爲小詞或大詞不當周徧的過失。違反第四條規則的、稱爲否定前提的過失。違反第五條規則上半段的、稱爲結論不當肯定的過失，違反其下半段的、稱爲結論不當否定的過失。違反第六條規則的、稱爲特稱前提的過失。違反第七條規則的、稱爲結論不當全稱的過失。

思想的是非、除了形式上的是非以外，還有實質上的是非。一定要形式與實質兩無過失，思想方得稱爲正確。推理規則所規定的、只是形式方面所當遵守的要件。所以推理雖處處遵守規則，不稍違反，所得結論、有時仍不免發生錯誤。如言：一切生活在水中的都是魚，一切鯨都是生活在水中的，故一切鯨都是魚。此一三段論法、繩以推理規則，莫不符合。論式中用有三個概念，不多亦不少，未有四名的過失。中詞「生活在水中的」、在大前提中周徧，未有中詞不周徧的過失。小詞「鯨」在小前提中原屬周徧，大詞「魚」在結論中仍不周徧，未有小詞或大詞不當周徧的過失。大小前提均肯定，結論亦肯定，未違反第四條及第五條所規定。大小前提與結論、同爲全稱，與第六條及第七條亦無所牴觸。但結論「一切鯨都是魚」顯然不合事實，不能成立。求其錯誤所由起，實起於大前提實質上之有過失。魚雖生活在水中，但生活在水中的不盡是魚。理由錯誤，結論便亦難逃錯誤。又如說：一切魚都是卵生的，一切鯨都是魚，故一切鯨都是卵生的。此一三段論法、在形式上亦未犯有任何過失，其結論之所以不能成立、緣其小前提實質之有違事理。所以欲求推理完美無失，應先審察所用大小前提之是否無瑕可摘。基礎不穩固，雖鄭重推演，不但無功，徒足自誤誤人。故推理規則最好增列一條云：大小前提必須正確無誤，冠於諸條之首，俾從事推理者多所注意。

推理規則、可說是結論的保障工具，保障結論的必然成立。其所保障的、當然以出自正確前提者爲限，前提不正確的、基礎已危，無法保障。此云保障、僅取其正面意義，謂凡經過保障的必有效，不兼取其反面意義，亦即非謂凡未經保障的必無效。故凡推理而遵守規則，可以斷言其結論必然成立，絕不會有例外，但若不盡遵守，卻未可斷言其結論必不能成立。此一情形、於評斷他人言論的是非時、尤不可忽視。推理不合規則而結論之所以猶能時或成立、則因規則是概括性的，凡同一格式而有是有非，則一律規定爲非。其所以如此規定、又因以非概是，其危險性較小，以是概非，其危險性較大。如言：魚是水族，某物不是魚，故某物不是水族。此一格式、犯有大詞不當周徧的過失。其所云某物、若指蚌或蟹而言，其結論確屬不能成立，若指犬或馬而言，其結論顯然合於事實。故遇到他人作此格式的言論而其結論爲「馬不是水族」，則不宜含混評斷其爲錯誤，應當分別指出：結論雖無實質上的過失，但不是從該項前提所可推得，不能逃避推理不當的過失。

有關成分數目的規定 規則第一條規定：一個三段論法必須含有三個概念，且只許含有三個，其所含判斷、亦不得少於三個與多於三個。此一規定、出於三段論法的目的與結構所要求。三段論法必須有一個小詞與一個大詞，分充結論的主詞與謂詞。缺了小詞，結論便失其所論謂，缺了大詞，結論便失其所用以論謂。故小大二詞之中任缺何詞，論謂作用便無由發揮，結論亦便無由成立。結論的獲致、是三段論法的究竟目標。設或結論而無獲致的可能，三段論法自亦不成其爲推理了。三段論法是間接推理，小詞與大詞間的關係、必藉中詞的居間媒介，始獲推知。設或沒有中詞，缺乏媒介，小詞與大詞間的關係不明，結論亦必無由成立。小詞中詞與大詞、各爲一名，故三段論法必須成自三名，不得少於此數。小詞與中詞聯結，可構成一個判斷，與大詞聯結，又可構成一個判斷。三詞各須與他詞聯結一次，以盡其任務，結果所屆，共得如下的三個判斷：㈠小詞與大詞所合成的，㈡小詞與中詞所合成的，㈢大詞與中詞所合成的。既有三名，又須各相聯結一次，其所合成的判斷、自無法少於三個。

每一三段論法所含概念與判斷之各不得多於三個，亦爲三段論法的結構所使然。設有甲乙丙丁四個概念，除了三個分別充任小詞中詞大詞以外，餘下來的一個將作何用？若以之與另一概念同充小詞或大詞，則成兩個結論，亦即成了兩個三段論法，不復是一個三段論法。若以之與另一概念同充中詞，合併以與另二概念構成大小前提，亦成兩個三段論法，分別以與另二概念構成前提，則媒介功用無由發揮，推理亦便無由成立。試設實例，以資說明。假有牛、馬、力大的家畜、昔日農家用以助耕四名，就以作三段論法云：一切力大的家畜是昔日農家用以助耕的，牛與馬是力大的家畜，故牛與馬是昔日農家用以助耕的。其小前提與結論明明各是兩個判斷所合成，前一小前提與結論以牛字爲主詞，後一小前提與結論以馬字爲主詞，小前提與結論既各是兩個，其所由以構成的三段論法自當分析爲二，不當混認爲一。若就上舉四名，另作三段論法云：力大的家畜是牛與馬，昔日農家用以助耕的是力大的家畜，故昔日農家用以助耕的是牛與馬。其大前提與結論各爲兩個判斷，一以牛字爲謂詞，一以馬字爲謂詞。故與前例相同，亦爲兩個三段論法。又若併用二名爲中詞以作三段論法云：牛與馬是昔日農家用以助耕的，力大的家畜是牛與馬，故力大的家畜是昔日農家用以助耕的，其爲兩個三段論法，亦與前二例相同。若分用二名爲中詞，如言：牛是昔日農家用以助耕的，馬是力大的家畜，其一僅表示其與大詞的同異關係而與小詞無涉，其另一僅表示其與小詞的同異關係而與大詞無涉，兩不相共，無路可通，小詞與大詞間的同異無從闡發，結論遂亦無由成立。故謂三段論法不得含有四個概念，係就其單一形式的結構而言，與其複合形式不相關涉。規則首著「每一」二字，卽在強調此意。概念只能有三個，相與聯結以成的判斷、自亦只能有三個，不有第四個的可能。

四名的過失、通常係指兩個前提中分用兩個不同的中詞而言。但如上例所述，欲論定力大的家畜與昔日農家用以助耕者之間的同異，而以牛與馬兩個表裏俱不相同的名稱分任中詞，其無從導致結論、過於明顯，只要是稍有常識的人，都能看到，不會輕犯。其實際時或發生的四名過失、俱出於中詞的名同而實異，如言：一切法人是白種人，某私立學校是法人，故某私立學校是白種人。大前提中的中詞「法人」是法蘭西人的簡稱，小前提中的中詞「法人」是法律上所擬制的人。故此一三段論法、觀其表面，雖屬三名，察其裏面，則爲四實。所以此一過失、與其稱爲四名的過失，不如稱爲四實的過失，更可令人易於把握其眞義。不過推理所處理的、是名不是實，故仍以沿用舊日的名稱爲便。試再設一例，以見此過的害處。如云：孟子所說、爲後世性善論者所宗奉，「食、色，性也」是孟子所說，故「食、色，性也」爲後世性善論者所宗奉。此其過失之出自中詞的同名異實、甚爲明顯。大前提中的「孟子」、指孟子其人，「孟子所說」、謂係孟子自身所主張，小前提中的「孟子」、指孟子其書，「孟子所說」、謂孟子書中所記載，其中亦有孟子論敵所主張的。「食、色，性也」、正是論敵告子的主張而爲性善論者所不取。中詞「孟子」、一爲人，一爲書，純屬兩事，含混不予分辨，論斷便成大錯。

同名異實，已足爲四名過失供給了甚佳的資料，若同名而又同實，僅其同實的所以然不同，或其所取意義各偏一方，則稍一不愼，更易誤用以釀成四名的過失，引致荒謬的結論，有顯而易見的，有隱而難明的。玆就顯而易見的、各設一例。一切有意殺人的人應處死刑，一切劊子手有意殺人，故一切劊子手應處死刑。此一三段論法、其結論的荒謬、至極明顯，無可辯護，推其荒謬的起因，實起於中詞「有意殺人」的同實異故，表面上雖是一名，骨子裏等於二名。大前提中的「有意殺人」、專指報復私仇或刼奪貨財等的殺人而言，小前提中的「有意殺人」、則指執行國法以除暴安良的殺人而言。其殺人雖同，其所以殺人則異，不可混爲一談而混爲一談，遂引致荒謬的論斷。又如說：男子高於女子，東鄰新生的那個嬰孩是男子，故東鄰的嬰孩高於女子，其結論的不合事理、亦屬盡人皆知，其致誤之由、在於中詞「男子」的同實異取。大前提中的「男子」、取其集體的意義，謂男子的平均身材高於女子的平均身材，非謂每一男子都高於女子。小前提中的「男子」、取其個別的意義，謂東鄰的嬰孩是男子中的一人，非謂其爲男子的平均。故集體與個別含混不分，甚易釀成四名的過失以引致可笑的結論。

四名的過失、按其實際，是四實的過失。故若用同實異名的爲中詞以作三段論法，表面上雖有四名，骨子裏僅有三實，其所構成的、只是貌似的四名過失，不是眞實的四名過失，不當認爲錯誤的推理而不許其結論成立。如言：一切文盲不能讀書，有些年老的農夫目不識丁，故有些年老的農夫不能讀書。大前提中的「文盲」與小前提中的「目不識丁」、其名雖異，其實則一。又如言：一切孤兒都很可憐，此孩無父無母，故此孩很可憐。大前提中的「孤兒」與小前提中的「無父無母」、亦屬同實異名，故此兩個三段論法都屬無懈可擊，不能謂爲犯有四名的過失。

有關概念周徧的規定

關於三段論法所用概念的周徧、有二條規定：一爲有關中詞的規定，另一爲有關小詞與大詞的規定。其有關中詞者、定爲至少必須有一次周徧。中詞之見於整個論法，共計二次：其一次見於大前提，其另一次見於小前提。兩次都周徧，自亦不嫌其多，但僅在大前提中或僅在小前提中周徧一次，已足發揮媒介的功用，已足完成媒介的任務，故作核實的要求：僅須周徧一次。若兩次均不周徧，結論勢且無由成立。現在試設實例，以說明中詞的周徧與否對於結論能否成立的影響。

先說中詞一次周徧之足使結論成立。如言：一切動物是生物，一切馬是動物，故一切馬是生物，「動物」是中詞，在大前提中，因其爲A判斷的主詞，故周徧，在小前提中，因其爲A判斷的謂詞，故不周徧。周徧、意即擧其全部外圍，不周徧、意即僅擧其外圍的一部分。全部若如是，則其一部分亦必如是。大前提旣經論定全部動物同於生物，小前提雖未說及動物的全部，但其所說及的一部分動物、亦必同於生物，雖欲不同，勢必無法不同。全部的馬同於此一部分的動物，故亦必同於生物。所以中詞有了一次周徧，必能盡其媒介的任務而令結論底於成立。

次說中詞兩次均不周徧之不足以導致結論。如言：一切牛是動物，一切馬是動物，故一切馬是牛。如此的三段論法、正犯了中詞不周徧的過失，其結論的荒唐、可以不言而喻。大小前提同爲A判斷，中詞「動物」各爲其謂詞，故兩次均不周徧。動物有甚多小類，有可稱爲牛類的，有可稱爲馬類的，還有可稱爲羊類猪類乃至其他的類的。一切牛是動物，僅斷言牛之同於動物中可稱爲牛類的那一小類，非謂同於動物的全類。一切馬是動物，同樣僅斷言馬之同於動物中可稱爲馬類的那一小類，非謂同於動物的全類。牛同於動物中的此一部分，馬同於動物中的彼一部分，雖各同於動物的一部分，其所同的部分却不相同。牛馬各同於動物的不同部分，若將其不同處明白說出，則大前提中的中詞應爲牛類動物，小前提中的中詞應爲馬類動物，成了兩個不同的中詞。所以中詞不周徧的過失與四名的過失、其理相通。中詞不周徧，雖亦有結論無過的，但非出於推理的必然。如言：一切四足獸是動物，一切馬是動物，故一切馬是四足獸，其結論固可成立，但其成立、只是偶然的，因爲馬之爲物，恰巧落入動物的四足類中。若易其小詞「馬」爲「雞」，其結論便不能成立。專就形式而言，中詞不有一次周徧，其結論之能否成立、沒有一定，故只好列入過失之中。

言論犯有中詞不周徧過失的、古今不乏其例。近時有人主張採用簡字，有人則反對。反對的理由有多種，其中一種云：共匪改用簡字，我們若亦改用簡字，豈不成了共匪！此一言論佈爲三段論法，應如下式：共匪提倡簡字，我們提倡簡字，故我們是共匪。簡字之應否反對、是別一問題，惟如上述的反對言論，明明犯了中詞不周徧的過失，實不足取爲反對理由之一。世說新語言語篇載：「孔文舉年十歲……時李元禮有盛名……元禮問曰：『君與僕有何親？』對曰：『昔先君仲尼與君先人伯陽有師資之尊，是僕與君奕世爲通好也。』元禮及賓客莫不奇之……陳韙……曰：『小時了了，大未必佳。』文舉曰：『想君小時必當了了』。陳孔二人間互相攻擊的評論、似乎都巧妙而有力，孔融的返擊、似尤富於機智，但若衡以三段論法的規則，則各不免犯有中詞不周徧過失的嫌疑。陳韙所說、僅提出了大前提，其小前提與結論雖未明說，在當時情形下，自爲衆人所能共喻。其大前提不說「大必不佳」而說「大未必佳」，明謂只是有些人不佳，不是個個人都不佳，若改從理則學的形式，應是一個特稱判斷。試更將其隱含的小前提與結論表而出之，其三段論法應如下式：有些幼而了了的人、長大以後不佳，此子幼而了了，故此子長大以後不佳。「幼而了了」是中詞，在大前提中、因其爲特稱判斷的主詞，不周徧，在小前提中、因其爲肯定判斷的謂詞，亦不周徧，故兩次均不周徧。孔融的返擊、僅提出了小前提，其大前提襲用陳韙所說，可不再提，其結論不言而喻，不必明說。若爲一一補足，則成下列的三段論法：有些幼而了了的人、長大以後不佳，君必幼而了了，故君現在長大了、不佳。此與陳趧所說、格式全同，自亦犯有中詞不周徧的過失。

亦有三段論法，粗看，好像犯了中詞不周徧的過失，細按，則並未犯有此過。如言：父母雙亡了的是孤兒，甲孩是孤兒，故甲孩是父母雙亡了的。在此一三段論法中、其大前提是U判斷，不是A判斷。U判斷的謂詞是周徧的，中詞「孤兒」爲其謂詞，自必周徧。卽此一次周徧，已足盡媒介的任務，故此一三段論法應是無過的推理。

有關小詞及大詞者、規定爲前提中不周徧的概念不得於結論中轉成周徧。其所禁止的、僅爲不周徧者的轉成周徧，故周徧者的轉成不周徧、自在默許之列。此一規定、與直接推理易位的第二條規則、其理相同。全部如此的、其部分亦必如此，部分如此的、其全部不定如此。故可由全部以推定部分，不能由部分以推定全部。推理只是推隱之顯，將前提中所隱含的顯現於結論，不是別有所創造，故不得於結論中說及前提所本未隱含的。至於前提隱含全部而結論僅顯現其一部分，雖有殘缺之憾，却無逾越之弊，雖未將道理說盡，却不致導人誤入歧途。如言：一切馬善跑，一切馬是動物，故一切動物善跑，其小詞「動物」、在小前提中、爲A判斷的謂詞，原不周徧，在結論中、爲A判斷的主詞，轉成周徧，故犯了小詞不當周徧的過失。又如言：一切馬是動物，一切牛不是馬，故一切牛不是動物，其大詞「動物」、在大前提中、爲A判斷的謂詞，原不周徧，在結論中、爲E判斷的謂詞，轉成周徧，故犯了大詞不當周徧的過失。原屬周徧的、轉爲不周徧，不成過失。如言：一切馬是動物，一切動物是生物，故有些生物是馬，其大詞「馬」、在大前提中周徧，不妨於結論中轉成不周徧。

前提中不周徧者之不許在結論中轉成周徧，理論上在於防止其造作無根的論斷，阻遏其超越推理的本分，試更就事實方面加以觀察，亦因其結論的能否成立非有一定。如言：一切動物有生命，一切動物有知覺，故一切有知覺的都有生命，在實質上、其結論之可以成立、絕無懷疑的餘地。但若將小詞「有知覺」改爲「佔有空間」而作結論云：一切佔有空間的都有生命，其有違事理、又毫無可疑。同一論式而是非相反，故在形式上只好一律認爲過失。此與因明之設不定過，可謂異途同歸。

在評論推理之有無大詞或小詞不當周徧的過失時，與評論有無中詞不周徧的過失時相同，應注意肯定前提之爲A判斷抑爲U判斷。若不注意，可能誤是爲非。試爲設例，以助說明。抗戰時期的愛國運動製有一聯口號：有力出力，有錢出錢。在高擧有錢出錢的旗幟下向人募捐，時或遇到有人以無錢爲理由，拒不捐獻。其人的理論、可謂以如下的三段論法爲基礎：一切有錢的人應當出錢，我不是有錢的人，故我不應當出錢。若如通常理則學教本那樣不分A與U，將全稱肯定判斷的謂詞一律視爲不周徧，則此論犯了大詞不當周徧的過失。但勸捐的人、不論知道對方犯有此過與否，總不會在此過上加以指摘，不僅因爲恐怕傷害對方的感情而有礙於捐募的進行，其主要原因在於覺得：要求無錢的人出錢，不是道理上所說得過去的。此一躊躇、正表示了常識之將「有錢出錢」解作U判斷而不解作A判斷，亦卽將謂詞「出錢」解作周徧而非解作不周徧。常識的如此看法、甚合道理，自爲理則學所當採用。再如說：一切無父無母的兒童很可憐，一切無父無母的兒童是孤兒，故一切孤兒很可憐，因其小前提爲U判斷，故亦不當斥爲小詞不當周徧的過失。

有關判斷的質的規定

關於判斷的質、設有規則二條，可以分析爲三項：其一、兩前提同屬否定判斷，不得作結論，其二、兩前提同屬肯定判斷，其結論亦應肯定，其三、兩前提、一肯定而一否定，其結論亦應否定。其所以如此規定、甚易理解。肯定判斷所表示的、是主詞與謂詞間的相同，否定判斷所表示的、是主詞與謂詞間的相異。一個三段論法成自大中小三詞，其中詞、在大小兩前提中、各與大詞小詞合成判斷一次。中詞與大小詞的同異、有三種可能：一爲兩同，既同於大詞，亦同於小詞，二爲兩異，既異於大詞，亦異於小詞，三爲一同一異，或同於大詞而異於小詞，或異於大詞而同於小詞。同者表以肯定，異者表以否定。故兩個前提的質、其搭配情形亦有三種，一爲兩皆肯定，二爲兩皆否定，三爲一肯定而一否定。有三件事物於此，若其中兩件同於第三件的全部，或其一同於全部，其另一同於一部分，則此兩件必有相同處。故兩前提同屬肯定，別無他過而可以作結論，其結論必屬肯定。若兩件事物而均異於第三件，則此兩件、有相同的，亦有相異的，其同異參差不一。故兩前提同屬否定，則不可以作結論。又若兩件事物、其一同於第三件，其另一異於第三件，則此兩件必有相異處。故兩前提而一爲肯定一爲否定，若可作結論，其結論只會否定。此下試爲設例，以見其實況。

先說兩否定前提之不得有結論。兩否定前提之所以不得有結論、因爲在實質上有時應當作否定的結論，有時却又可以作肯定的結論，沒有一定的軌道可循，故在形式上只好不許其作任何結論，以保障推理之必無過失。例如馬不是牛，羊不是牛，事實上羊亦不是馬。若必欲表諸結論，只可作否定云：一切羊不是馬。但如馬不是牛，駒不是牛，而事實上駒却是馬。若依事實作結論，則不得不作肯定判斷云：一切駒是馬。今若將上述兩種情形化爲概括的形式，以甲代馬，以乙代羊與駒，以丙代牛，設爲甲不是丙與乙不是丙兩個前提，究應取範於羊之不是牛而作否定結論云：乙不是甲，抑應取範於駒之是馬而作肯定結論云：乙是甲？兩皆不可，不得已，唯有兩皆捨棄而不取。若疏於顧慮而竟妄作結論，則成兩否定前提的過失。

判斷的否定與肯定、可藉直接推理的換質而互相轉變。然則推理過失之起自兩個否定前提的、若其前提經過換質而轉成兩皆肯定或一肯定而一否定，其推理是否卽可無過而成立?此則未可一概而論，有可以成立的，亦有依然不能成立的。兩個否定前提相搭配，除本過外，尚無他過，一經換質，本過雖消失，他過却緊接而來，則換質勢必徒勞無功，不過變更其過名而已。若兩個否定前提在搭配上，除本過外，尚有他過，經換質後，不但本過消失，他過亦不復存在，則換質可以轉非為是，甚有助於是非的分辨。試各為擧例如下。一切馬不是牛，一切駒不是牛，故一切駒是馬，其兩個否定前提若一律換質為肯定判斷云：一切馬是非牛，一切駒是非牛，則成中詞不周徧的過失。若僅其中一個前提換質，或云：一切馬是非牛，一切駒不是牛，或云：一切馬不是牛，一切駒是非牛，則各有馬、駒、牛、非牛四名而成了四名的過失。故凡類此的三段論法，不是前提換質所能扶助其成立的。但若云：一切愛弄詭辯的人不尊重是非，此人非不尊重是非，故此人不是愛弄詭辯的人。其大前提用有不字為系詞，其小前提用有非字為系詞，各可解作否定判斷。且此一推理，除了犯有兩否定前提的過失以外，亦犯有四名的過失，因為大前提的謂詞「尊重是非」與小前提的謂詞「不尊重是非」、一為積極概念，一為消極概念，是二名，不是一名。若將此兩個前提之一換質為肯定判斷，則上述二過均可消失。其法有二，可以任取其一。或將大前提中的「不尊重是非」解作消極概念，上加一是字以為系詞，則大前提轉成肯定判斷，以與否定判斷的小前提配合，成了一肯定而一否定，且與小前提中的中詞「不尊重是非」成了一名而不復是二名。或就小前提中「非不尊重是非」的二重否定「非不」改爲肯定系詞「是」而換質爲肯定前提，以與否定的大前提配合，亦成一肯定而一否定，中詞亦且一而不二。故凡類此的三段論法、其前提之一經過了換質，可成無過的推理。

次說兩個前提而一肯定一否定，只可作否定的結論，不得作肯定的結論。因爲第三者的中詞對於小詞與大詞，既一同而一異，則小詞與大詞只會全異，或偏異偏同，不會全同。故不作結論則已，若作結論，只可作否定的結論。試分說其詳情。一、假若中詞異於大詞而同於小詞，則其大前提否定，姑以中不是大爲其概括的形式，其小前提肯定，姑以小是中爲其概括的形式。中不是大，卽言中詞所指事物無一居於大詞所指事物的外圍之內，小是中，卽言小詞所指事物無一不居於中詞所指事物的外圍之內。小者必在中者內，而中者必不在大者內，則小者之不在大者內，可以斷言。驗以實例，如馬（小詞）是動物（中詞），而動物不是礦物（大詞），故馬必不是礦物。二、又若中詞同於大詞而異於小詞，則其大前提肯定，其式爲中是大，其小前提否定，其式爲小不是中。小者不居於中者之內，而中者居於大者之內，則小者可能盡居於大者之內，可能半居於內而半居於外，亦可能盡居大者之外。故小詞與大詞的同異、非有一定。第一種可能的實例：如馬（小詞）不在牛類（中詞）內，牛在動物類（大詞）內，事實上馬盡在動物類內。第二種可能的實例：如水產（小詞）不在牛類（中詞）內，牛在動物類（大詞）內，事實上水產有屬於動物類的，亦有不屬於動物類的。第三種可能的實例：如水果（小詞）不在牛類（中詞）內，牛在動物類（大詞）內，事實上水果統統不是動物。綜上所說，前提中有了一個否定判斷，小詞不可能全同於大詞，故不得作肯定的結論，若有所作，便成結論不當肯定的過失。

亦有三段論法，貌似犯了結論不當肯定的過失而實未嘗犯有此過的。如言：一切不尊重是非的人愛弄詭辯，一切好勝的人不尊重是非，故一切好勝的人愛弄詭辯。小前提中的不字，若解作系詞，則此小前提成了否定判斷，其結論却是肯定的，於是好像犯了結論不當肯定的過失。但此小前提，單就其本身而論，固可解作否定判斷，若與大前提合觀，則必須解作肯定判斷。因爲必將不字與其下的「尊重是非」合爲一名，方能與大前提的主詞成爲同一中詞。小前提一經解作肯定判斷，既可不有結論不當肯定的過失，同時且可免除四名的過失。

再次說兩肯定前提之只能作肯定結論，若作否定的結論，則成結論不當否定的過失。兩前提均肯定，則中詞必既同於小詞，又同於大詞。在此兩同情形下，小詞與大詞、只會全同或偏同偏異，不會全異，據以作結論，肯定者或可成立，否定者則無一可成立。中詞之同於小詞與大詞，各有兩種說法。在大前提中、可說中同於大，亦可說大同於中。在小前提內、可說小同於中，亦可說中同於小。依其說法的不同，或應作肯定的結論，或不能作結論，試分別言之。一、若說：中是大，小是中，則小必是大。因爲小者旣居於中者內，中者又居於大者內，小者自不能不居於大者內。如馬（小詞）居於動物類（中詞）內，動物又居於生物類（大詞）內，則馬不能不居於生物類內，故不得不作肯定的結論云：一切馬是生物。二、若說：大是中，小是中，小者大者雖同居於中者內，但小者是否居於大者內，則無法斷言。兩前提而有如此的情形，從中詞的周徧看，依第二條的規定，不得作結論，現在從前提的肯定看，亦復如此。如馬（大詞）在動物類（中詞）內，牛（小詞）亦在動物類內，事實上牛不是馬。但若其式不變，僅易其小詞的「牛」爲「駒」，則駒是馬。同此形式，而結論有時必須否定，有時又可肯定，可否無定，故只好總結爲不得作結論。綜上所述，兩前提均肯定，不一定可作結論，在可作結論時，其結論必肯定。

有些三段論法，表面上似乎犯了結論不當否定的過失，實際上則並不然。如言：一切愛弄詭辯的人輕視是非，一切有良心的人重視是非，故一切有良心的人不愛弄詭辯，表面上看來，大小前提均肯定，結論則否定，犯了結論不當否定的過失，且大小前提中的中詞不一致，亦犯了四名的過失。但若將前提之一換質爲否定，則此二過便盡歸消失。或將其大前提換質爲「一切愛弄詭辯的人不重視是非」，或將其小前提換質爲「一切有良心的人不輕視是非」，其推理便無過可摘了。

有關判斷的量的規定

關於前提及結論的量、設有規則二條。其一規定：若兩前提同爲特稱判斷，不得作結論，違反此一規定的、稱爲兩特稱前提的過失。其二規定：兩個前提中若有一個是特稱判斷，則其所作結論亦必特稱，違反此一規定的、稱爲結論不當全稱的過失。

先說兩個特稱前提之不得作結論。判斷除了有量的差別以外，還有質的差別，故特稱判斷有二類：一爲特稱而肯定的I，另一爲特稱而否定的O。兩個前提同爲特稱判斷，則其搭配情形可有三式：一爲同屬肯定，卽I與I，二爲同屬否定，卽O與O，三爲一肯定而一否定，卽I與O。三式之不得作結論、可從前五條規則中的某一條或某數條推演而知，故有人稱之爲附則。第二式O與O之不得作結論、最爲明顯。O與O同屬否定判斷，依規則第四條，不得作結論，不煩另加解釋。若爲第一式的I與I，因其同屬特稱判斷，其主詞都不周徧，又因其同屬肯定判斷，其謂詞亦都不周徧。故此兩個前提之中、一個周徧的概念都不能有。但依規則第二條，中詞至少須有一次周徧，今兩個前提之中既無周徧的概念，自不會有一詞能擔當媒介的任務，其不能作結論，自屬當然。第三式的I與O、雖有周徧的概念，却僅有一個，因爲I的主詞謂詞都不周徧，O的謂詞雖周徧，主詞却不周徧。依規則第五條，前提中有一個是否定判斷時，其結論必須否定。結論既須否定，其謂詞不得不周徧，依規則第三條，結論中周徧的概念、必先在前提中周徧。又依規則第二條，中詞至少須周徧一次。故以I與O爲前提，須有兩個周徧的概念，其一用以爲中詞，其另一用以爲大詞。今僅有一個周徧的概念，用作中詞，則有大詞不當周徧的過失，用作大詞，則有中詞不周徧的過失。一名不能充兩用，顧此必失彼，故只好以不作結論爲最妥善。

依照上述規定，既不得以有些人是天才與有些天才長於音樂爲前提而作結論云：有些人長於音樂，亦不得以有些人是天才與有些天才不長於音樂爲前提而作結論云：有些人不長於音樂。合而言之，同主同謂的I與O、兩俱不能成爲正當的結論，故以不作結論立爲規則。I與O之俱不得成爲正當結論、其理亦甚明顯。天才之中、確有長於音樂與不長於音樂的分別，每一天才確亦必屬於其一，不會兩俱不屬。但其小詞「有些人」、前提僅言其屬於天才，未嘗暗示其長於音樂與否，推理無由推隱之顯，只好存疑，不作輕率決定。若竟擅作結論，謂其長於音樂，或謂其不長於音樂，都不免有武斷之失。於此容或引起懷疑：前在第十二章敍述判斷的對當關係時，曾謂「有些」若解作可能全部，則I與O不能同時並非，其一若非，其他必是，今謂I與O兩俱不能成爲正當的結論，豈不成了同時並非！實則彼處所說與此處所說、純屬兩回事，故不相抵觸，試分別言其不抵觸之故。一、對當關係中的不能同時並非，是從此一判斷的非以推定彼一判斷的不能亦非，是I與O的互推。此處所說、是兩個不非的特稱前提之不能推得任何結論，不是I與0的互推。故推理所本、兩不相同。二、I與0之不能同時並非、其所云「非」、專指實質上的非，如謂有些人是植物，不合事實，故非，謂有些人不是植物，合於事實，故不能非。兩個前提均特稱，結論無法確定，故不許作。不許作而妄作，其所作結論固亦可謂爲非，但其所云「非」、只是推理形式上的非，不是實質上的非。如有些人長於音樂與有些人不長於音樂、在實質上、明明屬於兩是，不屬兩非。故兩處所說、縱使同用非字，其義有實質與形式之別。

次說前提一全稱一特稱之只能作特稱的結論。本條規定、亦如前條、可從首數條規則推演而得，故亦有人將其列入附則。前提一全稱一特稱的搭配、亦有三式：一爲同屬肯定，卽A與I，二爲同屬否定，卽E與0，三爲一肯定而一否定，卽A與0或E與I。第二式的E與0、因其兩俱否定，依規則第四條所定，不得作結論，不煩另作解釋。第一式爲A與I所配合，A的主詞周徧，謂詞不周徧，I的主詞謂詞均不周徧。故以A與I爲前提，其周徧概念僅有一個。此唯一周徧的概念、依規則第二條，必須用作中詞，於是小詞大詞在前提中均無法周徧。又依規則第三條，前提中不周徧的概念不得於結論中轉成周徧。小詞於前提中既未能周徧，轉入結論而爲其主詞，自當依然不周徧。結論的主詞不周徧，結論自不得不爲特稱判斷。如言：一切馬是動物，有些四足的物體是馬，故有些四足的物體是動物。第三式爲A與0或E與I所配合。其爲A與0所配合的、有兩個周徧概念，一爲A的主詞，另一爲O的謂詞。其爲E與I所配合的、亦有兩個周徧概念，卽E的主詞與謂詞。此兩個周徧的概念、其一依規則第二條，必須用作中詞，其另一依規則第五條及第三條，必須用作大詞。小詞無法在前提中周徧，結論便無法用周徧的概念爲主詞。其以A與O爲前提的、例如一切馬是動物，有些四足的物體不是動物，故有些四足的物體不是馬。其以E與I爲前提的、例如一切馬不是牛，有些四足的物體是牛，故有些四足的物體不是馬。

第十六章　關係判斷的三段論法

設有甲丙兩件或兩類事物，其間關係如何，未有直接查考的方便而未獲知悉，但若已知甲與乙之間具有某種關係，又知乙與丙之間具有某種關係，則可借助於乙的媒介以推定甲與丙之間的關係如何。即此，便構成了關係判斷的三段論法。故關係判斷的三段論法與主謂判斷的三段論法、其基本道理是相同的。此種間接推理、亦爲我們常人所時刻應用。例如張三與李四、其高矮肥瘦、甚相接近，如欲知其誰重誰輕，只有借助於天秤，始能獲得正確的答案。假若張三重五十五公斤半，李四重五十四公斤半，我們便緣以確知張三重於李四。當此之時，重量五十五公斤成了居間的媒介，其論法如下：張三重於五十五公斤，五十五公斤重於李四，故張三重於李四。化爲公式，則成甲重於乙，乙重於丙，故甲重於丙。

流轉的關係與不流轉的關係

關係判斷三段論法所賴以成立的、是關係的流轉。就上例而言，甲重於乙的關係與乙重於丙的關係、流入甲丙之間，便轉成甲重於丙的關係。關係有多種，其性能不相同，就流轉一事而言，有些是一定流轉的，有些是不一定流轉的。關係判斷研究之日尚淺，故關係究應如何分類，有多少種是流轉的，又有多少種是不定流轉的，流轉與不定流轉的分歧、其起因如何——凡此種種、都還未有極詳盡且極明確的答案。現在只就大家所熟知而共信的、爲流轉與不定流轉的兩種關係各舉例若干。

流轉關係、其可舉的種類、多於不定流轉的關係。如數量關係，如方位關係，如親屬關係，如優劣關係，各可流轉。甲重於乙，乙重於丙，此一數量關係能流轉於甲丙之間，故能令人確知甲之必重於丙。甲在乙上與乙在丙上，此一方位關係能流轉於甲丙之間，故能令人確知甲之必在丙上。數量方位等各爲總類，各含有支類若干。數量關係以大小、多少、輕重、長短等關係爲其支類。方位關係以上下、四方、前後、左右等關係爲其支類。親屬關係以祖孫、父子、叔伯、姊妹等關係爲其支類。優劣關係以智愚、強弱、精粗、美醜等關係爲其支類。支類又可分目，如大與小、各爲大小類的一目。故甲大於乙與乙大於丙、此兩判斷所表示的關係、既同類，又同目。至若甲大於乙與乙小於丙，其所表示的關係、則爲同類而異目。同目的關係、一定流轉，異目的關係、有流轉的，有不流轉的。

同異關係、亦屬流轉的關係，但不擬設爲總類或支類之一，僅擬解作各支類所同有的一目。因爲如第五章所曾述，漫言同異而無所指實，則萬事萬物、莫不相同，亦莫不相異，初無同異可言，必待指明其爲某一情況上的同異，而後言同言異，始有意義。今解作支類中的一目，同異便不會無所着落。例如列入大小類中，則所云同、意卽同其大小，亦卽相等。若列入左右類中，則所云同、意卽非左非右，亦卽同所。

不定流轉的關係中、有施受關係，有社會關係。施受關係、如見，如聞，如毀，如譽，如幫助與阻撓，如信任與懷疑。社會關係、如朋友，如師弟，如同學，如鄰居。這些關係、可能流轉，亦可能不流轉。如甲看見乙，乙又看見丙，但甲可能看見丙，亦可能不看見丙。甲說乙的壞話，乙說丙的壞話，但甲對於丙，可能無所毀譽。甲是乙的朋友，乙是丙的朋友，但甲與丙、雖亦可能有深厚的交誼，却亦可能素不相識。甲是乙的鄰居，乙是丙的鄰居，但甲與丙、可能同時與乙爲鄰而亦爲鄰居，可能與乙的鄰居有先有後而未嘗爲鄰。

關係判斷三段論法的成立基礎、在於關係的流轉。故必關係而屬於流轉的、始可就以作推理，其屬於不定流轉的、推理的基礎既未具備，自不能有進行推理的可能。但流轉的關係、亦僅在適當的條件下、始能順利流轉。其條件如何、正爲本章所欲研討的主題。

關係判斷三段論法的結構及其進行方式

關係判斷三段論法的結構、試與主謂判斷三段論法的結構作大體的比較，有其相同處，亦有其相異處。成自三個判斷，是其相同處，所含不止三名，是其相異處。甲大於乙，乙大於丙，故甲大於丙，此三個判斷構成一個三段論法。若於「乙大於丙」下、加說「丙大於丁」，並將「甲大於丙」改作「甲大於丁」，增爲四個判斷，雖猶是一個合格的推理，但已成了兩個三段論法的複合體，不復是一個單純的三段論法。此種複合情形、爲主謂判斷三段論法所亦有，故無礙於其爲相同。但上例之成自三個判斷者、其所含名稱、明已超越三個而達於四個：甲、乙、大於乙、大於丙。乙與大於乙、不能解作同名。乙、有其一定的體積，大於乙、則指體積比乙較大的物體而言。故乙與大於乙、在物、則必是兩物，不是一物，在名、則定是兩名，不是一名。若說：甲是乙之父，乙是丙之父，故甲是丙之祖父，則所含竟達甲、乙、乙之父、丙之父、丙之祖父五名之多，但其所說、却爲顚撲不破的眞理。在主謂判斷的三段論法中、用至四名，已成過失，在此、則雖用五名，亦不成過。此爲兩種論法的大不同處。主謂判斷之外、別立關係判斷爲一類，其主要原因、可謂正在於此。

在「甲大於乙」的判斷中、甲是「大於」這一關係的出發點，故稱關係主體，乙是該一關係的到達點，故稱關係客體。在「乙大於丙」的判斷中、乙是關係的出發點，故轉而爲關係主體。在此兩個判斷孤立而不相關涉時、自應各依其所負任務，稱甲與乙同爲主體，亦應於稱乙爲主體以外，又稱其爲客體。但當此兩判斷聯合而爲前提，若猶如此稱呼，以同名稱呼兩件不相同的事物，以異名稱呼一件不相異的事物，則含混不清，徒滋紛擾而已。故在敘述三段論法時、不得不有所變通。主體一名、只用以稱呼結論中居於主詞位置的關係體，客體一名、只用以稱呼結論中與關係詞合成謂詞的關係體。至於僅見於前提而不見於結論中的那個關係體，不論其在前提中所居位置如何，依其任務，稱爲媒體。用語一經如此限制，則眉目清楚，可免迷亂之苦。故在「象大於牛，牛大於羊，故象大於羊」的三段論法中、稱象爲主體，稱牛爲媒體，稱羊爲客體。此下敍述，卽以主媒客三字爲符號，並以「主大於媒，媒大於客，故主大於客」爲三段論法的公式，庶幾一見其名，卽可了知其所負的任務，以節省思索與解釋之勞。

論法中的主體、卽是小詞，其客體、則與關係詞合構爲大詞，雖未可謂爲卽是大詞，未嘗不可謂爲相當於大詞。兩個前提、不妨沿用主謂判斷三段論法所用的名稱，其成自主體與媒體相結合的、稱爲小前提，其成自客體與媒體相結合的、稱爲大前提。前提與結論的排列、依理則學上的法定順序，應當首擧大前提，次擧小前提，末擧結論。但事實上、與其說：媒大於客，主大於媒，故主大於客，不如說：主大於媒，媒大於客，故主大於客，更爲自然，更易領悟。故在敍述本論法時、改採自然順序，先說小前提，次說大前提，最後說結論。

關係的流轉、其所藉以進行的、是媒體的代入。媒體、在大前提中、與客體比較，獲得某種關係。此一關係、便成了媒體當時的特徵，在該論法中、足爲媒體的全權代表，足爲其別號，足爲其替身。此一替身、用以代入小前提中媒體的本身，亦卽不直呼其本名，而改呼其別號，小前提便轉成結論。若媒體覓不到替身，或雖覓得而代入以後不能有明確的意義，則代入失效，流轉受阻，其推理不能成立。不能成立而猶妄作，便成過失。

上述流轉的進行方式，試設實例以作具體的說明。象大於牛，牛大於羊，故象大於羊。在此一三段論法內，牛是媒體，在「牛大於羊」的大前提中，與羊比較，獲得了「大於」的關係。此一關係，一般言之，原不是牛的主要特色，原不足為牛的代表。但本推理所欲論定的，是象與羊的身體大小關係，牛為媒體，負有任務，使象與羊在身體大小的比較上獲得明確的結論。故就牛的此項任務而論，「大於羊」成了牛的主要特色，足為牛的別號，亦足為其替身。小前提原為「象大於牛」，現在以牛的替身代入牛的本身，便成「象大於大於羊」的結論。重言「大於」，不過表示其為大上加大，依然是大於，非有其他特殊意義，只要略加簡化，便成常語形式的「象大於羊」。如此的結論，意義明確，且合於事實，其推理自屬無可非議。試就上例，不變更其主體與客體，僅改其媒體為猫，則其大小前提應云：象大於猫，猫小於羊。依照上述方式，以「小於羊」代入小前提中的媒體，則成結論「象大於小於羊」，在字面上雖獲得了結論，在意義上等於未有結論。因為象大於小於羊一語，只表示了象的體積比小於羊的動物為大，却未能表示其究竟大於羊抑或小於羊。此一情形，至下當再詳說，於此僅指出其結論的不能明確，以見其推理的不能成立。

同一關係流轉的成敗

本質上原屬流轉的關係、在實際流轉時能否順利流轉，亦受有條件的拘束。合於條件，則流轉成功，不合條件，則流轉失敗。關係種類的純駁及其起迄的同異、在在影響流轉的成敗，都足爲條件的根源，茲試分節研討其影響。

關係種類的純駁、係指大小兩前提中所說的關係一致與否而言。所說關係、兩相一致，如言：甲大於乙，乙大於丙，則其種類純一。不相一致：如言：甲大於乙，乙小於丙，則其種類駁雜。故種類純一的關係、必係同支類中的同目，如上述的「大於」，只是一個全同的關係，不是兩個有異的關係，通大小前提兩次所用而言，應稱爲同一關係。種類駁雜的關係、或爲同支類中的異目，如上述的「大於」與「小於」，或竟跨屬兩個不同的支類，如「甲是乙之兄，乙是丙之父」中的「之兄」與「之父」。這些各是兩個相異的關係，不是一個相同的關係，故通大小前提兩次所用而言，應稱非同一關係。非同一關係、尚應分類，且俟下文再說。同一關係的流轉、有成有敗，非同一關係的流轉、亦有成有敗，但其成其敗、不相一致。至其所以成與所以敗、則與關係的起迄有關。

關係的起迄、指關係的出發點與到達點而言。同此兩體間的同一關係、其起迄可有不同。起迄一有不同，判斷的意義亦便隨以有異。試以小前提爲例，雖同屬成自主體與媒體的結合，其所用關係詞且亦同一，但若其關係有發自主體而達於媒體與發自媒體而達於主體的不同，便應視作兩個不同的判斷。試以說在前的定爲表示關係的出發點，以說在後的定爲表示關係的到達點，並於其間作一直線，以表示所用的關係詞，則小前提可有二式：一爲主—媒，二爲媒—主。大前提亦如之，可有媒—客與客—媒二式。大小前提各有二式，各相搭配以爲推理的理由，則合成如下的四組。

第一組	第二組	第三組	第四組
主—媒	主—媒	媒—主	媒—主
媒—客	客—媒	媒—客	客—媒

在第一組中、關係發自主體，流入媒體，又發自媒體，流入客體，順流而下，可稱同一關係主媒客的順流。凡合於此一公式的，其媒體定能覓得替身以代其本身，以作成明確的結論。只要所欲論謂的關係是流轉的，不論其種類之爲數量或他事，大多可以構成合格的推理，舉例如下。

例一

甲大於乙

乙大於丙

故甲大於大於丙　簡化則成甲大於丙

例二

甲在乙之南

乙在丙之南

故甲在丙南之南　簡化則成甲在丙之南

例三

甲是乙之父

乙是丙之父

故甲是丙父之父　簡化則成甲是丙之祖父

例四

甲堅於乙

乙堅於丙

故甲堅於堅於丙　簡化則成甲堅於丙

結論的簡化方式、或省略重說中的一重，如第一第二與第四例，或改作他詞，如第三例。方式的不同、全依言語的習慣用法，別無他故。主謂判斷三段論法的模範論式、可佈爲：小是中，中是大，故小是大。主媒客的順流、其情形正與相同。故此兩種推理之所以能夠成立、其基本道理、非有二致。

同一關係的主媒客順流、原屬各種關係最能順利流轉的範式，但在親屬關係方面，有其特殊情形，頗多例外。如言：甲是乙之妻，乙是丙之妻，無論何人，都能體會到此項關係之無法流入甲丙之間以作合理的結論。親屬關係之所以有此特殊情形，因爲親屬是人與人間獨有的關係，人人都有男女的分別，親屬名稱遂亦大抵帶有性別。每一人名、雖不註明其爲男爲女，當其用作主詞時、可從其謂詞中所用親屬名稱推知其爲男性或女性，當其用作謂詞的一部分時、有可推知其爲男性或女性的，有無可推知而只能認爲總括兩性的。如在「甲是乙之父」中、甲是主詞，既是乙之父，故可推知其必爲男性，乙是謂詞的一部分，以甲爲父，可能是甲的兒子，亦可能是甲的女兒，無從確定，故只好認爲總括兩性。在「甲是乙之妻」中、甲既是妻，當然是女性，乙以甲爲妻，可推定其必爲男性，且只有一人，更不會總括兩性。媒體在小前提中爲謂詞的一部分，有總括兩性的，有偏指一性的，在大前提爲主詞，必偏指一性。故就「甲是乙之父，乙是丙之父」兩個前提而言，其媒體「乙」、在小前提中是總括男女兩性的，在大前提中是偏指男性。大前提將小前提中總括兩性的改用爲偏指一性，總中取偏，不會有過失，故可作合理的結論云：甲是丙之祖父。就「甲是乙之妻，乙是丙之妻」兩個前提而言，其媒體「乙」、在小前提中偏指男性，在大前提中偏指女性，大前提將小前提中偏指男性的改用爲偏指女性，易彼偏爲此偏，便犯了無可救治的過失。縱將乙的替身代入本身，強以「

甲是丙妻之妻」爲結論，又復成何意義！

在第二組中、關係出自主體而流入媒體，又出自客體而流入媒體，可稱同一關係的主客合流，例如甲大於乙，丙大於乙。乙爲媒體，必須以其替身代入本身，而後始能盡其職責，故以覓得替身爲其第一步要務。顧欲達成此步，又須在大前提中爲其主詞，始有逕取其謂詞全部以爲替身的方便。今乙在大前提中與關係詞合成謂詞而爲謂詞的一部分，沒有獨立爲詞的身分，不能逕取主詞以爲替身，而又無法於他處覓得，無以代入，亦便無由作合格的結論。凡推理而有如此情形的，可稱主客合流的過失。此與主謂判斷三段論法因中詞同爲肯定判斷的謂詞而釀成中詞不周徧的，其情形頗相似。在此一過失中、若將大前提的「丙大於乙」易位爲「乙小於丙」，則媒體的替身有了着落，其推理似乎可以合格了。但一過方去，他過又來，依然不能成立。至其過失如何、且俟敍述相對關係時再說。

在第三組中、兩股關係、同出於媒體，其一流入主體，其另一流入客體，可稱同一關係的媒體分流，例如乙大於甲，乙大於丙。甲是主體，應爲結論的主詞而爲關係所從出，今在小前提中與關係詞合成謂詞而爲謂詞的一部分，除了易位以外，無法自其與關係詞的結合中脫離出來、獨立自成一詞、以充結論的主詞。結論而不具主詞，不能成其爲結論，推理遂亦無由成立。凡有如此情形的、可稱媒體分流的過失。小前提「乙大於甲」固可易位為「甲小於乙」，將甲解放出來，俾其得以擔任結論的主詞。但一經易位，大小前提所說關係、不相一致，別有過失，其推理依然不能成立。

在第四組中、關係發自客體，流入媒體，經過媒體，流入主體，可稱同一關係的主媒客倒流，例如乙大於甲，丙大於乙。此與主媒客順流、別無他異，僅僅顛倒其流向，變順流為倒流而已。在如此的結構下、「丙大於甲」為其最自然的結論。但立論原意、本欲以甲為主體，推知其與丙之具有何等關係，「丙大於甲」非其所欲推得。結論翻客為主，翻主為客，得其所不欲得，不能謂為正當的處理，不是推理所應取的方式。此一結論、誠可易位為「甲小於丙」，以符合立論的原意。但與其到了結論而始易位，不如在前提中預先易位為「甲小於乙，乙小於丙」，改倒流為順流，既自然，亦明顯。

綜上所述，同一關係的推理、應以主媒客的順流為唯一正途，其他或成過失，或雖無過失而不足取。

一同一異的非同一關係流轉的成敗

上文既說同一關係的流轉，此下當說非同一關係的流轉。非同一關係、指大小前提所說兩道關係的不相一致而言，又可分為兩大類：一為一同一異的關係，一為兩異的關係。所謂一同一異的關係、即言兩道關係之中、其一道所表示的、是兩體間的相同，其另一道所表示的、是兩體間的相異，如言：甲等於乙，乙大於丙。所謂兩異的關係、即言兩道關係所表示的、各爲兩體間的相異，如言：甲大於乙，乙重於丙，或言：甲大於乙，乙小於丙。兩異的關係、又可別爲二類。其一可稱別異關係，屬於不同的支類，有不定相兼的，亦有往往相兼的，如大小與重輕或東西與南北。其二爲相對關係，亦可稱相反關係，是同支類中的異目，兩相拒斥，必不相兼，如大與小。故非同一關係、可析爲三類，試分別述其流轉的情形。

先就一同一異的關係、說其流轉。每一支類、總攝有三目，除了表示或大或小、或東或西、或兄或弟等相異的兩目以外，還有一目，表示相同，如不大不小的相等，如不東不西的同所，如非兄非弟的本人。此種一同一異的非同一關係、欲其順利流轉，一如同一關係，主體能獨立成詞、以爲結論的主詞，媒體能覓得替身、以代入本身，此兩件事是不可或缺的要件。主體的能否獨立成詞，媒體的能否覓得替身，與關係的流向有密切的關係。在某些流向中、或主體不能獨立成詞，或媒體不能覓得替身。但不利的流向、可藉判斷的易位以轉成有利的流向。表示相同的判斷、可以原詞易位，表示相異的判斷、亦可反詞易位。且易位以後，盡可轉成模範論式所由成的主媒客順流。玆就各種流向、舉例如下。

主媒客順流

甲等於乙

乙大於丙
故甲等於大於丙　簡化則成甲大於丙
甲大於乙
乙等於丙
故甲大於等於丙　簡化則成甲大於丙
甲在乙的同地
乙在丙北
故甲同在丙北　簡化則成甲在丙北
甲在乙北
乙在丙的同地
故甲在丙同地之北　簡化則成甲在丙北

主客合流　其大前提須先易位，俾媒體覓得替身。結論中所表示的相異、在前提作原詞易位時、同於原前提所表示，在前提作反詞易位時、反於原前提所表示。

甲等於乙
丙大於乙　易位爲乙小於丙
故甲等於小於丙　簡化則成甲小於丙

甲大於乙
丙等於乙　易位爲乙等於丙
故甲大於等於丙　簡化則成甲大於丙

媒體分流　其小前提須先易位，俾主體得與關係詞分離。結論中所表示的相異、在前提作原詞易位時，同於原前提所表示，在前提作反詞易位時，反於原前提所表示。

乙等於甲　易位爲甲等於乙
乙大於丙
故甲等於大於丙　簡化則成甲大於丙
乙大於甲　易位爲甲小於乙
乙等於丙
故甲小於等於丙　簡化則成甲小於丙

主媒客倒流　大小前提各須先易位，俾得轉成順流。結論中所表示的相異、反於原前提所表示。

乙等於甲　易位爲甲等於乙
丙大於乙　易位爲乙小於丙
故甲等於小於丙　簡化則成甲小於丙

乙大於甲　易位爲甲小於乙
丙等於乙　易位爲乙等於丙
故甲小於等於丙　簡化則成甲小於丙

一同一異的非同一關係、其得以流轉的範圍、廣於同一關係。其所以較廣、因爲同一關係的合流與分流、在前提易位以後，別有過失，依然通不過；一同一異的非同一關係則不然，其合流與分流、在前提易位以後，別無他過。其所以有此不同、則又因同一關係前提之一而作反詞易位，便與另一前提所說、不復是同一關係，却形成了相反關係。一同一異的非同一關係前提之一雖作了反詞易位，與另一前提所說、依然是一同一異的非同一關係，故不會別生枝節。此皆得力於前提之一之表示相同，如小前提的甲等於乙，亦如大前提的乙等於丙。關係判斷方面的相等判斷、有如主謂判斷方面的U判斷，其影響力頗大，與其他判斷合爲前提時，能阻遏某些推理過失的發生，不過其所阻遏的不同類而已。

別異關係流轉的成敗

別異關係、指同總類中的不同支類而言，如數量關係中的大小與重輕，亦如方位關係中的東西與南北。別異關係、有兩相關聯而可以結合的，則可以合併流轉，有不定關聯而不定可以結合的，則不定可以合併流轉。不定可以合併流轉而作合併流轉的結論，則其結論非必正確，只可視作過失。

先自不定關聯因而不定可以合併流轉的別異關係說起，大小與重輕、可爲一例。物體大小不同的，雖亦往往在重輕上有其差異，如牛與羊、體積不同，體重亦異。但亦有物體，只有大小可說，非有重輕可言，如耕地，如牧場。物體之無重輕可言的、自不能與同類或他類事物兼作重輕的比較，亦卽大小與重輕不能合併流轉。故就公式而言，若以「甲大於乙」與「乙重於丙」爲前提，不得作結論云：甲大於且重於丙。正因大小與重輕不定關聯，旣未斷言甲重於乙，自不能因其較大而推定其重於丙，又未斷言乙大於丙，亦不能因其較重而推定其大於丙。重輕與深淺、亦屬不定關聯，如就鐵與綿花而論，僅得藉媒體以推知其一重一輕，無法兼作孰淺孰深的分辨。

次說定相關聯因而定可合併流轉的別異關係，方位關係中的東西與南北、可以爲例。兩個地區、除了在東西上或同或異以外，同時在南北上亦必或同或異，不會僅有東西的同異而無南北的同異，亦不會僅有南北的同異而無東西的同異。平時謂甲地在乙地之東，其所云東、大體上係指正東或其附近，若甚偏北或偏南，則謂爲東北或東南，不泛稱爲東。言南北時，亦如之。故旣知甲在乙之東，又知乙在丙之北，定可緣以推知甲在丙之東北。玆就各種流向，一一舉例。

主媒客順流

甲在乙東

乙在丙北
故甲在丙北之東　簡化則成甲在丙之東北
甲在乙北
乙在丙東
故甲在丙東之北　簡化則成甲在丙之東北
主客合流　大前提必先易位。
甲在乙東
丙在乙北　易位為乙在丙南
故甲在丙南之東　簡化則成甲在丙之東南
媒體分流　小前提須先易位。
乙在甲東　易位為甲在乙西
乙在丙北
故甲在丙北之西　簡化則成甲在丙之西北
主媒客倒流　兩前提均須先易位。
乙在甲東　易位為甲在乙西
丙在乙北　易位為乙在丙南

故甲在丙南之西　簡化則成甲在丙之西南

依上所舉，合流等能將大前提或小前提或兩前提俱易位，改成主媒客順流，則均可順利流轉。故嚴格言之，確能流轉的、唯有順流一種而已。

兩人同與第三人有親屬關係，則此兩人亦當互爲親屬。但有些別異關係，如母與妻，如兄與夫，僅因配合不同，其能否合併流轉、亦遂不同。試先舉例，次加說明。

例一

甲是乙之母

乙是丙之妻

故甲是丙妻之母

例二

甲是乙之妻

乙是丙之母

故甲是丙母之妻

例三

甲是乙之兄

乙是丙之夫

故甲是丙夫之兄

例四

甲是乙之夫

乙是丙之兄

故甲是丙兄之夫

上列四例之中、一與三之可以成立、二與四之無可成立、至爲明顯。例一中的丙妻之母與例三中的丙夫之兄、各可簡化，前者通稱丙的岳母，後者通稱丙的大伯。例二謂甲爲丙母之妻，例四謂甲爲丙兄之夫，但母屬女性，不能有妻，兄屬男性，不能有夫。

結論既違背事實，推理自不能成立。至其過失之所由起，就形式而言，亦起於媒體性別之疏於分辨。例二的媒體「乙」、在小前提中、以甲爲妻，必偏指男性，在大前提中、爲丙之母，則偏指女性。例四的媒體「乙」、在小前提中、以甲爲夫，偏指女性，在大前提中、爲丙之兄，偏指男性。大小前提所用媒體、名稱雖同，性別有異，顯屬二實，不具有充任媒體的資格。故其成過的主因、與主謂判斷三段論法方面的四名過失、可謂相同。此上僅就主媒客順流舉例，其餘三種流向、凡能藉易位以轉成順流，且其媒體確無異實嫌疑的，都可合併流轉，無煩細說。

綜上所述，別異關係、有可合併流轉的，有不能合併流轉的，非可一概而論。

相反關係流轉的成敗

相對關係亦稱相反關係、指同支類的異目而言，如大與小，如東與西。大與小、東與西、原屬相對。對小而言，始有所謂大，對大而言，始有所謂小，無大，則小之名不立，無小，則大之名不立。東與西亦然。大小東西、各據一端，互不相容，體積不能同時又大又小，地點不能同時又東又西。故在研討關係的流轉時、與其稱爲相對，不如稱爲相反，俾其不能合併流轉的原因、更易曬然顯現。試就其各種流向、檢討其流轉的成敗。

主媒客順流

先從主媒客順流說起，以次漸及其餘三種流向。

甲大於乙
乙小於丙
　故甲大於小於丙

以乙的替身代入乙的本身，則成如上的結論。但此一結論、無從簡化。因爲依據前提，按照事實，甲丙間大小方面的同異、有三種可能。假定甲地大三畝，乙地大一畝，丙地㈠若爲二畝，則甲大於丙，㈡若亦爲三畝，則甲等於丙，㈢若爲四畝，則甲小於丙。而此三種情形、均與大前提的「乙小於丙」相符。如此推理、可稱犯有結論意義不明確的過失。前述同一關係時、謂其主客合流與媒體分流、或因媒體無從覓得替身，或因主體不能獨立成詞，各成過失，若將其前提易位，則又別生他過。所云他過、即指本過而言。

相反關係主媒客順流之不能導致明確的結論，不獨數量方面的大小爲然，方位與親屬、亦有同樣的情形。如以「甲在乙東，乙在丙西」爲前提，甲可能在丙之東，可能與丙同其經度，亦可能在丙之西，殊難一定。又若甲是乙之父，乙是丙之子，則甲與丙、究是二人，抑是一人，不能斷言。甲是乙之父，自屬男性。丙以乙爲子，其性別兩可，可能是乙之母而爲甲之妻，亦可能是乙之父而與甲爲一人。

主客合流

甲大於乙

丙小於乙　易位爲乙大於丙

故甲大於丙

主客合流，其大前提例須易位，俾媒體得以獨立成詞而爲其主詞。大前提易位的結果，原屬相反關係的主客合流，一轉而成同一關係的主媒客順流，其能順利流轉、便無問題。故其推理的能無過失，關鍵所在、在於該項合流之能轉成同一關係的主媒客順流。方位關係、如東與西，亦可作同樣的推理，舉例如下。

甲在乙東

丙在乙西　易位爲乙在丙東

故甲在丙東

親屬關係、如父與子、如夫與妻、因爲帶有性別，不若大與小或東與西之單純。又因有此特殊情形，故在主客合流時，或不能作單一的易位，而無法達成確定的結論，或雖能作單一的易位，而不能有合理的流轉，設例如下。

甲是乙之父

丙是乙之子　易位則爲乙是丙之父或乙是丙之母

故甲是丙之祖父或甲是丙之外祖父

大前提僅僅明示乙之以丙爲子，故乙與丙的親屬關係、可有二種：一爲其父，一爲其母。於是「丙是乙之子」、旣可易位爲「乙是丙之父」，亦可易位爲「乙是丙之母」。兩俱可通，却不能並容，是父者必不能是母，是母者必不能是父。欲作推理，只應採取其一。若取「是父」的易位，則甲是丙父之父，卽是丙之祖父。若採「是母」的易位，則甲是丙母之父，卽是丙之外祖父。祖父與外祖父之間、在有些民族的風俗與言語中，不加分別，則此兩個結論、非有異義，儘可合而爲一，但在中國的風俗與言語中，則分別甚嚴，不能混爲一談。故如此的結論、在中國人看來，不能逃避意義不明確的過失。

甲是乙之夫

丙是乙之妻　易位則爲乙是丙之夫

故甲是丙夫之夫

此一推理的不能成立、亦屬顯而易見。大前提的易位、固甚合理，無可非議，但媒體「乙」的性別、前後不一，實不足以當媒介的重任。乙、在小前提、以甲爲夫，明是女性，在大前提中、以丙爲妻，明是男性。忽男忽女，亦夫亦妻，如此怪物、絕非世間所能有，取爲媒體，其所導致的結論、自無合理的可能。

媒體分流　其能否流轉、與主客合流相同。

乙大於甲　易位爲甲小於乙

乙小於丙
　故甲小於丙
乙在甲東　易位爲甲在乙西
乙在丙西
　故甲在丙西

媒體分流、其小前提依例易位後，亦轉成同一關係的主媒客順流，故其推理的成立、亦無問題。

乙是甲之父　易位爲甲是乙之子或爲甲是乙之女
乙是丙之子
　故甲是丙之孫或甲是丙之外孫
乙是甲之夫　易位爲甲是乙之妻
乙是丙之妻
　故甲是丙妻之妻

親屬關係方面媒體分流之不能導致確定或合理的結論、亦如其主客合流。

主媒客倒流

乙大於甲　易位爲甲小於乙

丙小於乙　易位爲乙大於丙

故甲小於大於丙

乙在甲東　易位爲甲在乙西

丙在乙西　易位爲乙在丙東

故甲在丙東之西

主媒客倒流、其大小前提經依例易位後，與順流的形態完全相同，亦不能有明確的結論。甲小於大於丙，則甲可能小於丙，可能等於丙，亦可能大於丙。甲在丙東之西，則甲可能在丙之東，可能在丙之西，可能與丙在同一經度之內，亦可能在丙之西。

一個否定前提的影響

上面所研討的推理、不管其關係爲同一的或非同一的，其大小前提均屬肯定。現在試轉變方向，就前提之有否定判斷者、一覘其推理的能否成立。兩個前提一肯定而一否定，與兩個前提同屬否定的，其影響甚不相同，故有分說的必要，現在先說一個否定前提的影響。在主謂判斷的三段論法方面，前提之一而爲否定，其結論只能否定，此則不然，有可以肯定的，有可以否定的，更多不能推得明確結論的。

茲就大小關係，依據媒體代入原則，先擧其字面上可能的結論，而後辨其意義上的正似。

同一關係的主媒客順流

甲大於乙　　　　甲不大於乙
乙不大於丙　　　乙大於丙
　故甲大於不大於丙　　　故甲不大於大於丙

同一關係的主客合流　其大前提例須易位，易位後轉成相反關係的主媒客順流。

甲大於乙　　　　甲不大於乙
丙不大於乙　易位爲乙不小於丙　　　丙大於乙　易位爲乙小於丙
　故甲大於不小於丙　　　故甲不大於小於丙

同一關係的媒體分流　其小前提例須易位，易位後轉成相反關係的順流。

乙大於甲　易位爲甲小於乙　　　乙不大於甲　易位爲甲不小於乙
乙不大於丙　　　乙大於丙
　故甲小於不大於丙　　　故甲不小於大於丙

同一關係的主媒客倒流　其大小前提均須易位，易位後轉成同一關係的順流。

乙大於甲　易位爲甲小於乙　　　乙不大於甲　易位爲甲不小於乙
丙不大於乙　易位爲乙不小於丙　　　丙大於乙　易位爲乙小於丙
　故甲小於不小於丙　　　故甲不小於小於丙

一同一異非同一關係的主媒客順流

甲大於乙　　甲不大於乙

乙不等於丙　　乙等於丙

故甲大於不等於丙　　故甲不大於等於丙

一同一異非同一關係的主客合流　其大前提例須易位，易位後轉成一同一異非同一關係的主媒客順流。

甲大於乙　　甲不大於乙

丙不等於乙　易位爲乙不等於丙　　丙等於乙　易位爲乙等於丙

故甲大於不等於丙　　故甲不大於等於丙

一同一異非同一關係的媒體分流　其小前提例須易位，易位後轉成一同一異非同一關係的主媒客順流。

乙大於甲　易位爲甲小於乙　　乙不大於甲　易位爲甲不小於乙

乙不等於丙　　乙等於丙

故甲小於不等於丙　　故甲不小於等於丙

一同一異非同一關係的主媒客倒流　其大小前提依例均須易位，易位後轉成一同一異非同一關係的主媒客順流。

乙大於甲　易位爲甲小於乙
丙不等於乙　易位爲乙不等於丙
　故甲小於不等於丙

乙不大於甲　易位爲甲不小於乙
丙等於乙　易位爲乙等於丙
　故甲不小於等於丙

相反關係的主媒客順流

甲大於乙
乙不小於丙
　故甲大於不小於丙

甲不大於乙
乙小於丙
　故甲不大於小於丙

相反關係的主客合流　其大前提例須易位，易位後轉成同一關係的主媒客順流。

甲大於乙
丙不小於乙　易位爲乙不大於丙
　故甲大於不大於丙

甲不大於乙
丙小於乙　易位爲乙大於丙
　故甲不大於大於丙

相反關係的媒體分流　其小前提例須易位，易位後轉成同一關係的主媒客順流。

乙大於甲　易位爲甲小於乙
乙不小於丙
　故甲小於不小於丙

乙不大於甲　易位爲甲不小於乙
乙小於丙
　故甲不小於小於丙

相反關係的主媒客倒流　其大小前提例須易位，易位後轉成相反關係的主媒客順流。

乙大於甲　易位爲甲小於乙　　乙不大於甲　易位爲甲不小於乙
丙不小於乙　易位爲乙不大於丙　　丙小於乙　易位爲乙大於丙
　故甲小於不大於丙　　　故甲不小於大於丙

上來羅列了大小關係的三項、四流向、先肯後否或先否後肯的二十四個結論，每一結論出現兩次，實得十二個結論，彙列如下：一、甲大於不大於丙，二、甲不大於大於丙，三、甲小於不小於丙，四、甲不小於小於丙，五、甲大於不等於丙，六、甲不大於等於丙，七、甲小於不等於丙，八、甲不小於等於丙，九、甲大於不小於丙，十、甲不大於小於丙，十一、甲小於不大於丙，十二、甲不小於大於丙。其中如一與三，如二與四，如五與七，如六與八，如九與十一，如十與十二，其實質雖異，其形式全同，故其十二個結論可歸併爲六式，其正其似，分辨如下。

第一式甲大於不大於丙　此爲第一個結論的形式，第三個結論亦屬此式，僅其關係詞易大爲小而已。此式意義不明確，犯有類於因明所說的不定過。乙不大於丙，則必等於丙或小於丙。設甲大於乙而乙等於丙，則甲大於丙。又設甲大於乙而乙小於丙，則甲可能大於丙，等於丙，乃至小於丙。例如甲地大三畝，乙地大一畝，丙地只要在二畝以上，莫不合於乙小於丙的前提，若是二畝，則甲大於丙，若是三畝，則甲等於丙，若是四畝，則甲小於丙。三種情形、均屬可能，故無法概括爲確定的結論。

第二式甲不大於大於丙　第二與第四兩個結論、同屬此式，其義不夠明確，故亦不能成立。甲不大於乙，則必等於乙或小於乙。設甲等於乙而乙大於丙，則甲大於丙。又設甲小於乙而乙大於丙，則甲丙的大小相比，亦可能有三種情形。例如甲地大一畝，乙地大三畝，丙地若僅半畝，則甲大於丙，若亦是一畝，則甲等於丙，若是二畝，則甲小丙。故關係詞而爲不大於大於或不小於小於，無法獲知其大小關係究屬如何。

第三式甲大於不等於丙　第五個結論屬此，第七個結論甲小於不等於丙、亦屬此式。此式、與第一式，其理相通，亦不能構成結論。乙不等於丙，則必大於丙或小於丙。設甲大於乙而乙又大於丙，則甲大於丙。又設甲大於乙而乙小於丙，成了大於小於式，亦如第一式中所說，便有甲大於丙等於丙或小於丙三種可能。

第四式甲不大於等於丙　此式可簡化爲否定結論云：甲不大於丙。甲不大於乙，則必等於乙或小於乙。甲等於乙而乙又等於丙，則甲等於丙。甲小於乙而乙等於丙，則甲小於丙。等於與小於、兩不相同，固不能用肯定語來概括，但其爲不大於，則同，故可用否定語來概括。第八個結論甲不小於等於丙、同樣亦可簡化爲否定形式的甲不小於丙。

第五式甲大於不小於丙　此式可簡化爲肯定的結論云：甲大於丙。乙不小於丙，則乙必等於丙或大於丙。甲大於乙而乙等於丙，則甲大於丙。甲大於乙而乙又大於丙，則甲亦大於丙。第十一個結論甲小於不大於丙、亦可做此簡化爲甲小於丙。

第六式甲不大於小於丙　此式可以簡化爲肯定結論云：甲小於丙。甲不大於乙，則甲必等於乙或小於乙。甲等於乙而乙小於丙，則甲小於丙。甲小於乙而乙又小於丙，則甲亦不能不小於丙。第十二個結論甲不小於大於丙、亦可做此簡化爲甲大於丙。

上列六式之中、其不能成立爲結論的、有三式，可成爲肯定結論的、有二式，可成爲否定結論的、有一式。試與兩個肯定前提下所得結論作一比較，則在彼可以成立的，在此大抵不能成立，間或可作否定結論，在彼不能成立的，在此可以成立，幾於兩正相反。例如「大於大於」、可以成立，簡化爲「大於」，「大於不大於」與「不大於大於」、則意義不定，可作數解，不能成立。「等於大於」與「大於等於」、均可簡化爲「大於」，「大於不等於」、則不能成立，「不大於等於」、僅能簡化爲否定語「不大於」。「大於小於」與「小於大於」、均不能成立，但「大於不小於」正是「大於」，「不大於小於」正是「小於」，各可成立，且可轉成肯定結論。

就一個否定前提下所得結論本身而論，凡屬同一關係而其結論中的關係詞肯定其所否定或否定其所肯定，自相抵觸，不能成立，如「大於不大於」與「不大於大於」。凡屬相反關係而其結論中的關係詞肯定其所否定，或否定其所肯定，自相符順，必可成立，如「大於不小於」與「不大於小於」。此一情形、可採以爲前提之一否定時的推理規則：只應否定其相反，不得否定其同一。此一規則、適用於方位關係，同樣有效。如言：甲不在乙東，乙在丙西，故甲不在丙西之東，其結論的關係詞所否定的、是相反關係，故可成立而簡化爲甲在丙西。若言：甲不在乙東，乙在丙東，故甲不在丙東之東，其關係詞所否定的、是同一關係，不能簡化，不得成立。因爲甲不在丙東之東，則可能在丙東，可能在丙西，亦可能與丙同其經度。

兩個否定前提的影響

兩個前提而同屬否定判斷，唯有同一關係的主媒客順流，方能推得否定的結論。其非同一關係的或非主媒客順流的，不能作有效的推理，不能得合格的結論。

先就可成立的推理舉例，並加說明。

一、同一關係的主媒客順流

甲不大於乙
乙不大於丙
故甲不大於不大於丙　可簡化爲甲不大於丙

甲不大於乙，則甲必等於乙或小於乙，乙不大於丙，則乙必等於丙或小於丙。一、設甲等於乙而乙等於丙，則甲等於丙。二、設甲等於乙而乙小於丙，則甲小於丙。三、又設甲小於乙而乙等於丙，則甲小於丙。四、設甲小於乙而乙亦小於丙，則甲小於丙。統而言之，甲只能等於丙或小於丙，決不會大於丙，故得以甲不大於丙爲結論。

甲不在乙東

乙不在丙東

故甲不東於不東於丙　可簡化爲甲不在丙東

甲不在乙東，則甲必與乙同其經度或在乙西，乙不在丙東，則乙必與丙同其經度或在丙西。設甲與乙、乙與丙、各同其經度，則甲與丙亦必同其經度。設甲與乙同其經度而乙在丙西，或甲在乙西而乙與丙同其經度，則甲當在丙西。設甲在乙西而乙又在丙西，則甲更必在丙西。故合而言之，甲決不會在丙東。

甲不是乙之兄

乙不是丙之兄

故甲不是不是丙之兄　可簡化爲甲不是丙之兄

甲不是乙之兄，則甲當是乙之弟，或是其他親屬，或竟無任何親屬關係。後二種情形、爲敍述簡便計，合稱非弟。乙不是丙之兄，則乙當是丙之弟或非弟。設甲是乙之弟而乙是丙之弟，則甲是丙之弟，不是其兄。設甲是乙弟而乙非丙弟，或甲非乙弟而乙是丙弟，或甲乙之間與乙丙之間、各無兄弟關係，則甲更不會是丙之兄。

次就不能成立的推理舉例，初舉非同一關係而主媒客順流的，繼舉同一關係而非順流的。

甲不等於乙
乙不大於丙
故甲不等於不大於丙　不能簡化

此爲一同一異非同一關係的主媒客順流，依照前提所說，不能導致明確的結論。小前提謂甲不等於乙，則甲必大於乙或小於乙，大前提謂乙不大於丙，則乙必等於丙或小於丙。大小前提各攝有二種不同的情形，互相配合，可成四組。其中一組、爲甲大於乙，乙小於丙。此組形式、正是相反關係的主媒客順流，其犯有結論意義不明確的過失，已詳本章第六節，不必贅述。

甲不大於乙
丙不大於乙　易位爲乙不小於丙
故甲不大於不小於丙

此式原屬同一關係的主客合流，其大前提依例必須易位，易位後則轉成相反關係的主媒客順流。小前提謂甲不大於乙，則甲必等於乙或小於乙。大前提謂乙不小於丙，則乙必等於丙或大於丙。互相配合，亦成四組。其中一組、爲甲小於乙，乙大於丙，其結論中的關係詞、應爲小於大於，其犯有結論意義不明確的過失，同於前式。

綜上所述，推理之所以有正有誤，可總結如下：凡大小前提先後所否定的、是同一關係，則其推理可以成立，其結論的意義可以明確。例如甲不大於不大於丙，可以簡化爲甲不大於丙。若大小前提先後所否定的、不是同一關係，或竟是相反關係，則其推理不能成立，其結論不能有明確的意義。例如甲不等於不大於丙與甲不大於不小於丙，不能緣以決定甲之究屬大於丙、抑或等於丙、或竟小於丙。

綜觀全章，又可獲致如下的總結：在兩個肯定前提下所可推得的明確結論、如甲大於大於丙，可以簡化爲甲大於丙。及其前提之一轉爲否定，其所能推得的結論：甲大於不大於丙或甲不大於大於丙，其意義便不明確，無可簡化。若更進而其另一前提亦轉爲否定，卽兩前提同爲否定，則其所能推得的結論：甲不大於不大於丙，又可簡化爲甲不大於丙而可以成立。在兩個肯定前提下所可推得的甲大於小於丙，犯有結論意義不明確的過失。在一個否定前提下所可推得的甲大於不小於丙與甲不大於小於丙，均無過失，可以分別簡化爲甲大於丙與甲小於丙。在兩個否定前提下所可推得的甲不大於不小於丙，則又成爲有過失的結論。故兩個肯定前提下所得的結論、其無過的、到了一個否定前提下，則轉爲有過，其有過的，則轉爲無過，到了兩個否定前提下，則有過的又復歸於無過，無過的又復歸於有過。前提一肯定一否定所得的結論、其有過無過、正與兩肯定所得的相反，兩否定所得、又正與一肯定一否定所得的相反而同於兩肯定的所得。一層否定、造成一次相反，加一層否定，又增一重相反。

第十七章　複合判斷的推理

聯合判斷的推理

前三章說了單一判斷的推理，現在進而概述複合判斷的推理。複合判斷、如前已述，計有三種：一爲聯合判斷，二爲蘊蓄判斷，三爲析取判斷。三者的推理情形、互不相同，故有分說的必要，茲從聯合判斷的推理說起。

聯合判斷成自兩個以上的原素判斷，爲說明簡便計，以僅成自二原素者爲範式。原素判斷的主詞與謂詞、若各不相同，則應統統說出，如言：甲是乙，且丙是丁。若其主詞相同，則可減說主詞一次、如言：甲是乙且是丁，別稱簡主判斷。若其謂詞相同，則可減說謂詞一次，如言：甲與丙是乙，別稱簡謂判斷。兩個原素判斷之中、其說在前的、稱爲前項，其說在後的、稱爲後項。故就「甲是乙，且丙是丁」而言，「甲是乙」是前項，「丙是丁」是後項。但前後二項、除了所居位置有前後的不同以外，別無不同的特殊任務，故可自由移轉，易前項爲後項，易後項爲前項。「丙是丁，且甲是乙」、其與「甲是乙，且丙是丁」，意義全同，不有絲毫差異。

聯合判斷的推理、可有二式。其第一步同以各該判斷的整體爲大前提，其第二步則或取該判斷的某一項爲小前提而取其另一項爲結論，或取前後二項中的主詞爲小前提而取其謂詞爲結論。爲了分別起見，前者姑稱整項式的推理，後者姑稱析項式的推理。

先說整項式的推理。聯合判斷所由成的原素判斷、無一不是必可成立的，故得依據其原素之一的成立，以推定其另一原素之亦必成立，其式如下：甲是乙，且丙是丁，今甲是乙，故丙是丁。聯合判斷的前後二項、可以自由移轉，故以原來的前項爲小前提而以原來的後項爲結論，固可，倒過來以原來的後項爲小前提而以原來的前項爲結論，亦無不可。故此式推理、既可說：甲是乙，且丙是丁，今甲是乙，故丙是丁，亦可說：丙是丁，且甲是乙，今丙是丁，故甲是乙。小前提與結論、雖先後顚倒，其功效則無所變動。試舉實例，如言：寒來暑往，今寒已來，故暑已往。或顚倒其辭云：暑往寒來，今暑已往，故寒已來。此兩種說法、其功效之絕無差異，當爲人人所首肯。如此的推理、亦爲人們所時常應用。例如張三與李四相約：某次集會，一定同去參加。及張三到會，有人詢以李四來否，張三答言：我們相約同來，故他一定會來，意卽我來，他亦來，我已來，他一定會來。他人知道張三與李四有此約定的、亦會告人云：張三來，李四亦來，現在張三已來，李四一定不會缺席。凡此告語、都可謂爲出自聯合判斷的推理。

聯合判斷、依其所具特性，不當用以作否定推理，亦卽前提原屬肯定型的、不得加以否定，原屬否定型的、不得否定其否定而改成肯定型。因爲否定作用所表示的、是其相反判斷之非而不是。例如「甲不是乙」、卽在表示「甲是乙」的不能成立，「甲是乙」、亦在表示「甲不是乙」之無當於理。聯合判斷的成立、以其原素判斷的俱是爲條件，有一不是，卽不成其爲聯合判斷，根本不應取以爲大前提。旣認其俱是而取以爲大前提，自不當於小前提與結論中加以否定而自陷於矛盾。故旣言：甲是乙，且丙是丁，只可接下去說：今甲是乙，故丙是丁，不得說：今甲不是乙，故丙不是丁。反之，若言：甲不是乙，丙亦不是丁，則不當接說：今甲是乙，故丙是丁。試設實例，若採用論語里仁篇所說的「仁者安仁，知者利仁」爲大前提，則不當作推理云：今仁者不安仁，故智者不利仁。又若採用論語子罕篇的「知者不惑，仁者不憂」爲大前提，亦不當作推理云：今智者惑，故仁者憂。

次說析項式的推理，其式如下：甲是乙，且丙是丁，今是甲且丙，故是乙且丁。前項後項、可以自由互易，故亦可說：丙是丁，且甲是乙，今是丙且甲，故是丁且乙。此兩種說法、其小前提僅改「甲且丙」爲「丙且甲」，其結論僅改「乙且丁」爲「丁且乙」，亦卽僅顚倒前後二項的順序而止，別無其他更改。故其同可成立、絕無問題。設或改說：今是乙且丁，故是甲且丙，則取前後二項的謂詞爲小前提，取其主詞爲結論，其推理能否有效，別成問題了。因爲如此更改，牽涉到原素判斷主詞謂詞的易位，不與原素判斷的易項有關。原素判斷而是U判斷，容許簡單易位，則可作如是的更改，若是A判斷而只許限量易位，則如是的更改不在可許之列。試設具體的例，以明上述情形的實況。如云：仁者安仁，智者利仁，今其人既仁且智，故其人既安仁且利仁。前後項可以互易，故可改說：智者利仁，仁者安仁，今其人既智且仁，故其人既利仁又安仁。先後所說、其小前提的內容完全一致，其結論的內容亦完全一致，僅其內容的排列順序各相顚倒而已。至若改說：其人既安仁又利仁，故其人既仁且智，其可與否、要依仁者安仁與智者利仁兩判斷的謂詞周徧與否而定。仁者安仁兩判斷、各可解作U判斷，其主詞與謂詞同屬周徧，各可簡單易位爲安仁者是仁者、利仁者是智者，因而可作推理云：其人既安仁又利仁，故其人既仁且智。若云：病者求康健，貧者慕財富，因其所說俱合事實，自可聯合以成一個判斷，並可取以爲推理的大前提。但此兩個判斷、明明各是A判斷，其謂詞不周徧，不能簡單易位，若竟作推理云：其人既求康健又慕財富，故其人既病且貧，則其犯有中詞不周徧的過失，便無法倖免了。

析項式推理之可否採取否定形式、亦依其原素判斷之是否U判斷而定。原素判斷而爲U判斷，其謂詞周徧，則可作否定的推理，否則便會釀成結論不當否定的過失。故仁者安仁，智者利仁，可繼以否定的小前提與否定的結論云：其人不仁不智，故其人不安仁亦不利仁。大前提若爲：病者求康健，貧者慕財富，因其原素判斷爲A判斷，故不得作否定推理、謂其人不病不貧，故不求康健，亦不慕財富。

上言聯合判斷不得用以作否定推理，今謂原素判斷而爲U判斷，則可否定。兩說貌似矛盾，實不矛盾，因爲所說是兩件不同的事。前者係就整項式推理說，謂不得否認任何整個原素判斷的成立，後者係就析項式推理說，謂可分別否認原素判斷主詞所說及的事物與其謂詞所說及的性能的存在。如就仁者安仁而言，所不可整個否認的、是仁者的安仁，所可分別否認的、是其人之有仁德與其人之能安於仁，亦卽不仁者的安仁。否認不仁者的安仁，正等於是認仁者的安仁。因爲依照直接推理的規定，U判斷「仁者安仁」反換所得、正是「不仁者不安仁」。故不得整體否認與可以分別否認、不但不相牴觸，且正相符順。

聯合判斷、可就以作整項式推理的、爲數較多，可就以作析項式推理的、爲數較少。因爲一切聯合判斷、其原素判斷莫不並是，却不一定可以相兼。唯其莫不並是，故都可就以作整項式的推理，唯其不定可以相兼，故不定可就以作析項式的推理。仁者安仁與智者利仁、既並是，且可相兼，故既可作推理云：仁者安仁，故智者利仁，又可作推理云：其人仁且智，故既安仁又利仁。至如論語里仁篇所說的「君子喻於義，小人喻於利」，雖並是，却不能相兼，故僅可據以作推理云：君子喻於義，故小人喻於利，不得據以作推理云：其人既君子又小人，故既喻於義，亦喻於利。

混合的蘊蓄推理

蘊蓄推理、係指推理之以蘊蓄判斷爲基本理由者而言，其推理亦成自三個判斷，故又稱蘊蓄的三段論法。其式有二：一爲混合式，成自蘊蓄判斷與其原素判斷的合構，二爲純粹式，全部成分同爲蘊蓄判斷。混合式是蘊蓄推理的基石，其是非亦是該類推理是非的根本。

混合式的蘊蓄推理、以蘊蓄判斷爲大前提，以其前件後件分充小前提與結論，有構成與破壞二式。在小前提中是認前件，在結論中是認後件，推理全程在是認中進行，則爲構成式。其式如下：若甲是乙，則丙是丁，今甲是乙，故丙是丁。表以淺顯的實例，如言：若陽光照入，則室內光明，今陽光照入，故室內光明。在小前提中否認後件，在結論中否認前件，推理進行於否認之中，則爲破壞式。其式如下：若甲是乙，則丙是丁，今丙不是丁，故甲不是乙。表以實例，如言：若陽光照入，則室內光明，今室內不光明，故陽光未照入。

蘊蓄推理設有規則二條，必須遵守，若有違反，便成過失。

第一條：是認了前件，必須是認後件，且只可緣是認前件以是認後件，不得緣否認前件以否認後件。違反末段規定的、稱爲否認前件的過失。

第二條：否認了後件，必須否認前件，且只可緣否認後件以否認前件，不得緣是認後件以是認前件。違反末段規定的、稱爲是認後件的過失。

第一條所規定的、是用前件充當小前提時所應守的準則，第二條所規定的、是用後件充當小前提時所應守的準則。這些規定都是蘊蓄判斷的特徵所使然。蘊蓄判斷的特徵、如前已述，存於前件與後件間一引一隨的必然關係。前件一定引發後件，後件一定追隨前件。未有前件而不引發後件的，亦未有後件而不追隨前件的。除了別有強大的阻力以外，時時如此，處處如此，方足以稱必然。兩件事物之間、若不具有如此的必然關係，則此兩件事物便不能有充當前件與後件的資格。

前件與後件、具有一引一隨的必然關係，故自前件以望後件，有前件處，必有後件。在事實上、前件所說的事情一經發生，後件所說的事情一定緊緊跟隨而至。在推理上、一經是認前件之確已存在，不得不是認後件之亦已發生。例如陽光一經照入，室內立即光明，斷不會依然暗黑。故不是認陽光的照入則已，一經是認，便不得不是認室內的光明。室內的光明、雖大多來自陽光的照入，但不盡然，人工的燈火、同樣可以照明。故陽光不照入，室內還是有光明的可能。陽光的照入、只是室內獲得光明的條件之一，此外尚有別的條件，亦足以引致光明，故不得因陽光的不照入遂斷言室內的不光明。綜而言之，以前件爲小前提，只可緣前件的是認以是認後件，不得緣前件的否認以否認後件，亦即只可作構成的推理，不得作破壞的推理。

自後件以望前件，凡不有後件處，一定不有前件的存在。因爲後件一定追隨前件，在通常情形下、後件若不發生，必因足以引其發生的前件尚未來臨。事實上後件所說事情之所以不發生、由於前件所說事情之尚未存在。推理上否認了後件的業經實現，自不得不歸因於前件的缺如而亦否認其業經存在。陽光一經照入，室內未有不光明的。現在室內不光明，可見陽光必未照入。但陽光的照入、只是引致室內光明的條件之一，此外尚有別的條件、亦可以引發同樣的效果。室內的光明、既亦可得自其他條件，則現在室內雖光明，却未可斷言陽光必已照入。故以後件爲小前提，只可緣後件的否認以否認前件，不得緣後件的是認以是認前件，亦卽只可作破壞式的推理，不得作構成式的推理。

綜上所述，混合的蘊蓄推理、若以「若陽光照入，則室內光明」爲大前提，其推理之可成立的與不可成立的、各有二式，列如下表，以便省覽。

可成立的推理

構成式	破壞式
若陽光照入則室內光明	若陽光照入則室內光明
今陽光照入	今室內不光明
故室內光明	故陽光未照入

不可成立的推理

犯有否認前件的過失	犯有是認後件的過失
若陽光照入則室內光明	若陽光照入則室內光明
今陽光不照入	今室內光明

故室內不光明　　故陽光已照入

混合的蘊蓄推理、若改造爲主謂判斷的三段論法，其在此無過失的、在彼亦無過失，在此有過失的、在彼亦有過失。故推理的類別雖相異，推理的正似則相同。蘊蓄判斷的前件、相當於主謂判斷的主詞，其後件相當於謂詞。改造的方法、在道理上、前件與後件可逕改爲主詞與謂詞，在文字上、有時應略作更改以求語法的通順。現在試改造有過失的二式，以見推理正似的相通。

陽光照入之室是光明的　　陽光照入之室是光明的
此室不是陽光照入之室　　此室光明
故此室不光明　　故此室是陽光照入之室

上列前後二式、在蘊蓄推理、前者原犯否認前件的過失，後者原犯是認後件的過失。改造以後，前者犯有大詞不當周徧的過失，後者犯有中詞不周徧的過失。

上來敍述推理規則，盡用是認否認字樣，不用肯定否定字樣。是認否認與肯定否定、其意義本無顯著的分別。在本章內、爲了避免混淆與誤會，用作不同的意義，故有略加解釋的必要。肯定否定、用於斷言事理，以積極形式言其如是，謂之肯定，如言陽光照入，以消極形式言其不如是，謂之否定，如言陽光不照入。是認否認、用於傳述論斷，原來是肯定的、依然說作肯定，原來是否定的、依然說作否定，不改變原來的形式，則謂爲是認，原來是肯定的、說作否定，原來是否定的、說作肯定，一反原來形式的、則謂爲否認。故是認、有出以肯定口氣的，有出以否定口氣的，否認亦然。上文擧例，大前提的前件後件、均屬肯定判斷，故在小前提及結論中、用以表示是認的、均爲肯定判斷，用以表示否認的、均爲否定判斷，是認與肯定、否認與否定、各相一致。若大前提的前件後件、其一或兩俱是否定判斷，是認否認便不能與肯定否定相一致了。設例如下，以見其不同。

能成立的推理

是認前件以是認後件
若不用功則成績不佳
其人不用功
　故其人成績不佳

否認後件以否認前件
若不用功則成績不佳
其人成績佳
　故其人用功

不能成立的推理

否認前件以否認後件
若不用功則成績不佳
其人用功
　故其人成績佳

是認後件以是認前件
若不用功則成績不佳
其人成績不佳
　故其人不用功

蘊蓄推理之所以不得緣前件的否認以否認後件、與不得緣後件的是認以是認前件、只因前件之非後件的唯一條件。例如陽光的照入、固足以引致室內的光明，燈火的照耀、亦可有同樣的效果。又如功課成績的不佳、不定出於用功的不足，亦可能出於智力的太差。故若前件而爲後件的唯一條件，則情形便大不相同。例如生物必有生命，生物以外的其他物體、都不能有生命。故若以「是生物」爲前件，以「有生命」爲後件，則前件成了後件的唯一條件，而不能成立的推理亦無一不可成立了。如以前件爲小前提而是認其爲生物，因爲後件一定追隨，固當是認其爲有生命，若否認其爲生物，因爲別無其他事物足以引致後件，後件無由發生，遂亦只好否認其爲有生命。又若以後件爲小前提而否認其有生命，固不得不緣以否認其爲生物，是認其有生命，則以生命之有、莫不出於其物之爲生物，遂亦不得不是認其爲生物。故前件爲唯一條件時，四式推理同可成立。

一是認前件以是認後件

若是生物則有生命
此物是生物
　故此物有生命

二否認前件以否認後件

若是生物則有生命
此物不是生物
　故此物不有生命

三否認後件以否認前件

若是生物則有生命

四是認後件以是認前件

若是生物則有生命

此物不有生命
　故此物不是生物

此物有生命
　故此物是生物

前件爲後件的唯一條件時、上述四式推理之所以同可成立、亦可作分析的解釋。前件而不是後件的唯一條件，其前件後件不得互易，例如若陽光照入，則室內光明，不得倒過來說：若室內光明，則陽光照入。前件若是後件的唯一條件，則不然，前後件可以互爲條件，故可互相調換，既可說：若是生物，則有生命，亦可說：若有生命，則是生物。在以「若是生物，則有生命」爲大前提時，上列二四兩式推理、原應歸入過失，但若改以「若有生命，則爲生物」爲大前提，前件已轉爲後件，後件已轉爲前件，於是推理第二式之原屬否認前件以否認後件者、已轉成否認後件以否認前件，第四式之原屬是認後件以是認前件者、已轉成是認前件以是認後件。其可成立、自不復有可疑的餘地了。

前件爲後件唯一條件的蘊蓄判斷、若改造爲主謂判斷，亦足藉以證明原會陷入過失的兩式推理之不會陷入過失。「若是生物，則有生命」、改造爲主謂判斷，則成「一切生物都有生命」，其主詞與謂詞、全全相同，故是U判斷。U判斷的主詞謂詞、莫不周偏，用作大前提，既不會犯有大詞不當周偏的過失，亦不會犯有中詞不周偏的過失。前者正足傍證否認前件緣以否認後件之非過，後者又正傍證是認後件緣以是認前件之亦不成過。

蘊蓄判斷所由成的原素判斷、如前已述，其搭配情形、可有三種：一爲前件後件、都非虛擬而是可能實有其事的，二爲前件後件、都出於虛擬而非可能實有其事的，三爲前件純屬虛擬，後件則可能實有其事。此三種之中、只有第一種、既可就以作構成式推理，亦可就以作破壞式推理。上來舉例，盡屬此種，如「若陽光照入，則室內光明」，又如「若是生物，則有生命」。至於此外兩種，就以作破壞式推理，自無不可。就以作構成式推理，其能否成立、不無問題。試爲設例，以資研討。如言：天上若有兩個太陽，則地上可以永是白晝，這是前件後件都不可能實有其事。如言：天上若落下糧食，則人間不鬧饑荒，這是前件不可能實有其事而後件則是可能實有其事的。就此兩個蘊蓄判斷而言，自可否認其後件以否認其前件，或說：現在地上並不永是白晝，故知天上非有兩個太陽，或說：現在人間時鬧饑荒，故知天上未嘗落下糧食。但若是認其前件以是認其後件云：現在天上有兩個太陽，故地上永屬白晝，則小前提與結論、同屬僞而非眞，或云：現在天上有糧食落下，故人間未鬧饑荒，則至少其小前提不能有合於事實。所以類此的推理、只要是有常識的人，決不會妄作，但理則學上未明定其爲過失。前件之不可能實有其事、有甚明顯而爲衆人所公認的，如上舉的二例，亦有其虛其實、所見不一，未有定論的。如言：若人死爲鬼，則死後仍有生活，無鬼論者以鬼爲出於人所臆造，只許否認其後件以否認其前件，不許是認其前件以是認其後件，有鬼論者則反是，以鬼爲實有，是認其前件以是認其後件、必在其可許之列，否認其後件以否認其前件、且將爲其所不能許了。

孟子有一則言論，近人評其犯有蘊蓄推理上的過失，所評是否得當、值得推敲。孟子公孫丑下篇載：「孟子謂蚳鼃曰：『子之辭靈丘而請士師，似也，爲其可以言也。今既數月矣，未可以言與？』蚳鼃諫於王而不用，致爲臣而去。齊人曰：『所以爲蚳鼃，則善矣，所以自爲，則吾不知也。』公都子以告。曰：『吾聞之也：有官守者不得其職，則去，有言責者不得其言，則去。我無官守，我無言責也，則吾進退豈不綽綽然有餘裕哉？』」此中「有官守者不得其職，則去，有言責者不得其言，則去」二語、是兩個蘊蓄判斷。「我無官守，我無言責也」、其義等於說：我非有官守而不得其職，亦非有言責而不得其言，所以乍看之下，頗易令人疑其犯有否認前件的過失。但孟子此言、是否確實犯有此過、應作兩層探討，非可輕率斷定。第一層應先探討：其前件是否後件的唯一條件。若是唯一條件，則儘可否認前件，不得評爲過失。孟子所舉前件、既有「不得其職」與「不得其言」二事，則此二事之各非唯一條件，自甚明顯。但若除此二事以外，更無其他足以令人去職的條件，則合舉二事，已足發揮唯一條件的效用。至於此二事以外是否尚有其他應當去職的條件，則因原判斷係價值判斷，各人所見、非必相同，故須訴諸孟子本人的主張，始可獲得平允的結論。孟子告子下篇載有孟子語：「所去三……禮貌未衰，言弗行也，則去之。其次……禮貌衰，則去之」，則去職的條件、至少尚有「禮貌衰」一事。故孟子雖合舉二事，因其未盡舉可舉的條件，自不得否認前件緣以否認後件。但眞欲論定孟子此論之是否確有過失，尙須進一步作第二層探討。緣前件的否認以否認後件，其所以成過、不在於前件的否認，在於緣以否認後件。若止於否認前件，不進而緣以否認後件，則應無過失可言。如說：天若下雨，則他必在家，今天不下雨，說至此爲止，不再說下去，只要今天確未下雨，所說合於事實，自不得謂爲犯有過失。卽使繼續說道：不曉得他在不在家，雖作有結論，語氣猶預，無違事理，亦未可謂爲有過。必待斷言：他不會在家，語氣決定，而後其過始成。據此理以衡量孟子的言論，他的結論只說：「吾進退豈不綽綽然有餘裕哉」，僅以猶預的語氣表示其進退之饒有迴旋的餘地，未以決定的語氣表示其可以不去，故責以犯有過失，未免跡近吹求。此類苛評之起、理則學所用過失名稱的過於簡略、與有其責。否認前件緣以否認後件、應是過失的全稱，今截取其不重要的上半，遺其較重要的下半及其最關重要的上下兩半間的因緣關係，稱爲否認前件的過失，於是一見言論之否認前件的，不及細看其下文，便已速斷其犯有過失。緣後件的是認以是認前件，同樣亦應取其全程爲過名，不當僅取其上半而簡稱爲是認後件的過失。

純粹的蘊蓄推理

純粹的蘊蓄推理、其大小前提及結論、盡屬蘊蓄判斷，不似混合式之以大前提的原素判斷分充小前提與結論。此項推理、亦有構成式與破壞式，列式如下，並附以實例。

構成式

若丙是丁則戊是己	若收成豐足則民生安樂
若甲是乙則丙是丁	若風調雨順則收成豐足
故若甲是乙則戊是己	故若風調雨順則民生安樂

破壞式

若戊是己則丙是丁	若乾旱成災則收成減少
若甲是乙則丙不是丁	若水利興盛則收成不減少
故若甲是乙則戊不是己	故若水利興盛則乾旱不成災

純粹蘊蓄推理、以混合蘊蓄推理的規則為規則，亦卽只可緣前件的是認以是認後件，或緣後件的否認以否認前件。上列二式、均合於此項推理規則。就構成式而言，小前提的後件「則丙是丁」與「則收成豐足」、正是認了大前提的前件，結論的後件「則戊是己」與「則民生安樂」、正緣以是認大前提的後件。就破壞式而言，小前提的後件「則丙不是丁」與「則收成不減少」、正否認了大前提的後件，結論的後件「則戊不是己

」與「則乾旱不成災」、正緣以否認大前提的前件。

上列二式之合於推理規則、亦可藉分析以求證明。一個純粹的蘊蓄推理、可視爲兩個混合的蘊蓄推理所合構而成，故可分析爲前後兩式，藉其無違規則，以證明推理全程之未有過失。分析的方法、取小前提的全部及結論的前件爲前式，取大前提的全部及結論的後件爲後式。上列的構成式、可分析如下。

前式

若風調雨順則收成豐足

今風調雨順

故收成豐足

後式

若收成豐足則民生安樂

今收成豐足

故民生安樂

前後兩式、各緣前件的是認以是認後件，合於規則所要求，且前式的結論正是後式的小前提，又足以顯示兩式間之具有理由與結論的關係，故此兩式所合成的，應是無懈可擊的推理。上列的破壞式、亦可作同樣的分析。

前式

若水利興盛則收成不減少

今水利興盛

故收成不減少

後式

若乾旱成災則收成減少

今收成不減少

故乾旱不成災

前式緣前件的是認以是認後件，後式緣後件的否認以否認前件，各合規則，前式的結論又正是後式的小前提。藉此兩點，足證該破壞式之定可成立。

上列構成與破壞兩式、若改造為主謂判斷的三段論法，亦足以見其無過可摘。

構成式的改造

豐足的收成使民生安樂
適時適量的風雨使收成豐足
　故適時適量的風雨使民生安樂

破壞式的改造

乾旱的災害使收成減少
興盛的水利不使收成減少
　故興盛的水利不使乾旱成災

改造後的二式、各無四名的過失，無中詞不周徧的過失，無小詞或大詞不當周徧的過失，且無結論不當肯定或結論不當否定的過失。改造後未見任何過失，亦足傍證原式的妥當。

下列子丑二論、其結論雖為事實所可許，其推理則各犯有過失。

子

若乾旱成災則收成減少
若水利興盛則乾旱不成災
　故若水利興盛則收成不減少

丑

若乾旱成災則收成減少
若水利不興則收成減少
　故若水利不興則乾旱成災

在子論中、小前提的後件「則乾旱不成災」否認了大前提的前件，結論的後件「則收成不減少」緣以否認了大前提的後件。在丑論中、小前提的後件「則收成減少」是認了大前提的後件，結論的後件「則乾旱成災」緣以是認了大前提的前件。若各分析爲前後二論，亦可見其犯有同樣的過失。又若改造爲主謂判斷的三段論法，亦不能逃避其爲有過失的推理。

子論的改造

乾旱的災害足使收成減少
興盛的水利不使乾旱成災
　故興盛的水利不使收成減少

丑論的改造

乾旱的災害足使收成減少
荒廢的水利足使收成減少
　故荒廢的水利足使乾旱成災

改造後的子論、犯有大詞不當周偏的過失，改造的丑論、犯有中詞不周偏的過失。諸過之起、亦如混合的蘊蓄推理，起於其前提前件之非其後件的唯一條件，若是唯一條件，則諸過便無緣發生，設例如左。

一

若有生命則有死亡
若是生物則有生命
　故若是生物則有死亡

二

若有生命則有死亡
若不是生物則不有生命
　故若不是生物則不有死亡

三

若有生命則有死亡

若不是生物則不有死亡

故若不是生物則不有生命

四

若有生命則有死亡

若是生物則有死亡

故若是生物則有生命

上列二四兩式之所以不成過失、無非因其大小前提的前件、均爲後件的唯一條件，非有他故。改造爲主謂判斷的三段論法，亦因其大小前提均爲U判斷，其主詞謂詞莫不周徧，不會犯有不周徧所產生的過失。

廢立式的析取推理

推理所由構成的判斷、其中有一個乃至全部是析取判斷時，稱爲析取推理，因其與別的間接推理同樣成自三個判斷，故亦稱析取的三段論法。一個析取判斷、至少須具有二支，若少於此數，則成單一判斷，不復是複合判斷，至於支數的最高額，則沒有限制，依事實的需要而定。兩支的主詞或謂詞是同一名稱時，則可省減一次。本文爲求簡便，除別有必要外，舉例以二支而同一主詞者爲主。

析取推理的大前提、一定是一個析取判斷，其小前提與結論、則有三種可能：一爲二者皆是單一判斷，二爲一單一而一析取，三爲二者皆是析取判斷。大前提僅具二支時、其小前提與結論、必然兩皆單一，具有三支時，其小前提與結論、必爲一單一而一析取，具有四支以上時，則小前提與結論、可能兩皆析取或一單一而一析取。試就我與友人約定會晤地點一事，假設三例，以見一斑。

一

你來我家或我往你家
你不來我家
故我往你家

二之一

你來我家或我往你家或你我同上公園
你不來我家
故我往你家或你我同上公園

二之二

你來我家或我往你家或你我同上公園
你不來我家或我不往你家
故你我同上公園

三之一

你來我家或我往你家或你我同上公園或你我同去茶樓

你不來我家

　　故我往你家或你我同上公園或你我同去茶樓

三之二

你來我家或我往你家或你我同上公園或你我同去茶樓

你不來我家或我不往你家

　　故你我同上公園或你我同去茶樓

三之三

你來我家或我往你家或你我同上公園或你我同去茶樓

你不來我家或我不往你家或你我不同上公園

　　故你我同去茶樓

上面所擧諸例、其小前提所否認的、盡是大前提的第一支或首數支，但析取推理並不一定要如此，儘可否認其第二支或後數支。析取判斷的支、可以自由易項，不似蘊蓄判斷前件後件之固定而不得轉移。故否認前列的支與否認後列的支，其作用完全相同。試就第一例而言，可以改作如下，或否認大前提的第二支，或將大前提的二支易項而否認其第一支。其餘各例、亦可倣照改作。

你來我家或我往你家　　　　我往你家或你來我家

我不往你家　　或　　我不往你家
　故你來我家　　　　故你來我家

析取推理、除了在小前提中否認某一支或某數支而於結論中是認其餘支以外，亦可於小前提中是認某一支或某數支而於結論中否認其餘支。現在僅就大前提之僅具二支者設例，其餘可以類推。

你來我家或我往你家　　你來我家或我往你家
你來我家　　或　　我往你家
　故我不往你家　　　故你不來我家

蘊蓄推理有構成與破壞二式。緣前件的是認以是認後件，則爲構成式，故構成式成於前後件的兩皆是認。緣後件的否認以否認前件，則爲破壞式，故破壞式成於前後件的兩皆否認。統而言之，在一個推理中、是認或否認、前後各相一致，是認繼以是認，否認繼以否認。析取推理、雖亦進行於是認與否認之中，但在一個推理中、是認或否認、前後各相反，否認則繼以是認，是認則繼以否認。如言：你來我家或我往你家，你不來我家，故我往你家，否認之後、繼以是認。就小前提而言，其作用爲破壞，就結論而言，其作用爲構成，故既不當稱爲破壞式，亦不當稱爲構成式，因爲兩皆有失於偏。此項推理、先之以否認，繼之以是認，簡括言之，先廢而後立，故應稱廢立式，以顯示其全貌。反之，若言：你來我家或我往你家，你來我家，故我不往你家，先立後廢，則應稱立廢式。故析取推理、亦分二式：一爲廢立式，二爲立廢式。二式成立所必須具備的條件、不完全一致。

先述廢立式析取推理所要求的條件。用爲大前提的判斷、必須是眞正的析取判斷，方可就以有所廢立。所謂眞正的析取判斷，一須不虛有析取的形式，至少要有一支、是道理上所能許爲實有其事的，且與他支異名而亦異實，二須可擧的支盡數擧出，不任其殘缺不全。

一個判斷、雖具析取的形式，而其所擧的支，盡屬道理上所不能成立的，則不能具有析取判斷的實質，遂亦無法就以作析取推理。例如說：學問、或是青的，或是綠的，在形式上、具有兩支，且用有表示析取意義的連詞，貌似一個析取判斷，但在實質上、學問之爲青爲綠、兩皆爲道理所不能許，故不是一個眞正的析取判斷。廢立式，先廢後立，必待廢後繼之以立，而後推理始告完成。就上例而言，只可廢，不能立。小前提否認學問之爲青，有合於理，結論是認學問之爲綠，則無當於理。能廢不能立，無從獲致結論，故不成其爲推理。必如說：學問、或是經驗的結晶，或是幻想的創作，有一支爲事理所許，結論能有所立，而後推理始成。顧雖如此，亦只能作限制性的推理，即只許否認其不能成立的一支而是認其能成立的一支。

名稱之中、甚多異名而同實的，若用以爲兩支，則亦只是貌似的析取判斷，不是眞正的析取判斷，無法就以作析取推理。如言：儒家的始祖、或是孔子，或是至聖先師。孔子卽是至聖先師，至聖先師卽是孔子，其名雖異，其實則同，廢則應當俱廢，立則應當俱立，不得一廢而一立，既不得謂非孔子而是至聖先師，亦不得謂非至聖先師而是孔子。必如說：儒家的始祖、或是周公，或是孔子，兩支異名而又異實，方可廢立並施，以成推理。

亦有判斷、其兩支所用名稱、可以解作異名同實，亦可解作異名異實。若作前解，則其所構成的判斷、只是一個貌似的析取判斷，若作後解，則其所構成的判斷、可成眞正的析取判斷。如言：已經去世的父親、或是先嚴，或是先君，似可取以爲可作兩解的實例。因爲先嚴與先君所指之究爲何事、可作兩種不同的解釋：其一釋其所指爲實體，其二釋其所指爲稱謂。釋作實體，則先嚴卽是先君，先君卽是先嚴，同屬一人，不是異實，不可以作一廢一立的推理。釋作稱謂，則先嚴這一稱謂、異於先君，先君這一稱謂、異於先嚴，是兩個不同的稱謂，亦卽不是同實，儘可於此二種稱謂之間、有所取捨。若作此解，爲了措辭明確起見，實應改說：已經去世的父親、或稱先嚴，或稱先君，改是字爲稱字，更足以表示所指之爲稱謂而非實體。不過如此說法、又可作別解，解作去世的父親、有人有時稱爲先嚴，有人有時稱爲先君，「或稱」解作「亦稱」的意思，則成了聯合判斷，不復是析取判斷了。

兩個不同名稱的所指、若具有大類與小類的關係，則雖非完全同實，總不免是部分同實。若用爲大前提的兩支，分就個別的事實而言，有可作限制性的廢立式推理的，有不可作的，若概括爲總說，只能視同異名同實而不許其一廢一立，如言：馬、或是牛，或是動物，雖尙可作推理云：馬不是牛，故是動物，但已不得說：馬不是動物，故是牛。若言：馬、或是四足獸，或是動物，則既不得謂馬不是四足獸而是動物，亦不得謂馬不是動物而是四足獸，廢此立彼與廢彼立此、都在不可許之列。

析取判斷的支、必待舉盡，而後始可就以作廢立式的析取推理。若有遺漏，則成殘缺不全的析取判斷，便不能有充當大前提的資格。因爲漏而未舉的那一支、可能正是應立的那一支。未舉而猶有所立，勢且釀成立所不當立，而陷結論於過失。例如人的一生、在年齡上、可以約略分爲老年、壯年、青年、童年等若干級。今作析取判斷，僅言：人、或是老年，或是青年，便成殘缺判斷。若進而作推理云：此人不是老年，故是青年，或云：此人不是青年，故是老年，若所說及的人、恰巧是壯年，便釀成了立所不當立的過失。

所云舉盡、自是將應舉的各支盡數舉出的意思。然則究以何事爲標準、以定應舉與否？就自然現象而言，某事物在某方面、其各小類所可能具有的特色、都是應舉的支。

如就人的膚色說，有黃色的，有白色的，有黑色的，有紅色的，有棧色的。故就人的膚色方面作析取判斷，應並舉黃、白、黑、紅、棧五支。但若就南美洲人的膚色作析取判斷，則僅白紅二色在應舉之列，其餘三色無須舉及，因爲縱有黃色等僑民，既非土著，爲數亦少，不妨姑缺。又如就人的年齡方面作析取判斷，至少應依簡略的分法，列舉老年、壯年、青年、童年四支。但若就老人的年齡作析取判斷，自不得舉及壯年以下的三支，只可別取花甲之年、古稀之年、耄耋之年以爲其應舉的支。故應舉的支、可說卽是事物實際上可有的種類差別。

就人事現象而言，其標準又不盡同。人事雖能控制自然，但不能違反自然。故其應舉的標準、自當以自然現象所遵守的標準爲基本標準。但人事不甘心於完全聽任自然，時常作控制自然的打算。於作析取判斷時、亦復如此，在基本標準之上，更建立一層化繁爲簡的標準，以期達到施行方便與效果宏大。故於基本標準下所視爲應舉的諸支之中、有所淘汰，只取其事半功倍者，定爲應舉的支。故所舉的支、往往少於基本標準下所應舉的支，而被人誤認爲舉支不盡。例如我與友人相約會晤的地點，當作自然現象來處理，可在兩人的家中，可在公園或其他風景優美的地方，可在茶樓或其他飲食遊樂的場所。其可舉之支、有舉不勝舉之多。但在兩人商談之際，覺得公園與茶樓等諸地點、均不適宜，遂作有限制的決定，僅設二支：你來我家，或我往你家。如此說法、雖捨多支而僅擧二支，在人事現象、已應視爲擧盡，不當訾爲殘缺。故人事現象的應擧標準，於可有外，又注重適宜。僅適宜而非可有，固不當擧以爲支，僅可有而非適宜，亦不當擧以爲支，必既可有而又適宜，方是應擧的支。

前在第十三章中、曾引論語子罕篇的「吾何執？執御乎，執射乎」，謂：按其實質，應解作如下的析取判斷：我，或做駕駛員，或做射手，以御與射爲其兩支。春秋時代、職業的種類、誠然爲數無多，但亦決非僅有御與射二業。故若以客觀的職業種類爲評論標準，則此一判斷確不免有擧支不盡的毛病。但「吾何執」、明白表示自己主觀上所欲從事的職業，係就人事現象立說，所以只要盡擧志願中的職業，以備選擇，已收穫了擧盡的實效，若盡擧社會上現存的一切職業，反成贅疣。故論語下文進而作結論云：「吾執御矣」，可成合格的廢立式析取推理。

立廢式的析取推理

立廢式的析取推理、先立後廢，在小前提中是認大前提的一支或數支，在結論中否認其餘支。其是認與否認的順序、與上述的廢立式正相反。其式與例、已見上節，不再贅述。

立廢式析取推理所要求於大前提的析取判斷的、與廢立式有同有異。其相同處、在於要求大前提之必爲眞正的析取判斷而非空具其形式。其相異處、在於要求大前提各支之必須相拒而不相容，至於擧盡與否，則非所重視，能擧盡，固佳，不擧盡，亦可。

凡得稱爲眞正的析取判斷的、其第一要件：所具諸支之中、至少須有一支是道理上所可許其成立的，亦卽實有其事的。若諸支盡屬不可能實有其事，則只是貌似的析取判斷，僅具可廢的支，不具可立的支，立與廢不能兼施，立廢式推理便無由完成。上節曾假設一例：學問、或是青的，或是綠的，謂爲不能就以作廢立式的推理，依同樣理由，亦可取以爲不能就以作立廢式推理的例。因爲在立廢式中、小前提必須有所立，但一有所立，不論其所立的、爲學問是青，或學問是綠、便已墮入過失的泥淖中而不能自拔。

欲成眞正的析取判斷，其第二要件：所擧各支，不可異名而同實。若僅異其名而不異其實，依照常理，廢則應當俱廢，立則應當俱立，不得一廢而一立，亦不得一立而一廢，故既不可就以作廢立式的推理，亦不可就以作立廢式的推理。如言：儒家的始祖、或是孔子，或是至聖先師，不得就以作推理云：是孔子，故不是至聖先師。兩支所用名稱、若其所指、具有大類與小類的關係，則亦只好視作異名同實，不就以作立廢式的推理。其理由、與上節所述不作廢立式推理的理由、完全相同，故不重述。

析取判斷的支、有相容的，有相拒的。只有兩支相拒的判斷，始可就以作立廢式的推理。所謂相容、卽言是了此，可能同時又是彼，是了彼，可能同時又是此，雖非在每一事物上一定相兼，却可能在某些事物上相兼。如言：花、或美或香。美與香、是相容的，雖非每一種花都是旣美且香，却有許多種花又美又香。所謂相拒、卽言是了此，同時必不又是彼，是了彼，同時必不又是此，此與彼、在任何事物上不可能相兼。如言：人、或老或少。老與少、是相拒的，決不能相兼。世間雖有老青年之稱，非謂其人既是老年又是青年，乃謂其人年雖已老，其行事之強勁、有似青年。判斷的支、必須確是相拒的，就以作立廢式推理，方可期其必然正確，否則其所作推理、可能幸而是，亦可能不幸而非，殊無必是的把握。故花、或美或香，不得就以作推理云：此花美，故不香。美與香、雖不定相兼，却可能相兼，故不得緣其美以否認其香。知道了某花之爲美而欲斷定其香否，只可求證於嗅覺經驗，不能取決於析取推理。必待兩支相拒，沒有相兼的可能，而後始得憑其一是而斷言其一非。故如人、或老或少，兩支相拒，老年決不能又是少年，少年決不能又是老年，方可作立廢式的推理，謂此人是老年，故不是少年，或謂此人是少年，故不是老年。其推理的正確、絕不會有可疑的餘地。人或老或少、是一個諸支未經舉盡的判斷，不可就以作廢立式的推理，却可就以作立廢式的推理。故兩式所要求的、在此點上、不相一致。

析取支的相拒、有出自自然的，亦有出自人爲限制的。上例所說年齡的或老或少、其相拒、出自自然，亦卽出自事實本身的限定。又如我與友人約定會晤的地點、設爲兩支：你來我家，或我往你家，雖已於自然可有的諸支之中多所淘汰，其相拒不相容、亦出自自然。因爲假若你既來我家，同時我又往你家，則兩人依然分處兩地，不能達成會晤的目的。故其相拒、亦可謂爲出自自然。亦有相拒、純出人爲的限制。如言：你去或他去，依其原意，本可相容，你去而他不去，他去而你不去，你與他二人同去：三者均不與判斷所許可的相抵觸。但若加以限制云：只可一人前去，則你去與他去，便成了相拒不相容的兩支。故原屬相容的支，加了人爲的限制，得轉成相拒，而可就以作立廢式的推理。

析取支的相拒、其純粹出自人爲限制的，因其原屬相容，爲人爲條件所迫而始成相拒，僅憑各支所用名稱，無法窺見，故於判斷外，必加說條件，而後其相拒的情形、方能顯現出來。如上文所舉：你去或他去，但只可一人前去，即其顯例。相拒之出自自然的、爲其事物本具的性能所限定，故或明或隱地見於兩支所用名稱之上。其較隱晦的、稍加思索，亦易發見，如你來我家，或我往你家。其甚明顯的，一見即可了然，不煩思索，如人或老或少。

名稱之中、明白表示其爲相拒的、計有二種：一爲反對名稱，二爲矛盾名稱。反對名稱、成自兩個積極名稱，表示某一性能的兩極端。上文所說年齡方面的老與少、是其一例。他如溫度方面的熱與冷、體積方面的大與小、莫非反對名稱，雖不相容，却可以容中，熱與冷之間、有不熱不冷的溫，大與小之間、有不大不小的中。故兩支而用有反對名稱，一見即可斷言其爲相拒的析取判斷，並容許其就以作立廢式的推理。不過因其可以容中，未能同時又爲舉盡的判斷，遂亦不得就以作廢立式推理。

矛盾名稱、成自兩個積極名稱的、爲數極少，幾乎可說絕無僅有，大多數成自一個積極名稱與一個消極名稱。如男與女、同屬積極名稱，因爲世間不無兼具兩性的特徵而可以變性的人，是否確屬矛盾、似有可疑，但疑男疑女的人、究屬少而又少，故以常情爲準，仍不妨視爲矛盾名稱。至如數目方面的奇數與偶數、凡屬奇數，決不會是偶數，凡屬偶數，決不會是奇數，自常識看來，未嘗見有例外，可引爲矛盾名稱成自兩個積極名稱者的好例。通常的矛盾名稱、都成自一個積極名稱與一個消極名稱，如熱與不熱，大與不大，馬與非馬，石與非石。兩個矛盾名稱相加，理則學釋爲可以括盡世間一切，因爲消極名稱的主要作用、在於取消其相對的積極名稱所顯示的性能。故凡不具有該項性能的事物，均得以該消極名稱名之。於是世間一切、可取任何一項性能爲標準，分爲積極與消極兩大部分。若以熱爲標準，可分爲熱與不熱兩大部分，不僅溫的或冷的東西、應歸入不熱的部分，根本沒有溫度可言而沒有冷熱可分的事物、亦當歸入不熱的部分。世間一切既可分爲積極與消極兩大部分，則積極與消極合起來，自當等於世間一切。故若以矛盾名稱爲析取支，既相拒，亦舉盡，既可就以作立廢式推理，亦可就以作廢立式的推理，無往不宜，不能不認爲最合要求的判斷，不能不推爲模範的形式。依此說法，若作判斷云：學問、或是馬，或是非馬，雖爲常識所視爲不知所云的囈語，理則學却應承認其爲合於模範形式的判斷。更進一步，就以作推理云：此一學問、不是馬，故是非馬，或云：此一學問、是非馬，故不是馬，都不失爲合格的推理。

第十八章　推理的省略與複合

省略式的單一推理

推理、亦如判斷，有單一與複合的分別。單一推理、即是一個推理，不論其爲成自單一判斷或成自複合判斷，僅具三個判斷，雖不會少於此數，亦不會多於此數。複合推理、成自兩個以上推理的複合，亦不論其所由構成的判斷是單一或複合，只要具有四個以上的判斷，定是複合推理，可分析爲兩個以上的單一推理。

一個單一推理、依照規定的範式，必須攝有三個判斷，即大前提小前提與結論，三者不得缺一。若缺其一，便無以完成推理的任務，不能發揮推理的功用。缺大前提，則無依以進行推理的原則，缺小前提，則無資以證明的事實，缺結論，則無以顯示在該大小前提下所必不能逃避的結果。但在實際言論中、三個判斷雖不具說，僅說其二，甚或僅說其一，其所未說者之爲何事、可以不言而喻，故縱或從缺，亦無礙於推理的成立。如言：馬是動物，故馬不能不食，僅說小前提與結論，其大前提之必爲動物不能不食，極易推知。或言：動物不能不食，故馬不能不食，僅說大前提與結論，其小前提之必爲馬是動物，亦不會有人致疑。又或言：動物不能不食，馬是動物，僅說大前提與小前提，其結論之必爲馬不能不食，亦屬無可隱遁。故實際言論、爲了求簡便，可省則省，形成了多種省略式的推理。因明推理的範式：聲是無常，所作性故，譬如瓶等，僅舉結論與中詞，可謂已以省略式爲範式了。

中國人所作言論、自古以來，亦多採用省略式，不過所採用的、不定與因明的範式完全相同。因明舉結論與中詞。中詞雖爲大小前提不可或缺的成分，尚待與他詞連結，始取得大小前提的形式，未足以逕充大小前提。故就因明範式所省略的事項而論，詳言之，應稱省略了大小前提的組織，簡言之，未嘗不可稱爲省略了大小前提。中國人所用的省略式、除了與因明的範式全同者外，有省略兩個判斷而不定是大前提與小前提的，有省略一個判斷而不定是大前提或小前提的。不過無論如何省略，大中小三詞、必須具備，不得缺少任何一個。因爲具備了，方能連接大詞與中詞以補足大前提，方能連接小詞與中詞，以補足小前提，方能連結小詞與大詞，以補足結論，方能重建其完整的論式以觀其有無過失。大中小三詞、任缺其一，便無從補足其全部判斷，亦便無由判別其能否成立了。現在試分就各式舉例，辨明大中小三詞，補足三個判斷，以見其推理之可以成立。分辨大中小三詞，其法不一，或依原來的用語加以認定，或依所說義理加以推定，或依原論式的結構加以判定。

其一、省略大小前提，與因明範式完全相同。論語述而篇所載孔子語：「我非生而知之者，好古敏以求之者也」、可引爲一例。「我非生而知之者」、謂自己並不是上智，其所以能稍有成就，出於「好古敏以求之」。全章既以表示自謙，亦以闡明稍有成就的由來，故「我非生而知之者」、應是結論，「好古敏以求之者也」、則爲中詞。試爲補足大小前提，可得如下的論式：

大前提　一切好古敏以求之者都不是生而知之者
小前提　我是好古敏以求之者
結　論　故我不是生而知之者

此一論式、未違反推理規則中的任何一條，故是合格的推理。次如同篇所載孔子語：「丘也幸，苟有過，人必知之」、亦足爲例。孔子主張「過則勿憚改」，樂於聞過，俾得早改。故「丘也幸」是結論，「苟有過，人必知之」是中詞。補足大小前提後，得式如下：

大前提　一切有過而必爲他人所知的人是有幸的
小前提　丘是有過而必爲他人所知的人
結　論　故丘是有幸的

再次如孟子梁惠王上篇所引孔子語：「始作俑者、其無後乎！爲其象人而用之也」、又是一例。「爲其象人而用之也」的「爲」字，表示着「象人而用之也」之屬於理由而非屬於結論，故「象人而用之也」應是中詞，「始作俑者、其無後乎」、則爲結論。整個論式、可補足如下：

大前提　一切象人而用之者無後

小前提　一切始作俑者象人而用之

結　論　故一切始作俑者無後

其二、省略大前提。論語述而篇所載孔子語：「仁遠乎哉！我欲仁，斯仁至矣」、是其一例。此章主旨、在於激勵大家親仁依仁，故「仁遠乎哉」是結論，「我欲仁，斯仁至矣」、是小前提。試爲補足大前提並改作小前提，則得如下的論式：

大前提　一切欲其來而卽來的事物不處於遠方

小前提　仁是欲其來而卽來的事物

結　論　故仁不處於遠方

又如孟子公孫丑下篇所載孟子語：「我非堯舜之道不敢以陳於王前，故齊人莫如我敬王也」、亦足爲例。「故齊人莫如我敬王也」、冠有故字，故知其必爲結論，撮其要義，可以簡化爲「我最敬王」。「我非堯舜之道不敢以陳於王前」、用有小詞「我」字，故是小前提，二重否定，等於肯定，故可以簡化爲「我以堯舜之道陳於王前」。補足大前提，便成完整的論式。

大前提　一切以堯舜之道陳於王前的人最敬王

小前提　我以堯舜之道陳於王前
結　論　故我最敬王
其三、省略大前提與結論，例如論語子罕篇所引孔子語：「吾不試，故藝」。「故藝」用有「故」字，故知其下所用的「藝」字必是結論的謂詞，亦卽必是大詞，且由此又可推知：「吾不試」必是小詞與中詞所合成的小前提，而「吾」字必是小詞。「試」、註家解作爲世所用，「藝」、註家解作多通技藝。故整個論式、應補足如下：
大前提　一切不爲世用的人多通技藝
小前提　我是不爲世用的人
結　論　故我多通技藝
又如論語公冶長篇所載孔子語：「棖也慾，焉得剛」，其所省略的、亦是大前提與結論。依其上文「子曰：『吾未見剛者。』或對曰：『申棖』推之，「焉得剛」是結論的謂詞，「棖也慾」是小前提，其省略未說的大前提、應爲「多慾的人不剛」。故其完整論式、當如下列：
大前提　多慾的人不剛
小前提　申棖多慾
結　論　故申棖不剛

其四、省略小前提。論語顏淵篇所載孔子答司馬牛的兩句話、合起來，是一個適切的例。司馬牛問君子的爲人如何，孔子答以「君子不憂不懼」，指出君子平日的心境，故是結論。司馬牛不甚了解，孔子又爲之解釋云：「內省不疚，夫何憂何懼」，說明君子之所以不憂不懼，故是大前提。欲重建其完整論式，只須補足小前提。

大前提　一切內省不疚的人不憂不懼

小前提　一切君子內省不疚

結　論　故一切君子不憂不懼

孟子萬章上篇所載孟子語：「匹夫而有天下者、德必若舜禹而又有天子薦之者，故仲尼不有天下」、亦足爲適切的例。「故仲尼不有天下」、用有「故」字，明示其爲結論而「仲尼」爲其小詞。「匹夫而有天下者，德必若舜禹而又有天子薦之者」、未用有小詞「仲尼」，明示其爲大前提。其小前提略而未說，甚易補足。

大前提　凡匹夫而有天下的人既必德若舜禹又必有天子薦之

小前提　仲尼雖德若舜禹但未有天子薦之

結　論　故仲尼不有天下

孟子書中有兩則混合的蘊蓄推理，亦省略了小前提，其一見於滕文公上篇，其又一見於公孫丑下篇。滕文公上篇云：「不直，則道不見，我且直之」。上一語是一個蘊蓄判斷，依論式應是大前提，「不直」是前件。下一語「我且直之」，改否定爲肯定，正是否認前件。在混合的蘊蓄推理中、只可緣後件的否認以否認前件，亦卽只可在結論中否認前件，故「我且直之」定是結論。其小前提則略而未說，補足如下：

大前提　不辯正則道不顯
小前提　爲了顯道
結　論　故加辯正

公孫丑下篇云：「夫天未欲平治天下也，如欲平治天下，當今之世、舍我其誰也」。下一語是一個蘊蓄判斷，「舍我其誰也」、謂不當使我見棄於世。上一語、是前件的否認，依理只可於結論中爲之，故是結論。其小前提應爲「天竟使我見棄於世」，補足後的論式、應如下列：

大前提　天如欲平治天下不當使我見棄於世
小前提　天竟使我見棄於世
結　論　故天未欲平治天下

其五、省略小前提與結論。論語季氏篇所載孔子對其子伯魚先後所作兩次訓話：「學詩乎……不學詩，無以言」與「學禮乎……不學禮，無以立」、各足引以爲例。「學詩乎」、貌似問語，實則寓訓於問，意在勉其學詩，故是不完整的結論，其小詞略而未說。因其爲訓子之辭，故其小詞之應爲「汝」字，其結論之應爲「汝須學詩」，極易推知。「不學詩，無以言」、是大前提，原是一個否定判斷，爲了不與結論的質相齟齬，應當利用直接推理，加以改造。初易位爲「有以言無不學詩」，繼換質爲「有以言，必須學詩」。大前提轉成了肯定判斷，結論「汝須學詩」便不會有不當肯定的過失了。再爲補足小前提，便成完整的論式。「學禮乎……不學禮，無以立」、亦當作同樣的改造與補充。

大前提	凡欲有以言者必須學詩	凡欲有以立者必須學禮
小前提	汝欲有以言	汝欲有以立
結　論	故汝須學詩	故汝須學禮

其六、省略結論。孟子萬章上篇所說的「無恒產者無恒心，苟無恒心，放辟邪侈、無不爲已」、可引以爲例。第一語明係主謂判斷，第二語亦可改作主謂判斷，其謂詞且可簡化爲「不憚爲惡」。此二語中攝有三名：一爲無恒產，二爲無恒心，三爲不憚爲惡。一與二、二與三、各已合組爲判斷，惟一與三未經合組。故在孟子此論中、略而未說有待增補的、當爲「無恒產者不憚爲惡」。增補甚易，但所增補者究應解作前提抑應解作結論，則非一見卽可斷言。爲審愼計，應當先作試探，然後再作決定。第一步、假設原來的第一語爲結論，則「無恒心」是大詞，而原來的第二語應是大前提，新增補的應

是小前提，列爲論式，其小前提可有甲乙兩式。

大前提　凡無恒心者不憚爲惡

小前提　甲式　凡無恒產者不憚爲惡

　　　　乙式　凡不憚爲惡者無恒產

結　論　故凡無恒產者無恒心

小前提若採用甲式，則中詞在大小前提中、同居於謂詞的位置，其推理犯有中詞無一次周偏的過失。若採用乙式，小詞居於謂詞的位置，不周偏，結論犯有小詞不當周偏的過失。故此一假設、不能成立。第二步、假設原來的第二語爲結論，則新增補的應爲大前提，其論式如下：

大前提　凡無恒產者不憚爲惡

小前提　凡無恒產者無恒心

結　論　故凡無恒心者不憚爲惡

在上式中、結論亦犯有小詞不當周偏的過失。故此一假設、亦不能成立。新增的判斷、用以補小前提或大前提，均經失敗，唯有再以試補結論，一覘其能否與原有的判斷構成無過失的推理。

大前提　凡無恒心者不憚爲惡

小前提　凡無恒產者無恒心
結　論　故凡無恒產者不憚爲惡

此一論式、試持推理規則詳細檢查，未見其有任何違反，故可推知：孟子原來的言論所省略的、必是結論。又如孟子盡心上篇所載的「盡其心者、知其性也，知其性，則知天矣」、亦當是省略了結論，應增補如下式：

大前提　凡知其性者知天
小前題　凡盡其心者知性
結　論　故凡盡其心者知天

聯合式的複合推理

複合推理成自兩個以上的單一推理，在實際言論中、其所取以爲原素的單一推理、大抵屬於省略式。故以兩個單一推理爲成分的複合推理、其所攝判斷、決不會達六個之多。最常見的、攝有四個，省略較多的、僅舉三個，在特殊情形下、甚或僅舉二個。

複合推理可分三種：一爲聯合式的複合推理，二爲連環式的複合推理，三爲帶證式的複合推理。三者之中、聯合式所由成的原素推理、其相互間的關係、不若餘二種之密切，故亦較易認清各該原素推理的本來面目而予以分析與還原。

聯合式的原素推理、其所論謂的內容、是兩件獨立的事情，不一定互相牽涉，可以合說，亦可以分說。其所以聯合在一起、可從用語或義理上求得其故。兩個推理所用小詞或大詞、同名同義，純屬同一對象，合爲一語則較簡，分爲兩語則較繁。繁不如簡，故以合說爲便。且一經合說，更可藉以表示某一對象之有兩項不同的性能或某二對象在某一性能上之兩相一致。亦有所用小詞或大詞、無一相同，但所說義理、雖屬兩事，却因其有類似處，合說則可藉以隱示一條根本的道理，或因其有相反處，合說則可藉以隱示殊途的同歸。試各舉例，以見梗概。

論語先進篇所載孔子語：「求也退，故進之，由也兼人，故退之」。是一則聯合式的複合推理。所說內容、明係兩件獨立的事情，不相統屬，亦非存有因果關係。其所以合說、依原文上文所述，子路與冉有嘗提出同樣的問題，請孔子指示，而孔子的指示、兩正相反，公西華聽到了，疑惑不解，請示同問異答之故，孔子乃以此四語爲之解釋。兩個原素推理所由構成的判斷、分先後兩層說出，不錯綜，不夾雜，故極易分析。「故進之」與「故退之」、同冠有「故」字，自應同屬結論而省略了小詞。「求也退」與「由也兼人」、同未用有大詞，自應同屬小前提。故此兩個原素推理、同屬省略大前提與結論的省略式。試加分析與增補，可還原爲如下的兩個論式。

大前提　退者進之　　兼人者退之

小前提　求也退　　由也兼人

結論　故求也進之　故由也退之

在此聯合推理中、兩個結論所說、雖正相反，但其所以如此論定，其所依據的、却是同一道理，卽施教方法、必須針對各人的所短，鼓勵其趨赴相反的方向，以減弱其所短而增強其所不長。冉有與子路的所短相反，故須施以相反的教誨，俾各能受益。故此合說、亦可謂爲藉兩事的對比，以顯示殊途的可以同歸，亦以顯示施教的必須因材。

論語子路篇所載孔子戒子夏語：「無欲速，無見小利。欲速，則不達，見小利，則大事不成」、亦是一則聯合式的複合推理，因其所說，亦是兩件獨立的事情，既不相統屬，又無因果關係可言。「欲速，則不達」與「見小利，則大事不成」、是兩個蘊蓄判斷。故此一聯合推理、應是兩個蘊蓄推理所合成，分別以「欲速，則不達」與「見小利，則大事不成」爲其大前提。「無欲速」與「無見小利」、各爲否認前件，依照規則，僅得於結論中爲之，故各應解作結論，其小前提則略而未說。在此聯合式中、兩原素推理的大前提說在一起，其結論又說在一起，雖較夾雜，但亦不難分清。試加分析與增補，其原素推理應爲如下的兩式。

大前提	欲速則不達	見小利則大事不成
小前提	欲達	欲成大事
結　論	故無欲速	故無見小利

此兩原素推理所論謂的、雖各是獨立的事情，但亦有其類似處，同在表示一條原則：顧小足以失大，故欲保全其大，有時不可不犧牲其小。

論語衞靈公篇所載孔子語：「可與言而不與之言，失人，不可與言而與之言，失言，知者不失人，亦不失言」、又是一則聯合式的複合推理，成自兩個省略式的原素推理：一爲「可與言而不與之言，失人……知者不失人」，二爲「不可與言而與之言，失言，知者……亦不失言」。就第一原素推理而言，共用有三詞，至極明顯，一爲「可與言而不與之言」，二爲「失人」，三爲「知者」。至於孰爲大詞，孰爲中詞，孰爲小詞，則須略費推敲，始能認定。「失人」一詞、凡二見，不可能是小詞，因其兩次同居於謂詞的位置，而小詞必須有一次爲結論的主詞，否則即不成其爲小詞。「失人」亦不可能是大詞，因其一次用爲肯定判斷的謂詞，另一次則用爲否定判斷的謂詞。若其肯定判斷爲大前提，則謂詞不周徧，而以否定判斷爲其結論，則犯有大詞不當周徧的過失。又若其否定判斷爲大前提，而以其肯定判斷爲結論，則犯有結論不當肯定的過失。由此推知：「失人」必是中詞，而全論是省略了結論的。第二原素推理之以「失言」爲中詞與其所省略者之爲結論、亦與同理。現在試就二個原素推理分析增補，列其完整的論式如下：

大前提　可與言而不與之言失人　　不可與言而與之言失言

小前提	智者不失人	智者不失言
結　論	故智者不可與言而不與之言	故智者不與不可言而與之言

此兩個原素推理的小詞、亦即所就以論謂的對象、完全相同，故予合說，既以求簡，亦以顯示相反性能之各有所宜。

孟子滕文公下篇所載孟子語：「楊氏爲我，是無君也，墨氏兼愛，是無父也。無父無君，是禽獸也」、亦是一則聯合式的複合推理。其原素推理所用大詞、完全相同，且亦同屬結論省略式。茲列其原素推理的完整論式如下：

大前提	無君是禽獸也	無父是禽獸也
小前提	楊氏爲我是無君也	墨氏兼愛是無父也
結　論	故楊氏爲我是禽獸也	故墨氏兼愛是禽獸也

此中「楊氏爲我，是無君也」與「墨氏兼愛，是無父也」、若詳爲探索，尚可分析，甚或各可解作一則省略式的單一推理。「楊氏爲我，是無君也」、可以分析增補爲「爲我是無君，楊氏爲我，故楊氏是無君」。「墨氏兼愛，是無父也」、可以分析增補爲「兼愛是無父，墨氏兼愛，故墨氏是無父」。現在姑視爲主謂判斷，不作進一步的分析。此一聯合推理之所以合說、就用語言，因其大詞之完全相同，就義理言，則在顯示相反主張之會陷入同樣的謬誤。

連環式的複合推理

兩個以上的原素推理、具有理由與結論的關係，不分段落，一連串說下來，直說至最終結論的，稱為連環式的複合推理。現在試為設例，先列原素推理，後列連環式，以見其構成的過程與構成後的形式。

	第一原素推理	第二原素推理	第三原素推理
大前提	四足獸是動物	動物是生物	生物有老幼
小前提	馬是四足獸	馬是動物	馬是生物
結　論	故馬是動物	故馬是生物	故馬有老幼

連環式所由以構成的原素推理、至少須有二個，多則沒有一定的限制，現在姑以成自三個者為例。第一大前提與第一小前提相結合，推出第一結論。此第一結論轉為第二小前提，與第二大前提相結合，推出第二結論。此第二結論又轉為第三小前提，與第三大前提相結合，推出第三結論。原素推理複合時、為求簡潔，凡可以不言而喻的判斷、一律略而不說。故三個原素推理所本有的九個判斷、複合以後，僅存五個，其式如下：

連環式一

馬是四足獸（第一小前提）
四足獸是動物（第一大前提）
動物是生物（第二大前提）

連環式二

生物有老幼（第三大前提）
動物是生物（第二大前提）
四足獸是動物（第一大前提）

生物有老幼（第三大前提）
故馬有老幼（第三結論）

馬是四足獸（第一小前題）
故馬有老幼（第三結論）

複合的結果、可有判斷排列順序不相一致的兩式　如上所列。三個小前提與三個結論、各僅說一個，三個大前提盡皆說出，此爲兩式所同。小前提或說在全部大前提之前，或說在全部大前提之後，大前提或自一至三順說，或自三至一倒說，則爲兩式所不同。此外尙有一點次要的不同：在第一式中、列在最前那一判斷的謂詞、轉爲次一判斷的主詞，其謂詞又轉爲再次一判斷的主詞，在第二式中、列在最前那一判斷的主詞、轉爲次一判斷的謂詞，其主詞又轉爲再次一判斷的謂詞。兩個原素推理合爲一個連環論式時，僅舉四個判斷，每增一個原素推理，則增列一個判斷。故三個原素推理所合成的連環論式、舉五個判斷，四個原素推理合成時、則舉六個判斷，五個以上、可以準此類推。但在實際言論中、所省往往更多，最後的結論亦略而不說。

每一事件之所以作某一論定、有其理由。理由本身、原來亦是結論，出自前一理由的推定，結論又轉成理由，爲引致後一結論的張本。理由復有理由，結論復有結論，連綿不絕，形成一條系列，由遠而近，有頭有尾。從頭說起，順流而下，如第一式的安排，可稱順流式。從尾說起，溯源而上，如第二式的安排，可稱溯源式。實際言論、有採用順流式的，亦有採用溯源式的，不過兩相比較，採用後者的、似不及採用前者之多。

現在試引古籍所載言論若干則，以見連環式推理的實例。

論語子路篇所載孔子語：「名不正，則言不順，言不順，則事不成，事不成，則禮樂不與，禮樂不興，則刑罰不中，形罰不中，則民無所措手足」、是一則順流式的連環推理，成自四個原素推理。因其應有的最後結論「故名不正，則民無所措手足」亦略而不說，故所舉判斷、僅有五個。現在將明白說出的判斷列為一表，並註明其在某一原素推理內所任的職務，讀者倘有意分析與還原，可循附註以進行其安排。

名不正則言不順　第一小前提

言不順則事不成　第一大前提

事不成則禮樂不興　第二大前提

禮樂不興則刑罰不中　第三大前提

刑罰不中則民無所措手足　第四大前提

孟子離婁下篇所載孟子語：「君子深造之以道，欲其自得之也，自得之，則居之安，居之安，則資之深，資之深，則取之左右逢其原，故君子欲其自得之也」、亦是一則順流式的連環推理，成自三個原素推理。其最後結論、應作「故君子深造之以道，則取之左右逢其原」，原文不用此語，改說：「故君子欲其自得之也」，以概括「居之安」等三益，則又別成變式。茲列各判斷如下表，並附以原來的職務。

君子深造之以道欲其自得之也　第一小前提
自得之則居之安　第一大前提
居之安則資之深　第二大前提
資之深則取之左古逢其原　第三大前提

孟子離婁上篇所載孟子語：「得天下有道，得其民，斯得天下矣。得其民有道，得其心，斯得民矣。得其心有道，所欲與之聚之，所惡勿施爾也」、是一則溯源式的連環推理，成自兩個原素推理。其中「得天下有道……得其民有道」與「斯得天下矣……斯得民矣」、意義重複，可自論式中予以剔除。「得其心有道」、為了表示判斷的完整形式，應改為「得其心矣」，繫於「所欲與之聚之，所惡勿施爾也」之下。在此式中、大前提說在前，小前提說在後，前列判斷的主詞、依次轉為後列判斷的謂詞，故是溯源式，茲列其式如下：

得其民斯得天下矣　第二大前提
得其心斯得民矣　第一大前提
所欲與之聚之所惡勿施爾也斯得其心矣　第一小前提

孟子同篇又載：「獲於上有道，不信於友，弗獲於上矣。信於友有道，事親弗悅，弗信於友矣。悅親有道，反身不誠，不悅於親矣。誠身有道，不明乎善，不誠其身矣」

，亦是一則溯源式連環推理，成自三個原素推理，省略了最後的結論，故所舉判斷、僅有四個。茲倣照上一則，刪除意義重複的句子，列式如下：

不信於友弗獲於上矣　第三大前提
事親弗悅不信於友矣　第二大前提
反身不誠不悅於親矣　第一大前提
不明乎善不誠其身矣　第一小前提

順流式與溯源式、所說原屬一理，只有文字上先說後說的不同，非有事理上因果易序的分別。同一事理，可用不同的說法來表示，非謂不同的說法所表示的之爲兩件不同的事理。大學八條目、既用溯源式予以闡述，緊接下去又用順流式重說一遍，反覆申述，只以表示其間關係的密切與不可忽視而已。現在試將兩式分列上下，以便對照，上列的第一語即是下列的末一語，上列的末一語即是下列第一語，餘語的次第、亦各顚倒。

溯源式	順流式
古之欲明明德於天下者先治其國	物格而后知至
欲治其國者先齊其家	知至而后意誠
欲齊其家者先脩其身	意誠而后心正
欲脩其身者先正其心	心正而后身脩

欲正其心者先誠其意　身脩而后家齊
欲誠其意者先致其知　家齊而后國治
致知在格物　國治而后天下平

上表的溯源式、其前一判斷的謂詞、轉爲次一判斷的主詞，與順流式相同，並非其前一判斷的主詞轉爲次一判斷的謂詞，故與溯源式相異。其所以猶稱溯源式，則因其自理由結論整個系列的末端說起，逐段上溯，以迄始端，其本質確係溯源而非順流。至其前一判斷的謂詞轉爲後一判斷的主詞而與其他溯源式之所以有異，則因判斷中用有「欲」字與「先」字，將原因結果的關係說成目的手段的關係，前件後件遂亦隨以顛倒了。如言：用功則成績佳，是順着原因結果的次第說的，而欲得結果，必先創作原因，故若爲了表示願望而着眼於目的與手段的關係，便當說：欲成績佳，則須用功，翻後件爲前件，用一欲字以表示其重點所在。大學此文的溯源式、重在表示理想所由實現的途徑，故採用目的手段的說法，與採用原因結果的說法的、異其形式。

帶證式的複合推理

帶證論式、成自兩個原素推理的複合，雖有成自更多原素推理的，但不常見。原素推理之中、其用以提示總結論的，可稱主要推理，或稱主論，其用以證明主論中的前提的，可稱輔助推理，或稱助論。遇到帶證論式，欲判定其孰爲主論與孰爲助論，應從探求整個推理的總結論入手。求得了總結論，更進而求其前提。兩者既得，便可湊成主論。於是剩下來的、便可推定其爲助論了。在實際言論中、主論助論都用省略式，而且所省甚多，成自兩個原素推理的，往往僅明說三個判斷，甚或僅明說兩個判斷，餘皆隱藏在不言之中。茲自古籍中引例若干，並爲分析增補，以見其推理行進的過程。

論語八佾篇所載孔子語：「周監於二代，郁郁乎文哉，吾從周」、其中用有四名：一爲「周」，二爲「監於二代」，三爲「郁郁乎文哉」，四爲「吾從」，故必是複合推理，不會是單一推理。細讀全文，甚易發見，其總結論、當爲「吾從周」而非他語。「周」、指周朝的制度。「吾從周」、謂周制是我所樂於遵從的。我爲什麼樂於遵從周制？因爲「郁郁乎文哉」，其制頗完美。故「郁郁乎文哉」是中詞，與「吾從周」合構以成主論。中詞是小前提的謂詞，亦是大前提的主詞，故如實說來，在此一主論中、可說大小前提各省一半。周制爲什麼完美呢？因爲「周監於二代」，就夏商兩代的制度、取其長而捨其短，經過一番鍛煉。此語與「郁郁乎文哉」合成助論，其任務在於充當主論小前提的證明。「周監於二代」、明是助論的小前提，故其大前提應解作略而未說。茲將全文分析增補，以見主論與助論的全貌。

完美的制度是我所樂從的

周制是完美的制度

就前朝的制度多所取捨的是完美的制度
周制是就前朝的制度多所取捨的
故周制是完美的制度
故周制是我所樂從的

論語泰伯篇所載曾子語：「士不可以不弘毅，任重而道遠。仁以爲己任，不亦重乎！死而後已，不亦遠乎」、亦是一則帶證式的複合推理。其主助二論前提與結論的排列次第、恰與前例相反。前例首列助論的前提，次列主論的前提，末列主論的結論，此例則首列主論的結論，次列主論的前提，末列助論的前提。「士不可以不孔毅」、依照文義，應是總結論，亦是主論的結論。其所以不可不弘毅，因爲「任重而道遠」。「任重而道遠」、是中詞，是小前提的一半，又是大前提的一半，亦可視爲大小前提的共同代表。故「任重而道遠」與「士不可以不弘毅」合起來，構成主論。若進一步追問：何故任重而道遠，則又因爲「仁以爲己任……死而後已」。故「仁以爲己任，不亦重乎，死而後已，不亦遠乎」，應是助論的大前提，與略而未說的小前提：「士仁以爲己任，死而後已」合起來，推出「士任重而道遠」的結論，以明主論小前提的由來。茲就原文分析增補，列其應有的全部判斷如下：

凡屬任重而道遠的人都不可以不弘毅

士都是任重而道遠的

凡仁以爲己任死而後已的人都任重而道遠

士都仁以爲己任死而後已

故士都是任重而道遠的

故士都不可以不弘毅

論語子路篇載：「冉子退朝，子曰：『何晏也？』對曰：『有政。』子曰：『其事也！如有政，雖不吾以，吾其與聞之』。孔子最後所說、雖僅寥寥兩個判斷：一爲「其事也」，一爲「如有政，雖不吾以，吾其與聞之」，按其意義，實係一則帶證式的複合推理。因爲當時經過了上文所載的一番問答，故推理所說、益多省略。冉有當日退朝較晚，孔子問其故，冉有答以討論政治。孔子因其所答甚不合理，遂加以糾正，謂其所議、只可稱爲事。故「其事也」、是總結論，亦是主論的結論。至其所議之所以只當是事，則因爲不可能如冉有所說之爲「有政」。惟孔子於此、未明白說出，僅以助論證其不得不然。在孔子之意，朝中所議、不外政與事，今日所議、不可能是政，只當是事。「其事也」與未明說的前提合成主論，是一則廢立式的析取推理。至其不可能是政，則又因爲「如有政，雖不吾以，吾其與聞之」。此是助論的大前提，是一個蘊蓄判斷，依照規則，可緣後件的否認以否認前件，用以爲小前提與結論。此一大前提與其不言而喻的小前提及結論，合構一則蘊蓄推理，以爲助論。故此則帶證論式、成自析取推理與蘊蓄推理的複合，茲列其整個論式如下：

朝中所議的或是政或是事

今日所議的不可能是政

所議若是政我亦當與聞

今我未嘗與聞

故所議不可能是政

故今日所議的只當是事

論語先進篇載：「季子然問：『仲由冉求、可謂大臣與？』子曰：『……所謂大臣者、以道事君，不可則止。今由與求也，可謂具臣矣』」。孔子的答語、雖亦僅寥寥兩個判斷，但其實質、亦不失爲一則帶證式的複合推理。季子然問孔子：子路與冉有、是否足稱大臣？孔子不作率直的否定答覆，而告以足稱具臣，又告以大臣事君所應取的態度，使季子然由以領悟子路與冉有之未足以當大臣之稱及其不足之故。「今由與求也、可謂具臣矣」、是總結論，亦是主論的結論，在文字上、雖僅是一個判斷，在作用上、却代表了一則推理，其大小前提俱隱藏在不言之中，而極易推知增補。「所謂大臣者、以道事君，不可則止」、是助論的大前提，亦代表了整個助論，其小前提與結論、參以李子然的問語與主論的結論，亦可不言而喻。今試推測孔子的原意，闡述其推理的過程。人臣有大臣與具臣之分，子路與冉有未足以稱大臣，故只足以稱具臣。此一主論、按其性質，應是一則析取推理。子路與冉有之所以未足稱大臣、則因「所謂大臣者、以道事君，不可則止」，而子路與冉有未足以語此。茲將分析及增補所得，列式如下：

人臣或是大臣或是具臣

子路與冉有不是大臣

大臣是以道事君不可則止的

子路與冉有未能以道事君不可則止

故子路與冉有不是大臣

故子路與冉有是具臣

依上所列，主論助論、因其小詞各是二名，應當各是聯合式的複合推理。故此則推理、一方面是帶證論式，另一方面亦是聯合論式。為了詳盡顯示其性質，應稱聯合式的帶證論式，或稱帶證式的聯合論式。

論語雍也篇載：「冉求曰：『非不說子之道，力不足也。』子曰：『力不足者、中道而廢，今女畫』。孔子所說、又是一則帶證式的複合推理。冉有怠於修為，托言「力不足也」，以自解自恕。孔子慮其自誤，終於陷溺，乃施以訓誨，針對其托辭，證明其不然，以清除其迷惘，以激勵其奮發。故所說兩語、俱屬理由，其眞正總結論、應爲「汝非力不足者」，因其不言可喻，故略而未說。何故可以斷言冉有之不是力不足者？因爲「今女畫」，自畫者不是力不足者。自畫之所以非力不足、因爲「力不足者、中道而廢」，自畫則不然。其不然之所在、在於中道而廢之爲開始以後的不能繼續前進，自畫則尚未開始卽自認不能前進，根本不作前進的打算。在此一推理中、甚多略而未說的判斷，試揣摩其意而一一爲之補足，其主論與助論、當如下列：

自畫者不是力不足者
　力不足者中道而廢
　自畫不是中道而廢
　　中道而廢是開始後不能續進
　　自畫不待開始已不思進
　　故自畫不是中道而廢
　故自畫者不是力不足者
你自畫
故你不是力不足者

第一助論證明主論的大前提，第二助論證明第一助論的小前提。帶證之中又帶證，故此論可稱帶證的帶證式。

第十九章　雙管論式

雙管論式的結構與作用

複合推理中、還有一種，別具格局，力甚強勁，故特闢一章，予以敘述。此一論式、姑稱爲雙管論式，成自蘊蓄推理與析取推理的複合。其大前提是一個兩支的析取判斷，但其兩支、與通常析取判斷的兩支有異，不是兩個單一的主謂判斷，而是兩個複合的蘊蓄判斷。其推理的進行、則依照蘊蓄推理的規則，或緣前件的是認以是認後件，或緣後件的否認以否認前件。故雙管論式、亦如蘊蓄推理，有構成與破壞二式。其前後件均經是認的，爲構成式，其前後件均經否認的，爲破壞式。充當大前提兩支的兩個蘊蓄判斷、有前件相同而後件相異的，有後件相同而前件相異的，亦有前件後件各不相同的。其前後件有一相同的，可稱簡單式，其前後件均不相同的、可稱複合式。凡屬簡單式，其小前提與結論、一爲主謂判斷，一爲析取判斷。凡屬複合式，其小前提與結論、同爲析取判斷。簡單複合與構成破壞、各相配合，共得四式：一爲簡單的構成式，二爲簡單的破壞式，三爲複合的構成式，四爲複合的破壞式。現在列式如下，並各附以假設的例。

一、簡單而構成的雙管論式

甲式

若甲則乙或若甲則丁
甲
故乙或丁

乙式

若甲則乙或若丙則乙
甲或丙
故乙

二、簡單而破壞的雙管論式

甲式

若甲則乙或若甲則丁
非乙或非丁
故非甲

國家若興盛則人民安樂或國家若興盛則鄰國敬畏
今國家興盛
故人民安樂或鄰國敬畏

飲食若富於營養則人得盡其天年或衣服若足禦寒冷則人得盡其天年
治世飲食富於營養或衣服足禦寒冷
故治世人得盡其天年

國家若興盛則人民安樂或國家若興盛則鄰國敬畏
今人民不安樂或鄰國不敬畏
故國家未興盛

乙式

若甲則乙或若丙則乙

非乙

故非甲或非丙

飲食若富於營養則人得盡其天年或衣服若足禦寒冷則人得盡其天年

亂世人不得盡其天年

故亂世飲食不富於營養或衣服不足禦寒冷

三、複合而構成的雙管論式

若甲則乙或若丙則丁

甲或丙

故乙或丁

饑而有食可得則不會餓死或若寒而有衣可得則不會凍死

治世饑而有食可得或寒而有衣可得

故治世不會餓死或不會凍死

四、複合而破壞的雙管論式

若甲則乙或若丙則丁

非乙或非丁

故非甲或非丙

饑而有食可得則不會餓死或若寒而有衣可得則不會凍死

亂世會餓死或會凍死

故亂世饑不得食或寒不得衣

此類性質的論式、其大前提不以成自二支為限，可成自三支，可成自四支，且可成自更多的支。應學支數的多寡、亦如析取推理，決於事實的需求。事實上須學多支，則舉多支，事實上只須舉二支，則舉二支。雙管論式這一名稱、旣用有雙字，當然只能用以稱呼二支的論式。若是三支，應倣照此稱，稱爲三管論式，若是四支，則應稱爲四管論式，或總括三支以上者統稱多管論式。現在試就三管論式，假設一例，以見多管論式的一斑。

簡單而構成的三管論式

若甲則乙或若丙則乙或	立德則不朽或立言則不朽或
若戊則乙	立功則不朽
或甲或丙或戊	其人立德或立言或立功
故乙	故其人不朽

若卽此大前提，改以否認後件爲小前提，以否認前件爲結論，謂其人早朽，久已不爲他人念及，故其人未立德，或未立言，或未立功，則成破壞式了。

關於多管論式，僅擬於此一提而止，不作更進一步的論述。其所以從略，一因實際言論中所常見的，幾於盡是雙管論式，至於多管論式，則甚少見。二因多管論式之不同於雙管論式，僅在管數之加多，至於推理進行時所應遵循的途徑，與雙管論式並無不同，沒有贅述的必要。

雙管論式，布置周密，無隙可乘，宜守宜攻，左右逢原，用以勸勉他人，令人無可推諉或拒絕，用以責難他人，令人無可躲避或辯護。在勸勉時、雙管齊下，設或對方以此管所提示的理由爲俗不可耐，不欲聽從，則有彼管所提示的理由，爲之創造雅潔的境地，誘導其嚮往。又設或對方以彼管所提示的理由爲不切實際，不欲聽從，則有此管所提示的理由，爲之開闢實用的局面，誘導其進入。例如勸人勤學，謂你若志在獲巨利，享盛名，必先充分培養學識，你若志在礪品格，謹言行，亦必先充分培養學識。不論你的志趣如何，總不可以不勤學。對方而淡於名利，則導之以品格的砥礪。對方而不求修養，則誘之以名利的享受。於是求名利者、喜修養者、皆爲其勸勉所包圍，無可推諉而不能不聽從了。在責難時、雙管齊下，設或對方以此管的攻擊爲有意羅織，不甘認罪，則姑捨此，改就別一方面提示其罪。又設或對方以彼管的攻擊爲有失事實的眞相，則亦姑不追究，姑在對方所不否認的實情下指出其罪。對方向左躲避，則用左管加以攔阻，向右躲避，則用右管攔阻。左右雙攔，令其無可脫逃。試爲設例，如云：你若知道此事的有害而猶去做，則你是一個惡人，你若不知道此事的有害而去做，則你是一個愚人。你之做此事、或知其有害，或不知其有害，二者必居其一，故你不是惡人，便是愚人。對方若不甘居惡人之名，則必諉爲當時不知其事之會有如此的惡果，但一經自承不知，即不能自掩其不智。故對方雖左躲右避，終不能兩全。故以雙管論式伸張己意，則左右固守，對方不能摧其堅，以之責難他人，則左右夾擊，對方不能避其鋒。雙管論式是言論的利器，所以古今中外、甚多用以自衞或用以責人，而用以責人者尤多。

此一論式擁有好幾個名稱，如雙肢體，如兩難論式，如兩刀論式，如雙管論式，均未可謂爲盡美盡善。最好的名稱、要使人一見其名，旣能想見其結構，且能想見其功用。雙肢體一名、僅點明了結構，顯示其主要部分之爲成自兩支的析取判斷，至其究能發揮何種功用，則未有所透露。兩難論式一名、雖於結構與功用、兩皆約略涉及，但其所用難字、側重於責人而忽視自衞，不免有偏而不全之憾。兩刀論式一名、其能涉及結構與功用，與兩難論式約略相同，其忽視自衞的程度雖較低，其殺伐兇狠的氣息則較重。雙管論式一名、雖非甚善，較可採用。「雙管齊下」、本屬中國成語，其原義雖就繪畫的用筆而言，引申所屆，含有左右並進合力以赴的意思。此與雙管論式所欲發揮的功用、正相符合，故採以爲名，似尚適宜。

雙管論式的實例

雙管論式、犀利強勁，故自古以來，爲人所樂於運用，中國亦不例外。惟在實際言論中，對此論式，往往僅取法其用意，不定遵照其款式。不言而可喻的，則不予贅說，意有未盡的，則不吝附加。故一方面有所省略，他方面又多所複合。現在自古籍中引述若干例，以見中國人運用雙管論式的一斑。其有所省略的、則試加補足，其有所複合的、則試加分析，其相關而散處的、則試加聚合，其辭繁或義晦的，則試加簡單化與明朗化，以求顯現雙管論式的面目。

中國最古的雙管論式、就作者淺學所見到的而言，當推晏子諫阻齊景公時的所說。晏子春秋諫上第十二章載：齊景公病久不愈，欲殺祝史，以悅於上帝。晏子諫曰：「且夫祝直言情，則謗吾君也，隱匿過，則欺上帝也。上帝神，則不可欺，上帝不神，祝亦無益。願君察之也」。「上帝神……祝亦無益」、是雙管論式本身，且為複合構成式，僅舉大前提而省略了小前提與結論。其上文敍明「欺」的情形，其下文請其明察而不加殺戮，均不必計入雙管論式之內。其言「祝亦無益」、意謂雖祝亦不能邀其降福。現在試加整理，列其論式如下：

上帝若神則不會爲虛言所欺蒙而降福上帝若不神則不會爲祝辭所感動而降福

上帝或神或不神

故上帝或不會受欺蒙而降福或不會受感動而降福

孟子書中亦有足資引述的例。公孫丑下篇載：「燕人畔。王曰：『吾甚慙於孟子。』陳賈曰：『王何患焉！王自以爲與周公孰仁且智！』王曰：『惡！是何言也！』曰：『周公使管叔監殷，管叔以殷畔。知而使之，是不仁也，不知而使之，是不智也。仁智、周公未之盡也，而況於王乎！賈請見而解之』。此中陳賈評論周公的一番話、是一則非常明顯的雙管論式，用不到加以解釋。「知而使之，是不仁也，不知而使之，是不智也」、是大前提的主要部分，「仁智、周公未之盡也」、是結論，其小前提可以不言而喩，故略而未說。陳賈此論、意在證明周公之未能既仁且智，以爲齊王解嘲，謂賢明如周公，爲後人所崇敬不已的，尚且不能達到仁智雙全的境地，賢明不及周公的人、偶有失察之擧，又何足掛懷！陳賈體認到雙管論式的強勁有力，且自以爲所設計的言辭深得該論式的精髓，無懈可擊，故自告奮勇，欲以說服孟子，使其不能復有非難齊王的餘地。無如自以爲無可訾議的言論，實質上犯有過失，一經孟子摘發，便無可掩飾。其過失如何、且俟下節再說，現在先將其所說列成雙管論式。

周公使管叔監殷若知其將叛而使之則爲不仁若不知其將叛而使之則爲不智

周公或知而使之或不知而使之

故周公不仁或不智

韓非子書中載有不少雙管論式的實例，顯示了古代的言論家已深知此一論式的力能摧堅挫銳，故紛紛予以利用。茲引數則，有較簡單的，有較繁複的，並各略加說明。

韓非子說林下載：「荊王伐吳，吳使沮衞蹷融犒於荊師。荊將軍曰：『縛之！殺以釁鼓。』……答曰：『……且死者無知，則以臣釁鼓，無益也，死者有知也，臣將當戰之時，臣使鼓不鳴。』荊人因不殺也」。吳使所說、是一則構成式的雙管論式，相當簡單明瞭，但亦須稍加說明，略作改造，俾可益增明顯。其論僅提示了大前提，其小前提與結論、均略而未說，但甚易於推知。「且死者無知，則以臣釁鼓，無益也」、意謂鼓雖礱，若死者無知，則無從攝取其智慧以增加鼓的靈敏，依然是一具蠢鼓，無益於作戰。「死者有知也」，臣將當戰之時，臣使鼓不鳴」、謂作戰時以鼓聲爲前進的訊號，若死者有知，定能抑制鼓聲，令其變成啞鼓，使司令者不能藉以傳達命令，使隊伍應進而不進，有害於作戰。試依此意，列其全式如下：

死者若無知則鼓不加靈而無益於作戰或死者若有知則鼓失其用而有害於作戰

死者或無知或有知

故礱鼓或無益於作戰或有害於作戰

韓非子難一載：「齊桓公時、有處士，曰小臣稷。桓公三往而弗得見……於是五往，乃得見之。或曰：『……使小臣有智能而遁桓公，是隱也，宜刑，若無智能而虛驕矜桓公，是誣也，宜戮。小臣之行、非刑則戮』」。或人的評論、亦是一則構成式的雙管論式，提示了大前提與結論，其小前提則省略不說。「使小臣有智能而遁桓公，是隱也，宜刑」，是大前提析取判斷的第一支，雖僅寥寥十餘字，已不復是一個蘊蓄判斷，而是一則純粹的蘊蓄推理。因爲「使小臣有智能而遁桓公」與「是隱也」、一爲前件，一爲後件，已構成了一個完整的蘊蓄判斷，「宜刑」已不復能有插足其間而爲其成分的餘地。「宜刑」是結論的一支，在大前提中亦當是主要的一個成分，不能予以忽視，唯有將其解作另一蘊蓄判斷的後件，而以「是隱也」爲其前件，與前一蘊蓄判斷合成一則純粹的蘊蓄推理：若小臣有智能而避桓公，則小臣隱，若小臣隱，則小臣宜刑，故若小臣有智能而避桓公，則小臣宜刑。於是大前提第一支的構造、可作兩解：其一、將該支解作成自一則推理而非成自一個判斷。其二、則以該推理的結論爲該支的本身，而以該推理爲其附述的理由。其構造雖異，其作用則同。第二支「若無智能而虛驕矜桓公，是誣也，宜戮」、亦當作同樣的分析與補充。玆依兩種不同的解釋，分作兩種不同的論式。

甲式、大前提的兩支各爲一則推理

若小臣有智能而避桓公則小臣隱若小臣隱則小臣宜刑故若小臣有智能而避桓公則小臣宜刑或若小臣無智能而驕桓公則小臣誣若小臣誣則小臣宜戮故若小臣無智能而驕桓公則小臣宜戮

小臣或有智能而避桓公或無智能而驕桓公

故小臣或宜刑或宜戮

乙式、大前提的兩支各爲一個判斷，並於支外以推理述其理由

若小臣有智能而避桓公則小臣宜刑

若小臣有智能而避桓公則小臣隱

若小臣隱則小臣宜刑

故若小臣有智能而避桓公則小臣宜刑

或若小臣無智能而驕桓公則小臣宜戮

若小臣無智能而驕桓公則小臣誣

若小臣誣則小臣宜戮

故若小臣無智能而驕桓公則小臣宜戮

小臣或有智能而避桓公或無智能而驕桓公

故小臣或宜刑或宜戮

韓非子難一又載：「靡笄之役、韓獻子將斬人。郤獻子聞之，駕往救之，比至，則已斬之矣。郤子因曰：『胡不以徇其僕！』曰：『曩不將救之乎？』郤子曰：『吾敢不分謗乎！』或曰：『郤子言，不可不察也，非分謗也。韓子之所斬也、若罪人，則不可救。救罪人，法之所以敗也，法敗則國亂。若非罪人，則（此下脫「不可」二字）勸之以徇。勸之以徇，是重不辜也，重不辜，民所以起怨者也，民怨則國危。郤子之言、非危則亂，不可不察也」。此中或人的評論、又是一則雙管論式，其全文幾於盡是大前提，只有末一語「郤子之言，非危則亂」，可視同結論。此例所說、比諸上引的一例，更爲繁複。但其大前提明以「韓子之所斬也、若罪人，則不可救」與「若非罪人，則不可勸之以徇」爲其兩支，其餘則爲所以不可救與所以不可徇的理由，附述於支後。故此例的大前提、不必如前例之作兩解，只須將兩支各解作一個蘊蓄判斷而附帶證明，不必解作一則省略式的蘊蓄推理。不過其所附理由、則更繁複，不是一則單一的蘊蓄推理所能說盡，却須二則或三則蘊蓄推理所複合而成的連環論式方能說盡。結論的「非危則亂」、不與大前提兩支的後件相應，只說到不可救與不可徇的近因，未說到不可救與不可徇的本身。容或原論以此近因爲主要關鍵所在，於此結束，正是恰到好處。

現在列其全式如下：

所斷若是罪人則不可救

若救罪人則敗法

若敗法則亂國

若是亂國之事則不可爲

故若是救罪人之事則不可爲

或若不是罪人則不可徇

若徇無罪之人則加重寃屈

若加重寃屈則民怨

若民怨則國危

若是危國之事則不可爲

故若是徇無罪者之事則不可爲

所斷或是罪人或非罪人
故不可救或不可徇

雙管論式、強勁有力，言論家樂於運用，但亦容易陷入過失，故運用不可不愼。雙管論式成自蘊蓄推理與析取推理的複合，在在均須遵守該兩推理的規則，稍有違反，便不免陷入過失。故雙管論式的過失、可分兩種：其一出於蘊蓄理論的忽視，其二出於析取理論的忽視。玆分節敍述，先述前者。

出於忽視蘊蓄理論的過失

出於忽視蘊蓄理論的過失、又可分爲二種：一爲形式上的過失，二爲實質上的過失。先述形式上的過失。依照蘊蓄推理的規則，除了前件的唯一條件以外，只許緣前件的是認以是認後件，或緣後件的否認以否認前件，不許否認前件以否認後件，亦不許是認後件以是認前件。韓非子有反對救濟貧民的言論，如其顯學篇云：「與人相若也，無饑饉疾疚禍罪之殃，獨以貧窮者，非侈則惰也。侈而惰者貧……今上……以布施貧家，是……與侈惰也」。今假有人敍述韓非子的此一思想，僅注意其下文的「獨以貧窮者，非侈則惰也。侈而惰者貧」，忽略其上文的「無饑饉疾疚禍罪之殃」，而作如下的雙管論式：

人若浪費則必貧窮或人若懶惰則必貧窮

今其人貧窮

故其人必浪費或懶惰

在此一論式中、浪費與懶惰、各是前件，貧窮是後件。今言：其人貧窮，故其人浪費或懶惰，明明犯有是認後件以是認前件的過失，不能成立。若更進而引爲理由，欲以證明「以布施於貧家，是……與侈惰也」，則理由本身已犯有過失，自無從收穫證明的功效。

次說實質的過失，其過失起於忽視蘊蓄判斷的特質。在日常言論中，此種過失、似比形式上的過失，更屬易犯。蘊蓄判斷以前件必然引致後件與後件必然追隨前件爲特質。其不具有此項實質而空具形式、以若字與則字兩相連結的、不是眞正的蘊蓄判斷，不得用以爲雙管論式大前提的任何一支。若忽視此理，而許其爲大前提的支，則荒謬到不能再荒謬的雙管論式、且可既用以迴護自己，又可用以攻擊他人，是非勢且無由建立了，試設極端的例。作自衞的雙管論式云：明日天氣若好，則我是一個好人，或若不好，則我是一個好人。明日天氣或好或不好，故我總是一個好人。又作攻人的雙管論式云：明日天氣若好，則你是一個壞人，或若不好，則你是一個壞人。明日天氣不論好不好，故你總是一個壞人。此一設例、誠不過極言其只講形式而不顧實質之可以荒謬到如此的地步，實際上決不會有人竟作如是可笑的言論。但力求顧全形式而疏於注意實質的正確、以致所作的論式、力量脆弱，不足發揮證明實效的，則往往有之。上節所引陳賈對於周公所作的評論、可爲一例。孟子公孫丑下篇續載：「(陳賈)見孟子，問曰：『周公、何人也？』曰：『古聖人也。』曰：『使管叔監殷，管叔以殷畔也，有諸？』曰：『然。』曰：『周公知其將畔而使之與？』曰：『不知也。』『然則聖人且有過與？』曰：『周公、弟也，管叔、兄也。周公之過、不亦宜乎』」。陳賈自信，所作雙管論式顚撲不破，遂自告奮勇，往見孟子，滿以爲定能說服孟子，爲齊王解嘲。觀其與孟子的問答，陳賈於其大前提所擧兩支之中，最初未有所偏重，故問孟子以「知其將畔而使之與」，待其於知與不知之間擇一以答，然後再定進攻的方向。及孟子答以「不知也」，遂抓住此點，責周公以「聖人且有過與」，以疑辭的口氣斷言周公之亦有過失。此所云過、即指「不智」而言。陳賈於此、殆以爲孟子亦不能不承認周公爲不智了。但孟子則謂周公的不知與不智之間、非有一引一隨的必然關係，不能構成一個眞正的蘊蓄判斷。因爲管叔與周公是兄弟，同爲周室的至親，周公推己及人，以爲管叔亦必同心協力，輔助幼主，絕不疑慮其竟會擧殷以叛。周公與管叔有此特殊關係，故不當依據常情以斷定周公的不智。「不知而使之，是不智也」、在周公使管叔監殷一事上、旣不能成立，自不足據以論定周公的不智。陳賈昧於此理，故其所作雙管論式、終於徒勞而無功。

亦有判斷，其前件與後件之間是否存有一引一隨的必然關係、見仁見智，不一其說。此種情形、在事實判斷方面、雖亦有之，尚屬少見，在價值判斷方面、則時時可以遇到。事實是客觀的，衆人所見、不能不同，故前件後件之間是否確實存有一引一隨的必然關係、易於由經驗來證實，遂亦不能發生歧見。不過涉及經驗所無能爲力的事情，則亦會引起意見的紛爭。如言：若遇鬼祟，則生怪病，信鬼者許其爲眞理，不信鬼者斥其爲迷信。但如是的歧見、爲數究屬不多。價值是主觀的，衆人所見、雖亦甚多相同的，但亦不少相異的，總不能如客觀認識之易趨於一致。在價值判斷方面、前件後件間一引一隨的關係、不是實有與否的問題，是應有與否的問題。認爲應有，便以該判斷爲是，認爲不應有，便以該判斷爲非。應有與不應有的認定、不但可能因人而異，甚且可能因時而異。雙管論式之以評定價值爲任務的、受此影響，有人許其爲至理的，有人則認爲一無是處。上節所引韓非子難一所載或人對於小臣所作的評論、可再引爲例。其大前提的一支云：「使小臣有智能而遁桓公，是隱也，宜刑」。關於隱與宜刑之間應否存有一引一隨的必然關係、意見的相異可以異到相反。韓非子外儲說右上載：「太公望東封於齊，海上有賢者狂矞。太公望聞之，往請焉，三卻馬於門，而狂矞不報見也，太公望誅之。當是時也，周公旦在魯，馳往止之，比至，已誅之矣。周公旦曰：『狂矞、天下賢者也，夫子何爲誅之？』太公望曰：『狂矞、議不臣天子，不友諸侯，吾恐其亂法易教也，故以爲首誅』。故或人所論，必且見許於太公而見斥於周公。

出於忽視析取理論的過失

雙管論式的過失、除了出於忽視蘊蓄理論以外，還有出於忽視析取理論的。雙管論式的大前提、就其整體而言，是一個兩支的析取判斷。析取判斷、如第十三章所曾述，其基本要求、在於舉支盡淨。所謂舉盡、即言應舉的支數有多少，便舉多少，絲毫沒有遺漏。一有漏支，便成殘缺的析取判斷，不合要求，不能算是眞正的析取判斷。若忽視此點，竟以殘缺的析取判斷充大前提，則所作雙管論式、定有瑕疵而不能成立。

舉支盡淨、似易而實亦不易，思慮偶一不周，即易有所遺漏。在我們日常的言論中，時有漏支的雙管論式，言者不自覺其誤，聽者亦不發見其非，如愛花的人申述其愛花的理論而作如下的言論：

花若美則足以悅目花若香則足以悅鼻

花或美或香

故花或足以悅目或足以悅鼻

不加考慮，方以此式爲立論平穩，稍加思索，即可發見其顯有漏支。前在第十三章述及相容之不定相兼，曾以花的美與香爲例，謂有三種不同的情形。若泛就一切花言其美與香的配合，且兼攝其消極方面，則應有四種：一爲美而不香，二爲香而不美，三爲旣美且香，四爲不美亦不香。今僅言或美或香，其爲殘缺的析取判斷、無可否認。若將不美不香亦列爲一支，以彌補殘缺，則結論必大大改觀，不復能謂爲悅目或悅鼻了。

上述的過失、無害於人的生活，不予計較，尚無不可。若其過失有害於人生，則必須力予辯正，不可任其流傳。世間可能有人、認爲患病不必延醫服藥，立爲如下的雙管論式，以發揮其主張。

所患若是輕病則不服藥亦可痊癒或若所患是絕症則雖服藥亦不會痊癒

所患或是輕病或是絕症

故或不服藥亦可痊癒或雖服藥亦不會痊癒

此論大前提之爲殘缺的析取判斷、亦屬顯而易見。因其所舉兩支、是處於兩極端的病，一爲不藥可癒的極輕的病，一爲無藥可治的極重的病。其處於中間區域而不太輕亦不太重的病、則漏而不舉。此種不太輕亦不太重的病、乘其尚未加重之際，趕快服藥，則可早日痊癒，若不服藥，任其拖延，則病況越拖越重，不易速癒，或竟轉成不治之症。如是的疾病、數不在少，服藥有其極度的必要。故一有漏支，雙管論式可以陷入甚大的過失。

漏支是雙管論式的一項致命傷。所以自己作雙管論式，必須思慮周到，舉盡應舉的支，不任其有所遺漏。應付他人所作的雙管論式，亦應注意此點，搜索其有無漏支，以判定其是非，並以決定自己的從違。在與他人辯論時、若發見對方的雙管論式顯有漏支，便可乘隙與之周旋。通常所適用的周旋方法、不外二種：一爲托庇避鋒，二爲立論對抗。

先說托庇避鋒。雙管論式之所以強勁有力、因其布置周密，無可躲避。避向左方，則爲左管所攔阻，避向右方，則爲右管所攔阻，別無可逃之路，故不得不受其束縛。假有漏支，則此漏支便成了未設防的地帶，處於左右兩管控制力量的範圍以外。所以只要避向漏支，不會受到攔阻，托庇其中，更不會受到攻擊，而雙管論式於此、亦便失其效用了。例如上文所假設的患病不服藥的理論、卽是一個舉支不盡的雙管論式，僅於輕病及重病兩極端處，設有嚴密的防備，而於不輕不重的中間區域，則一無布置。故你若自承所患爲輕病，則論者會力說不藥可癒的道理，而勸你不必服藥。你若自承所患爲重病，則論者又會力說無藥可治的道理，而勸你無須服藥。但你若躲向中間區域，謂所患的病不輕亦不重，則不藥可癒與無藥可治的理論、兩皆失其攔阻服藥的力量，而你在漏支的蔭庇下，可以不受該論銳鋒的威逼了。所以托庇避鋒、在點明雙管論式的過失上，是一種有力辦法。

次說立論對抗。立論對抗、正如其名稱所示，另建一個雙管論式，與原論式的主張相反，以與原論式抗爭，原論式認其爲是，則提示其非，原論式認其爲非，則提示其是。在論斷價值時、立論對抗的機會甚多。因爲世間事物、有百利而無一害的與有百害而無一利的、可謂絕無僅有，幾於盡是有利亦有害，不過有利多害少與利少害多的分別而已。仁、是儒家所奉爲最高理想的，但論語陽貨篇載有孔子語：「好仁不好學，其蔽也愚」，是則孔子亦未嘗諱言仁之可能流而爲愚。連衆德所自出的仁，都可能有流弊，餘事之有利又有害，更爲事理所不能不許。故孔子提倡：不論任何德行，均須用義來節制，以消除其害。所以諸多事情、積極去做，會有利，亦會有害，消極不爲，亦會有利又有害。雙管論式以無有漏支爲主要要求之一。積極與消極相加，可以括盡一切，則雙管論式的大前提若雙舉積極與消極兩方面的情形，既言其作爲的後果如何，又言其不作爲的後果如何，似乎已經到達舉盡的境地。但作爲與不作爲、同屬有利又有害，若僅言及其利而不言及其害，或僅言及其害而不言及其利，則依然犯有舉支不盡的過失。於是便可取其所漏的支，另作雙管論式，以爲對抗，以顯示原論式所說之僅屬片面的道理。茲設淺例如下：

原論式

若小病而立卽就醫則浪費金錢或若小病而不立卽就醫則有轉成大病的危險

對抗論式

若小病而立卽就醫則不會有轉成大病的危險或若小病而不立卽就醫則不浪費金錢

小病或立卽就醫或不立卽就醫
故或浪費金錢或有轉成大病的危險

小病或立卽就醫或不立卽就醫
故或不有轉成大病的危險或不浪費金錢

原論式既有漏支，自屬有過失的推理，依照因明所說，只是似能立，不是眞能立。對抗論式專取原論式所遺漏的支以爲支，不復採及原論式所已舉的支，故亦是有過失的推理，只有能破的功用，不有能立的功用。所謂能破功用、卽言其功在於揭發對方的過失，不在於證明自家的無過。所以原論式與對抗論式、其主張相反，其不足採爲行事的指針，則無不同。

第二十章　類比推理

類比推理的結構

類比推理、如其名稱所示，其特質在於比照事物間的類似以進行其推理，說得具體一點，在於依據兩事物間的若干相同，以推定此一事物在某一性能上亦當與彼一事物相同，易言之，即謂亦當具有該一性能。類比推理與演繹推理、同爲間接推理的一種，其與演繹推理的不同處、如第十五章所曾述，依照通常說法，在於出發點之有異。演繹推理、自普徧的道理出發，以達於特殊的道理，類比推理、則自特殊的道理出發，以達於特殊的道理。道理之爲普徧與特殊，不是固定的，依其所與對待的道理而轉移的。故同此道理、對其所包括的道理而言，則爲普徧，對其所被包括的道理而言，則爲特殊。例如馬之爲生物、對駒之爲生物而言，是普徧的道理，對動物之爲生物而言，則只是特殊的道理。兩件道理、若不相包括，則各爲特殊的道理。例如馬之爲生物與牛之爲生物、互無能括與所括的關係，各爲特殊的道理。所以依據全部西瓜之無一不足以解渴，以推定此一個西瓜或此一堆西瓜之亦足以解渴，因爲此一個或此一堆西瓜是西瓜全類中的部分，故是演繹推理。依據目前所見西瓜的形狀紋理與已往所食汁多味甘的西瓜相同，以推定目前所見者之亦當汁多味甘，則爲類比推理。縱使已往所食而汁多味甘的西瓜、其數甚多，只要目前所見者不包括在已往所食者之內而不爲其一員，依然是類比推理。故能比與所比數量的多寡，不影響其推理的性質。

依照上述類比推理的特質，列其推理形式如下，並附以理則學上所常引用的實例。

形式
甲是丙丁戊己
乙是丙丁戊
故乙殆亦是己

實例
地球有陽光有水陸有寒暑有生物
火星有陽光有水陸有寒暑
故火星殆亦有生物

就形式而言，既知甲乙兩件事物在是丙是丁是戊上、完全一致，並知甲於丙丁戊外、又且是己，至於乙之是己與否，雖未經見及聞及，但乙既與甲同點甚多，則在是己一點上、遂不免推想其亦當相同。就實例而言，既知火星有陽光、有水陸、有寒暑，同於地球，遂推想火星亦當有生物、與地球相同。此一推理所由成的諸原素，爲了敍述方便起見，各應依其所負擔的任務與其所發揮的作用，分別予以適當的名稱。形式中的乙、亦即實例中的火星、是就以作類比推理的事物，應稱能比體。形式中的甲、亦即實例中的地球、是取以供類比的事物，應稱所比體。形式中的丙丁戊、亦即實例中的有陽光有水陸與有寒暑、是能比與所比兩體類似的所在，應稱類似項目。形式中的己、亦即實例中的有生物、是類比推理所欲到達的目標，亦是類比推理所求收穫的結果，應稱類比標的。

類比推理亦成自三個判斷，與主謂判斷所構成的三段論法相同，不過其原素判斷大抵不是單一的，其所涵攝的名稱大抵在四個以上，其結論的語氣大抵是猶預的，故與主謂判斷的三段論法自不能相提並論。顧雖不能相提並論，但其基本原素的作用、非無相同之處。能比體相當於小詞，所比體及類似項目、相當於中詞，類比標的相當於大詞。故類比推理又可仿照主謂判斷論三段論法，故如下式，並稱所比體與類比標的所合成的判斷為大前提，稱能比體與所比體所合成的判斷為小前提，稱能比體與類比標的所合成的判斷為結論。

形式	實例
甲是己	地球有生物
乙類似甲	火星類似地球
故乙殆亦是己	故火星殆亦有生物

為了容易分別，擬稱前一式為甲式，稱此一式為乙式。在甲式中、類似項目一一說出，在乙式中、類似項目統由所比體代表，均不說出，故此兩式大有繁簡的分別。且上舉甲式、因其為示例之用，故擇取類似項目不太多者，至若實際運用類比推理時，其所依據的類似項目、少於此者，固亦有之，多於此者，則更屢見不鮮。甲乙二式、各有利弊。甲式之利、即乙式弊之所在，甲式之弊、又即乙式利之所在。甲式列舉類似項目，

便於檢查所據理由之是否確當，以判定所得結論之是否可信。此爲甲式之利。乙式僅言能比體之類似於所比體，未指明其類似的所在，所云類似是否確當、不易一目瞭然，所得結論是否可信、不易當下判定。此爲乙式之弊。甲式必須列舉類似項目，其項目少者、尚屬輕易，其項目多者、則甚煩難，故不便於日常的運用。此爲甲式之弊。乙式一經發見能比體與所比體間有類似處，便可據以推理，輕而易舉，便於日常運用。此爲乙式之利。二式各有利弊。用得其所，則兩俱有利。所亟待處理的、若是無關緊要的尋常事務，所用以處理的道理、精密與否，且不會影響處理的得失，則儘可採用乙式，以免延誤。若欲證明結論之相當可信，則須檢查類似項目之是否確當，便必須採用甲式，不復可以貪圖簡便而採用乙式了。

印度的因明有古與新的分別。新因明的論式、通稱三支作法，成自宗因喻三個判斷，具如第十五章所曾述，其主要作用之爲演繹推理，亦如該章所已述。古因明爲新因明所自出，其論式較繁，成自五個判斷，故稱五分作法。茲將五分作法的論式及其各支的名稱列表如下：

宗　聲是無常

因　所作性故

喻　譬如瓶等

合　瓶有所作性瓶是無常聲有所作性聲亦無常

結　是故得知聲是無常

新因明的三支作法、雖應列入演繹推理，其所自出的古因明的五分作法、則應視同類比推理，其主要原因、在於非以普徧道理爲其出發點。此一情形、在其喻支與合支內表現得甚明顯。喻支的「譬如瓶等」、相當於類比推理乙式的小前提，其作用可謂全同，其文字則繁簡有異。僅擧所比體，不擧能比體，是其較簡處。其用一「等」字、隱示所比體之不止於瓶，是其較繁處。合支前半段的「瓶有所作性，瓶是無常」、相當於類比推理甲式的大前提，提示了類似項目與類比標的在所比體上並存的具體情形，其後半段的「聲有所作性，聲亦無常」、相當於甲乙二式的結論而加擧其所據以斷定的類似項目。其結支僅將宗支重說一遍，於推理上別無新的作用。瓶之爲無常與聲之爲無常、不相攝屬，故是兩項特殊的道理，並無其一普徧而其一特殊的關係。故自瓶的無常以推定聲的無常，正是自特殊以推知特殊，合於類比推理的特質。

類比推理的應用範圍及其可信程度

類比推理的應用範圍、甚爲廣大，自極細微的事情以至極重大的事情，自極粗淺的道理以至極精深的道理，自常人的思考以至科學家的研究，莫不入其範圍之內。因爲人類的知識、雖已有甚大的進步，雖已到達了豐富的境地，但尚有不少事實，不是可用耳目來觀察、以作當場的查考，或未發見普徧的原理、可資以論斷，却又急於知曉，則唯有乞靈於類比推理而已。試設顯例數則，以概其餘。

有人選購西瓜時，用手指在瓜上輕彈，傾聽其所發聲音，以決定其可購與否。因爲依據已往購瓜的經驗，發某種聲音的，其瓜味甚佳。故用指輕彈，以驗其所發聲音與前購佳瓜所發聲音是否類似。若類似，則當亦佳，若不類似，則佳否未可知。又有人選購橙子，將每個橙子拿在手裏掂一掂，因爲依據已往購橙的經驗，重者汁多，故務選較重者而不取較輕者。這些評判與行爲、各以類比推理爲其基礎。

行路的人、欲往前面山下甲鎭，走了許久，已覺相當疲乏。向前遙望，鎭上塔頂、雖不清晰，已隱約可見。於是胸中盤算，依據已往行路經驗，凡塔影隱約可見至如此程度時，其遠近如何，又依自己的行路速度，約須費時多少，據以估計，大約一小時內可以到達。此一估計作用、卽是類比推理。

初學識字，在教科書上學得一撇一捺之爲人字，此後在他處見到此一字形，與記憶中的字形相比較，見其與人字的字形相類似，遂識其爲人字。又學得人字的中央加一横之爲大字，其後見此字形，因其與記憶中大字的字形相類似，遂又識其爲大字。不但識字如此，認物亦循此途。幼年看見牛馬，本不識其爲何物，經父母告知，孰者爲牛，孰者爲馬。其後見有與記憶中的牛形相類似的動物，遂識其爲牛，見有與記憶中的馬形相類的動物，遂識其爲馬。凡此心理過程、均屬類比推理。故人之有學習的能力，可謂完全得自類比推理的所賜。

類比推理、於令人獲致學習能力以外，還有一項重要的貢獻，令人識得他人之亦有精神及其亦當受人尊敬、與自己相同。齊宣王嘗引用詩經小雅中的「他人有心，予忖度之」以稱頌孟子，我們亦可引用此言以稱頌類比推理，不僅取其辭，且稍廣其義。人之有思想感情等心理作用、只有自己能知道，不是別人所能直接知道的，因爲不是別人所能用耳目來見聞的。我們所能耳聞於他人的、只是其人說話的聲音，所能目見於他人的、只是其人容貌上的表情。但我們依據自己的經驗，知道言語的後面有其思想，言語不是空無意義的聲音，亦知道表情的後面有其感情，不僅僅是皮膚肌肉上的變化。自己既如此，由以類推，他人亦必如此。故他人之有心理作用、是類比所得。「他人有心，予忖度之」、解作廣義，正符此意，故可借用以描述類比推理的功能。知道了他人之亦爲精神主體與自己相同，尊敬之念、油然而生，不復敢視他人爲塊然無知的器物了。

類比推理的應用、既廣及各方面，然則其價值如何？此云價值、指其可信程度而言。類比推理的可信度、至不齊一，有極低的，低至零度，全無是處，有極高的，高至百度，絲毫無可置疑。類比推理、就其本質而言，其推理所得、僅能具有或然性，不能如演繹推理之具有必然性。演繹推理、自普徧以推特殊。特殊本包括在普徧之中，亦即結論本包括在理由之中。所以只要理由正確，推理又無過失，結論便不能不正。類比推理則不然，自特殊以推特殊。特殊各自獨立，不相包括，不共是非，此一特殊之正、無力保證彼一特殊之亦正。故以此一特殊爲理由，推論彼一特殊，其推論所得、只具或然性，不能有必然性。其或然性高者，其可信度高，其或然性低者，其可信度低。試就不可信的、有時可信有時不可信的、可信的，各爲擧例。

類比推理有全無是處、絕不可信、啓人誤解、貽人笑柄的，試擧一件眞實的故事以爲例。有一位廣東籍同事，原在其故鄉廣州任事，後來調至南京的中央機關服務。他的普通話說得不好，正在隨時留心學習。成人在學習之時、自不免要利用擧一反三的類比方法，以期簡捷。某次與同事們商討公文的處理，將公文說成公民，同事們初則茫然不解，其後始悟其發音有誤，並爲之矯正。據他說明誤讀的原委，實由類比推理種下惡因。文字與民字、在粵語中、都讀門音。他既知道了民國的民字、在普通話中、應讀民音，不讀門音，遂據以推想，文章的文字亦應改讀民音。故其誤說公文爲公民，出於如下的類比推理：民字在粵語中讀作門音，在普通話中則讀民音，文字在粵語中的讀音、類似民字，故在普通話中亦當讀如民字。

同性質的類比推理、有時可信，有時不可信，此在中國字的讀音中及簡筆字的寫法中，可以獲得甚多的實例。中國有些字、成自兩個字的結合，其中一個、在左邊或上邊的、表示所名事物的種類，其另一個、在右邊或下邊的、表示其字的讀音。忤字的右邊是午字，讀作午，忤字的右邊亦是午，同於仵字，故亦當讀作午，其推理是對的，是可信的。若依據此一大前提，就許字另作同樣的推理云：許字的右邊亦是午，故亦當讀作午，便錯誤了。又如籌字的下邊是壽字，讀作壽音，因而推想：疇字的右邊亦是壽字，亦當讀作壽音，則是，若因濤字的右邊是壽字而推想其亦當讀作壽音，則非。再如梅字、海字、誨字、侮字、其右邊雖同爲每字，但其讀音互異，不得類推。在簡筆字的寫法中、因爲觀字可以簡作又傍見字，遂將歡字勸字簡作又傍欠字與又傍力字，則可，若將鸛字簡作又傍鳥字，則不可，因爲鷄字已經如此簡寫了。又如爐字可以簡作火傍戶字，蘆字可以簡作草下戶字，但瀘字不可以簡作水傍戶字，因爲此體已被滬字的簡筆字所佔用了。

類比推理亦有非常確切而不容置疑的，雖以精密自勉且自詡的科學、不能不予以承認。如依據自己之有精神作用以推定人人之同有精神作用，即其一例。他人走近垃圾堆邊，與我同樣掩鼻而過，他人行經花叢，與我同樣駐足而觀。由此反應的相同，足證人人心中與我有着同樣的感受。下雨時他人口中發出「下雨了」的聲音，細詢其所欲表示者之爲何事，竟與我用此一語音所欲表示者同屬一事，又可見人人與我有着同樣的思想。正唯人人有着大體相同的精神作用，始能有客觀的普通心理學的成立，否則至多只能有某心理學家主觀的個人心理學而已。若不能有普通心理學的成立，自更不能有兒童心理學青年心理學以及各種應用心理學的成立。此一群學問現在各有所貢獻，尤其在教育上有着不容忽視的貢獻，足證類比推理推定人人之同有精神作用、實爲至精至確的推理，其或然性已高達必然性了。

或然性的提高條件

在日常生活中、在學問研究上、類比推理都有不能不採用之勢，而其或然性則參差不一，有甚低者，低至一無是處。既屬不能不用，自須設法增加其價值，亦卽設法提高其或然性。縱不能提高至百分之百的可信度，亦不能任其徘徊於零度附近而不向前邁進。類比推理以認識類似爲基礎。類似認識得越正確，越得當，則類比推理的或然性越高。故欲提高或然性，應在類似的認識上用功夫。其應當提出來一加闡述的、計有四事。

第一、能比體與所比體的類似、必須認識得非常眞切，不可稍涉含胡。類似認識的眞切、是類似推理的基本要求，亦是起碼條件。若併此而不能充分做到，勢且不成其爲類比推理，或然性的提高、更無從談起。類似認識之所以不能眞切、其最普通的、起自知識短淺、注意粗疏、將實際上不類似的誤認爲類似。其較特殊的、起自經驗貧乏、墨守舊習，將知覺上受了他事影響而幻成的類似誤解爲實際的類似。先說類似認識的誤認。唸別字的人將「桃之夭夭」唸成桃之天天，正因爲其人識字不多，本來只識得天字，不識得壬字，對於天字首筆與壬字首筆的差異，又未留意辨清，遂將壬字誤認爲天字。有人將鬼鬼祟祟誤認爲鬼鬼崇崇，亦因其人不識得祟字，又未能辨清祟字上半截與崇字上半截的甚不相同，卒將二字誤認爲一字。類似的如此誤認、在他事上亦時常發生，不獨在唸別字上爲然。次說類似認識的誤解。誤解雖不如誤認之常見，亦時或有之。常人往往依據視覺印像的淸晰程度以推斷距離的遠近，因爲近物的印像總較淸晰，遠物的印像總較糢糊。空氣的淸濁、實際雖亦有影響，但久居某一地區的人、因其地空氣的淸濁無大變動，往往習焉不察，不予計及。於是住在空氣渾濁地區的人、偶往空氣淸新地區去旅行，見前面有一山峯，廟宇樹木、都看得頗淸楚，遂以爲距離甚近，而久行始至，超過預期甚遠。此一類比推理的失敗，實緣特殊影響所幻成的類似、誤解爲通常影響所引致。

第二、能比體與所比體的類似項目、多多益善。類似項目越多，則推理越健全，其或然性越上升。試藉上述的推理甲式，說明其故。既知所比體甲之爲丙爲丁爲戊爲己，又知能比體乙之爲丙爲丁爲戊，但未知其是否亦爲己，乃欲藉推理加以推定。當推理之時，不知甲之所以爲己、究與丙丁戊三項中何項有其密切的關聯，可能因其爲丙而遂爲己，亦可能因其爲丁或戊而遂爲己，亦可能因其旣丙且丁且戊而始爲己。假若當時已經知道，己之所從出之必爲丙，則儘可作演繹推理云：乙是丙，故乙是己，何必費力搜集類似項目以作僅有或然性的類比推理！正因不知已所從出者之究爲何事而不得不作類比推理，故最穩妥的途徑、應當將可擧的類似項目儘量多擧，庶幾其眞正所自出者不遭遺漏，推理益可進入健全的境地。張三爲某校體育系的高材生，身強力大，敢於冒險，李四同爲該校體育系的高材生，其身強力大、亦與相同，因而推定其亦必敢於冒險，則所擧類似項目、尙嫌不夠充足，所作結論、因而未必完全可信。人們依據自己之有精神作用，推定他人之同有精神作用，其所以精確無比、正因類似項目甚多，多至不勝枚擧。同有視聽言動的作爲，同有喜怒哀樂的表情，其反應外來刺激的態度相同，其傳達內在思想的語音相同。其細節雖人各有異，其大體則人無不同。諸同匯成證明的巨流，懷疑不復能有立足的餘地，故其推理的可信到達了最高度。

第三、所依以推理的類似項目、必須適切，不可與類比標的無干。前條要求，類似項目多多益善，本條更進而要求，類似項目各須適切。徒多無益於推理的成立，必須多而莫不適切，方足以助成推理，方足以提高價值。此云適切、係對於類比標的而言，謂適於類比標的的成立與存在，亦卽類比標的的成立與存在所急切要求的，易辭言之，又可謂爲有利於類似標的的成立與存在而不是不相干的。一件事情的成立與存在、都要依靠若干因素爲之引發，爲之支持。所須依靠的因素、雖有爲數較多的，亦有爲數較少的，但少至一二事的，實所罕見。因素之中、有些是主要的，有些是輔助的。主要因素誠屬必需，輔助因素亦不可缺。類比標的的成立與存在、亦同此理，要靠類似項目爲之引發，爲之支持。但類似項目之中、有的力能引發支持，有的則無此能力。有此能力的、方是適切的。適切的類似項目越多，則類比標的越穩定，其推定越可信。設有甲乙二童，出生地相同，年齡相同，身材高矮相同，容貌美醜相同，家庭的社會地位相同，家庭的經濟情況相同。類似項目不可謂不多，但若因甲童學業成績優異，遂以推定乙童亦必如是，則其結論究能有幾分之幾合於事實、毫無把握，可能相近，亦可能相反。因爲這些類似項目都不適切，都不與類比標的相干。記憶力的強固相同，理解力的靈敏相同，勤學的興趣相同，家長管教督責寬嚴適度相同，纔是學業成績優異的適切因素。故必待如是的類似項目合力以證，結論始有達於正確的可能。

第四、能比體所具的差異點，必須與類比標的不相抵觸。能比體與所比體、是兩件不同的事物，所以除了有其類似項目以外，一定亦有其差異項目。一件事情的成立與存在、一方面必須有引發與支持的積極因素，他方面又必須不有阻遏與妨礙的消極因素。一有消極因素，則積極因素的功能、勢且爲其所抵消，而與本無積極因素者同其效果。例如上述甲乙二童、雖同具強固的記憶力與靈敏的理解力，假若甲童好學，將其智力集中於學業上，乙童好玩不好學，傾其全力於遊玩上，則就乙童而言，其高度的智力雖原屬學業優異的積極因素，只因其移用於遊玩上，遂使學業上等於無此積極因素而不能有助於成績的優異。又若乙童雖亦好學，同於甲童，但其身體多病，不若甲童之壯健而可以用功不倦，則其智力雖高，不能如甲童之能儘量發揮，學業成績雖不致低劣，亦難與甲童同其優異。故消極因素是類比推理的一大尅星。

關係的類比推理

事物的類似、可以大別為二：一為性能方面的類似，二為關係方面的類似。性能的類似、謂某一事物所具的性能與另一事物所具的性能相類似，關係的類似、謂某組事物間所具的關係與另組事物間所具的關係相類似。類似可有兩種，故以類似為基礎的類比推理、亦可有二種。以性能的類似為基礎的，可稱性能的類比推理，以關係的類似為基礎的、可稱關係的類比推理。上來既述性能的類比推理，此下當一說關係的類比推理。甲與乙間具有某種關係，丙與丁所具關係、與甲乙間的關係甚相類似，易辭言之，亦卽丙之於丁猶甲之於乙，則依據甲乙的關係所可論定的、當可移以適用於丙與丁，亦卽就丙與丁可作同樣的論定。茲列其形式與實例如下。

形式	實例
甲乙是己	鼎的三足不可缺一
丙之於丁猶甲之於乙	國防之有陸海空三軍猶鼎之有三足
故丙丁殆亦是己	故國防的陸海空三軍亦不可缺一

鼎有三足，方能立得穩，若僅有二足，則難免傾側。國防有陸海空三軍，方能防衞周密而無疏失，若僅有二軍，對於某一方面的攻擊，勢且難於應付。國防與陸海空三軍間的關係、類似於鼎與三足間的關係，三足既不可缺一，依以類推，陸海空三軍亦當不可缺一。

關係的類似、有屬於數量方面的，有屬於性能方面的，故可以有數量關係的類似與性能關係的類似二種。上述鼎三足與國防三軍的類似關係、以性能關係的類似為主，因為雖用有數目字，其關係重在防止傾側。而傾側是性能方面的事情。若某商店舉辦傾銷，購貨滿一百元者，送原子筆一枝，滿二百元者，送二枝，則其購貨與贈品之間的關係、成了數量的關係，不復是性能的關係了。

關係的類比推理、亦與性能的類比推理相同，只具有或然性，且其或然性亦高低不一，相去頗遠，有甚高而等於必然的，有甚低而毫不足信的。試分就數量關係與性能關係舉其或然性高低不一的事例，並推究其故。

先說以數量關係的類似為基礎的類比推理。如言：四之於二，猶六之於三，六是三的倍數，故四亦當是二的倍數。其結論的正確、絕無可疑，其或然性的高、以與必然性相比，絕無遜色。甲乙二兄弟、高矮肥瘦相若，其衣服時常交換穿着，丙丁二兄弟、亦如甲與乙，高矮肥瘦相若，故其衣服亦當時常交換穿着，此其或然性、雖不會甚低，但亦難高到與必然性相近。若謂甲地與乙地相距一百里，慢車的票價爲五十元，丙地與丁地亦相距一百里，直達車的票價亦當爲五十元，其或然性之低、低至無人敢信。綜觀這些事例而推究其或然性高低之所以大不相同，當不難發見其關鍵所在。所據以推理的數量關係而爲類比標的的唯一決定因素，則其或然性必甚高，雖非唯一而其影響力甚大，則其或然性亦相當高，雖不無影響而力量微薄，則其或然性必甚低。如就第一例而言，依據四之於二類似於六之於三的數量關係，以推定四爲二之倍數，其所持理由正是唯一的決定因素。六之於三、其數量關係爲六成自三與三相加，故爲三之倍數。試將此一關係加以普遍化，則成本數相加、其和爲本數的倍數。四、正是二加二的和，故爲二之倍數。四之爲二的倍數，全由此一數量關係所決定，別無其他關係參與其間，出自唯一的決定因素，故其或然性甚高，高至與必然性相等。本數相加之爲本數的倍數，原屬一條普遍的道理，六之爲三的倍數與四之爲二的倍數，各爲其個別的道理而爲其所包括。如實言之，此一推理、係自普遍出發以達於特殊，其能與演繹推理有同等的必然性，自不足怪。就第二例而言，高矮肥瘦的相若、雖不失爲衣服交換穿着的一個主要的決定因素，但不是唯一的，因爲顏色的好惡、款式的好惡等、亦甚有影響。衣服的大小長短合身了，兄弟二人對於衣服的顏色與款式、其好惡又相同，則益助成穿着的交換，若其好惡不同，則足以阻遏其交換。故其或然性、縱不會太低，亦難望其甚高。就第三例而言，距離的遠近、對於火車票價的訂定，當然是決定因素之一，但其他因素尚多，如車行的快慢、費時的久暫、載客的多寡、客車設備的好壞、對於票價的訂定、莫不與有影響。因素衆多，距離遠近僅居其一，勢孤力寡，若依以推定快車慢車票價的相同，其或然性便低至不能再低了。

次說以性能關係的類似爲基礎的類比推理。如言：甲與乙是夫婦，其所生子女爲婚生子女，丙與丁亦是夫婦，同於甲與乙的關係，故其所生子女亦當爲婚生子女。此一推理、其或然性之高、亦可與必然性相並。若追究其或然性之所以能高達如此的境地，又與出自數量關係類似的推理同其理由。因爲婚姻關係是婚生資格的唯一決定因素，只要是具有婚姻關係的男女所生，便不能不是婚生子女，不須有別的條件爲之輔助。有婚姻關係者所生之爲婚生子女，亦是一條普偏道理，可以適用於一切具有婚姻關係的人。故此一推理、形式上雖是類比推理，實質上等於演繹推理，其或然性之能等於必然性，亦非偶然。若謂甲與乙是夫婦，其財產是聯合的，丙與丁亦是夫婦，其財產當亦是聯合的，則其或然性亦頗高，但不能如上例之高與必然性相並。因爲中國現行的法律、除了法定的聯合財產制以外，准許夫婦經過協議，可以採用他種財產制度。故夫婦財產之爲聯合，適用於別無協議的夫婦，是百分之百對的，適用於別有協議的夫婦，則百分之百不對。在目前的社會中，夫婦財產制別有協議者、甚爲少見，故此項推理尚不失爲有甚高的或然性。又若謂甲與乙是夫婦，其年齡相差二十歲，丙與丁亦是夫婦，故其年齡當亦相差二十歲，則其或然性之低、當爲人人所能共見。夫婦間的年齡、在舊日社會中、固亦有差距，但就一般而言，其差距不大，不過一二歲乃至二三歲，在今日社會中，差距雖較大，但差至二十歲者、究屬甚少，可說是例外的情形。今以例外情形作推斷的結論，所適用的、若同樣是例外的情形，固可幸中，若是通常的情形，勢必不幸而不中。幸而中的機會甚少，不幸而不中的機會甚多，其或然性之低、自在意中。

第二十一章　譬與援

譬喻的形式與作用

中國自古以來，談話作文，愛用譬喻。譬喻是類比推理的省略式。例如孟子梁惠王上篇的「以若所為，求若所欲，猶緣木而求魚也」、是一則大家所熟知的譬喻，若布為完整的類比推理，應如下式：

緣木求魚必不可得
以若所為求若所欲類似於緣木求魚
故以若所為求若所欲必不可得

孟子原文、已加緊縮，省略了大前提與結論，僅存小前提。後人應用，益加緊縮，僅說「緣木求魚」，已發揮其論斷的功用。現代人作譬喻，大抵亦採用如此的省略式，看見體弱力薄又不諳武術的張三與身強力大且精於拳擊的李四鬥爭，時或作過甚其辭的譬喻云：豈不成了螳臂擋車，以形容張三的自不量力，以預斷張三的必然失敗。

關於譬喻、古人嘗作定義或類似定義的闡述。墨子小取篇云：「辟也者、舉也物而以明之也」，可說是譬喻的最早的定義。此中「也物」的「也」字、據訓詁家的解釋，即是他字，其說相當可信。王符的潛夫論在其釋難篇內亦作有定義云：「夫譬喻也者、生於直告之不明，故假物之然否以彰之」，紹述墨子所說而又加詳。至若說苑所引惠子語，雖不能視爲譬喻的定義，但於闡明譬喻的作用上、頗有裨益。說苑載：「梁王謂惠子曰：『先生言事則直言耳，無譬也。』惠子曰：『今有人於此而不知彈者，曰：彈之狀何若？應曰：彈之狀如彈，則諭乎？』王曰：『未諭也。』『於是更應曰：彈之狀如弓，而以竹爲弦，則知乎？』王曰：『可知矣。』惠子曰：『夫說者固以其所知諭其所不知，而使人知之。今王曰無譬，則不可矣」。

依照小取篇與潛夫論所說，每一譬喻，成自兩個部分：其一爲「舉也物」或「假物之然否」，可稱所假部分，其二爲「明之」或「彰之」的「之」，可稱所彰部分或待彰部分。如就「以若所爲，求若所欲，猶緣木而求魚也」而言，則「以若所爲，求若所欲」是所彰或待彰部分，「緣木求魚」是所假部分。即使是較繁複的譬喻，試爲剖析，亦不外此兩個部分，更無其他部份可舉。試引孟子滕文公下篇的一章爲例：「孟子謂戴不勝曰：『子欲子之王之善與？我明告子：有楚大夫於此，欲其子之齊語也，則使齊人傅諸，使楚人傅諸？』曰：『使齊人傅之。』曰：『一齊人傅之，衆楚人咻之，雖日撻而求其齊也，不可得矣。引而置之莊嶽之閒數年，雖日撻而求其楚，亦不可得矣。子謂薛居州善士也，使之居於王所。在於王所者、長幼卑尊、皆薛居州也，王誰與爲不善！在王所者、長幼卑尊、皆非薛居州也，王誰與爲善！一薛居州，獨如宋王何」。此則譬喻、頗不簡單，但撮其要義，則亦無非攝有兩個部份：一爲「一齊人傅之，衆楚人咻之，雖日撻而求其齊也，不可得矣」的所假，二爲「一薛居州，獨如宋王何」的待彰。此兩部分、相與比較，所假部分、尤關重要。譬喻的功用、在於彰所待彰。所假是用以彰的，一經建立，待彰者自彰。故所假是譬喻精髓的所在，亦是譬喻的全功所自出。古來有名的譬喻、爲後人所樂於沿用，用之既久，簡益求簡，於是所假部分中的主腦部分，便成了譬喻的全權代表。不但一說「緣木求魚」，即足令人悟其爲所求必不可得之意，一說「五十步笑百步」，亦足令人悟其爲二事的過失不相上下之意。

潛夫論以「直告之不明」、說明譬喻之所由起，說苑所引惠子語以「以其所知諭其所不知」，說明譬喻之所以不可不用，其說都甚精到。世間有些事物、不是耳目所能見聞，若用抽象的言詞來描述，不易令人理解得恍如目睹，若取日常眼見的事物作譬喻，則說明可以較簡單，而理解反可以較明確。譬喻能以淺見深，以顯見幽，故對於人生、確有甚大的用處。現在試就日常談說與學術講解兩方面，各舉一事，以見其例。成人向兒童描述地球的形狀，謂其好像一枚橘子，則不待煩言，兒童已理解得很正確，且亦易於記憶。因爲橘子是兒童所愛吃，其形狀爲兒童所熟知。關於宇宙本體與現象的性質及關係、有些哲學家主張：本體是一而有常的，現象是多而無常的。本體雖常住不滅，但無時無刻不在幻作各色各樣的現象，現象則甫經成立，倏又消失，復歸本體。循環往復，無有底止。有本體處，始有現象，有現象處，必有本體。本體與現象、相即不離，是一亦是二，是二亦是一。此一哲理、常人聞之，容或頗覺玄妙，有些不可思議。於是哲學家便利用譬喻，以助說明，謂本體如水，現象如波浪。水只是水，始終如一，波浪則有小有大，而且起伏無常。本體之幻作現象與現象之復歸本體、好像水之興起波浪與波浪平息後之依然爲水。有本體處之始有現象與有現象處之必有本體、好像有水處之始能興起波浪與波浪之不能興起於無水之處。本體與現象之相卽不離、好像水與波浪之不能分居異處。一經如此解釋，無論何人，只要具有常識，便能彷彿親眼看見本體與現象及其相互間的關係。

譬喻有助人易於理解的功能，所以古人早經樂於利用，不但墨子孟子荀子諸書中妙喻甚多，論語中己不乏其例。有雙擧所假部份與待彰部份的，如爲政篇所載孔子語：「人而無信，不知其可也。大車無輗，小車無軏，其何以行之哉」，以無輗無軏之不能行車，譬喻無信之不能行事。又如子張篇所載子貢語：「夫子之不可及也，猶天之不可階而升也」，以天之高不可登，譬喻孔子德行之高不可及。亦有單擧所假部分而省略其待彰部分的，如子罕篇所載孔子語：「譬如爲山，未成一簣，止，吾止也。譬如平地，雖覆一簣，進，吾往也」。文中用有「譬如」二字，明示其所說之僅爲所假部分，至若待彰部分，當爲進德與修業，借假於爲山成否之全依「吾往」「吾止」而定，以譬喻進德修業之全賴自己的勤勉而不懈怠。亦有未表明其爲譬喻而實不得不解作譬喻的，如子罕篇所載孔子語：「苗而不秀者有矣夫，秀而不實者有矣夫」。此則言論、依其字面所明說，全屬農業方面的事情。但孔子嘗自稱「不如老農」，爲了農事而作專論的興趣、非所當有。故其言「不秀」「不實」、定屬用以譬喻人之亦有不能成德達材，以警惕人之怠於自勉。又有欲詢某事，不直問其事，借他事爲問以探知其事的，如子罕篇所載子貢與孔子的問答：「子貢曰：『有美玉於斯，韞匵而藏諸，求善賈而沽諸？』子曰：『沽之哉！沽之哉！我待賈者也』」。子貢以美玉譬孔子，以沽與藏譬出仕與隱居，以善價譬禮遇。孔子知其問意所在，直答以「我待賈者也」。

同喻依與異喻依　古因明的作法、原是類比推理，所以非常重視譬喻，且稱其主要的一支爲喻支。喻支的內容、如第二十章第一節所引述，實係譬喻的所假部分。新因明的作法、雖已轉成演繹推理，但因襲傳統，仍稱喻支，且保留舊日的喻支爲其一部分。喻支分爲上下兩段。上段爲新增，其形式與功用、各等於邏輯演繹推理的大前提。下段則保留舊日的喻支，爲邏輯演繹推理所不設。當因明以「所作」爲因、證明「聲是無常」時，其喻支應云：凡若所作，皆是無常，譬如瓶等。爲了分別起見，上段稱爲喻體，謂其爲證明所據的普徧道理，下段稱爲喻依，謂其爲普徧道理所依以成立的具體事物。在上舉的喻支中、其體表示中詞與大詞所指事物的相卽不離，其依表示：在中詞大詞所含意義上、與小詞所指事物互相一致。因其注重同的一邊立說取譬，故其喻應稱同喻，其體應稱同喻體，其依應稱同喻依，俾其名益加緻密，其義益加顯豁。因明於同喻之外、又設異喻云：凡非無常，必非所作，譬如虛空。其體表示：事物所具的意義而與同喻中所用中詞大詞相矛盾的，必相離不即，其依表示：在同喻所用中詞大詞所含意義上、與小詞所指事物正相矛盾。因其專在矛盾一邊立說取譬，故其喻應稱異喻，其體應稱異喻體，其依應稱異喻依。

喻體是演繹推理的大前提，與譬喻無有關涉，喻依方是譬喻的所假部分，方是譬喻的核心所在，故此處僅說喻依，不說喻體。依因明作法的理論而言，喻體應當重於喻依，因其爲推理的基本理由。但在實際言論中、喻體往往省略不說，喻依則必明白說出。如言：聲是無常，所作性故，同喻如瓶，異喻如空。因爲喻體可以從略，喻依却不可省，喻依遂獨佔喻名，「如瓶」「如空」、簡稱同喻異喻，不復用其全稱。本章爲期簡便，此下姑倣通例，沿用簡稱，同喻異喻、分指同的所假與異的所假。故云同喻，卽言所假與待彰具有相同的情形，以見待彰者之亦當如此。云異喻，卽言所假與待彰具有矛盾的情形，以見待彰者之不當如彼。既用同喻以見其亦當如此，又用異喻以見其不當如彼，則其如此、益增堅定。故異喻非別有功用，其任務在於幫助同喻，通力合作，以加強推理的力量。正因此故，因明在理論上雖要求同異二喻之不可缺一，在實際言論中、亦時或單舉同喻，不定兼舉異喻。

中國人所作譬喻、大抵亦是同喻，所作有關譬喻的理論、大抵亦可解作同喻的理論，不定須或不定可解作兼攝異喻的理論。小取篇的「擧也物而以明之也」、其應解作同喻的理論，絕無可疑，雖不能謂其排拒異喻，但亦未可認爲兼攝異喻。因爲「物」是一個積極名稱，通常只着眼於其所具的意義，不着眼於其所不具的意義。至若說苑解釋譬喻，以「彈之狀如弓，而以竹爲弦」爲模範的實例，則更明示所假之爲同喻而與異喻無關。但潛夫論所說則不然，已指出譬喻之有同異二種。「假物之然否以彰之」、可析爲二語：一爲假物之然以彰之，所假是同喻，二爲假物之否已彰之，所假是異喻。潛夫論之所以兼說異喻，殆因鑒於前人的實際言論、雖多數僅擧同喻，亦有少數兼擧異喻。茲引同異二喻雙擧的實例如下。

論語子張篇載有子貢語：「他人之賢者、丘陵也，猶可踰也，仲尼、日月也，無得而踰焉」，可引爲一例。在此則譬喻中、「仲尼……無得而踰焉」、是所彰或待彰的部分，「他人之賢者，丘陵也」與「仲尼、日月也」，同爲所假部分，前一語是異喻，後一語是同喻。後一語之爲同喻，意甚明顯，無庸解釋。前一語所說、在字面上、似乎是別的一事，與孔子之無可踰越、非有關係，實則其言外之意、正表示孔子之非丘陵，否則何必於論斷孔子之無可踰越時、說及他人之賢者！故此則譬喻、表面上僅具同喻，骨子裏兼具異喻。

上節所引孟子對於戴不勝的談話、雖未標明某部分之爲同喩與某部分之爲異喩，但其雙具同異二喩、則頗明顯。在該則譬喩中，「一薛居州、獨如宋王何」、是其待彰部分，謂與宋王朝夕相處的、僅有一個善士，餘人均不善，則善士的影響甚微，不能使宋王日卽於善，亦卽不能使宋王在德行的修養上有所成就。「一齊人傅之，衆楚人咻之，雖日撻而求其齊也，不可得矣」、謂教者僅一人，咻者有多人，齊語一定學不好，故是同喩。「引而置之莊嶽之間數年，雖日撻而求其楚，亦不可得矣」、謂每日相與語的、盡是操齊語的人，絕無楚語的干擾，齊語一定學得好，故是異喩。

孟子梁惠王上篇載有孟子答齊宣王語，其並用同異二喩，更爲明顯，其孰爲同喩與孰爲異喩、不待推敲於言外，在字面上卽已甚易分辨。孟子說：「故王之不王，不爲也，非不能也。……挾大山以超北海，語人曰：『我不能』，是誠不能也。爲長者折枝，語人曰：『我不能』，是不爲也，非不能也。故王之不王、非挾大山以超北海之類也，王之不王、是折枝之類也」。首語是所彰部分，末二語是所假部分，用「非……類」以示其爲異喩，用「是……類」以示其爲同喩。故同喩異喩的分別、甚明顯，一見卽可認識。「是折枝之類也」的折字上、似乎應當有一個不字，否則其義有些不順。中間數語、說明「不能」與「不爲」的分別，與譬喩本身無關。

譬喻的當守與當避

譬喻能以淺見深，以顯見幽，其在令人易於領悟上、有甚大的功用。取譬愈妙，愈有令人信服的魅力。譬喻有此功用，故為人所樂於運用。一切事物、有利亦有弊。巧妙的譬喻、能令人易於領悟，亦能令人易於迷亂，以善意運用，則有助人領悟之功，以惡意運用，則有陷人迷亂之害。論語衞靈公篇載有孔子語：「巧言亂德」。巧譬係巧言的一種，雖不一定亂德，却甚有亂德的可能，縱不至敗壞德行，亦甚易淆亂是非。韓非子說林載：「田駟欺鄒君，鄒君將使人殺之。田駟恐，告惠子。惠子見鄒君曰：『今有人見君，則眣其一目，奚如？』君曰：『我必殺之。』惠子曰：『瞽、兩目眣，君奚為不殺？』君曰：『不能勿眣。』惠子曰：『田駟東欺齊侯，南欺荆王，駟之於欺人、瞽也，君奚怨焉！』鄒君乃不殺」。惠子以瞽者病態之不得不然、譬喻田駟素行之時常如此，淆亂是非，實足為譬喻的害羣之馬。前引說苑所載梁王告惠子語、謂「先生言事，則直言耳，無譬也」，其所以欲其無譬，殆有見於譬喻之易於令人惑亂，故預為之備。譬喻既無法盡廢，故欲發揮其助人領悟之利，阻遏其陷人惑亂之害，唯有善為運用，守其所當守，避其所當避。譬喻原是類比推理的省略式，故凡足以提高類比推理的或然性的、無一不為譬喻所當重視。譬喻除了謹守上章所述類比推理的基本條件外，尚別有當守當避的事項，必須努力做到，其目如下。

一、譬喻的所假、要平實，不可誇張太甚、以致令人疑其為不可能。所云平實，非謂必須實有其事，虛擬亦無不可，只要不是事理所不能許其爲有，卽不失爲平實。所假誇張過甚之所以有害、因爲牽連所及，令人懷疑所彰之亦同爲誇張之辭，雖非完全虛偽，亦不可能是十足的實情。故欲保持譬喩的實效，所假不可以不平實。孟子、正如趙岐在孟子題辭中所評，「長於譬喩」，故其所作譬喩、有甚平實的，如公孫丑上篇所載的「……行仁政而王，莫之能禦也。且王者之不作，未有疏於此時者也，民之憔悴於虐政，未有甚於此時者也。飢者易爲食，渴者易爲飲」。「飢者易爲食，渴者易爲飲」、是極明確的事情，以之爲所假，可謂平實之至。但孟子因爲說喩太多，時或失檢，不無誇張過甚的譬喩，如滕文公下篇所載：「戴盈之曰：『什一、去關市之征、今茲未能，請輕之；以待來年然後已，何如？』孟子曰：『今有人日攘其鄰之鷄者。或告之曰：是非君子之道。曰：請損之，月攘一鷄；以待來年然後已。如知其非義，斯速已矣，何待來年』。「日攘其鄰之鷄」、是所假，「日」字上別無他字加以限制，當是每日的意思，「鷄」一字上不若下文「月攘一鷄」之用有「一」字，則所攘可能不止一鷄。故此一譬喩、正如後人打油詩「鄰家那有許多鷄」所譏刺，不無誇張過甚之嫌。又如公孫丑上篇所載揠苗助長的譬喩，其意甚剴切，其詞甚沉痛，但其與事理的相齟齬、則更甚於「日攘其鄰之鷄」。孟子說：「宋人有閔其苗之不長而揠之者，茫茫然歸，謂其人曰：『今日病矣，予助苗長矣。』其子趨而往視之，苗則槁矣」。所說宋人、已有能「趨而往視之」的兒子，自非童騃。能「閔其苗之不長」，亦非白痴，縱使愚甚，何至愚到揠苗以後猶自詡爲「予助苗長矣」！此一譬喻、更難逃誇張過甚之失。

二、譬喻必須十分恰當，方能以淺見深，以顯見幽，稍不恰當，卽不能發揮此一功用。上文所要求的平實、是專就所假本身而言，故平實與否、是所假單獨所能決定的。此處所要求的恰當、是就所假與所彰的關係上說的，故恰當與否、要由所假與所彰雙方合力來決定。所以同此所假、對於此一所彰、甚恰當的，對於彼一所彰、可能甚不恰當。所云恰當、不僅所假與所彰的性能兩相類似而止，其所居位置高下的類似、其所佔分量輕重的類似、凡與所欲論定的事項有關係的，亦卽凡足以影響論定的是非的，莫不包括在內。現在試爲舉例，以見恰當與否的實情。「初生之犢不畏虎」、是一句很通行的譬喻，用以描述幼年的缺乏經驗而不知危險，非常恰當，若移以形容老年的愚蠢而不知危險，則甚不恰當，因爲初生與老、相差甚大。又如「螳臂擋車」，亦是一句相當通行的譬喻，適用於強弱懸殊的兩人的鬥爭，尙稱恰當，適用於強弱相去不遠的人的鬥爭，已覺不妥，適用於拳王的爭奪戰，則必爲人所竊笑。「五十步笑百步」、是一句富有權威的譬喻，試就孟子原文加以分析，以見如何適用之方可恰當。梁惠王上篇載：「梁惠王曰：『寡人之於國也，盡心焉耳矣……察鄰國之政，無如寡人之用心者。鄰國之民不加少，寡人之民不加多，何也？』孟子對曰：『王好戰，請以戰喻。塡然鼓之，兵刃既接，棄甲曳兵而走，或百步而後止，或五十步而後止。以五十步笑百步，則何如？』曰：『不可，直不百步耳！是亦走也。』曰：『王如知此，則無望民之多於鄰國也』。依照原文，孟子所設的譬、應當是五十步不可笑百步，若加分析，可得如下的四點要義：一、五十步而止與百步而止、同屬臨陣脫逃，同屬罪行。二、二人逃離的遠近、爲一與二之比。三、有人脫逃，戰鬥力必削弱，其削弱程度、不因逃離的遠近而有異。四、笑、表示自己之優於對方。合而言之，同屬犯罪，其所費力量的多少、對於惡果的大小、若不發生任何影響，則費力少者不得謂爲優於費力多者。所爲必合於此四點，而後可評以五十步不可笑百步。若所作本非不正當的行爲，卽根本不得適用此一譬喻。例如擔任同類同量的工程，完工較早者自優於完工較遲者。又若費力少者、其惡果小，費力多者、其惡果大，則亦未可完全適用此一譬喻。因爲一刀刺傷人與兩刀殺死人、判刑總不能不有輕重。

三、不可於原譬喻的所假上、節外生枝，濫作推理。所云節外生枝、卽言所假的事物、本有多種性能，譬喻取其中的一種或數種以爲所假，用以彰其所待彰。其餘性能、因其非必待彰部分所同有，或因他故，捨而不取。今若取其所捨，另作推理，不論其爲原有論斷的推廣或駁斥，都等於不應生枝處的生枝，故稱爲節外生枝。節外生枝、亦是譬喻的一項大忌，而事實上却常爲人所濫用。成人爲兒童描述地球的形狀，告以好像一枚橘子，原是一則恰當的譬喻。兒童若逞其幼稚的想像，以爲地球亦當如橘子之有皮，外黃而內白，皮下且有瓤，分九房或十房，則成了節外生枝以推廣原來的論斷，徒供笑談而已。又如蘇軾日喻所云：「生而眇者不識日，問之有目者。或告之曰：日之狀如銅槃。扣槃而得其聲，他日聞鐘聲以爲日也」。盲者誤解鐘鳴以爲日鳴，亦出自節外生枝以推廣所知。節外生枝，甚易誤人，故當懸爲禁忌。挑剔或反駁他人所作譬喻而出以節外生枝，亦非正當辦法。試先述一眞實的故事，雖屬戲言，亦足見人之喜作節外生枝以事挑剔。嘗有某君，職掌全國行政計劃的總覆核，某次批評送核的行政計劃，意頗不滿，謂該計劃的各部門、分而觀之，雖各具條理，頗見精采，合而觀之，則各自爲謀，不相配合，只是一篇雜湊成章的文字，不是脈絡貫通而具有系統的計劃。且以譬喻結束其批評道：好像桂林山水，奇峯突起。有人聽了，向傍坐者戲言：桂林山水甲天下，計劃而能如桂林山水，豈非世間最好的計劃！總覆核者所作桂林山水的譬喻、僅取其奇峯突起的一端爲所假，以指責計劃的缺乏聯繫。揶揄者卽抓住桂林山水一語，別取其甲天下一端以充所假，另作推理。故其責難、雖若有理，却無實效。因爲縱能證明其有甲天下之美麗，却無以否定其不相連貫的缺點。上例不過是一則戲言，在學術討論上、有時亦有類似的情形。孟子告子上篇載：「告子曰：『性、猶湍水也，決諸東方則東流，決諸西方則西流。人性之無分於善不善也，猶水之無分於東西也。』孟子曰：『水、信無分於東西，無分於上下乎！人性之善也，猶水之就下也。人無有不善，水無有不下』。孟子此一駁論、不無節外生枝之嫌。孟子抓住告子之以水為譬喻，捨其所取的無分於東西，取其所捨的有分於上下，以為所假，用以論證人性之亦有分於上下，更進而假水之就下，以推定人性之必善。人性本非水，原不當就以作是非的論爭。徒因告子之以水為譬喻，孟子遂於其上另起爐竈，又未證實對方所取所捨之均不得當，亦未證實自家所取所捨之各得其所，故其駁論實難謂為有效。

援的意義與性質

墨子小取篇列舉辯的方式，援居其一，且為之作定義云：「援也者、曰：子然，我奚獨不可以然也」。「子」、指與辯的對方，「我」、辯者自稱，「然」、謂如此，係就論斷而言。故全句的意義、可以直譯如下：你可以作如此論斷，我為何獨不可以作如此的論斷！你自以為你的論斷為是，我對於你便有權主張：我的論斷不是你所能斥責為非。你若斥責我的論斷為非，你應當先自斥責你自己的論斷為非。定義中用有子字與我字，故援必是二人對辯的方式。一個人有所見而憑以單獨立論，不能稱之為援。又所謂援、亦不當是人云亦云，更不當是將對方所說重說一遍。援之為用、當係僅就立論的理由或論式而言，或為採取對方所執的理由，或為摹倣對方所用的論式，並非引用對方所持的主張。具言之，謂你執如此的理由，可以作如彼的論斷，我自亦可執如此的理由，以作如此的論斷，你用如此的論式，可以作如彼的論斷，我自亦可用如此的論式，以作如此的論斷。故援可有二種：一為理由的援，二爲論式的援。古人言論中、這兩種援都有其例，試各舉二則。

先就理由的援舉例。韓非子內儲說上載：『魏王謂鄭王曰：『始鄭梁、一國也，已而別，今願復得鄭而合之梁。』鄭君患之，召羣臣而與之謀所以對魏。鄭公子謂鄭君曰：『此甚易應也。君對魏曰：以鄭爲故魏而可合也，則弊邑亦願得梁而合之鄭。』魏王乃止」。又呂氏春秋淫辭篇載：「秦趙相與約。約曰：『自今以來，秦之所欲爲、趙助之，趙之所欲爲、秦助之。』居無幾何，秦興兵攻魏，趙欲救之。秦王不說，使人讓趙王曰：『約曰：秦之所欲爲、趙助之，趙之所欲爲、秦助之。今秦欲攻魏，而趙因欲救之，此非約也。』趙王以告平原君，平原君以告公孫龍。公孫龍曰：『亦可以發使而讓秦王曰：趙欲救之，今秦王獨不助趙，此非約也」。鄭公子所建議的答辯、正是一則理由的援，謂你若因鄭梁本爲一國而願鄭歸併於梁，則我亦依據此一理由而願梁歸併於鄭。你的結論若可成立，我的結論同樣亦可成立。公孫龍的代謀、亦是一則理由的援，謂依照原約，兩國各負有助成對方所欲爲的義務。今趙欲救魏，而秦不助，故可據以反責秦之違約。

次就論式的援舉例。公孫龍子跡府篇載：「龍與孔穿會趙平原君家。穿曰：『素聞先生高誼，願爲弟子久，但不取先生以白馬爲非馬耳……』龍曰：『……龍之所以爲名者、乃以白馬之論爾……且白馬非馬、乃仲尼之所取。龍聞楚王……喪其弓，左右請求之。王曰：『止！楚王遺弓，楚人得之，又何求乎！』仲尼聞之曰：『楚王仁義而未遂也，亦曰人亡弓人得之而已，何必楚！』若此，異楚人於所謂人。夫是仲尼異楚人於所謂人，而非龍異白馬於所謂馬，悖。先生修儒術，而非仲尼之所取……」。孔穿無以應焉」。孔穿既是儒家，自當服膺孔子所說，孔子旣異楚人於所謂人，孔穿亦當如此主張。故公孫龍援孔子所說以自辯，等於援孔穿所說以自辯，不失爲「子然，我奚獨不可以然也」。楚人之於人與白馬之於馬、其關係相同，因而異楚人於人與異白馬於馬、其論式相同，不當以前者爲是而以後者爲非。援、擴而充之，亦可用以對抗世間。某種道理、世間公認其爲是，卽可援用其論式，以鞏固自己的主張，並以防禦世間的攻擊，墨子小取篇中、卽有其例。其文云：「盜人、人也，多盜，非多人也，無盜、非無人也。奚以明之？惡多盜、非惡多人也，欲無盜、非欲無人也。世相與共是之。若若是，則雖盜人，人也，愛盜、非愛人也，不愛盜、非不愛人也，殺盜人、非殺人也，無難矣。此與彼同類。世有彼而不自非也，墨者有此而非之，無也故焉，所謂內膠外閉與心毋空乎，內膠而不解也」。盜雖是人，既可謂無盜爲非無人，自亦可謂不愛盜爲非不愛人。在同一關係上適用同一論式，不得謂彼是而此非。

上來既述援的意義及其實例，此下試述援的性質，亦卽探究其應屬何種推理。此一問題，應分兩層解答。第一層、以援與所援雙方的關係爲主要着眼點，則一切援、都應解作類比推理。援是能比，所援是所比。如就第一例而言，鄭國的反要求、即以魏國的原要求爲所比，其大前提當爲：鄭與魏本爲一國，魏甚願鄭之復歸於魏，其小前提當爲：魏之與鄭本爲一國、同於鄭之與魏的本爲一國，其結論當爲：故鄭亦甚願魏之復歸於鄭。就第三例而言，公孫龍的辯駁、亦是類比推理，以孔子的異楚人於人爲所比。其推理應云：楚人異於人，白馬之於馬，其關係同於楚人之於人，故白馬異於馬。第一例是理由的援，第三例是論式的援，所以不論何種援，在其與所援的關係上着想，則無一不是類比推理。

第二層、若以援的本身爲主要的着眼點，則其性質不屬一類。在探求援的本身的性質時，有可以暫置所援於不顧的，有不能不兼顧所援的。有此差異，其性質遂緣以不同。大體言之，理由的援、在探求其本身的性質時、可以暫時不顧其與所援的關係，亦卽可以暫時假想其爲不是援。論式的援則無此可能，一與所援斬斷關係，勢將無法探求其本身的性質。如就第一例而言，鄭國的反要求、不妨姑且假想其爲自發的要求，並非用以對抗魏國，一如魏國原要求之出於自發而非有所援，則其推理、若暫不問其有無過失，未嘗不可自成格局。其推理可如下式：原爲一國的兩國、得互求他國復合爲一，鄭國是原與魏國爲一國，故鄭國得求魏國復歸於鄭。似此格局，自當解作演繹推理。就第三例而言，公孫龍的辯駁、完全依傍孔子言論的格式，並未別擧理由。若謂旣有所立，必有其所以立，其所以立即是理由，則公孫龍在此駁論內所持的理由、不外白馬之於馬、同於楚人之於人，亦即其理由正存於與其所援的類似之中。故論式的援、在探求其本身的性質時，與在援與所援的關係上探求其性質時相同，不能拋却所援於不顧，因而其性質亦不能不是類比推理。故就援的本身而言，有的是演繹推理，有的是類比推理。

援與譬的分別

譬是類比推理，援亦是類比提理。就其所屬大類而言，二者雖為同類，就其所具細節而言，則顯有分別。試讀墨子對此二者所作定義而比較之，即可見其分別所在。依墨子所說，其分別處、計有二點。第一點：援、是援引對方的言論以建立自家的言論，故必別有言論相與對立，若用因明的術語來講，亦即必有敵論。故援只用於與敵論的對辯，不用於不與人諍的言論。譬、雖亦有時用於與他人的談話中，但不以與人對話為條件，一個人獨自默默思考時，亦可用譬的方式來作論斷，即使用於與他人的對話中，但不一定作對辯之用。第二點：譬與援、同屬類比推理，故同以類似為推理的基礎，但其所取以為基礎的類似、不同其類。譬所取的類似，是事物與事物間的類似，或為此一事物與他一事物性能上的類似，或為此組事物與他組事物關係上的類似。援所取的類似、是言論與言論間的類似，或為此一言論襲用彼一言論的理由，或為此一言論摹倣彼一言論的論式。故二者的分別，在理論上、甚為明顯，不慮其相混。但在實際言論中，時或有些言論，一方面舉其他事物以為比況，明明具有譬的性質，他方面又採用敵論以資建立，明明具有援的性質，此則同一言論而兼爲譬與援，可稱亦譬亦援的言論，譬與援不因此而失其分別。試自古籍中引實例以明之。

墨子魯問篇載：「吳慮謂子墨子：『義耳義耳，焉用言之哉！』子墨子曰：『籍設而天下不知耕，教人耕與不教人耕而獨耕者，其功孰多？』吳慮曰：『教人耕者，其功多。』子墨子曰：『籍設而攻不義之國，鼓而使衆進戰與不鼓而使衆進戰而獨進戰者，其功孰多？』吳慮曰：『鼓而進衆者，其功多。』子墨子曰：『天下匹夫徒步之士少知義，而教天下以義者，功亦多，何故弗言也！若得鼓而進於義，則吾義豈不益進哉」。此中「義耳義耳，焉用言之哉」、是吳慮原來的主張，勸墨子自己行義，就夠了，不必以義勸人，不必多言以事宣傳。「而教天下以義者，功亦多」、是墨子的結論，亦是針對吳慮所說的反駁。教人大家耕，比諸一人獨耕，收穫必較多。鼓勵大家一起進戰，比諸一人獨自進戰，勝利的把握必較大。墨子舉此二事以比況勸人大家行義，比諸一人獨自行義，其收效亦必較弘。其方式正合於「舉也物而以明之也」，故就此一方面言，正是譬。「教人耕者，其功多」與「鼓而進衆者，其功多」、雖是大衆所公認的正理，今既出諸吳慮之口，卽可視作敵論。對方既承認：教人耕與鼓人進戰、其功必多於一人耕與一人進戰，則此方自可主張：教天下人人行義，其功必大於一人行義。其方式正合於「子然，我奚獨不可以然也」，故就此一方面言，又正是援。

孟子梁惠王下篇載：「孟子謂齊宣王曰：『王之臣有托其妻子於其友而之楚遊者，比其反也，則凍餒其妻子，則如之何？』王曰：『棄之。』曰：『士師不能治士，則如之何？』王曰：『已之。』曰：『四境之內不治，則如之何？』王顧左右而言他」。此中「士師不能治士……已之」一段，是完整的亦譬亦援，「四境之內不治……」、則爲省略式的亦譬亦援，但其亦譬亦援、在字面上、都不如上例之明顯。在通篇記載中、只見孟子有所詰問，未見孟子有所論斷，但「棄之」與「已之」雖出於齊宣王之口，實由孟子所誘發，正是孟子所欲作的論斷。故此二語、既是敵論，亦是己論。假若姑以「棄之」爲敵論，以「已之」爲己論，則孟子依據齊宣王主張不爲友之妻子善謀衣食者之當棄，以斷言不能治士的士師之當已，正是援。藉不爲友之妻子善謀衣食者之當棄，以比況士師不能治士之當已，則又是譬。「四境之內不治，則如之何」、孟子之設此問，承上文文氣，其所期待於齊宣王的、縱不作類似「棄之」或「已之」的答語，至少亦當作自責之辭。齊宣王亦覺察到理應如此，而又不肯自責，只好顧左右而言他。故在孟子意中本有結論，只因未能誘導齊宣王明白說出，遂形成了省略式的亦譬亦援。

援的功能

援是類比推理。類比推理只有或然性，雖其或然性有甚高而絕對可信的，但亦有甚低而絲毫不足置信的。援既爲其小類，則其僅具或然性而不能有必然性，自屬難於倖免。現在只就援與所援的關係上、一述其具有何等功能。

援、僅用於二人的對辯，與因明的悟他之必有立論與敵論，其情形頗相類似。故研討援的功能，可借用因明關於立敵所說的道理，以助說明。因明的悟他、具有兩方面的作用：一爲能立，二爲能破。能立、卽是建立自家的主張，故亦稱立自。能破、卽是破斥對方的主張，故亦稱破他。能立與能破、各有眞似之分。志在建立自家的主張，理由充足，結論正確，屹立如山，無可動搖，則爲眞能立。志在建立自家的主張，或因理由不充足，或因結論不正確，站立不穩，一推便倒，則爲似能立。志在破斥對方的主張，對方確有錯誤而正爲我所揭發，擊中其要害，收穫破斥的實效，則爲眞能破。志在破斥對方的主張，而對方本無錯誤，濫作攻擊，或雖有錯誤而未能揭發，所揭發的却非眞正的錯誤，則爲似能破。眞能立同時必爲眞能破，因爲自家的主張既屬無懈可擊而成爲唯一的正理，則相反的主張勢不能與之並立，假若有人冒昧建立，只要適用自家原有的主張，與之周旋，便可立卽將其破斥無餘。眞能破不一定兼眞能立，用雙方共同是認的理由以擊破對方的主張，則眞能破同時亦是眞能立，用對方所是認而己方所不是認的理由以擊破對方的主張，則眞能破不兼眞能立。眞能破不一定是眞能立，可能是似能立。故返就似能立而言，雖不一定是眞能破，却有時可能是眞能破，亦卽有的是似能破，有的是眞能破。現在試持此一道理，一觀援在與其所援的關係上的是非。

先說理由的援的是非。所援所用的理由、若無過失，亦卽若是因明所說的正因，則所援一定是眞能立兼眞能破。因其爲眞能立，故若援用其理由以作破斥之計，必不成功，又因其爲眞能破，故若援用其理由以作相反的結論，必反遭其破斥。例如有人立論云：有生必有死，人是有生的，故必有死，其因是十足的正因。故主張仙人長生不死的人、必另覓理由以支持其說，決不會襲用對方的理由以自取失敗。故在實際言論中、不可能有似此愚拙的援。所援所用的理由、若是因明所說的似因，則不外不成因相違因與不定因三種之一。不成因、謂小詞所指的事物本不具有中詞所指的性能，而強合爲一個判斷。所援若用以爲小前提，則其所建立的結論、必屬似能立。設或援用其理由以作相反的結論，亦必同樣成爲似能立。例如以聲音可見爲小前提，則不論斷言其是白或非白，同屬似能立。相違因、謂中詞本來僅能證明小詞之具有大詞的矛盾性能，而竟用以證明其具有大詞所指的性能，如此立論，必是似能立。今若襲用以作相反的結論，必成眞能立。例如原立論云：聲音是可聞的，故聽覺健全的人不能聽到，其爲似能立，盡人皆知。今若援用此因以作相反的結論云：故聲音是聽覺健全的人所能聽到的，當然成了十足的眞能立。不過此二種似因、其錯誤太明顯，不大有人誤用，因而可就以作援的機會亦甚少。在實際言論中、最足供人作援的機會的、當是不定因，尤其是寬因。寬因、謂中詞的範圍寬廣，既可容納大詞所指的事物，亦可容納非其所指的事物，故僅因某事物具有中詞所指的性能，不能斷然論定其具有大詞所指的性能與否。上文所引魏國對於鄭國的要求、其所持理由、卽是寬因，似乎可以證明魏國原要求的合理，但似乎亦可證明鄭國反要求的亦合於理。兩皆似乎可以證明，實則兩皆不能證明，故其援與所援、俱屬似能立。就是非言，似能立當然屬於非，不屬於是，但援的似能立、雖屬於非，却不是完全無用。如鄭國的反要求、可以提醒魏國，促其自悟要求之未盡合理。故援的似能立、對其似能立的所援而言，具有眞能破的功用。

次說論式的援的是非，其援與所援相互間的是非、與上述者頗不相同。大體言之，所援是，則援亦是，亦卽所援而爲眞能立，則援亦爲眞能立，所援非，則援亦非，亦卽所援而爲似能立，則援亦爲似能立。上引墨子與吳慮的對話、卽可用作援與所援俱是的實例。「教人耕者，其功多」與「鼓而進衆者，其功多」、是所援，各是眞能立。「而敎天下以義者，功亦多」、是援，亦是眞能立。又如公孫龍援用孔子「異楚人於所謂人」的論式，以「異白馬於所謂馬」，亦可爲援與所援俱是的一例。但於此有不可不辯明者，所是於公孫龍的、僅謂其「異白馬於馬」爲是，非謂其「白馬非馬」亦是。白馬異於馬與白馬不是馬，其意義不同。白馬與馬、內容有多寡之別，外圍有廣狹之殊，故白馬異於馬。白馬含有馬的全部內容，且無一不居於馬的外圍之內，故不能不是馬。援與所援俱非者、可假設一例，以見其概況。設有服膺性善論者詰難贊成性惡論者道：假使人性果惡，則人的善言善行何自而來，須知狗嘴裏長不出象牙來。贊成性惡論者於此，可援用其論式以反駁云：人性若果善，則人的惡言惡行何自而來，須知象嘴裏不會長出狗齒來。此一援論、所說固不盡理，但足以顯示所援之有缺失。故援之似能立、對於似能立的所援，亦有眞能破的功用。

末了、附述一件堪稱爲援的趣事。民國六十二年九月二十五日台北的大華晚報載：「合衆國際社羅馬二十五日電：『一名美國印地安人昨日從波音七四七型巨無霸客機上衝下來，將他的一支矛挿在羅馬國際機場的柏油路上，然後宣布他發現了義大利。這位美國印地安人、名叫諾威爾……他說：『如果印地安人在美國已經住了數千年，而哥倫布仍能宣稱他發現新大陸，我爲什麼不能同樣地宣佈發現義大利』」。諾威爾的此一言行、雖若可笑，但明明是以哥倫布及歐洲一般人的言論爲所援的援，其意殆在用以譏刺歐洲人的無知，亦在用以抗議歐洲人的狂妄。美洲久爲印地安人所居住，而歐洲人不知其地，此在印地安人看來，是歐洲人的無知，值得譏刺。早經有人發現而居住的地、竟妄稱爲自己所新發現，此在印地安人看來，是歐洲人的狂妄，應當抗議。故諾威爾所作的援、富有譏刺性與抗議性，而出以幽默的型態，比諸莊言破斥，更能發人深省。

第二十二章　論證

指證與論證

一切談說、不論其爲自家的主張、以開悟他人，或爲對人的駁斥、以顯示其過失，都須有所依據，亦卽都須擧示其所以然。若不擧示所以然，而空言自己主張的是，則不易取信於人，或若不擧示所以然，而空斥他人所說的非，則不易取服於人。縱或對方愚昧無知，或粗疏不察，而輕率信從，則其所得、有如無源之水，隨時可以涸絕，於理論、於實用、都不能有所裨益。呂氏春秋審己篇說得好：「凡物之然也，必有故，而不知其故，雖當，與不知同，其卒必困」。故人於言論、於思想、僅僅能分辨其孰是孰非，尙嫌不足，必須更進而知其所以是與所以非。通曉了所以是與所以非，則是非分明，不能相混，不會受人欺騙愚弄、以是爲非而以非爲是。通曉了所以是與所以非，則遇到形勢變易，知所應付，不會固執向來的是非爲是非，而不知變通。知道禮敎之所以起、起於俾人有所遵循以維持社會的秩序，則不會作根本廢除禮敎的倡導。知道老死不相往來時代的習俗、不能適用於天涯若比鄰的時代，則不會作維持舊日習俗的企圖。故思想之所以足貴、貴在有所依據，有其理由，非出於武斷，更非出於杜撰。

思想足貴之在於有所依據、中國古人早經見及，故欲有所立言，必先考慮證據的有無及其可靠與否。論語所載孔子言論中，有多處發揮了此一精神，有泛就一般說的，有特別就某類事情說的。如述而篇所載的「蓋有不知而作之者，我無是也」、是就一般說的。「不知而作」、卽言不知其故而有所主張，亦卽發表些不能提示理由的言論。孔子自稱未嘗不知而作，故孔子不知則不作，如有所作，必有所知；其重視證據、確足為後世思想家的模範。八佾篇的「夏禮、吾能言之，杞不足徵也，殷禮、吾能言之，宋不足徵也，文獻不足故也。足、則吾能徵之矣」、是就研討歷史事實說的，謂欲研討歷史事實，例如前代的制度，必須以文獻為依據。杞與宋、文獻不足，故無從就該二國所僅存的窺知夏殷二代的各種制度。衞靈公篇的「吾之於人也、誰毀誰譽！如有所譽者，其有所試矣」、是就毀譽他人說的。孔子對於他人、不敢輕作毀譽，倘有所譽，如對於顏淵的稱道、是經過許久的考驗的，亦卽有其事實根據的。公冶長篇的「今吾於人也、聽其言而觀其行」、是就評論他人的人格說的。孔子鑒於人的言行不定一致，往往有人、其言甚善，其行未必善，故以為欲使評論達於精確而無所失誤，必須以其人的實際行為為證據，至於其人口頭所作的言論，則不足為可信的資料。是則孔子不僅注意到言論之必須有所依據，且更進而注意到證據之必須切當。孔子既提示原則，謂評論人格應以行為為證據，又嘗提示觀察行為的方法，如為政篇所載：「視其所以，觀其所由，察其所安，人焉廋哉，人焉廋哉」。「視其所以」、謂觀察其行為的動機何在，是否善良，「觀其所由」、謂觀察其所採用的手段如何，是否正當，「察其所安」、謂觀察其平日所習行而不煩多加考慮的、亦即其所安而行之而非勉強而行之的、究爲何等樣的行爲。以如此周詳觀察所得的結果爲證據，其人格評論當可正確而不患其有所失誤。

爲言論提示證據，通常稱爲證明。證據可大別爲二種：一爲外在世界中的事物，二爲內在世界中的思想。因而證明亦可大別爲二種：以外在事物爲證據，指而示之，可稱指證，以內在思想爲證據，思而通之，可稱論證。論證所提證據、爲了表示其非外在事物，特別稱爲理由。有些言論或道理、只能指證，無法論證。亦有言論或道理，只能論證，無法指證。指證與論證、各有用處，各有價值。

道理之僅能指證而無法論證者、大抵都屬知覺方面的事情。例如告人：桌上有一杯子，此花黃而不紅，欲對方是認吾言之不虛，唯有指示杯子與花，令其自行觀察，見其有，見其黃，以得其眞相，別無思想上的理由、以證杯子之不得不有與花之不得不黃。指證之發生實效，全賴對方知覺的正常與健全。對方而視覺健全，定能看見桌上之有杯，對方而視覺正常，定能看見黃花之不紅。知覺之不能無有錯誤、是人人所熟知的。錯覺有偶發的與常然的。偶發的錯覺、或起於注意的不周，或起於精神的不寧，或起於其他變故，及時過境遷，注意恢復周到，精神恢復寧靜，一切正常，錯覺自歸消失，不會復生。常然的錯覺、有起於物理的障礙的，有起於生理的缺陷的。其起於物理的障礙的、如一枝直木插入水中，從傍看去，因爲光線屈折的關係，總覺得其木入水之處、屈而不直，但若伸手一摸，或從水中抽出來一看，立卽發見其爲知覺的錯誤。其出於生理的缺陷的、如色盲的患者，其盲度較深的、不能看見任何顏色，其盲度較淺的、不能看見紅色與綠色，但徵諸他人的經驗，亦知世界之有彩色。故雖屬常然的錯覺，非無糾正的機會。知覺是諸般思想的始基，故其正確與否、不但直接影響指證，且亦間接影響論證。

道理之僅能論證而不能指證者、其最好的例、莫如其所說內容、雖必然發生而尙未發生。如言：我必有死。當我說此話時、我尙生存，無從指示我的屍體以證吾言之不謬。故欲證明其爲眞理，唯有採用論證，以有生必有死與我有生二語爲前提，推出我必有死的結論。此爲切合規則的演繹推理，故其結論的正確、無可置疑。天文臺日蝕月蝕的預告、因其發布於未蝕之前，亦足爲僅能論證而不能指證的實例。又有道理、雖非不能指證，但因其所涉頗廣，一一指而示之，不勝其煩，無法實施，不如論證之簡便而有同等的效力。如言：馬是生物，若僅就此馬或彼馬而言，固可指此馬或彼馬，以見其具有生命。但若就全部的馬而言，猶思一一指證，則雖僅僅世上現存的馬，已非窮畢生之力所必能做到。若更進一步，通過去與未來而言，則更無指證的可能。故亦唯有借助於推理，謂馬無一不是動物，動物無一不是生物，故馬無一不是生物。又如言：馬不是牛，，欲爲證明，亦非指證所能奏功，其簡便可行的、應爲利用一切牛所必具而爲馬所必不具的某一性能或某數性能，以爲中詞，而加以推定。

直接論證與間接論證

論證、是爲主張擧示理由，推理、是由前提引致結論。理由卽是前提，主張卽是結論，故論證與推理，是一不是二，除了推理，別無可由以論證的途徑。論證與推理、其存諸內的性質及作用、雖無不同，但其形諸外的方式、不妨有異。論證爲主張擧示理由，故先擧結論而後擧理由，因明的三支作法爲其代表。推理由前提引致結論，故先擧理由而後擧結論，邏輯的三段論法爲其代表。兩式排列的順序雖正相反，其所能收穫的功效初無二致。

論證可以大別爲二種：一爲直接論證，二爲間接論證。直接論證是正面的論證，從正面證明其待證判斷之必當如此。間接論證是反面的論證，從反面證明其待證判斷之不能如彼，亦卽不能不如此。例如我若主張：「我必有死」，直接論證則爲之覓取最確當的理由以爲前提，如以「有生必有死」爲大前提，以「我有生」爲小前提，藉以推出「我必有死」的結論。間接推證則姑先假定待證判斷之爲非，取其反對判斷以爲前提之一，並取別一極端正確的判斷爲另一前提，合以推出一個顯違事理的結論，反證原待證判斷之不能非而不是。如卽上例而言，假定待證判斷的「我必有死」爲非，則依照對當關係，「我必不有死」一定是而不非，姑取以爲小前提。另以衆所公認爲是的「有生必有死」爲大前提，則其結論應爲「我不有生」。此其爲說之荒謬絕倫、無待贅言。但「有生必有死，我不有死，故我不有生」、是一則未犯任何規則的推理，在形式上絕無過失可摘，故其結論之荒謬、唯有歸罪於前提實質上的過失。而前提之中、大前提所說是衆所公認爲是的，無可懷疑，小前提所說、則爲論證之初姑假定其爲是，並非眞認其爲是，故前提實質上的過失、一定存於此一小前提之中。「我不有死」、既不能是，即可由以反證「我必有死」之不能不是。

現在從實際言論中、試爲舉例。

先舉直接論證的實例。論語泰伯篇載有曾子語：「士不可以不弘毅，任重而道遠。仁以爲己任，不亦重乎，死而後已，不亦遠乎」。此一言論中、含有兩層論證，所用均爲演繹推理。第一層以「士不可以不弘毅」爲待證的判斷，以「任重而道遠」爲理由。原文是省略式，若予補充，應如下列：任重而道遠者不可以不弘毅，士任重而道遠，故士不可以不弘毅。第二層更進而以「士任重而道遠」爲待證的判斷，以「仁以爲己任，不亦重乎，死而後已，不亦遠乎」爲理由，其完整的論式如下：仁以爲己任者、任重，死而後已者、道遠，士、仁以爲己任，死而後已，故士任重而道遠。

試爲直接論證再引一例，與上述者稍異其趣，亦含有兩層論證，但不純用演繹推理。論語子張篇載有子貢語：「仲尼不可毀也。他人之賢者、丘陵也，猶可踰也，仲尼、日月也，無得而踰焉」。其第一層論證以「仲尼不可毀也」爲待證的判斷，以「仲尼……無得而踰焉」爲理由，其論式爲如下的演繹推理：無得而踰者、不可毀，仲尼是無得而踰者，故仲尼不可毀。其第二層論證以「仲尼……無得而踰焉」爲待證的判斷，以「他人之賢者、丘陵也……仲尼，日月也」爲理由，其所用論式、不是演繹推理，而是具有同喻異喻雙層譬喻的類比推理，謂丘陵雖相當高，猶可得而踰，日月至高，不可得而踰，仲尼德行之高、有如日月，不似丘陵，故仲尼的德行、是無可踰的。

次擧間接論證的實例。韓非子內儲說下、載有一則故事，頗堪引用，雖其論證未可謂爲至精極確，尚可聊備一格。其故事云：「文公之時、宰臣上炙，而髮繞之。文公召宰人而譙之，曰：『女欲寡人之哽邪！奚爲以髮繞炙！』宰人頓首再拜請曰：『臣有死罪三：援礪砥刀，利猶干將也，切肉肉斷，而髮不斷，臣之罪一也。援錐貫臠，而不見髮，臣之罪二也。奉熾爐炭，肉盡赤紅，炙熟而髮不焦，臣之罪三也。堂下得微有疾臣者乎」。肉上的髮、宰人欲證明其爲送肉途中他人所繞，不是送肉以前所已繞。其法姑且假定送肉以前所已繞，並假定三個繞髮時間，推論至極，以見其無一有當於理。第一、假定切肉以前所已繞。新磨的刀甚鋒利，而竟未能將髮切斷，此則當非事理所能許。第二、假定貫臠以前所已繞。貫臠時絕盡目力，而竟不見髮，此亦爲事理所少有。第三、假定烤肉以前所已繞。爐火甚旺，而髮竟不焦，此更爲事理所不能有。衡以道理，肉上所繞的髮，定非沒肉以前所已繞。

亦有論證、直接間接二式並用，多方申說，以增強論證的力量。論衡奇怪篇內有一則言論，可引以為例。其文云：「堯與高祖、審龍之子，子性類父。龍能乘雲，堯與高祖、亦宜能焉……堯與高祖之母、受龍之施……牝牡之會、皆見同類之物，精感欲動，乃能授施。若夫牡馬見雌牛，雄雀見牝鷄，不相與合者、異類故也。今龍與人異類，何能感於人而施氣」。社會上流行着一種神話，謂唐堯與漢高俱是龍子，王充以此論破之，上半段可說是間接論證，下半段則為直接論證。「堯與高祖、審龍之子」、姑認神話所說為是，進而推論其不能有合於事理。原文是省略式，若為補充，並予分析，可布成前後二則推理。其前一則推理云：龍父能乘雲，龍子應能為龍父之所為，故龍子亦當能乘雲。其後一則推理云：堯與漢高若果是龍子，應能乘雲，但堯與漢高不能乘雲，故堯與漢高不可能是龍子。其直接論證、若一方面加以簡化，他方面加以增補，亦可布成前後二則推理。其前一則推理云：異類的牝牡、不會相合而生子，人與龍異類，故人與龍不會相合而生子。其後一則推理云：人不會與龍相合而生龍子，堯母與高母各是人，故堯母與高母各不會與龍相合而生龍子。

理由的兩大要件

論證即是舉示理由，故論證的成敗、在於理由舉示的是否得當。舉示理由而得當，則論證成功，舉示理由而不得當，則論證失敗。舉示理由、如何始能得當？理由必須適合兩大要件：一爲正確，二爲切當。欲使論證得當而發揮實效，其所舉理由、必須旣正確，又切當。正確、是就理由本身言，謂其所說眞實，旣不虛僞，亦不可疑。切當、係就理由與結論的關係上說，謂所舉理由、不但與結論相干而非無關，且能緊緊扣住結論，使其不得外逸。理由而本身錯誤，當然談不到切當，但雖正確，亦不一定切當，故有分別說述的必要。

正確、是眞實無妄的意思，故明明是虛僞而不實的，當然是不正確的，眞僞虛實尚未斷定的，亦難謂爲正確。故不正確的理由可有二種：一爲錯誤的理由，二爲可疑的理由，卽因明所說的猶預因。論證而誤用錯誤的理由，其所得結論，誠亦有時正確，不一定錯誤。如「鯨是魚」、原是一個錯誤的判斷，若與「魚生息於水中」含爲前提，推得結論云：「故鯨生息於水中」，其結論確合於事實。但此僅屬偶合，不屬必合。因爲若仍用此一錯誤判斷以與另一正確判斷，如「魚是卵生」、合爲理由，其所推得的結論「故鯨是卵生」，顯然不合事實。論證的形式完全相同，而結論的正誤相反，可見誤用不正確理由的論證之不能發生實效。不但不能發揮正面的效果，或且引致相反的效果。例如堯是聖君，若有人欲推究其所以聖而引神話爲理由，謂堯是龍子，故成聖君，則否認龍子之說的人、連帶所及，或且併堯之爲聖君而亦否認之，謂堯非龍子，故非聖君。故誤用不實的理由，不僅無益於論證，反或有害於論證。用猶預的理由，推出猶預的結論，標明其爲可疑而不定確實，如因明所學的例，遙見遠處，似烟非烟，推想其下容或有火，則亦未嘗不可。但因其爲疑智，無裨實用，故因明列爲過失。孔子亦戒人輕用疑智，如論語爲政篇所載，要子張「多聞闕疑」，謂可疑之事只宜付諸闕如。所以運用可疑的理由以從事論證，不如不作論證。

切當、有淺深兩層的意義。就淺一層的意義說，理由必須與結論有關，不是不相干的。就深一層的意義說，理由既與結論有關，且能扣住結論，使其僅得在一定範圍內成立，不讓其有超越範圍而猶成立的可能。理由而不能合於此兩層意義，都是不切當的理由。故不切當的理由、亦有二種：一爲不相干的理由，二爲扣不住的理由。先說第一種。犬類嗅覺之靈敏、爲其他家畜所不及，今若推究其故而歸功於肉食，謂犬類肉食，故嗅覺靈敏，則成了不相干的理由。犬類肉食，誠是事實，但肉食與嗅覺靈敏、並無關聯，儘有肉食而嗅覺不靈敏的。又設或有人將中國近代科學的不振興、歸罪於中國人膚色之不白與髮色之不黃，則其理由之不相干、更不相干到可笑的程度了。濫用不相干的理由、在實際言論中究屬少見，故與第二種的扣不住的理由相比，其不切當的程度，雖高於彼，其爲害之廣、却不及彼。上章說援，曾引用韓非子所載魏國的要求與鄭國的反要求，謂其所用理由是因明所說的寬因。寬因、意卽其因寬於結論所必需，正是扣不住的理由。魏鄭原爲一國，此一理由、不能束縛結論之僅得爲魏可以併鄭而不得兼爲鄭亦可以併魏。故鄭國卽援用此一理由以作反要求，而魏國無辭以應。寬因之起、起於以大類證小類。小類居於大類之中，凡屬小類，必屬大類，故得以小類證大類，如以某物之爲動物而證其必爲生物。大類分居於若干小類之內，不盡居於某一小類，凡屬大類，雖必屬某一小類，却不定屬於此一小類或彼一小類，故不得以大類證小類。例如物之有生命者，可能是動物，亦可能是植物，故不得依據某物之爲生物、以證其爲動物，亦不得因其爲生物以證其爲植物。現代的實際言論中、濫用寬因者、亦時或有之。嘗見反對簡體字的熱心論者立論云：共產黨實行簡體字，我們若亦實行簡體字，豈不成了共產黨！原立論者容或自以爲立論謹嚴，豈知所用理由、實爲寬因，不足資以有所論定！

理由確當，論證始能發揮實效，就理而言，事所必然，但在實際生活中、在通俗社會上、非無相反的情形。呂氏春秋必己篇載：「孔子行道而息，馬逸，食人之稼，野人取其馬。子貢請往說之，畢辭，野人不聽。有鄙人始事孔子者，曰：『請往說之』，因謂野人曰：『子不耕於東海，吾不耕於西海也，吾馬何得不食子之禾！』其野人大說，相謂曰：『說亦皆如此其辯也，獨如嚮之人！』解馬而與之」。淮南子人間訓亦載此事，其中「子不耕於東海，吾不耕於西海也」二語、作「子耕於東海，至於西海」，其意義似較明顯。兩書所載、是否確有其事，抑或僅係虛構的傳說，不可得而知。鄙人說辭的內容、若依淮南子所載，謂野人耕地至廣，自東海以至於西海、無不爲其所有。故逸馬不食則已，若有所食，必爲野人的農作物，不可能是他人的農作物。野人之所以大悅、實乃悅其媚己的虛譽。故鄙人說辭的生效、是感情方面的成功，不是道理方面的成功。其成功的關鍵、在於能言善諂，不在於能言善辯。似此的論證、無論其效果如何，終不能謂爲正當，終非理則學所能許。

尋常與變異之不可互證

自然現象中、有尋常，有變異，人事現象中、亦有尋常，有變異。尋常是通例，居絕大多數，變異是例外，居絕小少數。尋常與變異、在數量上、雖相去懸殊，在事實上却相與並存。吾儕常人、每手各有五指，但有六指的個人乃至六指的家庭，所生子女、各有六指。常人的五指、各相分離，近據報紙所載，某地有連指的家庭，所生子女、或二三指相連，或四五指相連，有待醫師的分割。張家之子都姓張，但出繼外家，則不姓張。李家之子都姓李，但入贅岳家，則不姓李。

尋常與變異之不可互證、謂不得以尋常的情形爲理由、證明應付變異之亦當不違尋常，亦不得以變異的情形爲理由、證明處理尋常之亦當同於變異。論證原是推理。變異不得用以論證尋常，其理簡而易明。如言：有些人有六指，某甲是人，故某甲有六指。其大前提是特稱判斷，其小前提是肯定判斷，故其推理犯有中詞兩次均不周徧的過失，不能成立。既是錯誤的推理，自無論證的功能。至於尋常之不得用以論證變異，似與推理的理論有欠融洽。如言：人人都非有六指，某甲是人，故某甲非有六指。其中詞有一次周徧，又未犯有其他過失，是一則極妥善的推理。似此的推理、若不得用以論證，則勢且一切推理都不能有論證的資格了。但此一推理的結論、對於生有六指的某甲、却又明明不合事實。不過似此的不融洽、只是表面的，不是本質的，稍加解釋，即可消除。一切人中、既有生有六指的人，雖爲數甚少，嚴格言之，其大前提即不當泛言人人都非有六指，應當加以限制，謂大多數的人不有六指。大前提一經如此改作，中詞無一次周徧，其結論之不定能適用於某一個人，自屬當然了。或將大前提說得更精密一點，謂一切常態的人非有六指，旣將變態的六指者除外，自不會有不合事實之患了。故尋常之不得用以論證變異，亦屬理所當然。

尋常與變異互證，不但會失眞，亦會誤事，試爲各舉一例。

以變異證尋常，會釀成耗時廢業的慘局，如韓非子五蠹篇所說的守株待兎。「宋人有耕者。田中有株，兎走觸株，折頸而死，因釋其耒而守株，冀復得兎。兎不可復得，而身爲宋國笑」。「兎走觸株，折頸而死」、純是一件偶發的事情，有一而非必有再。宋國的耕者、竟誤認爲常事，以爲隨時可以有觸株而死的兎子供其不勞而獲，遂捨棄耕作，安坐以待。卒至正業廢弛，而非份之財終不可得。

以尋常證變異，勢且引致無知無德旣愚且惡的行徑，如孟子離婁上篇所說的嫂溺不援之以手。「淳于髡曰：『男女授受不親，禮與？』孟子曰：『禮也。』曰：『嫂溺則援之以手乎？』曰：『嫂溺不援，是豺狼也。男女授受不親，禮也，嫂溺援之以手者，權也』」。淳于髡因孟子重禮，故設此問以難之。孟子明於經權之辨，深知以尋常證變異之不當，故爲之分析以喩之。男女授受不親，是常禮，爲平時所須切守。嫂溺，則變起倉卒，不加急救，難免溺斃。假若當時除了援之以手外，別無急救之道，自當捨經從權，毅然決然，援之以手。故應付變異，不可衡以常情，設猶固執常禮，反成違禮之尤。

集體與個別之不可互證

集體、總指個體所集合而成的羣體，個別、分指羣體所由以合成的個體。例如議會、是一個集體名稱，總稱全體議員所構成的立法組織。議員、是一個個別名稱，分稱議會所由以組成的每一分子。議會、不得用以稱呼其每一分子，議員、通常亦不用以稱呼其所屬的組織。此則集體與個別、異其名稱，分別甚明。亦有集體與個別同其名稱的，則只能在意義上分別，無法在文字上分別。例如甲校學生一名、既可解作集體名稱，亦可解作個別名稱。當其總指全校學生而言，則爲集體名稱，當其分指校中的每一學生而言，則爲個別名稱。

集體由個體集合而成，故集體所由成的分子、卽是合成集體的個體，一而非二。議會的分子、卽是每一議員，不異其人，名稱雖有異，實質則全同。甲校學生的分子、卽是甲校學生的每一個人，不但實質相同，其名稱亦未有異。但個體匯合而成集體，性能往往有所變易。在一方面、原爲個體所不能具有的性能、一經集合，便會發生而成爲集體所必具。在他方面、一部分個體或全部個體所本具的性能、一經集合，便遭湮沒而不爲集體所復具。淮南子兵略訓云：「夫五指之更彈、不若捲手之一挃，萬人之更進、不如百人之俱至也」，揭示了集合以後之可以獲得新的性能。「五指之更彈」與「萬人之更進」、個別運用，其力量小而成功少。「捲手之一挃」與「百人之俱至」、集合運用，其力量大而成功多。淮南子修務訓又說：「江河之回曲、亦時有南北者，而人謂江河東流」，可謂顯示了集合以後原有性能之遭受淘汰。長江大河、分段言之，除了東流以外，亦有南流北流者，合全江全河而言，則只能謂爲東流，集體的性能抹煞了個體的性能。議員個人本無制定法律的權力，集合而成議會，便以行使此權爲其主要任務。議員個人有藉保障名額而當選的，但議會的成立，非有保障的條款。

依上所述，個體集合以後，可能新獲本所不有的性能，亦可能不復保有原來具有的性能，集體與個別之不得互證、其基本原因、卽在於此。設以集合後新得的性能爲理由，以證個體之亦有此性能，以無爲有，定成過失。反之設以集合前本不具有的性能爲理由，以證集體之亦不有此性能，則以有爲無，同樣不能成立。依據議會之有立法權，以論定議員個人之亦得立法，屬於前一過失的以無爲有。依據議員個人之不得立法，推定議會之亦無立法權，屬於後一過失的以有爲無。

議會與議員、其集體名稱與個別名稱、兩不相同，分辨較易，故其混淆情形、尚不太嚴重。其集體與個別適用同一名稱的、更易使人迷亂。如言：甲校學生的成績、優於乙校學生，張生是甲校學生，故張生的成績、優於乙校學生。乍看，好像是一則合格的推理，細按，則犯有重大的過失。因為所用中詞、其意義不相一致。大前提內的甲校學生、是一個集體名稱。大前提的眞意、謂甲校學生的平均成績、優於乙校學生的平均成績，非謂甲校每一學生的成績、優於乙校的任何學生。小前提內的甲校學生、則為個別名稱。小前提的意義、謂張生是甲校學生之一，不可能謂張生是甲校全體學生。故張生而為甲校成績最優的學生，可能優於乙校的任何學生，張生而為甲校成績中等的學生，可能優於乙校的若干學生，同時亦劣於乙校的若干學生，張生而為甲校成績最劣的學生，則又可能劣於乙校的任何學生。故如實言之，在似此的大小前提下、不能作任何決定性的結論。

集體與個別的差異、若不分辨清楚，含混使用，以從事論證，形式縱無瑕疵，其所得結論、可能頗不合理，甚且非常可笑。如言：人人有理智，暴動的羣衆是人，故暴動的群衆有理智。大前提用的人字、是個別概念，指每一個人而言。小前提內的人字、是集體概念，指一大羣人而言。故此一推理、係依據個別所本有，以推斷集體之亦保持不失。但實際上、個人一經加入暴動的羣衆，為當時的氣氛所籠罩，無力抗拒，原有的理智、不復能保有。故其結論、不合事理。又如言：人有男女之分，甲男是人，故甲男有男女之分。大前提內的人字、明是集體概念，小前提內的人字、明是個別概念。故此一推理、可謂依據集體以論證個別，其結論之可笑、正足反映其推理之不當。

可能與現實互證之可與不可

可能、謂可以有其事而尚未有，亦即其事有實現的希望而尚未實現，但雖有實現的希望，至於是否一定實現，則非有把握，亦即尚在實現與不實現兩可之間。一旦實現而成為事實，則成了現實，不復是可能了。例如田中的苗、有生長成禾的可能。當其為苗時、只有成禾的可能性，未有是禾的現實性，其是否一定成禾、猶在不可知之數。若不幸而遇害，不能成禾，則終於僅具成禾的可能性而止。幸而長大成禾，其成禾的可能性始轉而成是禾的現實性。

可能與現實、其間關係如何、中國古人早經有所論及。孟子梁惠王上篇云：「故王之不王，不為也，非不能也」，告子下篇又云：「夫徐行者、豈人所不能哉！所不為也」。孟子所說的「不能」、即是現代語所說的不可能，故其所云「非不能」與「豈……不能」、即是可能。其所云「為」、雖不與現實同義，但與現實相關相通。孟子的言論、都在闡發道德與政治方面的道理。在此兩方面、可能之轉成現實，全賴人的作為，不為，決不會實現。「為」、是實現的初基，是實現的開始，故得以「為」代表實現。孟子志在激勵大家力行，故側重於主張：凡屬可能的善行善政、只要努力作為，未有不實現的，故特別強調兩者間的積極關係。荀子性惡篇云：「故塗之人可以爲禹，則然，塗之人能爲禹，未必然也。雖不能爲禹，無害可以爲禹……夫工匠農賈未嘗不可以相爲事也，然而未嘗能相爲事也。用此觀之，然則可以爲未必能也，雖不能，無害可以爲。然則能不能之與可不可，其不同遠矣，其不可以相爲明矣」。荀子所說的「可」、卽是可能，所說的「能」、卽是現實。人人都有德行如禹的可能，但並非人人都有德行如禹的現實。農夫非無經商的可能，但事實上只從事耕耘，不從事貿易。故儘管可能，不定轉成現實，可能與現實、是兩回事。荀子亦重視修爲，此則從反面立說，注重可能與現實間的消極關係，強調可能之不卽是現實，勉人勿以可能自滿而怠於修爲。

依孟子所說，可能定會轉成現實，依荀子所說，可能不定會轉成現實。兩說貌似相反，實則兩是，因爲能轉與否、其關鍵所在、兩家同認爲在於修爲與否。試合就自然與人事而言，可能、有其積極方面的可能，有其消極方面的不可能，現實亦然，有其積極方面的現實，有其消極方面的不現實。可能與現實、各有二目，相與配合，以可能爲首，可得四目：一爲可能而現實，二爲可能而不現實，三爲不可能而現實，四爲不可能而不現實。若改以現實爲首，亦得四目，與上述四目相同，僅僅名稱的順序顚倒而已，一爲現實而可能，二爲現實而不可能，三爲不現實而可能，四爲不現實而不可能。只論配合，不論是非，則可有此四目。若兼論是非，存其是者而去其非者，則應剔除其中之一。

先就積極的可能說起。長壽是可能的，人人可能活到一百歲乃至一百歲以上。但在實際世界中、並不是人人長壽，雖有八九十歲的老年，亦多少年夭折與中年早逝的人。依此例言之，有可能而現實的，有可能而不現實的。故可能之中、含有現實與非現實二類。試易以他例，亦復相同。人人都有成爲學問家或發明家的可能，但事實上學問家與發明家究居少數，而不深於學問與無所發明的人，實居多數。次就消極的不可能而言，其可與配合的，較爲簡單。可能的尙且不一定是現實的，不可能的自更不會是現實的。不可能與現實、兩相牴觸，不能相容，故不可能的、一定是不現實的，決不會是現實的。長生不死、是不可能的，世上亦未有長生不死的人。傳說中的神仙、只是事實化的慾望，不是眞正的事實。故合理的配合、僅有三種：一爲可能而現實，二爲可能而不現實，三爲不可能而不現實。

以可能爲首，僅有三種配合是合理的，以現實爲首，其合理的配合、亦只此三種：一爲現實而可能，二爲不現實而可能，三爲不現實而不可能。

綜上所述，以可能爲首，則積極的可能之中、含有現實與非現實二類，消極的不可能之中、只含有不現實一類。以現實爲首，則積極的現實之中、只含有可能一類，消極的不現實之中，則含有可能與不可能二類。可能與現實互證之可與不可、即以所含類數之為一與二而定。凡含有二類的、必為寬因，不能收穫論證的實效。例如長壽的可能之中、含有事實上的長壽與非長壽，亦卽現實的與不現實的二類，故不得因人人可能長壽以證明人人之盡為長壽，同樣亦不得因人皆可以為堯舜以證明滿街都是聖人。不可能的長生不死、僅含有事實上不長生不死的一類，則得以不可能證明不現實。以現實為理由論證可能與否，依據同樣道理，以現實論證可能，則可，以不現實論證可能與不可能，同屬不可。

第二十三章　辯論

辯論的意義

辯論這個名稱、半古半新。在古代、好像單用一個辯字，例如孟子盡心下篇的「今之與楊墨辯者」。在現代、因爲辯字是一個單音字，用在口語上，說起來不大方便，遂加一個論字，稱爲辯論，例如大專學校學生活動中有辯論會，法院審判、在宣判以前開辯論庭。關於辯之意義、墨子書中、舉有二說，似乎其一解釋得較寬，其一解釋得較狹，分別引述如下。

墨子小取篇云：「夫辯者、將以明是非之分，審治亂之紀，明同異之處，察名實之理，處利害，決嫌疑」。依此所說，辯之爲用、其範圍甚廣，凡思慮所及，無不可以收入辯的範圍之內，與現代所說的思想、可謂同其意義。清末有人將邏輯譯作辯學，殆即取義於此。荀子正名篇云：「故知者爲之分別制名以指實，上以明貴賤，下以辨同異。貴賤明，同異別，如是，則志無不喩之患，事無困廢之禍」。荀子所說的名與墨子所說的辯、其功用大體相同。清末又有人譯邏輯爲名學，正緣此故。禮記曲禮上篇云：「夫禮者、所以定親疏，決嫌疑，別同異，明是非也」，則禮之爲用、與辯亦復大致相同。然則辯與名與禮、究屬同功而異實，抑或「別同異，明是非」這一功用、當時尚無定稱，學者各逞思慮，隨其所好，擇其義近之名以名之，則非淺學如作者所能輕斷。姑舉各書的異說，以見辯字的此一解釋是否當時通行意義之不無可疑。好在如今所欲研討的辯論、與辯字此義雖非無關，但不純取此義，故不妨置而不論。

關於辯字、墨子書中尙作有另一解釋，雖可謂爲淵源於上一釋，但別有其適用的形態。經上云：「辯，爭彼也」。經說上篇更進而作解釋云：「辯，或謂之牛，謂之非牛，是爭彼也，是不俱當。不俱當，必或不當」。經說下篇亦有數語、可引以幫助解釋：「辯也者、或謂之是，或謂之非」。依照此釋，辯的作用、在於有所爭。所爭是什麼？「或謂之牛，謂之非牛」，「或謂之是，或謂之非」，甲說是牛，乙說不是牛，兩人所見不同，遂起爭執。故所爭、不是他事，只是是與非，甲自是而非乙，乙亦自是而非甲。在前一解釋中、「明是非之分」、原屬辯的基本作用。故兩釋同以分辨是非爲辯的主要功能，其所不同者、在於分辨時所採取的方式之一爲明而一爲爭而已。明與爭的不同、可有兩點。其一、明、可以一人獨自爲之，不須有對手，亦不必假想對手，爭則不能不有對手，至少須假想一個對手，若只獨自一人，便無從爭起。其二、明、可以默默爲之，只在思想中進行，不須出諸口舌，爭則必須形諸言語，將我的意見傳達於對方，而後始能引起論爭。此云辯論、專指以爭爲方式的辯，不兼指以明爲方式的辯。

辯論的特質、依墨子所說，在於「爭彼」。而爭彼之所以起、起於不俱當。故辯的特質、可以分析爲兩點：一爲爭彼，二爲不俱當。此與因明的基本形態、正相符合，試分別述之。

先說第一特質。辯論有所爭。爭、必待兩人相對而後始能發生，不是一個人所能掀起的，故辯論以兩人對爭為基本條件。因明亦作此要求，稱為賓主對揚。賓主亦稱立敵。立、謂建立主張的人，敵、謂對其主張尚未表示同意或持有相反意見的人。故賓主對揚、即是立敵對爭。敵、可能是一人，可能是多人，亦可能是全社會。

次說第二特質。不俱當、意即甲乙雙方所見並非統統是對的。「不俱當，必或不當」、即言兩人所見之並不都對，必因其中一人所見是不對的，亦即必因兩人所見是不一致的，如「或謂之牛，謂之非牛」。若兩人所見而無不同，則無所用其爭。故辯論又以雙方所見不同為其必要條件。因明以相符極成為過失，正與此一條件相表裏。極成、謂立敵所見一致，相符、謂立敵主張相同，例如視覺健全的人互相告語：顏色是可見的。雙方所見既同，不必說而猶說，枉費精神，殊屬無謂。如此贅論、為因明所不許，故列入過失。所見無異，則不會發生辯論，所見相同，則不當贅說。兩說一表一裏，相輔相成。

辯論的兩點特質、無一不是因明的基本條件，故因明之為理則學、可說是辯論性的。

是非與勝負的不定一致

辯論之起、起於雙方所見的不同，甲說是牛，乙說不是牛。同此一匹動物，不能既是牛，又不是牛。事實上若果是牛，則甲是而乙非，若果不是牛，則乙是而甲非。又若果是牛，則甲勝而乙負，若果不是牛，則乙勝而甲負。故辯論的結果、有是非，亦有勝負。是非與勝負、究竟是一事，還是二事？大體言之，二者是一致的，詳密言之，是不定一致的，亦卽有時一致，有時不一致。

墨子經上篇云：「辯勝，當也」，又云：「謂辯無勝，必不當」，經說下篇云：「辯也者……當者勝也」。墨子所說的「當」、意卽是而不非。「辯勝，當也」、謂辯論而獲勝，卽是辯論而得其是。「當者，勝也」、謂辯論而得其是，卽是辯論而獲勝。「謂辯無勝，必不當」、更進而在消極方面斷言不勝之卽爲不是。故依墨子所說，是非與勝負、是兩相一致的，是者必勝，非者必負，勝者必是，負者必非。在道理上、是非與勝負的關係、確應如此，但事實上却未必然。是者雖獲勝的機會較多，但亦時有失敗，非者雖易於致敗，但亦時或致勝。反過來說，勝者不定是，很可能非，負者不定非，很可能是。故爲思想愼密計，是非與勝負的分別、有明白闡釋的必要。

是者負而非者勝，社會上時有其例。世間諸事、以求實求平爲最高任務的、莫過於司法，而司法判決亦不能全無失誤。嘗有愚婦，目不識丁，借款於其鄉人，既未索取借據，亦未有人擔保，僅口頭相約，以無償居住鄉人的房屋、代替借款的利息。數年以後，鄉人要求該婦遷出，該婦乃向其索債，竟抵賴不認，且向法院訴其侵佔房屋。該婦雖向法官詳陳當時借款及相約情形，但法院判案，以證據爲重。該婦既無物證，又無人證，遂遭敗訴，而背信的鄉人反獲勝訴。在刑事方面，報紙亦曾有冤獄賠償的報導。冤獄的釀成、正表示了檢察官的起訴非而獲勝，嫌疑犯的供述及其律師的辯護是而致敗。

是非與勝負的不定一致、出自其來源的不盡相同。是非的主要決定者、是理，勝負的主要決定者、是人。是非之取決於理、誠亦要靠人來運用，但其主要的決定因素、終究在理而不在人。勝負之取決於人、誠亦非必漠視於理，但其主要的決定因素、終究在人而不在理。

是非所由以決定的理、卽是理則學所研求的理，詳言之，卽是指證與論證所依據的理，更詳言之，總括認識與推理所應遵守的一切規則。例如有人指鹿爲馬，你若依據鹿與馬形狀的不同，認知當前所見的是鹿不是馬，不管你不肯阿附而謂其爲鹿，或心存顧忌而謂其爲馬，你的認識、總是對的，亦卽只應稱爲是而不應稱爲非。又如世間有神仙長生不死的傳說。你若承認有生必有死之爲眞理，又承認神仙本屬有生之爲事實，因而斷定神仙之亦不能不死，縱或與一般人所見相反，總不能不謂爲是。因爲在上述的大小前提下、該項結論是必然的。故是非只取決於理，無關人之同意與否。於理爲是，則雖爲舉世所反對，不失其爲是，於理爲非，則雖爲舉世所贊同，難逃其爲非。

勝負所由以決定的人、或爲辯論當事人本身，或爲擔任評判的他人。

先說勝負之決於辯論雙方的本人。甲乙相辯，甲說乙駁，甲又反駁，往復責難。卒至一方理屈詞窮，無可再說，於是或坦率認輸，不事文飾，或請暫停辯論，以全顏面。如此的勝負，可說是表裏如一的勝負，勝者固自信獲勝之絕非倖致，負者縱不衷心悅服，亦唯有自歎辯運不佳而已。亦有甲乙相辯，甲方理既不屈，詞亦未窮，本可繼續辯論，不須中止。對方雖理已屈，詞已窮，但猶刺刺不休，或一理而屢說，提不出新理，或節外生枝，無關本題。甲方厭其無可理喻，不屑與辯，遂停止發言。韓非子外儲說左上篇有云：「鄭人有相與爭年者，一人曰：『吾與堯同年。』其一人曰：『我與黃帝之兄同年。』訟此而不決，以後息者爲勝耳」。後息爲勝，雖不合理，却爲人所樂於應用。甲先息，乙後息。事實上、甲雖未負，乙亦未勝，但形勢上不免造成甲負乙勝的情況。如此的勝負、可說是表裏不一的勝負，勝者雖不肯自認爲未勝，負者決不甘自認爲已負。

次說勝負之決於辯論當事人以外的人，例如辯論會評判委員的評定，又如法院推事的判決。評判委員都屬高度的知識分子，其態度力求公正，以理爲準，不涉意氣。但同一事情、各人的看法、不定相同，好仁者見了，以爲應屬於仁，好智者見了，以爲應屬於智。同屬好仁，又有不同，有人以忠孝爲首要，有人以慈悲爲極致。同屬好智，亦有好玄與好實之分。評判委員既是人，不能無所好惡。故言論主旨而合其所好，易於獲得好評，反其所好，不易得其諒解。評判者於此、方自以爲已盡公正的能事，因爲深深覺得，同調者見理甚明，異調者見理未精。法院的推事、懍於職責，更是兢兢業業，力求公正，不敢怠忽，不敢徇私。所依以判決的、有客觀的法律規定，不容滲入個人的好惡。正唯力求公平，故事實的認定、全賴證據。於是證件的齊備與殘缺、對於勝負的判決、有其最大的影響。而證件之是否足予採信，則出於推事或其所委托的專家的鑑定。故訴訟的勝負、可謂取決於人。

辯論的任務與態度

辯論的結果、可以有是非。又可以有勝負。而是非與勝負、不定一致，是者不常勝，非者不常負，勝者不定是，負者不定非。然則從事辯論，究應以何者爲目的，爲任務？應當置重於明是非，抑或應當置重於決勝負？依理而論，除了訴訟事件、爲了維護權益，不得不以求勝爲最終目的以外，一般的辯論、都應以明是非爲任務，學術性的辯論、尤應如此。因爲是非纔是永久的，是眞實的，勝負只是一時的，是虛幻的。眞理有益於社會的大衆，勝利不過有利於當事者少數人而已。

因明三十三過之中、有世間相違一過，謂凡所欲建立的主張、若與世間大衆的所見相違反，則一經提出，必立卽遭受聽衆的呵責而淪於失敗，故不可以建立，其實例則爲月中無兎。印度有一神話，謂太古之時、某地森林中有狐兎猿三獸，篤行仁義。天帝爲了親自考驗，化作饑餓的老人，前往乞食。狐與猿各覓得食物以獻，兎子獨無所得，不勝慚愧，乃自焚其身，以供食用。天帝感動，將其遺體送入月中，永留紀念。此一神話、流傳既久且廣，已博得全社會的共信，今若因其事屬迷信而加以否認，謂月中無兎，則不待申說理由，已不能爲大衆所接受而注定失敗。因明之設立此過，不免啓人疑竇，以爲因明重視勝負、甚於是非，爲了免遭失敗，寧可坐視迷信的非理橫行社會而不加阻遏。但此一可能發生的流弊、因明別有救濟之道。立論者若於提出其主張之前，預作勝義簡，便不得繩以世間相違的過失。勝義、意卽優越的義理，其內容異於通俗的義理而其價值則凌駕其上。簡、是簡別的略語，謂別有所據。故所謂勝義簡、卽言：如今立說，以優越的義理爲依據，不以通俗的義理爲標準，明示其爲與世間通俗的看法不同，預杜其用通俗的眼光來衡量。因明許用勝義簡以對抗世間相違，可見其重視勝負未嘗超過其重視是非。

中國古代的聖賢、說到辯論所當務，都置重於是非的辨明，其未明說者、在言談中、亦流露了此一精神。孔子關於辯論，未有所垂示。論語書中、只見辨字，未見辯字，且亦僅有孔子與人談話或問答的記載，未有孔子與人辯論的記載。在與人的談話中、瀰漫着服善的氣氛，絲毫見不到文過飾非的意圖。如述而篇載：陳司敗問：魯昭公是否知禮，孔子答以知禮。事後、陳司敗譏其黨君，孔子聽到了，反以聞過爲幸。又如雍也篇載：仲弓問起子桑伯子的爲人，孔子說：「可也，簡」。仲弓請益道：「居簡而行簡，無乃大簡乎」，孔子對其評論表示同意云：「雍之言然」。再次如陽貨篇載：孔子到武城，聞弦歌之聲，笑嘻嘻說道：「割雞焉用牛刀」。及子游引述從前所聞於孔子的訓誨，以爲解釋，孔子便欣然接受道：「偃之言是也，前言戲之耳」。由此等事理推之，孔子假若與人辯論，亦必服善如流，決不會以不勝爲慮。

孟子書中、已用有辯字，孟子本人且以好辯見譏於人，其與告子的辯論、書中亦記載得相當詳細。滕文公下篇載：「公都子曰：『外人皆稱夫子好辯，敢問：何也？』孟子曰：『予豈好辯哉！予不得已也』」。繼乃述其不得已而辯的苦衷，歷敍自古以來一治一亂的情形及亂之所由生與治之所由興，並敍及當時的「世衰道微，邪說暴行有作」。末乃述好辯之故云：「我亦欲正人心，息邪說，距詖行，放淫辭，以承三聖者。豈好辯哉？予不得已也」。重言「豈好辯哉！予不得已也」，表示其所以辯、不是出於喜歡與人立異，更不是出於有意侮慢他人，純欲藉以掃蕩邪說，發揮正理，俾得挽回人心，杜絕亂源。故其辯論的動機、純粹在於辯明是非。孟子自身既爲了明是非而始辯論，其以明是非爲辯論所應負的任務，當可不言而喻。

荀子特別重視辯論，其態度頗積極。孟子以好辯爲不得已之擧，荀子則以好辯爲當務之急。非相篇云：「法先王，順禮義，黨學者，然而不好言，不樂言，則必非誠士也。故君子之於言也、志好之，安行之，樂言之，故君子必辯」。聽見邪僻的言論，任其傳播而不予辯正，則必不是誠士。凡屬君子，一定好辯，以發揚其平日所服膺而實踐的道理。不過荀子的重視辯論、不是無條件的。非相篇接下去說：「君子必辯。凡人莫不好言其所善，而君子爲甚焉。是以小人辯言險，而君子辯言仁也。言而非仁之中也，則其言不若其默也，其辯不若其吶也。言而仁之中也，則好言者上矣，不好言者下也」。由此可見：荀子之所以重視辯論，非因其爲辯論而予以重視，因其爲「仁之中」而始重視。「仁之中」、意卽有中於仁，有合於仁，亦卽發揚了人人所應共同認識的正理。其以辨明是非爲辯論所應負的任務，顯然甚明。荀子除了表示辯論之應以求是爲任務外，亦表示其不得以求勝爲任務。性惡篇云：「不恤是非，不論曲直，以期勝人爲意，是役夫之知也」。又云：「不恤是非然不然之情，以期勝人爲意，是下勇也」。一意爭勝之所以爲役夫之智與下勇，正因其足以釀成非相篇所說的「小人辯言險」，故爲君子的辯論所不取。

辯論的任務、決定辯論的態度。任務而在於明是非，則出以明是非的態度，只求正理的闡明，不問勝負的誰屬。從容談說，不動感情。對方所說而有其是處，則歡容以接受其是，不作曲解的責難。對方所說而有其非處，則溫語以說明其非，不作惡意的攻擊。氣氛祥和，無火藥味。任務而在於爭勝負，則出以爭勝負的態度，只求勝利之歸屬於我，不問正理之已否獲得闡明。言詞鋒利，氣勢緊張。對方所說而不無是處，則多方設法湮沒，不讓其顯露。對方所說而確有非處，則儘量誇張，益顯其有違事理。劍拔弩張，如臨大敵。辯論而一意求勝，不勝不休，終且不擇手段，揮拳相向，強詞奪理，尚屬其流弊之小者。荀子鑑於求勝後果的堪虞，提出了戒條，以資誘導辯論走入正路。戒條有二：一爲泯爭氣，二爲不窮人。

一、泯爭氣　勸學篇云：「有爭氣者，勿與辯也」。對方在辯論開始卽已懷有爭氣，則避不與之辯論，中途發生爭氣，則寧冒先息的不利，停止與之辯論。不苟篇云：「君子……辯而不爭」，謂君子只從事於辯，不從事於爭，亦卽辯論之時不可懷有爭氣。前一則戒人與懷有爭氣的對方辯論，後一則戒人懷着爭氣以與人辯論。總之，辯論雙方都不可以懷有爭氣。墨子釋「辯」爲「爭彼」，荀子主張「辯而不爭」，兩家所說的「爭」、當然不屬同一意義。荀子在榮辱篇內作有「爭」字的解釋云：「辯而不說者、爭也」，則爭的重點，在於不說。此中的「說」字、最好借用墨子的話來解釋。墨子經上云：「說、所以明也」，又小取篇云：「以說出故」。故「不說」、卽是不明白解釋，亦卽不說出其所以然。荀子正名篇說到聖人之辨說時，有「辨則盡故」一語，可見盡故之爲荀子所重視。「辯而不說」，卽是辯而不能盡故，空言爭執，無益於是非的論定，故爲荀子所鄙視。上節曾引韓非子所載鄭人爭年的故事、正是各懷爭氣，辯而不說的好例。一人謂與堯同年，一人謂與黃帝之兄同年，各無理由可說，徒逞意氣之爭。懷了爭氣，唯求後息，於是競作強辯，卒至遠離辯論的正路。

二、不窮人　非十二子篇云：「聰明聖知，不以窮人」。此語泛言聖智對人應取的態度，雖非爲辯論而發，但亦當包括辯論時的態度在內。不窮人、就是不作逼人太甚的擧動，不驅人陷入難堪的窘境以激發其無聊的憤爭。此一態度適用於辯論，對方所說、若有輕微的過失，但與辯論的主旨無大關係，則寬容而不加指摘。若犯有重大的過失，且足以影響辯論的是非，則避用嚴厲的指摘語，僅僅提醒其於理可疑，請其再加考慮。及對方理漸屈，詞漸窮，敗象已顯，窘態已露，則不乘勝追擊以迫其降伏，反請其從容思考，別提論據，或請其暫時休息，遲日再辯。雙方各能以窮人爲戒，則局面緩和，可免引起強辯乃至怒罵等的紛擾。

辯論的先決要件

辯論而欲發揮實際的效用，收獲決定性的結果，辯論雙方必先有所同意，有所協調。辯論的用意、原在於汰異求同。甲說是牛，乙說非牛，兩人所見、正相反對。若各是其所是而不非其所非，各安於相異而不求相同，則根本無所用其辯論。辯論之所以起、正因雙方不僅是其所是，且亦非其所非，不安於相異，却期其卒底於同。欲底於同，不能不先有能底於同的基礎。辯論的先決要件、即指此基礎而言。同出於同，不出於異，故必基礎先同，而後結果始有達於同的希望。具體言之，辯論雙方必先於若干事件上同其所見，遵循辯論正路以進行辯論，而後意見始能漸趨接近，卒底於同。若無此基礎，雖熱心辯論，勢必徒勞無功，等於不辯。

因明是辯論性的理則學，故對於辯論的要件，特別注意。因明的三支作法、成自若干因素，其中充當結論的那個判斷、卽因明所稱爲宗體的、正是辯論雙方異見的所在，方待雙方虛心研討。其餘因素、依理不在辯論之列，故因明規定爲各須極成。極成、照字面講，卽是至極成就，其義不夠顯豁，故因明家適用較易理解的字眼，釋爲立敵同許。立敵、卽是辯論雙方，同許、卽是共同許可。故極成、淺言之，卽是辯論雙方兩相同意。結論以外的因素、其所以必須雙方同意、因爲這些因素，其作用在於聯合以引致結論，必其自身是而不非，然後始有引致結論的能力。設或對方疑其不定是，則必首加指摘，或謂所就以立說的事物、非必眞實，或謂所舉理由、不夠充足。於是勢必先就事物的虛實或理由的當否、相與辯論，而原來的題目反遭擱置。爲了避免論題的轉移，故因明設此極成的條件，一有不極成處，便判定原論爲有過失。因明以一切不極成爲立論的過失，不無過苛之嫌，但不極成之足使辯論不發生效用，則確爲事實。現在師其意而不襲其詞，並略加分析與補充，設爲如下的三種一致，以爲辯論的先決要件，以免辯論的勞而無功。

一、用名的一致　辯論雙方所用名稱、必須用作同一意義，方可從事辯論。若用作不同的意義，則對方所說、或與我所見本不抵觸，用不到辯論。用不到辯論而辯論，只是枉費精力而已。或對方所說、雖與我所見牴觸，但其牴觸出自用名的不同，非必出自見理的有異，就異實的名稱辯論，終成一場空無結果的論戰。故在辯論之前，雙方應當互詢所用名稱的意義，以決定辯論之有無必要。用名的一致，又可小別爲二：一爲指實的一致，二爲取義的一致。

甲、指實的一致　名稱原是用以指實的，但同名所指、往往不同其實。同名異實的情形，至極普徧，有通行於一般人之間的，有僅存於某些學者之間的。例如孟子一名、依照通常用法，既可用以指孟子其人，亦可用以指孟子其書。今若有人、謂孟子曾說：「食、色、性也」，聞者不免刺耳，但不宜遽作斥責，應先詢其所云孟子、指其人抑指其書。若對方答以指其書，則該書確載有該語，無可責難，自用不到辯論。又如孟子主張義內，告子主張義外，相與辯論。試細讀雙方的言論，不難發見其同用義字而不同其所指。孟子所說的義、重在行敬，告子所說的義、重在如實。兩個義字所指、並不一致，故雖熱烈辯論，終於無結果而止。此外如孫悟空一名的所指、知識充沛的人知其爲小說家所虛構，知識淺薄的人可能信爲實有其事。虛實異見，亦可視作指實的不相一致。又如動物一名、有時用以總指一切動物，包括人類在內，有時則縮小範圍，偏指人類以外的動物。所指有廣狹的不同，亦當列爲指實不一致的一例。

乙、取義的一致　同名而又同其所指，若其取義不同，則猶不能謂爲用名已達於一致。如第九章所曾述，同實可能有異取的情形，因爲有些名稱，其名雖同，却可用作不同的類別。例如男子與女子二名、可用作個別名稱，亦可用作集體名稱。若說：東鄰的張先生是男子，西鄰的李太太是女子，其男子與女子二名、各是個別名稱。若說：男子的身材高於女子，其所云男子與女子、各是集體名稱。此與東鄰張性男子矮於西鄰李姓女子、貌似抵觸而實不抵觸，不足成爲辯論的題目。因爲若求說得詳密以與實情絲毫不爽，前一事、應說：平均男子的身裁高於平均女子，後一事、應說：張姓這個男子矮於李姓那個女子。一經如此詳說，外表上亦無所抵觸。又如孟子在告子上篇內說：「惻隱之心、人皆有之」，且在公孫丑上篇內說：「無惻隱之心，非人也」，其所云人與非人、都用作價值名稱，與平常用作事實名稱的人與非人、同實異取，故能自成一家之言，不患與事實名稱下的情形相抵觸。

二、理由確當認識的一致 理由對於主張，關係至爲重大，理由可說是主張的保人。理由確當，則主張一定可以成立，否則便不能成立。但確當與否、雙方的認識、可能有時不同。此方所認爲確當的、對方可能不以爲然，對方所認爲確當的、此方亦可能不以爲然。如此，則理由確當的認識、便不一致了。在認識不一致的情形下、勢且如因明所慮，轉移論題以辯論理由之是否確當，而主張本身的是非、反遭擱置，遷延不決。故若求主張的速辯速決，不可不先求理由確當的認識之一致。例如對於信從仙人之說的人，以有生必有死爲理由，主張仙人之不能長生不死，必對方亦認此理由爲確當，而後辯論始能發生效用，始能說服對方。若對方不同意此一理由的確當而猶辯論，則必終於無所成就。

三、觀點適用的一致　觀點、如第七章所述，能指示思想所趨赴的方向，能控制論斷所推出的結果。故同一事情、在不同的觀點下、可有不同的評判。在甲觀點下所認爲是的、在乙觀點下可能認以爲非，在甲觀點下所認以爲非的、在乙觀點下可能認以爲是。故是與非、可隨觀點而轉變，只有在同一觀點下、纔有一定的是非。因此之故，雙方應先互詢所採取者之爲何種觀點，以決定其應否辯論或如何辯論。必待獲知觀點一致，而後方可就不同的所見開始辯論。若觀點不相一致，則或放棄辯論，或就觀點適用之是否得當、別作辯論。例如第七章內曾經述及，墨子謂殺盜爲非殺人，荀子則謂殺盜爲殺人。兩家主張之所以相反、只因兩家所採取的觀點、互不相同。墨子所採取的、是緣起觀，荀子所採取的、是類別觀。假若墨子而改採類別觀，則必同意殺盜之爲殺人，荀子而改取緣起觀，則亦必同意殺盜之非殺人。故假若墨子與荀子生在同時，而有互談的機會，亦只能互辯其觀點適用之當否，不能捨去觀點而專論殺盜。

强辯　辯論而懷有爭氣，求勝不求是，不肯先息以示弱，必求後息以致勝，可說的理由已經說盡而無可再說，利用强辯以爲最後的攻擊與抗拒、殆屬必至之勢。王符潛夫論釋難篇云：「問陰對陽，謂之彊說，論西語東，謂之彊難」。故所謂「彊」、有文不對題之義，今云強辯，亦取此義。對方所責難的、原屬此事，此方所答辯的、則爲另一事。因爲就此事而言，錯已鑄成，無可置辯，但因存有爭氣，不肯服輸，遂作強辯，以資搪塞。聞者不察，或且以爲亦非無理。

強辯有巧拙之分。拙劣的強辯、不能迷惑人，對方一聽，卽覺其太無道理，或還以同樣無理的強辯，或置諸不理。前引韓非子所載鄭人爭年的故事、正足爲拙劣強辯的一例。一人謂與堯同年，當然無適當的理由可擧。另一人或故意戲弄，或同樣愚拙，謂其年齡更大，與黃帝之兄同年。如此拙劣的強辯、任何人都能洞見其妄，不爲所惑，故不足重視。巧妙的強辯、說得似乎頗有道理，初聞之下，不覺其非，及稍加細察，始見其一無是處及其惑人的原由。巧妙辯論的成立、大體言之，或利用同名異義的糾纏，或托庇美名以作遁辭。

先說強辯之出於利用同名異義的糾纏。同名異義，有異得甚明顯的，有異得較隱約的。耕田的黃牛與擠電影票的黃牛、雖同名黃牛，但其一指家畜，其一指人，名同而實不同，爲人人所熟知，區別甚明，不會混同，故亦不會被人利用以充強辯的資料。大凡同名異實，其異較顯，同實異故與同實異取、其異較晦。故遇到同實異故或同實異取，常人易於注意其同而忽視其異，於是糾纏不清，便成了強辯的絕好資料。試引故事二則，以見實例。

第一則擬引的故事、見於呂氏春秋的離謂篇：「齊有事人者，所事有難而弗死也，遇故人於塗。故人曰：『固不死乎！』對曰：『然……』故人曰：『子尚可以見人乎！』對曰：『子以死爲顧可以見人乎』。君辱臣死，是當時道德原則之一，所事的主人遇難，爲其家臣的、理應一死以報其恩。今齊人未盡此一義務，故人本愛人以德的精神，加以責備。「子尚可以見人乎」、謂齊人應當以不死爲恥，不復有顏面出現於人前。齊人卽利用見字的多義，作強辯云：「子以死爲顧可以見人乎」，謂你以爲死了反可以看得見人嗎？意卽不死纔能看得見人，死了一定看不見人。故人責備語中所用的見字、明是有臉見人的意思，着重於羞恥的感情，帶有濃厚的道德氣息。齊人答辯語中所用的見字、是看得見的意見，着重於知覺的功能，與道德意識無關。齊人利用見字的多義，故意曲解故人的所說，所答非所責，構成了無可掩飾的強辯。

第二則擬引的故事、見於韓非子說林上篇：「有獻不死之藥於荆王者，謁者操之以入。中射之士問曰：『可食乎？』曰：『可。』因奪而食之。王大怒，使人殺中射之士。中射之士使人說王曰：『臣問謁者，曰可食，臣故食之。是臣無罪，而罪在謁者也。且客獻不死之藥，臣食之，而王殺臣，是死藥也，是客欺王也。夫殺無罪之人，而明人之欺王也，不如釋臣。』王乃不殺」。中射之士的申訴、含有兩層強辯，均屬利用同名異義的糾纏，第一層爲「可食」一詞的曲解，第二層爲「不死」二字的曲解。在當時的情形下、「可食」可作兩解。其一、解作食而無害於食者本人身體的健康，不會引致疾病與死亡，如言：野生植物、有可食的，有不可食的。其二、解作食而無損於食物主人的權益，不衝犯道德與法律的禁止，如言：自家的食物、可食，不是自家的食物，非得其所有者的許可，不可食。謁者當時所說的「可食」、當是前一意義，中射之士的申辯、則解作後一意義。其爲強辯以求脫罪、顯然甚明。死亡的主要原因、可以大別爲二：一爲疾病，發自身體內部，二爲殺傷，來自身體外部。爲了便於敍述，姑稱死於疾病者爲內發的死，死於殺傷者爲外加的死。通常所謂「不死之藥」、其所云「死」、專指內發的死，不兼指外加的死，僅謂服藥以後、定能增加元氣，抗拒疾病，非謂服藥以後、水火不能傷，刀斧不能殺，更非謂作惡不當受罰，犯罪不當伏誅。中射之士的申辯、謂因食該藥而見殺，則該藥不是不死之藥，竟是名副其實的死藥，既將自發的死與外加的死混爲一談，更進而強釋不死爲免死之意。此一層強辯、在死字上胡攪，甚易惑人，爲害尤大。

次說強辯之出於托庇美名以作遁辭。遁辭、不一定是強辯，如前在第二十一章所曾引的孟子梁惠王下篇所載的孟子與齊宣王的問答，到了孟子說及國王的責任，齊宣王使「顧左右而言他」。「言他」、正是遁辭，但因其所言爲他事，已經脫離了本題，不是辯論的繼續，故不應視作強辯。必須其辭雖有所逃避，但與本題仍有所關涉，明示其爲辯論的繼續，並未中途易轍，方得謂爲強辯。既欲借助於逃避以免辯論的失敗，自當避入具有庇護大力的處所，以策安全。在辯論時、大衆所宗奉的道理、大衆所稱頌的美名、最具權威，爲大衆所不敢違逆。故若能避入美名之下，對方懾於權威，往往不敢更作追擊之舉，強辯便有倖獲勝利的希望。試引故事一則，以見其例。世說新語排調篇載：「孫子荆年少時，欲隱，語王武子：當枕石漱流，誤曰枕流漱石。王曰：『流可枕，石可漱乎？』孫曰：『所以枕流，欲洗其耳，所以漱石，欲礪其齒』。「枕流」、欲把平日所聞的齷齪事洗個乾淨，「礪齒」、欲把常人所不敢說的話說個痛快，儼然高士風度，令人不能不表示敬佩。但王武子所問的、是流水能否用以作枕，石塊能否用以漱口。孫子荆所答、則爲枕流漱石的理由，不是枕流漱石的可能，所答非所問，雖有美名爲之庇護，終難逃其爲強辯的遁辭。

詭辯

詭辯、可說是高度的強辯，但兩者的界限、甚難嚴格劃分。大體言之，詭辯更巧妙，更能顚倒是非，更能令人迷惑。其目的亦與強辯不盡相同。強辯的目的、其重心在於求勝，詭辯的目的、其重心在於欺人，且令受欺的人不自覺其受欺，或反心感其代謀甚忠。詭辯之爲害社會、有如糖衣的毒藥，其表面的味道甚甜，當時極易爲人所樂於接受，其內含的毒素頗烈，事後的結果可能不堪設想。

鄧析是中國古代著名的詭辯家，呂氏春秋離謂篇嘗記其事云：「子產治鄭，鄧析務難之。與民之有獄者約：大獄一衣，小獄襦袴。民之獻衣襦袴而學訟者、不可勝數。以非爲是，以是爲非，是非無度，而可與不可日變。所欲勝因勝，所欲罪因罪。鄭國大亂，民口讙譁。子產患之，於是殺鄧析而戮之，民心乃服，是非乃定，法律乃行」。依此所載，鄧析擅長詭辯，不但能將道理上所應當認爲是的說成非，能將道理上所應當認爲非的說成是，且能將自己今日所說成是的，明日說成非，後日又說成是。是非無定，隨意變遷。欲其勝訴，則詭稱其是，欲其敗訴，則詭數其非。於是理直者反敗，理屈者反勝，是非屈直，失去了客觀的標準。鄧析所爲、用後世通俗社會的話來評論，正是一位無訟不勝的大訟棍。

離謂篇又載有一則故事，可引爲鄧析的典型的詭辯。「洧水甚大，鄭之富人有溺者，人得其死者。富人請贖之，其人求金甚多，以告鄧析。鄧析曰：『安之！人必莫之賣矣。』得死者患之，以告鄧析。鄧析又答之曰：『安之！此必無所更買矣』」。溺死者的家屬、因爲撈獲屍體的人索價甚高，求敎於鄧析。鄧析告訴他們：放心等着吧！這屍體是賣不了的。意謂凡屬你們以外沒有人要買的貨色、一定賣不了，到了無法脫手的時候，一定會賤賣，所以目前用不到出高價去買。溺死者的家屬聽了，覺得很有道理，便不去磋商贖價。撈獲屍體的人久等不來，着了急，亦去求敎於鄧析。鄧析又答覆他道：放心等着吧！除了你家以外，他們在別處是買不到的。意謂凡屬你們獨家出賣而買主又不得不買的貨色、一定在他處買不到，及至買不到的時候，一定會高價來買，所以現在用不到賤價出售。鄧析這兩番話、正相反對，却能使雙方各滿意而歸，因為所說、既投所好，又好似各合於理。買者的心理、總求賤買，賣者的心理、總求貴賣。鄧析所教、正足以分別滿足買者與賣者衷心的希望。他人所不要買的貨色、一定可以賤價買得，獨家出售的貨色、一定可以高價售出，亦與常理頗相吻合。鄧析所教、合情又似合理，難怪雙方莫不心悅誠服。但雙方若各謹守鄧析所教，買方必欲抑價，賣方堅不肯讓，則這一筆買賣之不能成交、自是意料中事。雙方之所以求教、原冀買賣糾紛之能獲得妥善解決，鄧析所教、不但不足以解決糾紛，反足以加重糾紛。詭辯之為害、眞似糖衣的毒藥，受害者方自慶以為獲益。

鄧析所說、足稱巧妙的詭辯。其所以為詭辯、因其貌似合理而實則甚不合理，其所以巧妙、因其能誘導他人注意於其所不當注意而不注意於其所當注意。買與賣、是相對名稱，是一件事的兩面。沒有買，便無所謂賣，沒有賣，便無所謂買。買、是買那賣的，賣、是賣給那買的。故說到買，必須想及對方的賣，說到賣，亦必須想及對方的買。若不想及對方，則說買說賣，各有缺損，不能盡其意義。故價格的高下、不能取決於買賣的一方，只能取決於買賣雙方的關係。雙方的主要關係有二：一為供求的多寡，二為買賣的緩急，試分析言之。前一關係、姑以甲爲符號，買者的多寡與賣者的多寡，互相配合，可有四種情況，如下表所列。

甲一	多人要買多處有售	不能抬價不能抑價
二	多人要買一處有售	可以抬價不能抑價
三	一人要買多處有售	可以抑價不能抬價
四	一人要買一處有售	不能抬價不能抑價

後一關係、姑以乙爲符號，買者的緩急與賣者的緩急，互相配合，亦可有如下的四種情況。

乙一	不急買不急賣	不能抬價不能抑價
二	不急買急於賣	可以抑價不能抬價
三	急於買不急賣	可以抬價不能抑價
四	急於買急於賣	不能抬價不能抑價

就富人家屬贖屍一事而言，屍體僅此一具，且易於腐爛，故其實際情況、應是甲四與乙四，買方不得過於抑價，賣方亦不當過於抬價。若使雙方明瞭實情，勸其討價還價、適可而止，糾紛不難解決。鄧析則反其道而行，對於溺死者的家屬、故意隱匿其實際情況之爲甲四，僅告以買者之僅有一人，不使其想及賣者之究有若干人，以便其誤認當時情

況之爲甲三，又不談及乙的情況，不令其念及屍體之宜急於贖回，遂益增其可以大幅抑價的幻想。對於撈獲屍體的人、如法泡製，亦隱匿其實際情況之爲甲四，僅告以賣者之只有一家，令其幻想當時情況之爲甲二，又不提醒其屍體之不可久留，遂益增其可發大財的妄想。

中華哲學叢書
大眾理則學

1912

作　　者／陳大齊　編著
主　　編／劉郁君
美術編輯／中華書局編輯部

出 版 者／中華書局
發 行 人／張敏君
行銷經理／王新君
地　　址／11494 台北市內湖區舊宗路二段181巷8號5樓
客服專線／02-8797-8396　　傳　　真／02-8797-8909
網　　址／www.chunghwabook.com.tw
匯款帳號／兆豐國際商業銀行　東內湖分行
067-09-036932　中華書局股份有限公司

法律顧問／安侯法律事務所
印刷公司／維中科技有限公司　海瑞印刷品有限公司
出版日期／2015年7月三版
版本備註／據1982年9月二版復刻重製
定　　價／NTD 630

國家圖書館出版品預行編目（CIP）資料

大眾理則學 / 陳大齊著.— 三版. — 台北市 :
中華書局, 2015.07
面 ; 公分. — (中華哲學叢書)
ISBN 978-957-43-2528-3(平裝)

1.邏輯

150　　104009914

NO.B0018
ISBN 978-957-2528-3（平裝）